沂蒙精神
研究丛书

沂蒙精神的
地域文化渊源研究

汲广运　王厚香　著

山东人民出版社
国家一级出版社　全国百佳图书出版单位

总　论

ZONG LUN

沂蒙山区，大致包括山东省临沂市的三区九县和淄博市的沂源县、日照市的莒县、潍坊市的临朐县、济宁市的泗水县，枣庄市中区、台儿庄区、山亭区的一部分，江苏省连云港、新沂、赣榆、东海等县市的一部分地区等。沂蒙山区不是一个特定的行政区域，是指以蒙山和沂水为地域标志的革命老区。“沂蒙”一词最早出现在革命战争年代，是红色文化的产物。沂蒙山既不是一座山，也不是一道山脉，国家正式版图上本没有“沂蒙山”这三个字的山脉或地名，它始于党中央对一一五师东进“建立沂蒙山抗日根据地”的重要指示。从这个意义上说，沂蒙山是一座革命的高山、精神的高山。尽管沂蒙山区的地域范围很广，但今天人们所说的沂蒙山区，主要是以临沂市为代表。临沂市位于山东省东南部，辖三区九县，面积1.72万平方公里，人口1100多万，是山东省面积最大、人口最多的地市级行政区。

沂蒙山区是山东建党较早的地区之一。中共“一大”代表、山东党的最早组织者和领导者王尽美，就是沂蒙山区莒县北杏村（今属山东省诸城市）人。1927年春，沂蒙地区第一个共产党组织——沂水支部诞生。之后，许多党的地方组织相继成立。自从有了中国共产党，沂蒙人民在黑暗迷茫中看到了胜利的曙光。他们在实践中认定，中国共产党是全心全意为人民谋利益的政党，只有坚定不移地跟着共产党走，人民才能翻身得解放，穷人才能过上好日子。所以，沂蒙人民以极大的革命热情，义无反顾地投身于中国共产党领导的伟大革命斗争中去。

在长达10多年的抗日战争和解放战争中，沂蒙山区成为全国著名的抗日根据地和解放区之一。中共山东分局领导八路军山东纵队、一一五师和地方武装，在沂蒙人民的大力支持下，创建了以沂蒙山区为中心的山东抗日根据地。沂蒙军民与日本侵略者进行了8年的浴血苦战，粉碎了日军无数次的“扫荡”，巩固和扩大了抗日根据地，发展和壮大了人民革命力量，终于赢得了抗日战争的伟大胜利。全面内战爆发后，国民党反动军队向山东解放区大举进攻，沂蒙军民奋起反击，先后粉碎了国民党反动军队的全面进攻和重点进攻，扭转了华东战局，开始了战略大反攻。

在艰苦卓绝的革命战争年代，沂蒙人民与共产党及其领导的人民军队血肉相连，生死相依，鱼水情深。为了支援革命战争，沂蒙人民踊跃参军，奋勇参战，全力支前。“最后一口粮做军粮，最后一块布做军装，最后一个儿子送战场……”这就是当年沂蒙人民拥军支前的真实写照。尤其是沂蒙妇女表现最为突出，她们送子、送郎参军；缝军衣、做军鞋、碾米磨面烙煎饼；抬担架，救伤员，涌现出了用乳汁救护八路军伤员的“沂蒙红嫂”明德英，宁愿饿死自己的亲孙子也要抚养革命后代的“沂蒙母亲”王换于，孟良崮战役中支前模范“沂蒙六姐妹”等一批英雄模范人物。她们对革命的无私奉献精神，至今仍感人至深、催人泪下。据不完全统计，仅在解放战争期间，沂蒙全区460万人口中，就有20万人参军，120万人次支前参战，6万多人牺牲。可以说，沂蒙大地“乡乡有红嫂，村村有烈士”，沂蒙人民用鲜血和生命谱写了一曲曲感天动地的英雄凯歌。

沂蒙山区是中国革命战争的后方战略基地之一。抗日战争时期，沂蒙军民创建了以沂蒙山区为中心的山东抗日根据地，山东党政军领导机关一直驻扎于这里。抗战胜利后，临沂不仅成为山东解放区的首府，而且中共华东局、华东军区、华东野战军也都在临沂成立，临沂成为华东地区的战略指挥中心。老一辈革命家刘少奇、陈毅、罗荣桓、徐向前、粟裕等都曾在沂蒙山区工作过、生活过、战斗过。1955年至1965年授衔的1604名共和国将帅中，有3位元帅、2位大将、13位上将、64位中将和349位少将曾在蒙山沂水间转战南北。在中国共产党的领导和培育下，沂蒙人民与山东党政军一起，共同铸就了水乳交融、生死与共的沂蒙精神。

新中国成立后，沂蒙人民响应党的号召，坚定不移地跟党走社会主义道路。他们传承革命战争年代的革命热情和拼搏精神，意气风发、斗志昂扬地投身于社会主义革命和社会主义建设。沂蒙儿女自力更生，艰苦创业，以愚公移山的精神，兴修水利，大搞农田基本建设，重整沂蒙山河，发展生产，建设家园。从20世纪50年代末到60年代初，沂蒙地区先后兴建了1000多座大、中、小型水库，使水旱灾害大大减轻。同时，沂蒙人民以严谨求实的态度，在科学种田上进行大胆探索，使农业生产连年丰收。20世纪60年代，沂蒙地区成为全国知名的农业先进地区之一。

党的十一届三中全会后，沂蒙人民高举建设中国特色社会主义的伟大旗帜，解放思想，更新观念，深化改革，扩大开放，与时俱进，加快发展，到1995年底，一举在全国18个连片扶贫地区中率先实现整体脱贫，基本上解决了温饱问题。在这个基础上，沂蒙人民乘胜前进，以敢为人先的宏大气魄，继续开拓奋进，在市场经济的大潮中搏击风浪。昔日的沂蒙革命老区变成了今天的“物流之都”，一大批名牌产品走出了沂蒙山区，走出了国门，打入了国际市场，经济和社会发展事业跨上了一个崭新的台阶。

毛泽东曾说过：“人是要有一点精神的。”①干革命、搞建设，都要有

---

①《毛泽东文集》第7卷，人民出版社1999年版，第162页。

一个精神支柱。沂蒙精神的内涵主要是“爱党爱军、开拓奋进、艰苦创业、无私奉献”。其中，“爱党爱军”是沂蒙精神的灵魂，体现了沂蒙人民对党的领导的无比信任和对社会主义的坚定信念，体现了党群之间的血肉相连、军民之间的鱼水情深的亲密关系；“开拓奋进”是沂蒙精神的主题，体现了沂蒙人民追求进步，改革创新，敢为人先的先进思想意识；“艰苦创业”是沂蒙精神的品格，体现了沂蒙人民自力更生，艰苦奋斗，坚韧不拔的坚强意志和精神风貌；“无私奉献”是沂蒙精神的核心，体现了沂蒙人民顾全大局，公而忘私，甘于奉献的价值取向。沂蒙精神来源于人民群众的伟大实践，富有鲜明的时代特色，必然会随着历史的发展，时代的前进，在实践中不断丰富和完善。

沂蒙精神是沂蒙党政军民在长期的革命与建设过程中共同铸就的水乳交融、生死与共的崇高精神，是中华民族精神的重要组成部分，是我们党和国家的宝贵精神财富，是进行社会主义核心价值观教育的有效形式和生动载体，是进行思想政治教育的重要内容，是激励中国人民自强不息、顽强拼搏、昂扬奋进，不断攻坚克难，从胜利走向胜利的强大精神动力。无论是革命战争年代，社会主义革命和建设时期，还是改革开放的新时期，都是中国人民不可或缺的精神支柱。我们编写这套《沂蒙精神研究丛书》的目的，就是让人们了解沂蒙的光荣革命历史，深刻理解、把握沂蒙精神的科学内涵和时代价值，从而增强沂蒙精神育人的艺术性和感染力，并使这一中国共产党的宝贵精神财富一代一代地传承下去。

目　录

MU LU

绪　论

一、缘起与构成

中华民族文化为沂蒙精神的产生提供了广博而深厚的文化背景。但是，更为重要的是，要回答沂蒙精神为何在沂蒙山区产生，就不得不考察沂蒙的地域文化渊源。

沂蒙山区是指以沂河流域和蒙山山系所经地区的总称，包括临沂市的三区九县和周边省市的部分地区，在抗日战争和解放战争时期是著名的革命根据地。临沂市是山东省面积最大和人口最多的地级市，也是全国人口过千万的四个地级市之一。巍巍蒙山横贯东西，滔滔沂河纵穿南北，八百里沂蒙大地山川锦绣，人文荟萃，形成了独具特色的区域文化。纵观沂蒙历史，沂蒙独具特色的地域文化可以分为两部分，即沂蒙传统地域文化和沂蒙红色地域文化。可以说，沂蒙精神是在中华民族文化的大背景下，由沂蒙传统地域文化和沂蒙红色地域文化相结合，升华而形成的伟大精神。

以往，许多专家学者对沂蒙精神产生的地域文化渊源进行了很多有益的探索，但是，观点提出了，没有进行深入的探讨。本书不揣简陋，做一些尝试。

本书分上下两篇，仅从沂蒙精神形成的角度探讨沂蒙地域文化，偏重人文精神和文化品格，分别论述沂蒙传统地域文化和沂蒙红色地域文化。

二、沂蒙精神产生的民族文化背景

沂蒙精神属于民族精神，而民族精神是民族文化的核心和灵魂，任何民族精神都属于一定的民族文化，都是在民族文化的历史发展中孕育和成长起来的。换言之，任何民族精神的产生，都有其独特而深厚的历史文化渊源，沂蒙精神也不例外。

毫无疑问，中华民族文化是沂蒙精神产生的历史文化背景。正如沂蒙大地是神州大地不可分割的一部分一样，沂蒙精神是中国精神的重要组成部分，是中国精神大花园中的一朵奇葩。中华民族优秀传统文化是孕育中国精神的母体，也是中华民族地域民族精神产生的历史文化背景。

习近平总书记在第十二届全国人民代表大会第一次会议的闭幕会上发表讲话指出，中国精神“就是以爱国主义为核心的民族精神和以改革创新为核心的时代精神”。这是对中国精神核心内容和基本思想的高度凝练和概括。这与以“爱党爱军，开拓奋进，艰苦创业，无私奉献”为主要内容的沂蒙精神不仅实质相同，而且在内容上有许多相容相通的地方。例如，沂蒙精神中的“爱党爱军”是中国精神中的“爱国主义”的一部分；沂蒙精神中的“开拓奋进，艰苦创业”与中国精神中的“勤劳勇敢，自强不息”相通；而沂蒙精神中的“无私奉献”与我们党的宗旨和中国精神中的“民本”思想相容。因此，沂蒙精神和中国精神属于同一文化序列，都是中华民族历史文化的积淀，都是中国传统文化中思想精华及优秀民族品格的总结和升华，有着共同的历史渊源。

千百年来，中华民族的先哲贤人多主张家国同构，以“修身、齐家、治国、平天下”为志，从个人出发扩展到整个国家，视爱国、为国献身为人生最高境界，倡导创新、与时俱进，探索救国救民之道，追求美好的理想社会。《周易》之《大畜》讲道：“刚健笃实，辉光日新。”孔子勾画了天下为公的“大同”理想社会，墨家追崇“兼爱”的大同平等社会，法家“争于气力”，以功利主义为原则，奋勇进取，以求富国强兵。儒家为实现社会理想，维护民族团结统一，还提出了“三纲八目”的修养论和善养至大至刚的浩然之气以及“富贵不能淫，威武不能屈，贫贱不能移”的民族气节，培育了“天下兴亡，匹夫有责”、前仆后继、矢志不渝的斗争精神。

中华民族是一个伟大的民族，是一个生命力和进取心极强的民族。尽管历经劫难，中华民族从来没有减弱过、放弃过、停止过对民族进步发展的追求。《山海经》《淮南子》等古典文献中所载的“精卫填海”“夸父追日”“女娲补天”“大禹治水”等神话传说，突出反映了先民们改造自然、战胜自然的勇气以及百折不挠的艰苦奋斗精神。而《周易》所载的“天行健，君子以自强不息”，正是开拓奋进、艰苦奋斗创业精神的集中写照。自近代以来，中华民族为改变民族落伍、积贫积弱、落后挨打的状况，进行了艰苦卓绝、前仆后继、不屈不挠的斗争，直至今日仍然在为民族复兴而努力奋斗。

中华民族五千年的文明史，可以说是一部艰苦奋斗史，历来强调艰难困苦之逆境对人才产生的重要作用。先秦诸子百家大都主张艰苦奋斗。孔子说“发愤忘食，乐以忘忧，不知老之将至”（《论语·述而》）；孟子言“天将降大任于斯人也，必先苦其心志，劳其筋骨，饿其体肤，空乏其身，行拂乱其所为，所以动心忍性，曾益其所不能”（《孟子·告子下》）；墨子及其门徒刻意效法大禹治水的精神，主张“日夜不休，以自苦为极”；法家要“争于气力”，主张耕战立国，走富国强兵的道路。还有“艰难困苦，玉汝于成”“忧劳兴国，逸豫亡身”“生于忧患而死于安乐”等诸多警世名言，代代相传，使中华民族以不畏艰辛、勤劳勇敢著称于世。

为人民服务的精神可追溯到中国传统文化精神中的民为邦本为核心的民本思想。其中所含的关心民虞、重民厚生的积极合理的思想内核激励着无数志士仁人树立了天下为公、为民造福的高尚情操。无私奉献是中华民族传统美德的精华所在。中华民族历来提倡先公后私、先国后家、大公无私的精神。例如，孔子提出“杀身成仁”，孟子主张“舍生取义”；许多仁人志士主张“先天下之忧而忧，后天下之乐而乐”“鞠躬尽瘁，死而后已”等。

从上述中可以看出，中华民族文化为沂蒙精神的产生提供了广博而深厚的文化背景。

三、研究现状

对沂蒙精神产生的沂蒙传统地域文化和沂蒙红色地域文化渊源，许多专家学者进行了很多有益的探索，提出了许多非常有价值的观点。

刘德龙认为，齐鲁文化是沂蒙精神形成的深刻的历史文化渊源，是山东党政军和沂蒙人民共同培育的。他在《沂蒙精神的文化渊源》一文中指出：“沂蒙精神，发源于沂蒙地区，发扬光大于齐鲁大地，其形成与发展不是偶然的，有其深刻的历史文化渊源，这就是博大精深、源远流长的齐鲁文化。正所谓一方水土培育一方文化，一方文化铸就一方精神。沂蒙精神作为中华民族精神的重要组成部分，是山东党政军和沂蒙人民共同培育的一种崇高的山东革命精神。”[①]何中华持类似观点。他在《沂蒙精神及其当代价值》中认为：“沂蒙精神是在特定历史条件下相融合而形成的传统，是经过长期的积淀、凝练、升华而构成的一种文化内核、一种精神气质。儒家传统为其提供了最深邃的底色，地域文化为其提供了最基本的底气，中国革命的红色文化为其提供了新的内涵。所谓沂蒙精神，从某种意义上说，就是以儒家为代表的传统文化、以沂蒙山为标志的地域文化、以革命战争年代艰苦卓绝的奋斗和牺牲为象征的红色文化、以改革开放中开拓进取和不屈不挠为主导的时代文化，在特定历史条件下相融合而形成的传统，或者说这些质素经过长期的积淀、凝练、升华而构成的一种文化内核、一种精神气质。它无疑是一个复合体，具有多维度、多层面、多元素的特点，其内涵丰富而深邃。沂蒙精神从总体上体现出坚忍不拔、不怕牺牲、勇于奉献、执着理想、淳朴善良、温柔敦厚等一系列优秀的精神质素。它属于一个地域，但又不限于一个地域；它属于沂蒙山人，但又不限于沂蒙山人；它属于一个时代，但又不限于一个时代。它是传统与时代的双向选择、相互契合、融会贯通的结果；是集传统的厚重与时代的变革于一身的精华。它既是一笔优秀的文化遗产，又是种活着的、有生命的文化血脉。沂蒙精神有着深远的历史内涵和厚重的文化底蕴。可以说，儒家传统为其提供了最深邃的底色，地域文化（沂蒙山区特有的风土人情孕育的精神气质）为其提供了最基本的底气，中国革命的红色文化为其提供了新的内涵。”[②]显然，何中华对沂蒙地域文化，特别是沂蒙山区特有的风土人情孕育的精神气质有所强调，认识深刻。

徐东升、费聿辉在《沂蒙精神与中华民族精神》中明确指出：沂蒙精神是“一种具有鲜明地域特色和时代特征的先进群体意识，它秉承沂蒙优秀思想文化和优良革命传统，根植沂蒙革命和建设的实践沃土，在沂蒙山区这片英雄的土地上逐渐生根、发芽直至成长壮大”。“沂蒙山区独特的自然条件，丰厚的文化底蕴使生于斯、长于斯的沂蒙人民形成了吃苦耐劳、不畏强暴、仗义豪侠、血性刚勇的精神。这种精神一旦经过革命战争的洗礼和党的精心培育，则

① 山东省沂蒙文化研究会：《沂蒙文化研究》第一辑，山东人民出版2015年版，第379页。
② 《临沂大学学报》2014年第1期。

上升为一种既有历史渊源，又具鲜明时代特点和崭新内涵的革命精神。”[①]涂可国也持这种观点，他从沂蒙精神与临沂文化的关系的角度，探讨了沂蒙精神与沂蒙地域文化之间的关系，他认为：“从内涵上说，沂蒙精神是临沂文化中最深刻、最本质、最内在的东西，是临沂文化的内核。从外延上说，沂蒙精神是临沂文化的主体和灵魂。……在革命战争年代，革命传统文化同革命老区固有的自然环境和人文环境相结合，形成了特定的老区文化。在老区文化的基础上，生成了老区精神。革命传统文化在同临沂本土文化融合过程中，培养出来沂蒙精神。”[②]实际上，涂可国是说，沂蒙精神源于红色文化和沂蒙传统文化结合生成的老区文化，而且是在“文化融合过程中，培养出来”的。

韩延明在《沂蒙精神新探：源流·内涵·价值·弘扬——纪念中国人民抗日战争暨世界反法西斯战争胜利70周年》一文中，认为沂蒙精神“纳蒙山之魂魄，汲沂水之膏泽”。但是，“追根溯源，沂蒙人民那种诚朴的爱党忠心、爱军情怀和奉献精神，也是在党的感染、培育和滋养下逐步生成与发展起来的，是党的先进性、正确性、人民性和一切为了群众、一切依靠群众的宗旨、政策与实践，是人民军队为民族独立和解放而杀敌护民的英雄壮举和牺牲精神，给沂蒙人民带来了切实的根本利益，唤醒了沂蒙人民的政治觉悟，赢得了沂蒙人民的衷心拥戴，适切了沂蒙人民在政治、经济、文化、教育和生活上翻身的渴望与需求，从而激发了他们对党、对人民军队的誓死捍卫和真诚热爱，使党群、干群、军民成为生死与共、水乳交融的坚强团结的战斗集体”[③]。强调了中国共产党的作用，换言之，如果没有中国共产党的正确领导，没有党群、干群、军民成为生死与共、水乳交融的坚强团结的战斗集体，沂蒙精神是不会形成的。这种观点很有见地。

徐艳玲、贺方彬认为：“沂蒙精神的生成和发展不仅是沂蒙地区自身内在依据作用的结果，还包含着必要的外在依据，……沂蒙精神不仅是一种具有鲜明沂蒙特色的地域性精神形态，它还是中国共产党人精神的重要组成部分，本

① 《临沂大学学报》2012年第5期。

② 《论沂蒙精神与临沂文化的关系问题》，《临沂大学学报》2014年第5期。

③ 《聊城大学学报》（社会科学版）2015年第5期。

质上属于中华民族精神。沂蒙精神的生成和发展不仅是沂蒙地区自身内在依据作用的结果，还包含着必要的外在依据，是时代变化和实践发展的客观需要，也是中华民族精神与时俱进理论品质的内在要求。”“沂蒙精神的生成和发展，首先需要独特的内在依据，这种内在依据是沂蒙精神所特有的内在规定性，从根本上决定了所产生的必然是沂蒙精神而不是什么别的精神，是沂蒙精神‘独特性’的根源所在。当然，沂蒙自身独特的内在依据也不是单一的，包含着许多相互关联的重要方面，摘拾其要者即：其一，深厚的历史文化根基。沂蒙地区位于黄河中下游，是中华文明的重要发祥地之一，‘沂源猿人’曾在这里繁衍生息，东夷文化在这里发轫，齐鲁文化在这里交融，众多历史文化名流在这里汇集，深厚的历史文化底蕴为沂蒙精神的生成和发展奠定了牢固根基。其二，沂蒙人所独有的性格特质。在丰厚的历史文化熏陶下，加上沂蒙地区独特的地理环境，逐渐形成了沂蒙人独具特色的性格品质，比如注重尽忠尽孝，崇文尚武，勤劳淳朴，自强不息，崇尚道义，重视气节，提倡奉献等，这为沂蒙精神的生成发展提供了必不可少的主体条件。其三，光荣的革命斗争传统。沂蒙地区素有光荣的革命斗争传统，为了谋求自由幸福生活，沂蒙人民与大自然进行了坚决抗争，与一切黑暗势力进行了不屈不挠的战斗，如汉代的琅琊起义，宋朝的红袄军起义，明末清初的费县起义等就是典型代表。在斗争过程中，沂蒙人民逐渐形成了追求光明，变革图强，不怕牺牲，敢于斗争的优良革命传统，这也是沂蒙精神能够生成、发展的重要因素。其四，得天独厚的思想政治条件。沂蒙地区由于独特地理位置（北连华北，南接华中，东临黄海，西靠金浦铁路交通枢纽），成为我党最为重要的战略根据地，是著名的革命老区，有着‘小延安’之称，思想政治条件得天独厚。在这种优越的政治环境和革命文化氛围中，在党的精心培育下，沂蒙人民过去那种固有的优秀思想道德品质和朴素阶级感情迅速转化为民族独立，国家富强，人民幸福而奋斗的崇高革命精神，这种宝贵精神在沂蒙人民革命、建设和改革的实践中不断得到升华，最终形成、发展成了伟大的沂蒙精神。”[①]在这里，徐艳玲、贺方彬较系

① 《在中华民族精神发展的历史长河中解读“沂蒙精神”》，《聊城大学学报》（社会科学版）2012年第4期。

统、全面地论述了沂蒙精神形成的文化渊源，即中华民族文化、沂蒙地域传统文化和红色文化。

曲筱鸥则从地域环境、思想文化、政治文化、社会文化的角度探讨了沂蒙精神的历史地理文化渊源："从地域环境看，'大山文化'赋予沂蒙人民不显山露水而在关键时刻能够顶天立地的品格。从思想文化看，儒家的'仁爱'思想和墨家的'尚义'思想是沂蒙精神'大爱大义'的哲学基础。从政治文化看，'家国同构'的观念对沂蒙精神有着重大的影响。从社会文化看，沂蒙传统文化是沂蒙精神产生的历史基础，沂蒙革命根据地的建立和红色文化是沂蒙精神产生的催化剂。"①

南兵军研究孙子兵学与沂蒙精神的历史传承关系："沂蒙精神是集历史文化、革命传统和时代精神于一体的中华民族精神在沂蒙大地的具体体现。沂蒙精神是沂蒙文化的重要体现。它的产生和发展，虽然有着孙子兵学的历史渊源，但它的主体还是革命战争文化和革命老区文化。"②杨勇民则从沂蒙孝文化入手，研究了沂蒙精神与沂蒙传统文化之间的关系："感恩是沂蒙孝文化和沂蒙精神共同的最深层本源。沂蒙孝文化是沂蒙精神产生的逻辑基础、文化基础、思想基础。沂蒙精神是沂蒙孝文化的时代体现。"③于联凯、于澎也认为："沂蒙精神是沂蒙历史文化优秀传统的逻辑发展。"④

可见，目前，学界已对沂蒙精神产生的地域文化渊源等问题，从不同的角度或深刻全面，或就某一点或几点进行了有益的探索，提出了许多非常有价值的观点，为进一步研究奠定了基础。但是，即使是深刻全面的观点，也因受文章篇幅的限制等原因，没有展开系统的论述，更没有专著的出现。本书的出版将在一定程度上弥补这些遗憾。

---

① 《沂蒙精神的历史地理文化渊源研究》，《临沂大学学报》2016年第5期。

② 《孙子兵学与沂蒙精神的历史传承》，《临沂大学学报》2013年第4期。

③ 《沂蒙孝文化和沂蒙精神的关系辨析》，《辽宁教育行政学院学报》2010年第10期。

④ 于联凯、于澎：《论沂蒙精神的文化渊源与社会功能》，《沂蒙文化研究》，吉林人民出版社2002年版，第99页。

上篇　沂蒙传统地域文化

沂蒙传统地域文化是以沂蒙山区及其辐射地带包括沂沭河流域全境为依托而形成的一种区域文化，它自远古时期即已萌芽，东夷文化是其发展的源头，后来经过古代长期的孕育、沉淀、丰富和发展，形成了源远流长、兼容并蓄、经世性强和与时俱进等特点。沂蒙地域文化在中华民族发展的历史进程中，每一个时期都作出了重要贡献。

在远古时期，沂蒙是东夷文化的重要发祥地之一。东夷文化的发展有比较清晰的考古学序列。从旧石器时代的“沂源猿人”，经沂沭河细石器文化，到新石器时代，一脉相承。新石器时代，从北辛文化（距今约7300～6100年）、大汶口文化（距今约6100～4600年），到龙山文化（距今约4600～4000年），序列分明，是中华文明的源头之一。在夏、商、周时期，东夷文化在与夏、商、周文化的碰撞、交流中逐渐融合统一。秦朝的建立者是东夷领袖伯益的后裔，秦文化既继承了东夷文化的优秀之处，又汲取了西戎部族的尚武雄强，秦朝的建立与统一，标志着东夷文化已完全融入多元一体的中华文化之中，为中华文化的丰富和发展做出了贡献。

在秦汉时期，沂蒙是山东的经学重镇。这主要表现在三个方面：

第一，一批造诣较深的儒学经师的涌现。西汉时期出生于沂蒙并在全国有较大影响的儒学经师有兰陵（今兰陵县）人王臧、缪生、孟卿、孟喜，以及孟卿弟子后苍、疏广等。孟喜独创的“孟氏易学”，在当时影响很大。后苍为东海郡郯（今郯城县）人，著《后氏曲台记》数万言。后苍亦广授弟子，其中有戴德、戴圣，二戴各有著作传世，称《大戴礼记》《小戴礼记》（即今本《礼记》）。后苍亦精《诗经》，是《齐诗》最早的传人之一。王吉，琅邪王氏迁居沂蒙后的第一位著名人物，通晓五经，尤精《春秋》《论语》。疏广与侄疏受曾于汉宣帝时分任太子太傅、太子少傅，时人以为荣。东汉时沂蒙籍的著名儒生有王良、伏湛、承宫、卫宏等。这些名儒或在地方，或在中央，对儒学的研读、传播发挥了重要作用。

第二，儒学教育的发展极为可观。东汉时，沂蒙地区的郡、县、乡较普遍设立官学，主要学习儒家经典，儒学教育得到很大发展。除官学外，私学中的儒学教育亦很发达。沂蒙籍著名经师，皆设帐授徒，传授儒家经典。如孟卿广招门徒，悉心传授。后苍举办私学，教授弟子多人。王良在王莽执政时，不愿做官，回家授徒讲学，先后有弟子1000余人。伏湛亦曾立私学，有弟子数百人。另如，姑幕（今沂水县）人徐子盛，以《春秋》教授弟子数百人。杜抚（今郯城人），精研《韩诗》，居家教授弟子1000余人。一般儒生亦从教，所教或10余人，或数十人。

第三，儒学家族化现象普遍，出现了一些累世专攻一经并累世官宦的儒学家族。如琅邪王氏家族、兰陵萧氏家族、琅邪颜氏家族、琅邪诸葛氏家族等，皆以儒学传家。以儒学传家和累世官宦的社会现象，对沂蒙地区的历史及思想文化的发展有着深远的影响。

魏晋时期，沂蒙大族与流民纷纷南下，沂蒙地域文化开始了与南方的吴、荆襄、蜀、南中等区域文化的交流，促进了当地文化的发展。例如，东汉末年，诸葛亮随叔父诸葛玄迁居荆襄，成为刘备集团的军师，协助刘备进驻益州，三分天下，建立了蜀汉政权。诸葛亮秉承琅邪文化的主旨，以儒为主，儒法并用，严明赏罚，以法驭下，使蜀地的政治面貌很快发生了变化。

在东晋初立、诸事草创的时期，王导仍不忘设立学校，传播与交流儒家文化。他把沂蒙地区自先秦以来，研读儒学的风气，推广于江南地区。除王导外，重视儒学传播与交流的祖籍沂蒙的人物还有王弘（379—432，刘宋宰相）、颜延之（384—456，刘宋湘东王师、金紫光禄大夫、文学家）、王俭（452—489，南齐宰相）、萧衍（464—549，梁武帝）等。由于这些人的努力，使南朝在思想文化方面获得了新的成就。值得一提的是，王导导演的以司马睿“上巳观禊”为契机的南北士族联合，王氏家族对于司马政权的尊崇和拥戴，深刻影响了江南地方势力，也影响了江南文化，最终实现了南北士族的联合，从而巩固了司马睿集团的统治，为汉族统治中心成功转移南方做出了表率和贡献。这对于保护先进的生产和文化起到了重要作用。应该说，这是一次以沂蒙历史人物为主角的儒家政治文化向南方的传播与交流。

在文学艺术、史学、科技等领域中的文化传播与交流，当时影响最大的是书法领域，沂蒙书法艺术向南方的传播与交流，主要代表人物有王羲之及其父辈的王导、王廙，晚辈的王献之、王珣等。在这个交流过程中，王羲之成为备精诸体、超越前人的书法艺术宗师，开创了一代书风，并影响久远。在文学创作方面，在南朝文坛上，形成了沂蒙籍文学家群体，如“元嘉三大家”中的颜延之、鲍照；“竟陵八友”中的王融、萧衍、萧琛；还有东海三何：何逊、何思澄、何子朗；东海徐氏的徐勉、徐悱、徐摛、徐陵，还有琅邪王氏、兰陵萧氏、琅邪颜氏的若干后人。这些文学家在文学创作领域中与南方文学进行了广泛的交流。在史学领域中，南渡的沂蒙士人及其子孙撰写出了一大批著作，如王韶之的《晋纪》，萧子显的《后汉书》《南齐书》，萧子云的《晋书》，萧衍的《通史》躬制赞序，徐广的《晋纪》，王智深的《宋纪》等。在科技方面，南渡的沂蒙士人亦有一定建树，如诸葛亮的“木牛流马”，何承天的《元嘉历》，徐之才的医药学等，都推动了南北文化的交流，促进了民族科技的发展。

隋唐时期，随着国家的统一，思想文化也要求统一，因而儒学得到了新的整理和发展，形成了“义疏之学”。在这个过程中，沂蒙地域文化的代表人物发挥了自己的作用。同时，“义疏之学”也对沂蒙地域文化产生了重要影响。

宋金元时期，由于女真族、蒙古族“入主中原”等因素的作用，使民族的地理分布发生了重大变化，因而整个民族文化，乃至沂蒙地域文化都呈现出多元化的状态。但是，儒学仍然在思想文化领域中占有主导地位，儒学教育有了进一步的发展。同时，佛教、道教在沂蒙地区也有新的发展，并出现了儒、释、道三家合一的趋势。作为沂蒙地域文化重要内容的书法艺术也取得了新的成就。沂蒙地域文化受到更多的关注，若干文化名人或亲至沂蒙观光游览，或作诗文赞美沂蒙，使沂蒙地域文化获取了更高的声誉，产生了更大的社会影响。

明清时期，沂蒙地区有大批移民迁入，外来文化与本地民众文化交融碰撞，自然而然地在文化等方面留下了痕迹和影响。经济上，尽管晚清时期西方列强的入侵给沂蒙人民带来了深重的灾难，但此期的农业、手工业、采煤业、商业等还是出现了一些新变化。文化教育倍受政府重视，传统官学、私学继续发挥教育教化功能。这既表现在文化艺术比前代有了一定的发展，又表现为一些文化世家大族的不断崛起。西学东渐，又为传统文化向近代文化的转型准备了历史条件，由于有了外来文化做参照，具有近代意义的文化教育开始萌芽。当然，明清时期又是文化专制时期，表现为尊孔崇儒，提倡理学与大搞文字狱，这束缚了思想文化的发展。所以，从总体上看，明清时期的沂蒙地域文化，封建的旧式文化仍占主导地位；但由于这个时期正处于传统文化向近代文化转型的历史时期，沂蒙地域文化又表现出一些新的特点。

辛亥革命时期，以李光仪为代表的沂蒙辛亥革命的先驱们，积极投身到这场轰轰烈烈的资产阶级民主主义革命运动当中，他们在各地兴办学堂、建立革命组织，通过多种方式宣传资产阶级民主革命思想，为辛亥革命提供了理论支持，为沂蒙同盟会的建立和沂蒙革命活动的开展打下了坚实的理论基础。武昌起义爆发后，这些革命志士在沂蒙地区积极响应，他们英勇斗争，不怕牺牲，在沂蒙大地与封建反动势力展开了殊死决战，在一定程度上打击了帝国主义和封建主义在沂蒙的统治，有力地推动了革命运动的不断高涨。

辛亥革命的发生和“中华民国”的建立及稍后几年发生的“五四运动”，使中国思想界发生了极大的变化。这种变化在沂蒙地区主要表现为各种宣传革命的书籍报刊大量出现，民主思想得到进一步传播，医疗科技事业有了新的变化，科技教育备受重视，学术文化也取得了一定成就。这些都为以后沂蒙地域文化的发展起了重要的奠基作用。

一、“夷俗仁”，重德行

（一）“夷俗仁，仁者寿”

沂蒙是东夷的核心区域，东夷文化是沂蒙文化的源头。东夷民风仁厚、淳朴，故《说文解字注》曰：“夷俗仁，仁者寿，有君子不死之国。”

“夷俗仁”，即东夷人风俗仁厚、淳朴。“仁”的基本概念是“亲亲”，如《说文解字》载：“仁，亲也。”《礼记·中庸》说：“仁者人也，亲亲为大。”亲亲多仁朴，重血缘关系，兄弟古称“天伦”，血缘关系有自然之爱，是人道的起点，即“仁”的起点。《论语·学而》说：“孝弟也者，其为仁之本与？”阐明的就是这个道理。正是由于重视自然之爱，相对的就不大重视虚文末节，所以多“朴”。《后汉书·东夷列传》开宗明义说：“《王制》云：‘东方曰夷。’夷者，柢也，言仁而好生，万物柢地而出。故天性柔顺，易以道御，至有君子、不死之国焉。”文中所言“夷者，柢也，言仁而好生，万物柢地而出”一语，系引自东汉应劭《风俗通》。柢是树木的主根。《韩非子·解老》篇说：“树木有曼根，有直根。直根者，书之所谓‘柢’也。柢也者，木之所以建生也。曼根者，木之所以持生也。……故曰：‘深其根，固其柢，长生久视之道也。’”由此看来，所谓“夷者，柢也”，是比喻东夷人有好生的仁德，喜爱“万物柢地而生”。仁德对人来说既是“所以建生”的柢，很自然，有仁德，即可长寿。所以有“夷俗仁，仁者寿”之说。“仁者寿”，语出《论语·雍也》，董仲舒曾经解释说：“仁人之所以多寿者，外无贪而内清净，心和平而不失中正，取天地之美以养其身，是其且多且治。”(《春秋繁露·循王之道》)

王献唐认为：“夷人一字，人仁通用。故夷仁得以双声或同声为训，夷居东方，仁以五常位在东，与夷相同，以声训方位之故，夷仁意相表里，乃有许君‘夷俗仁’之说，而不死之国，更以仁寿一义牵入矣。春属东，万物发荣，夷方与之相同，乃有应氏‘夷仁好生万物’之说。”[①]章太炎《膏兰室札记》卷三第四四九条云：“窃疑仁、夷、人古只一字。”“在东夷人那里，当流行一种仁德之风。”[②]“夷俗仁”是东夷人风俗的真实反映。孔子大力倡导的仁，滥觞之源或在于此。

东夷地区有敦厚和平、好让不争的民风。这种民风在“礼失而求诸野”的中国已不可得，但仍为人们所向往，称之为君子之风。甚至于孔子还曾有过“欲居九夷”的想法，当有人向他指出东夷鄙陋时，他说：“君子居之，何陋之有？”(《论语·子罕》)即：那是君子居住的地方，有什么鄙陋的呢？孔子对东夷人及其文化是相当尊重的。他曾乘郯国国君来鲁国访问的机会，“见于郯

① 王献唐：《炎黄氏族文化考》，齐鲁书社1985年版，第39页。

② 王钧林：《中国儒学史》先秦卷，广东教育出版社1998年6月第1版，第126页。

子而学之”；事后十分佩服地说：“吾闻之，‘天子失官，学在四夷’，犹信。”（《左传·昭公十七年》）可见，孔子时代，东夷人有着比较高的文化水平。

至清代，大儒段玉裁为《说文解字》注曰：“惟东夷从大。大，人也。夷俗仁，仁者寿，有君子不死之国。”段氏仍用中国传统伦理道德规范“五常”之首的“仁”字来概括东夷人的风俗。

（二）重德行：仁的继承和发展

东夷文化融入中华文化之后，仁风仁俗得到了很好的继承和发展，这主要表现为重德行。

在夏朝建立的前后，夏文化与东夷文化长期碰撞与交流，在思想道德方面互相影响、互相吸收。《礼记·表记》载，子曰：“夏道遵命，事鬼敬神而远之，近人而忠焉。”这里是说夏朝统治思想的特点是尊崇政命，对鬼神敬而远之，近人情而有诚直之心。显然这种“近人而忠焉”，与东夷的仁风仁俗是很贴近的。“近人”即近于人情人意，也就是“仁”，这与后来孔子的“爱人”是一致的。“忠”与后代的忠君之“忠”意思不同，这里是诚直无私之意，与“仁”也很贴近。因此可以说，夏后氏之“忠”是受东夷之“仁”影响的结果。总的趋势是，从夏代开始，东夷文化已步入融入中华主流文化的征途。东夷的仁风仁俗也是孔子“仁学”的思想来源之一。孔子在春秋时建立的仁学体系，实际上是对自尧、舜以来优秀思想成果的总结与继承，这种总结与继承也包括了东夷人的思想道德成果。此后，沂蒙人多重德行。仅举几例说明。

1.闵子骞尚德

闵子骞（前536—前487），名损，字子骞，春秋末年鲁国费邑人。他一生尚德，在孔门弟子中以德行高尚闻名。孔子曾说：“德行：颜渊，闵子骞，冉伯牛，仲弓。言语：宰我，子贡。政事：冉有，季路。文学：子游，子夏。”[①]四科之中，德行为先，而德行中闵子骞仅次于颜渊，名列第二，可见在孔子心目中，闵子骞是一个德行高尚的弟子。齐相晏婴也说“德不盛，行不厚，则颜回、骞、雍侍”[②]，把闵子骞与颜回等并称。闵子骞与颜回是同等的德

① 《论语·先进》。

② 《晏子春秋·内篇问上第三》。

行高尚之士，也是古代广大民间人士的共识，如汉《武斑碑》中即有“颜、闵之懋质”[①]的句子。

闵子骞提倡并践行儒家的孝悌精神，还坚信儒家的仁义之道，淡泊名利。据《韩诗外传》记载，他曾对子贡说：“今被夫子之文寖深，又赖二三子切磋而进之，内明于去就之义，出见羽盖龙旂，旃裘相随，视之如坛土矣。”这说明闵子骞对名、权、利的淡泊，甚至有某种程度的鄙视。《史记·仲尼弟子列传》称其“不士大夫，不食污君之禄”，就是指此种状况。正是由于有这样的思想基础，所以当季氏要其为费宰时，他即加以拒绝。

受到孔子称赞的还有闵子骞为人的谨慎、持重。《论语·先进》曰：“闵子侍侧，訚訚如也”，即言闵子骞在侍奉孔子时显得正直而和蔼。孔子称其“夫人不言，言必有中”（《论语·先进》），说明他出言谨慎，不信口开河。这些都是一个仁人君子的必备条件。

后世儒家对闵子骞评价很高。如孟子的弟子公孙丑曾言：“昔者窃闻之：子夏、子游、子张皆有圣人之一体，冉牛、闵子、颜渊则具体而微。”[②]这就是说，闵子骞与颜渊等人一样，都大体上接近于孔子的水平而稍微显弱。

闵子骞对儒学传播的另一个贡献，是他对孔子的以德治国主张的推行。据《孔子家语·执辔》记载，闵子骞曾问政于孔子，请教如何治理的问题。孔子回答：“以德以法。夫德法者，御民之具，犹御马之有衔勒也。君者，人也；吏者，辔也；刑者，策也。夫人君之政，执其辔策而已。”孔子所说的“法”与现代所说的“法”的意义有所不同，内容主要指儒家治国的礼仪制度。孔子这段话的主旨是治国应该实行德治，认真贯彻执行儒家的礼仪制度。闵子骞认同并推广、传播之。

2.诸葛亮重仁德

诸葛亮（181—234），字孔明，琅邪阳都（治所在今沂南县砖埠镇黄疃村）人，三国蜀汉政治家、军事家。他一生重德行，讲忠诚，勤政清廉，“鞠躬尽瘁，死而后已”，留下了无数可歌可泣的事迹。“仁”是东夷传统、儒学

① 高文：《汉碑集释》，河南大学出版社1985年版。

② 《孟子·公孙丑上》。

的核心思想，诸葛亮思想中“仁”的成分很明显，他恒以“仁”者自居，视曹操为“不仁”，他称刘备“迈仁树德”，称甘夫人“履行修仁”。他写的《为后帝伐魏诏》称：“朕闻天地之道，福仁而祸淫；善积者昌，恶积者丧，古今常数也。是以汤、武修德而王，桀、纣极暴而亡。”[①]又说：“昔在项羽，起不由德，虽处华夏，秉帝者之势，卒就汤镬，为后永戒。”[②]显然，在他看来，只有修仁修德才能取得事业的成功，表现了他对修德的重视。诸葛亮是仁政思想的模范实践者。他有仁德之心，以德育民，主张“治世以大德，不以小惠”[③]，“为政以安民为本，不以修饰为先”[④]。他在治蜀期间对“仁”作了广泛的践行，并丰富了它的内涵。他还是一个很有仁爱之心的人，如他任蜀国丞相北伐曹魏时，率军出祁山，收降了陇西、南安郡。接着又围天水，拔冀城，并收降了大将姜维。属下纷纷祝贺，他却面色愀然而忧伤，并说：“普天之下，莫非汉民，国家威力未举，使百姓困于豺狼之吻。一夫有死，皆亮之罪，以此相贺，能不为愧。”[⑤]这是诸葛亮仁爱之心的自然流露，是对“仁民爱物”原则和民本思想的具体化、形象化的说法。

诸葛亮主张“俭以养德”，他在《诫子书》开篇即说：“夫君子之行，静以修身，俭以养德。”他认为，品德高尚者的做法是，依靠静来修养身心，依靠俭朴来培养品德。告诫子孙要做品德高尚的人，即要做君子，而要做君子就要修身、养德。修身须静，养德则须俭。“静以修身”强调了内心的宁静对个人品德修养的重要作用；“俭以养德”则强调了节俭即物质生活的低要求对个人品德修养的关键性作用。修身养德是做人的根本，成才的基石。

诸葛亮认为，治国必先修身，加强道德修养。千百年来，修身一直是士人的重要课题，也是其优良传统。儒家是非常重视自身品德修养的，孔子主张君子要“修己以安百姓”[⑥]。他认为“凡为天下国家有九经，曰修身也，尊贤

---

① 《三国志》卷三十三《后主传》裴松之注引《诸葛亮集》。
② 《三国志》卷三十五《诸葛亮传》裴松之注引《诸葛亮集》。
③ 《三国志》卷三十三《后主传》裴松之注引《华阳国志》。
④ 张连科、管淑珍：《诸葛亮集校注·又称蒋琬》，天津古籍出版社2008年版，第177页。
⑤ 《三国志》卷三十五《诸葛亮传》裴松之注引郭冲四事。
⑥ 《论语·宪问》。

也……修身则道立”[①]。孟子进一步发展了孔子的思想，提出家、国与天下之本在于“身”的主张，指出“天下之本在国，国之本在家，家之本在身”[②]，要求“君子之守，修其身而平天下”[③]。只有专注“修身”，才能使“道立”，收到“天下可运于掌”[④]的社会效果。诸葛亮继承之，他的言、行、功业等方面处处体现着美德。

3.蒙阴公氏敦亲睦族，乐善好施

明代蒙阴公氏家族是江北罕见的文学世家和声势显赫的“馆阁世家”，是沂蒙的大家族。其家族文化的重要内涵之一就是“敦亲睦族，乐善好施”。史载，公评“富而好施，睦族劝善”[⑤]。公一跃在任广昌县丞时，“遇岁饥施粥，所活者甚众”[⑥]。公甸仕至南京户部郎中，乐善好施，爱护地方。史载：崇祯庚辰年，“蝗灾三载，蒙民大饥。甸施粥贱粜以救饥，民赖以生全者甚众”。公登高“重义敬贤，急公乐施，远近重之”[⑦]。公一桂“睦族化众，善施好古”[⑧]。公家栋“扶危济贫，挥金如土，末路窘甚，处之泰然”[⑨]。公鼐发粟赈济，仁殚乡旅，体恤民情，则关心、同情劳动人民疾苦，并尽力帮助受灾民众。蒙阴县志载：“乙卯之岁，东人大饥，鼐疏请发赈，一路赖以全活。”[⑩]

二、交汇融合，博采众长

西周至春秋战国时期，出现了沂蒙地域文化与齐、鲁、楚、吴、越等区域文化交汇、融合的局面。

（一）沂蒙文化与齐鲁楚文化交融

西周和春秋战国时期，沂蒙地区的行政区划、政治环境等都发生了很大变

① 《礼记·中庸》。
② 《孟子·离娄上》。
③ 《孟子·尽心下》。
④ 《孟子·梁惠王上》。
⑤ 蒙阴县地方史志编纂委员会：《蒙阴县清志汇编》，中华书局1999年版，第65页。
⑥ 蒙阴县地方史志编纂委员会：《蒙阴县清志汇编》，中华书局1999年版，第18页。
⑦ 蒙阴县地方史志编纂委员会：《蒙阴县清志汇编》，中华书局1999年版，第47页。
⑧ 蒙阴县地方史志编纂委员会：《蒙阴县清志汇编》，中华书局1999年版，第66页。
⑨ 蒙阴县地方史志编纂委员会：《蒙阴县清志汇编》，中华书局1999年版，第66页。
⑩ 蒙阴县地方史志编纂委员会：《蒙阴县清志汇编》，中华书局1999年版，第303页。

化。这些变化，对沂蒙文化的发展与交流具有重大的影响。

1.多元文化交融合的平台

列国分治沂蒙和沂蒙归属不定，为多元文化的交流、融合提供了广阔的平台。

西周建立以后，周王朝的势力已经到达沂蒙地区。周公东征曾围绕泰沂蒙山，兵分三路进攻东夷人，其南路一直打到今临沂市的郯城一带。

对沂蒙地区影响最大的是齐国和鲁国的建立。今沂水县北境的穆陵关，是齐、鲁二国的分界处。穆陵关以北属齐，穆陵关以南今属沂水县的地区，其大部分属鲁，小部分属莒，而浮来山一带则属纪。当时，穆陵关以南属鲁的郓邑是莒鲁之间争夺的地区，两国为此多次发生战争。后来，此地“折而入于齐”[①]，大部分属地在今沂南县境内的阳国，后于鲁滑公二年（前660）被齐攻灭，其地为齐所占领。至战国时期，在今临沂市境内，原属鲁国的地区大多被并入齐国。《续山东考古录》载，“沂州府之莒州、沂水、日照、费县之南境”，皆入齐境。战国晚期，今临沂市境内已大部分成为齐国的属地。

鲁国建立之初，方圆不过百里，后来多次发动兼并战争，灭掉一些东夷族小国，国土不断扩大，发展到“鲁方百里者五”[②]。直至齐桓公称霸前夕，鲁之国势尚甚强，不亚于齐。《诗经·鲁颂·閟宫》曰：“泰山岩岩，鲁邦所詹。奄有龟蒙，遂荒大东。至于海邦，淮夷来同。莫不率从，鲁侯之功。保有凫绎，遂荒徐宅。至于海邦，淮夷蛮貊。及彼南夷，莫不率从。”这里描绘的是鲁国强盛时的情况：北可望泰山，南至徐国，东至大海，占有龟蒙、凫绎等山。

今临沂市的中西部在春秋时期属鲁，当时鲁亦加强对这些地区的控制。如《春秋经》记载，鲁桓公五年（前707），曾有“城祝丘”之举，其故址在今临沂市河东区汤河镇。与此不远的是向国（在今临沂市莒南县大店镇一带），鲁隐公二年（前721）向国亡于莒后，又被鲁夺去，成为鲁国的向邑。可见鲁国的势力已到达今临沂市的东部。

据《左传·哀公三年》记载，是年（前492）鲁国派“季孙斯、叔孙州仇

① 《沂水县志》卷之一《沿革》，清道光七年（1827）修纂。

② 《孟子·告子下》。

帅师城启阳”。启阳，西汉因避景帝讳，改称开阳，其地隋以后并入临沂县（今属临沂市兰山区）。由此可知，至春秋晚期，今临沂市兰山区一带为鲁国属地。与此相联系的还有鄅国，其故都原址在今临沂市城北鄅古村一带，鲁昭公十八年（前524）被邾国攻灭，后在宋国帮助下复国，但终被鲁国攻灭。在今兰陵县境内有鲁国的次室邑，漆室女忧国的故事就发生在这里。费县（含今平邑县的一部分）在春秋时期为鲁季氏奉邑，与此相联系的是太皞后裔，曾受封主祭蒙山的颛臾国（在今平邑县城以东，蒙山以南）。其本为鲁国附庸，至春秋晚期亦为季氏所灭。当时孔子与其弟子曾为此发生了一场争论。孔子提出了有国有家者“不患寡而患不均，不患贫而患不安”[①]的名言，反对征伐颛臾。今蒙阴县巨山镇以西以北的地区，亦为鲁国属地。鲁成公六年（前585），鲁国还吞并了原址在今郯城县东北的鄟国。郯国虽为独立的东夷族古国，但亦附庸于鲁，受鲁国控制。

西周至春秋时期，今临沂市的西部、中部及东部的部分地区都为鲁国属地。这种状况至战国时期，随着齐国的强大和鲁国的衰弱，才发生了变化。

在今临沂市范围内，除齐、鲁二国的属地外，还有东夷族建立的若干古国或某国的一部分，其中影响较大的有莒、郯等国。

莒，己姓，或云嬴姓、曹姓。司马迁认为，应与秦国同姓，故为少昊之后。甲骨文和金文中的“虘”字即是后来的“莒”字，而莒就是由虘氏家族建立的。1981年秋，北京市文物工作队从北京铜厂征集到商代青铜器28件，为山东费县出土。这些青铜器，多带有铭文“举虘”，这应该就是商代莒族所铸，因而可以断定莒最早兴起于费县一带。

西周建立后，莒迁都于介根（或写作“计斤”，今青岛胶州市境），国君兹舆期重新受到武王封赐，传为子爵，故世称“莒子”。春秋初年，又徙都于莒（治在今莒县城阳镇），当时莒国在山东境内是仅次于齐、鲁的诸侯国。今临沂市的莒南县大部分，沂水、沂南一部分，为莒国的属地。

莒在春秋时期一度颇为活跃，曾与齐、鲁、楚等发生战事，并吞灭了一

① 《论语·季氏》。

些小国，如向、鄫（今兰陵县卞庄西北一带）等。后来由于莒国统治集团的腐朽，特别是受到齐、楚等国的侵迫，国势日蹙，终在楚简王元年（前431）为楚国所灭[①]。楚灭亡莒国，但没能长期保有，后来莒成为齐国的重镇。

郯国疆域约包括今临沂市郯城县的大部分、兰陵县的一部分，还有今江苏省新沂市、邳州市的一部分。郯国先亡于楚，后归于齐。

此外，东夷族建立的古国还有邹国，原作邾，颛顼后裔，曹姓，为鲁国附庸，今费县、平邑西南部当时为其属地。

从春秋末期开始，吴、越、楚三国的势力和影响也进入到沂蒙地区。鲁哀公七年（前488），吴王夫差欲称霸中原，北上与鲁君会盟于鄫。鲁哀公十一年（前484），吴王夫差率师北上与鲁国军队会合，与齐军战于艾陵（今山东省莱芜市东境）。吴国这次攻齐，对沂蒙地区影响很大，其水军曾沿沂河北上，直达今沂源县之东里店，其步兵车骑亦纵贯今临沂市南北。又据《史记·吴太伯世家》记载，其中途亦在鄫地停留。这样，吴国通过战争的形式，把自己的若干文化元素留在了沂蒙地区。

吴国衰落之后，越国亦步吴国后尘，北上中原争霸。越王勾践二十四年（约前472），将都城迁于琅邪（今山东省胶南市西南）。晋出公十年（前465），越王勾践卒，至其玄孙王翳时又把都城迁回吴地。越以琅邪为都前后近百年，加强了与北方诸国的交往，也扩大了对沂蒙地区的影响。不仅如此，越王朱勾三十五年（前414）时还曾发兵吞并郯国，其势力直接进入沂蒙地区。

楚国一直想在北方扩大势力。在楚简王元年（前431）灭莒之后，进一步占领沂蒙地区。战国末期，今临沂市的莒南、沂水、沂南、费县、郯城、兰陵等全部或一部分成为楚国的属地。楚国在占领区，实施了楚国的行政区划管理。如楚考烈王八年（前255），楚令尹春申君即令荀子为楚国兰陵令（治在今山东省兰陵县兰陵镇），这是沂蒙地区立县之始。

西周至春秋战国时期，沂蒙地区列国分治和归属不定的状况，为多元文化的相互交流融合提供了一个广阔的平台，同时使沂蒙地域文化具有了交融性等特点。

---

① 关于莒国灭亡一事，学界亦有不同观点，有学者认为莒应是“恃越为援国而终为齐所灭”。对此尚需进一步探讨。

2.齐、鲁对待东夷的文化政策

齐自姜太公建国至被秦灭亡，历经800余年。鲁国灭亡于公元前249年，比齐早20余年，但其历史亦近800年。在这漫长的历史发展过程中，齐、鲁二国对待东夷的文化政策，前后有所变化。同时东夷文化本身也有所变化：从对齐鲁文化的排拒到逐渐融合，再到基本融合，直至成为整个中华文化的组成部分之一。

（1）齐姜太公的“因其俗，简其礼”

姜太公为东夷文化的杰出代表，后入周佐文王、武王。在周初的各项大政方针中，“太公之谋计居多”[①]，这使姜太公成为融合周文化与东夷文化的桥梁。

“因其俗，简其礼”，是姜太公将周代礼制与东夷仁风仁俗相互结合的治国之策。“简其礼”就是简化某些朝政与实际礼仪。据《史记·鲁周公世家》记载，太公封于齐，五月而报政周公。周公曰：“何疾也？”曰：“吾简其君臣礼，从其俗为也。”礼仪是人们的行为规范，没有礼仪，社会会变得杂乱无序；而礼仪过于烦琐，则又会束缚人们的手脚。因此，姜尚的“简其礼”是很有积极意义的。“简君臣之礼”，必然会使臣子敢于讲话，敢于承担责任，能主动做好所任之事；同时会使为君者更多地接触臣子，更多地了解实际情况。这样，君臣和谐，上下一心，必然更有利于国家的发展。因而姜尚“因其俗，简其礼”的文化政策是促进齐国稳定发展，促使齐文化与东夷文化融合的正确政策。

（2）管仲的“令顺民心”和晏婴的“和如羹焉”

春秋时管仲为齐相，仍坚持了对东夷文化宽容的政策。在《史记·管晏列传》中，司马迁称其“俗之所欲，因而欲之；俗之所否，因而去之”，是一种“令民顺心”的举措，也是姜太公“因其俗”政策的继续。

晏婴（？一前500）于齐灵公二十六年（前556）继其父晏弱任齐卿，是著名的贤臣。他曾探讨“和”与“同”的关系，对西周史伯提出的“和”与“同”关系论有所发展。他认为：“和如羹焉，水火醯醢盐梅，以烹鱼肉，燀之以薪，宰夫和之，齐之以味，济其不及；以泄其过，君子食之，以平其

① 《史记·齐太公世家》。

心。”[①]即统一体内的各种元素有着对立统一、相生相克的关系。晏婴以此观点论证君臣关系，实际上也是管理、发展文化的政策，是齐国初年文化政策的发展。

（3）田齐的兼收并蓄

田氏在齐国夺取政权后，逐渐实行了兼收并蓄的文化政策。临淄稷下学宫荟萃天下人才，著书立说，自由争鸣，前后历时140余年，对沂蒙东夷文化毫无排斥之意，齐与东夷间的文化融合是存在的。

齐国这种兼收并蓄、尊重各种文化的独立性而又注重和谐的文化政策，是以开放理念为其基础的，为沂蒙地域文化的发展增加了新的内涵，并给予了新的发展动力。不仅如此，齐国的文化政策也对整个民族文化的发展影响很大，应该说是“多元一体”文化发展基本模式的滥觞。

（4）鲁国对待东夷的文化政策

鲁国建立后，制定了各项方针政策。《左传·定公四年》谓鲁与卫“皆启以商政，疆以周索”；《史记·鲁周公世家》记载，鲁公伯禽受封之鲁，三年后报政周公。周公曰：“何迟也？”伯禽曰：“变其俗，革其礼，丧三年然后除之，故迟。”《汉书·地理志》曰：“周公始封，太公问：何以治鲁？周公曰：尊尊而亲亲。”上述几项综合起来，就是鲁国的建国方针。其中“启以商政，疆以周索”和“变其俗，革其礼”是鲁国对东夷的文化政策。

所谓“启以商政”，杜预注为：“居殷之地，因其风俗，开用其政。”即在原来商朝政治和民俗的基础上开展工作。周公在告诫康叔的《康诰》中曾指出：“绍闻殷德言，往敷求于殷先哲王，用保乂民。”[②]意思是要清醒地听取商朝有德之士的意见，广泛寻求商朝贤哲君王的治国经验，以保护安定民众。周公的话可以作为“启以商政”的注脚。“疆以周索”就是用周朝的典章制度来疆理（规划管理），按照周朝的标准来处事，也就是“以法则周公”[③]。

“变其俗，革其礼”，是指要对鲁国境内原来居住的商朝人，强行变革其

① 《晏子春秋》第七卷·外篇第七。
② 《尚书·康诰》。
③ 《左传·定公四年》。

礼俗，使之遵从周朝的礼仪制度。这些人主要有居住于鲁都曲阜以东的“商奄之民”（即商朝时东夷族的奄国之民）和鲁国东部（今临沂市费县、平邑、兰陵一带）的东夷族人。此外，被变、被革者，还有伯禽受封时周王室分给他的“殷民六族”（有条氏、徐氏、萧氏、索氏、长勺氏、尾勺氏）。

“启以商政”“疆以周索”和“变其俗，革其礼”是同一种政策的两个层面，其目的都是推行西周的礼仪制度，巩固西周的统治，其中以“疆以周索”和“变其俗，革其礼”为主。这种运用行政力量推行文化“变”“革”的做法，使沂蒙地域文化出现了若干变化。这主要表现在至春秋晚期，以儒学为主体的鲁文化迅速传播于沂蒙地区，对沂蒙地区思想、道德的发展产生了重要影响。另外，这种强调统一的做法，逐渐发展为文化管理的一种基本模式。

3.楚兼并郯、费与文化交融

郯原为沂蒙地区典型的东夷族古国，先亡于越，后又归齐，继而被楚国占领。费本为鲁国属地，夏、商时为东夷族地区，在楚国势力向北方发展的过程中，也被楚国占领。这样，楚国的文化即与所占地郯、费的文化相碰撞和融合，彼此影响，促进了沂蒙地域文化的发展。

（1）龙凤文化的相互印证和相互影响

在原始社会父系氏族阶段，沂蒙地区曾先后有太皞、少皞两个血亲集团活动繁衍。泰沂山以南，蒙山南北和沂、沭、汶、泗、济水等流域是他们的活动区域。

《左传》载：“昔者黄帝氏以云纪，故为云师而云名。炎帝氏以火纪，故为火师而火名。共工氏以水纪，故为水师而水名。太皞氏以龙纪，故为龙师而龙名。我高祖少皞挚之立也，凤鸟适至，故纪于鸟，为鸟师而鸟名。”[①]太皞以龙纪和“以龙命官”，反映了太皞集团对“龙”的图腾崇拜，应该说他们是龙文化的最早创造者之一。而少皞氏因凤鸟适至而以鸟命官，反映了少皞氏对凤的图腾崇拜。因此可以说，太皞、少皞两个血亲集团，是中华民族龙凤文化的开创者之一。在进入文明时代以后，龙凤观念渗透到社会的各个层面和角

① 〔晋〕杜预注、〔唐〕孔颖达疏：《春秋左传正义》十三经注疏本。

落，成为民族统一意识和促进民族奋发向上的伟大力量，成为中华民族冲破艰难险阻，振兴腾飞的象征。因此，龙凤文化的创立是沂蒙地域文化对中华民族文化的重要贡献之一。

这种崇拜龙凤的观念，在春秋时期的楚国也是存在的。如在楚墓出土的丝织品花纹中，体现了楚人崇拜龙凤和喜爱龙凤的观念。又如在湖北江陵马山楚墓中出土的丝织品，“最引人注目的，有大幅龙凤纹绣绢”，该墓出土的两条锦被“图案美，有对称的龙凤、舞人、神兽……都是战国中期风格”，还“有些像龙、凤、鹿……一类的兽鸟”[①]。这些龙凤花纹、图案的出土，反映了春秋战国时期崇拜龙凤的观念在楚地存在的普遍性。

楚国王室祖上原为东夷之一的淮夷的一支，号称“熊盈”，后来因受周的压迫而南迁。因此，楚国的龙凤文化，其源头应是太皞、少皞时所创立的龙凤文化。春秋战国时期，楚国占领郯、费等太皞、少皞的故地，从文化传承的角度看，就是当时的一次文化寻根活动。这样，两地的龙凤文化互相印证，互相学习，使龙凤文化的内涵更为丰富。

（2）孝文化的相互影响

《史记·老子韩非列传》曰：“老莱子亦楚人也。著书十五篇，言道家之用，与孔子同时云。”西汉刘向《列女传》称“老莱子有彩衣娱亲”的孝行。张守节《史记正义》引《列仙传》曰：“老莱子，楚人。当时世乱，逃世耕于蒙山之阳。”从传播学的角度看，老莱子是孝文化和道家文化的践行者与传播者，而沂蒙地区从舜帝开始，就逐渐形成了内涵丰富的孝文化，沂蒙诸贤的孝行与老莱子的孝行相互辉映，相互汲取，使沂蒙孝文化的内涵更为丰富和生动。

（3）楚地民俗对沂蒙民俗的影响

楚国灭鲁亡郯，占领费地，对沂蒙民俗也产生了一定的影响。南朝梁宗懔《荆楚岁时记》曰：“荆楚人以五月五日并踏百草，采艾以为人，悬门户上，以禳毒气。”又曰：“屈原以是日死于汨罗，人伤其死，所以并将舟楫以拯之。今之竞渡，是其遗迹。”[②]南朝梁吴均《续齐谐记》曰：“屈原五月五日，投汨罗而

① 《神奇的发现——江陵县马山战国丝绸宝库出土记》，载《湖北日报》1982年3月5日。
② 〔唐〕欧阳询：《艺文类聚·岁时中》，上海古籍出版社1965年版，第75页。

死，楚人哀之，每至此日，竹筒贮米，投水祭之。”[①]这些记载说明，楚国端午节有三项民俗：一是插艾以禳毒气；二是举行龙舟竞赛；三是向江中以竹筒投米，后来演变为吃粽子的习惯。这三项民俗，随着楚国势力的北进，很快传到沂蒙等北方地区。在漫长的古代如此，在当今民间仍如此：端午节插艾，缝装香药的荷包，吃糯米粽子，参加或去观看龙舟比赛。可见楚国民俗影响的久远。

（4）“筚路蓝缕，以处草莽”的艰苦创业精神

楚灵王十一年（前530），楚国大夫子革（《史记·楚世家》误为“析父”，《史记索隐》已指其误）曾曰：“昔我先王熊绎辟在荆山，筚路蓝缕，以处草莽；跋涉山林，以事天子。”[②]这句话概括了楚人早期艰苦创业的历史。

东夷族人在自己艰苦创业的基础上，从楚文化所蕴含的“筚路蓝缕，以处草莽”的苦志中汲取力量，不断弘扬艰苦创业的精神。这种精神又为春秋战国以后历代沂蒙儿女所传承并发扬光大。直至近现代，沂蒙人民创造了包含“艰苦创业”品格的沂蒙精神。

4.沂蒙地域文化与齐、鲁、楚等文化的关系

沂蒙地域文化具有原生性，是一种土生土长的文化，它与齐、鲁、楚等文化之间存在着从碰撞、相拒、斗争到逐渐交汇融合的关系，但融合不是一种“同”的关系，而是一种“和”的关系，在整个发展过程中，沂蒙地域文化并未失去其原生性与独立性。另一方面，沂蒙地域文化也从齐文化、鲁文化和楚文化等文化中吸收了若干优秀因素而丰富了自己的内涵，因而呈现出交融性的特点。这种交融是一个博采众长的过程，因而沂蒙地域文化又具有先进性的特点。

（1）排拒斗争，体现原生性和独立性

沂蒙地域文化在其发展的过程中经历了不同的阶段，且不同阶段的发展是不平衡的。有的阶段发展比较充分，对整个民族历史影响较大；有的阶段则比较平淡，具有全国影响的人物较少。但无论在哪个发展阶段，其原生性和独立性的特点都比较明显。

在沂蒙地域文化发展过程中，第一个比较有影响的阶段是东夷文化时期。

---

① ［唐］欧阳询:《艺文类聚·岁时中》，上海古籍出版社1965年版，第74页。

② 《左传·昭公十二年》。

东夷文化在考古学上，主要属于新石器文化，它是由属于旧石器时期的“沂源猿人”发展而来的，因而完全是一种土生土长的文化。东夷文化在史前社会经历了北辛文化、大汶口文化、龙山文化以及岳石文化等不同阶段，每个阶段的发展当时都是独立的，没有成为其他文化的次生形态。

进入夏、商时期以后，东夷人与夏、商统治者不断战争。虽然，夏、商两族皆兴起于东方——具体来说就是泰沂山以南，蒙山南北和沂沭河流域，即沂蒙地区，但这两个血亲集团后来都迁徙至中原地区，而与东夷族居于不同的地理区域。一直居于沂蒙等地的东夷人采取了用战争的形式来保卫自己独立性的做法。

从西周建立到秦统一全国，是东夷文化与西周文化、齐鲁文化、楚文化之间由碰撞、排拒到交流、融合的过程。

西周建立后把东夷族的居住地划为自己的版图，对生活在东夷地区的古国重新给予封号，如分封了莱、莒、郯、鄅、鄫等东夷族古国。这同时也就开始了与东夷文化的碰撞与融合。

齐文化与鲁文化本身各自有一个发展过程，齐文化的发展可以分为先齐文化、齐文化和齐地文化，鲁文化也是这样。先齐文化的内涵之一就是东夷文化，所以齐文化是东夷文化与西周文化等因素融合而成的，“稷下学”的出现，标志着齐文化的成熟。鲁文化主要是由周文化变化而成，由于西周统治者周公等人对鲁的偏爱，形成了“周礼尽在鲁矣”的局面，所以鲁文化基本上继承了周文化，对周礼变革很少，因而鲁文化对东夷文化的排拒，在初期是比较大的。孔子儒学的形成标志着鲁文化的成熟。当时的沂蒙地区，除了东夷族的莒、郯、向等国外，其余地区或属鲁，或属齐，战国后期又一度属楚，吴、越两国亦曾进军沂蒙，而各国边界又不固定，故各种区域文化的交流、碰撞、排拒、融合，不断发生，不断深入。而最终荀子的既隆礼又重法，“齐言行”和“以一持万”等主张的提出，标志着沂蒙地域文化在先秦时期发展到一个高峰期。

沂蒙东夷文化与齐鲁文化的排拒、斗争，除了逻辑上的推论之外，从以下事例也可以看出。

《山东金文集存》载有春秋战国时期的《莒太史申鼎铭文》32字，该鼎出土时间、地点不详，其地址当在原莒国范围内，铭文曰：

隹（惟）正月初吉辛亥□安之孙（莒）大史申乍（作）其造鼎十用征以迮以御宾客子孙是若。

这里记述了莒太史申一次就造了十鼎，这是不遵周制的表现。按周之礼制，应是天子九鼎，诸侯七鼎，大夫五鼎。实际上自夏铸九鼎之后，三代天子一直尊奉九鼎之制。莒太史职位相当于大夫，敢于一次造鼎超过天子之制，实为东夷古国标新立异，不受周制羁绊之精神的再现。这种独立性对于历史的发展是有积极意义的。

另外，从葬俗情况来看，亦是如此。鲁文化是反对人殉的，从周初到春秋战国时期，一直如此。周初的反对人殉，曾成为一些研究者认定西周为封建社会的根据之一。至春秋晚期，孔子曾公开反对人殉，他甚至连以人形的陶俑殉葬都反对，他说："始作俑者，其无后乎！"[①]这种反对人殉的主张应是齐鲁文化的一贯传统。

但在东夷文化区域，至春秋战国时期，某些东夷古国内人殉仍然存在。如在今莒南县大店镇老龙腰发掘的春秋两座莒国墓中各有殉葬者10人；在今临沂市河东区凤凰岭发掘的属春秋鄅国的一座大墓中，发现殉人14具。以上情况说明，至春秋时期，在沂蒙地区的若干东夷古国内仍保留着落后的人殉制度。这从一个侧面清楚地表明了东夷文化对于齐鲁文化的排拒性。另外，考古发掘资料证明，从周初直到战国早期，鲁国都城内的东夷人的葬俗均无改变。周人和东夷人各自保持着自己的葬俗特点，亦即两者并未融合[②]。这一事实表明在更大范围之内的东夷文化对鲁文化的排拒，同时表现了东夷人的独立性，但是这种独立性对于社会文明的发展不具有正面的推动作用。

沂蒙东夷文化对于楚文化的排拒性，不像对齐鲁文化那样明显和强烈。这其中的原因就是楚文化亦源于东夷文化，二者皆被视为蛮夷。楚国长期被中原各国视为蛮夷之邦，东夷人亦以蛮夷自居。如《左传·成公八年》记莒子云："辟陋在夷，其孰以我为虞？"即言"我处于偏僻的蛮夷之地……"，故二者

① 《孟子·梁惠王上》。

② 逄振镐：《齐鲁文化性质比较研究》，《齐鲁文化纵论》，华龄出版社1993年版，第272页。

文化的亲和力较强，但是这两种文化毕竟也有区别。《春秋穀梁传·成公九年》记载楚公子婴齐曰“莒虽夷狄，犹中国也”，这又显示了齐鲁文化对东夷文化的影响作用。

（2）兼收并蓄，博采众长，体现交融性和先进性

沂蒙地域文化与齐鲁楚等区域文化，在经过较长时间的碰撞、排拒之后，逐渐开始了交流融合的过程，最后按照“和而不同”的形式，融汇入中华文化的洪流之中。

前已列举了齐鲁楚文化与沂蒙地域文化融合的若干事例，如姜太公对东夷文化的“因其俗”“简其礼”，管仲的“令顺民心”，晏婴的“和如羹焉”，稷下学的兼收并蓄，孔子的“登东山”及“至郯问官”、到沂蒙游学及“欲居九夷”，楚文化对沂蒙的各种影响等，都说明了齐鲁楚文化与沂蒙地域文化的融合。据文字学家研究，前引《山东金文集存》所保留的莒太史申一次造十鼎的铭文，从文字学区系上看，其字体颀长，行款工整，韵味充足，按东周区系文字的划分，应属典型的齐系文字。由此可以看出齐文化对沂蒙东夷文化的影响，同时也说明两种文化的融合已深入到细微之处。这的确是一个有趣的历史现象：这段铭文的内容是东夷人不尊周礼的表现，表现了东夷人的独立精神，而铭文的字体形态却已显示了两种文化的融合。这说明文化融合是一种客观的发展趋势，是不依人的意志为转移的。

从沂蒙地域文化本身来看，至战国中晚期，沂蒙地区各种文化的地理分布已决定了对其他区域文化必须坚持兼收并蓄的方针。当时的状况是，本区南部为楚国占领，这就为沂蒙地域文化与楚文化的融合提供了条件；北部为齐国属地，使沂蒙地域文化进一步与齐文化融合成为可能；西部为鲁国属地，沂蒙地域文化与鲁文化融合已成为客观存在的事实。这样一来，楚文化的筚路蓝缕的创业苦志和“一飞冲天”的雄强精神，齐文化的重商“开放”和“泱泱大国”的气度，鲁文化的敦厚、重礼、诚信，就像一股股清泉汇集于沂蒙大地，为沂蒙地域文化所吸收，使沂蒙地域文化发展到了一个新的高度。

总而言之，齐鲁楚文化与沂蒙地域文化都是区域文化，它们的交流、融合和发展对构建统一的中华文化做出了重要贡献。

（二）先秦思想集大成者荀子

荀子（前313—前213），名况，字卿，战国末期赵国（今山西省西南部）人。西汉因避汉宣帝刘询名讳，改称孙卿或孙卿子。韩非子认为他是儒家八派之一的“孙氏之儒”的创立者。荀子长期在沂蒙地区出仕、讲学、授徒并终老其地，对沂蒙地域文化的发展作出了重要贡献。

荀子本人接触过多种文化，他出生于自古多慷慨悲歌之士的燕赵之地，从小即沐浴着“三晋”的法治之风；稍年长又学习儒学，出于仲弓一系，后又入稷下学宫，汲取百家营养；年近花甲时又来到各种文化交汇融合的古沂蒙地区从政、讲学、授徒、著述。其经历不可谓不丰富，其接触的思想文化的种类、层面，不可谓不广泛，故在兼收并蓄各家思想的基础上形成了“总方略”“壹统类”——即综合各家、为统一大业服务的思想主张。特别是他的既隆礼又重法、既法先王又法后王的主张，代表了当时思想发展的正确方向，是当时历史条件下的先进文化。这种既隆礼又重法的主张，在秦因单凭法家思想治国失败后显得更为正确和可行，成为此后两千多年古代社会的治国理念和方针。应该说，荀子这一思想是沂蒙地域文化与齐鲁楚文化由碰撞、排拒到最终交流融合的结果。荀子主要融会贯通了儒、道两家的“有为”“无为”思想，吸收了墨家的逻辑思想、政治大一统思想和法家思想的精华，从而成为先秦时期集大成的思想家和百科全书式的大师，是具有交融性特点的沂蒙文化的代表人物之一。

1.荀子任“祭酒”与兰陵令

荀子到齐国时，正当“稷下学”兴盛时期。他曾经上书给齐相，其意见未被采纳，后一度离开齐国。至齐襄王（前283～前265年在位）时，重返齐国，《史记·孟子荀卿列传》称其在稷下学宫“最为老师”，因而“三为祭酒焉”。祭酒是学宫的最高学术领袖和管理人员。

楚国势力北上，占领了今鲁南、苏皖北部一带地区，楚考烈王以春申君黄歇为相后，“方争下士，招致宾客，以相倾夺，辅国持权”[①]。此时，荀子曾受到秦昭王聘请，在秦国游学考察。考察结束后，本想再回到齐国，但“齐人或

① 《史记·春申君传》。

谗荀卿”①，于是荀子即到楚国去，春申君以之为兰陵令。当时兰陵为楚国北方重镇，《史记·春申君列传》称：“春申君相楚八年，为楚北伐灭鲁，以荀卿为兰陵令。当是时，楚复强。”可见，春申君以荀子为兰陵令，对楚国的恢复和巩固都有重要意义。但后来，春申君轻信他人的谗言，荀子被免去兰陵令。之后，荀子回到赵国，“赵以为上卿”。不久，又有人向春申君建议：“荀卿是贤人，应予重用。”春申君听后，觉得有理，又派人请荀子，荀子再任兰陵令。春申君死后，荀子又被免职。由于当时战事频仍，加之荀子年事已高，所以不愿意再离开兰陵，遂在兰陵讲学、授徒、著述，直到秦朝建立之后，其弟子李斯为丞相时，仍然健在。这样看来，荀子从楚考烈王八年（前255）开始任兰陵令，中间短暂离开，后又复任兰陵令，直到秦朝建立（前221），已在沂蒙地区生活与活动了30余年，应该说，他的大部分著作都是在沂蒙整理完成的。

2.荀子思想概论

荀子的著作很多，西汉刘向校定为《孙卿子》32篇。今本《荀子》为唐代杨倞据刘向本重新编排，亦为32篇，并为之作注。其中《君子》《大略》《宥坐》《子道》《法行》《哀公》《尧问》7篇，或系门人弟子所著，或后人附益，其他皆为荀子自著。荀子尊崇孔子，又广泛吸取各家学说的精华，成为先秦百家之学的总结者。《荀子》是代表了当时认识高度的一部治国的百科全书，凡治国中的重要问题，如天、地、君、臣、兵、民、修身、治学等，或今人所谓政治、经济、生态环境、思想文化诸方面在治国中的地位及其相互关系，荀子皆作了精心阐述，涉及面极广②。

（1）政治思想和哲学思想的核心

“齐言行”“宗原应变”和“以一持万”“壹于道”是荀子政治思想和哲学思想的核心。

战国末期，百家争鸣已近尾声，而政治、经济的发展又都显示了统一的大趋势。荀子生当其时，承担起了综合各家思想的任务，其目的是从思想理论上为国家民族的统一廓清道路，这种倾向主要表现在《非十二子》《儒效》等篇

① 《史记·孟子荀卿传》。

② 于联凯：《沂蒙地域文化研究》，吉林人民出版社2002年版，第271页。

中。荀子在《非十二子》中提出要“总方略，齐言行，壹统类，而群天下之英杰，而告之以大古，教之以至顺”，以与“一天下，财万物，长养人民，兼利天下”的政治经济统一相配合，也就是要用思想文化的统一来与政治经济的统一相配合，并为之扫除各种障碍。

荀子在治国方面提出了“宗原应变”①的思想，以处理好政策的继承与变革问题，并由此提出了“道贯”的观念。《荀子·天论》曰：“百王之无变，足以为道贯。一废一起，应之以贯，理贯不乱。不知贯，不知应变。”这就是说，历代圣王的政策形成了优良的政治纲领，也就是传统的政策、朝代的兴衰都与执行这个纲领的程度有关，这个纲领一直影响着现实的政治。如果详察这个纲领，继续顺应和执行这个纲领，就能适应变化，就能达到大治，反之就会天下大乱。正所谓“此道也，偏立而乱，俱立而治”。在这里荀子解释了何谓“宗原”的问题，所谓“宗原”就是效法先王的治国之道，继承传统的优良政策。

荀子的“应变”思想是与其“法后王”的思想一致的。应变就是适应变化的形势，注意政策的变革。他指出：“宗原应变，曲得其宜，如是然后圣人也。”又指出：“治之道，美不老。”②所谓“不老”就是指治国必须适应变化的形势而变革政策。

在思想方法方面，荀子提出了“隆一抑多”“以一持万”“壹于道”等理念。如《儒效》篇曰：“法先王，统礼义，一制度；以浅持博，以古持今，以一持万……是大儒者也。”这也是他对自己的思想方法的总结。在哲学上，他汲取了老子“道”的哲学范畴，提出“壹于道”的思想，认为道是最高原则，也是万物的本体。《荀子·解蔽》认为道又是衡量万物的一杆秤，“何曰衡？曰：道。故心不可以不知道；心不知道，则不可道，而可非道。”只要掌握了“道”，也就掌握了“治之要也”。在此种“道”的认识基础上，他提出了“隆一抑多”等思想方法。

“隆一抑多”“持一行万”表现在他的政体观念中，就是主张建立专制主义中央集权制的国家。《荀子·致士》曰：“君者，国之隆也；父者，家之隆

① 《荀子·非十二子》。
② 《荀子·成相》。

也。隆一而治，二而乱。自古及今，未有二隆争重而能长久者。”《荀子·议兵》曰：“权出一者强，权出二者弱，是强弱之常也。”这就是说，只有建立君主独裁的中央集权制，国家才会强盛。荀子反复强调治国要“壹于道法”，“事两君者不密”，要“天下为一”，使“六说者立息，十二子者迁化”，即在法律、制度、思想文化、舆论等方面实行统一管理，以适应建立专制主义中央集权制国家的需要。

（2）隆礼重法的思想主张

荀子虽提出了“隆礼为极”的思想主张，但他从实践中又看到了礼治教化的不足，认为只有把礼、法结合起来，礼是第一位的，法是第二位的，摆正两者的关系，才能收到礼法并治的理想效果。《荀子·成相》曰：“治之经，礼与刑，君子以修百姓宁。明德慎罚，国家既治四海平。”可见礼法并重的思想是对周公提出的“明德慎罚”的继承，也是对单纯强调德治的一种纠正。

（3）既法先王又法后王的思想

荀子以孔子、仲弓的真正继承人自居，他要“上则法舜、禹之治，下则法仲尼、子弓之义”，批评那种“不法先王，不是礼义”和“略法先王，而不知其统”的人是“欺惑愚众”[①]，是历史的罪人。但荀子又看到王道是自伏羲以来就存在的，由于时代久远，古圣王的道消融在历史中，变得模糊不清了。所以荀子又提出“法后王”的主张。《荀子·王制》曰：“王者之制”，“法不贰后王”，“法贰后王，谓之不雅”。“贰”，离异；“不雅”，不正。《荀子·成相》又曰“至治之极复后王”，即是说治国最好的办法是先王之道与法后王结合。

（4）性恶论

人性论是先秦诸子争论不休的一个问题。荀子在总结和批评以前的人性论基础上，提出了著名的“人性恶”。《荀子·性恶》曰：“人之性恶，其善者伪也。”这里的“性”是指人生来就有的、不用学习、不用造作的自然本能。《荀子·儒效》曰：“性也者，吾所不能为也。”这说明荀子的人性论是自然人

① 《荀子·非十二子》。

性论。荀子认为：在人的本性中，包含着恶的因素，人的本性顺其自然发展，就成了恶。情欲的发展会引起“争夺”“淫乱”“残贼”等邪恶现象，从而导致“忠信”“辞让”“礼义文理”等道德秩序的丧失。因此，在荀子看来，人性是恶的。由于人性恶，所以荀子强调后天的学习。“其善者伪也”，就是说，只有通过后天学习，才能达到善，这恰恰说明学习礼义道德的重要性。

（5）不断学习的思想

在性恶论的基础上，荀子认为君子必须不断学习，才能不犯错误。《劝学》篇曰：“学不可以已”，“君子博学而日叁省乎己，则智明而行无过矣”。又曰：“吾尝终日而思矣，不如须臾之所学也。”“积土成山，风雨兴焉；积水成渊，蛟龙生焉；积善成德，而神明自得，圣心备焉。故不积跬步，无以至千里；不积小流，无以成江海。”这里所谈的就是不断学习的重要性。

（6）“天行有常”的自然观及天人的相分与相合

荀子提出了“天行有常”的自然观。他在《天论》中说：“天行有常，不为尧存，不为桀亡。”“天有常道矣，地有常数矣。”“行”即“道”，“常”为规律。这说明他认为自然规律是不依人的意志为转移的，是客观的。关于自然变化的原因，《荀子·礼论》云：“天地合而万物生，阴阳接而变化起。”这就是说，天地结合产生了万物，阴阳交接带来了变化，这种观点是唯物主义的。

与此相联系，他提出了“明于天人之分”的主张。荀子认为天有自己的运行规律，人类社会也有自己的运行规律，人不同于自然，但可以认识和改造自然，这就是他的“明于天人之分”的思想。但他又主张要“理天地”“参天地”，对天要“应之”，所以荀子在天人关系上也有主张“天人合一”的一面。

（7）“明分使群”与“义利之辨”

《荀子·非相》曰：“人之所以为人者，何已也？曰：以其有辨也。……故人道莫不有辨，辨莫大于分。”所谓“辨”，就是区别、区分；所谓“分”，就是亲疏上下之分，以此为基础就发展为礼仪。荀子又指出：“群”是人的本能和原生就有的。人只有“群”，才能合在一起战胜自然，创造人类的社会生活。既然离不开群，就很容易发生纷争，而“救患除祸，则莫若明分使群矣”。人必须依靠群体合作，才能认识、利用和改造自然，解决人的生存和发展问题，但群内又必须有一定的秩序，使之各安其位，这就是分。“明分使群”是人类社会发展到一定阶段的产物，是为了保护社会正常秩序，防止人争乱的需要而形成的。与此相联系，荀子又提出了“义胜利则治，利胜义则乱”的观点，主张以义制利。这些都是很有价值的。

荀子的思想主要通过《荀子》一书保留下来。《荀子》的内容十分丰富，对沂蒙乃至全国的思想道德的发展变化影响深刻而又久远。

3.荀子的影响及评价

荀子对战国至秦汉时期儒学的传播具有重要的作用和影响，他的既隆礼又重法的主张，为历代治国者所采用，成为执政治国的基本方针。

（1）荀子是先秦儒学到两汉儒学传播的桥梁

荀子是先秦时代的最后一位儒学大师，对战国至秦汉时期儒学的传播具有重要的作用和影响。

荀子两任兰陵令，对兰陵影响较大。在西汉，汉武帝“罢黜百家，独尊儒术”的前后，兰陵涌现出了孟卿、后苍等一大批儒学经师。这些名儒的出现，与荀子长期在兰陵讲学授徒有直接关系。西汉刘向校定《荀子》时曾曰：“惟孟轲、孙卿能尊仲尼，兰陵多善为学，盖以孙卿也，长老至今称之。”由此可见，荀子对兰陵地区的影响之大。

关于兰陵诸生传播儒学，有的学者特别指出，《大戴礼记》和《小戴礼记》虽然是由后苍传给戴德、戴圣的，但其实最早的来源就是荀子。这从荀子的《礼论》《修身》《大略》等篇中可以看出这一点。不仅如此，有的学者在研究了儒家经典的传承情况后，得出结论说：“盖自七十子之徒既没，汉诸儒未兴，中更战国暴秦之乱，六艺之传赖以不绝者，荀卿也，其揆一也。”[①]

关于《毛诗》的传授，唐陆德明《经典释文·叙录》认为，其中一种说法就是由子夏传《诗》开始，后来传给荀子。荀子传鲁人大毛公（毛亨），形成《毛诗》。《鲁诗》的传授也与荀子有关。荀子的学生比较有名的除李斯、韩非外，还有浮邱伯。而据《汉书·儒林传》称：申公，鲁人也。少与楚元王交，

① 汪中：《荀子通论》，《诸子集成·荀子集解》，中华书局1954年版，第14页。

俱事齐人浮丘伯，受《诗》。申公以《诗》教授弟子，治学严谨，遇有疑问，即阙而不传，此后《鲁诗》即传播开来。溯根求源，浮邱伯自然是受《诗》于荀子，故荀子亦为《鲁诗》最早传人。《韩诗》虽为韩婴所传，但是从存世的《韩诗外传》看，其中引用荀子说《诗》的就有44处，所以《韩诗》的传授也与荀子有密切关系。

西汉刘向《荀子序录》云："至汉兴，江都相董仲舒，亦大儒，作书美荀卿。""以为……人君如能用荀卿，庶几于王。"后世学者研究认为，《公羊春秋》的传授亦与荀子有关，因董仲舒治《公羊春秋》，故作书美荀卿。

《左传》在西汉时期的传授也与荀子有关。《经典释文·叙录》曰："左丘明做《传》，以授曾申；申传卫人吴起，起传其子期；期传楚人铎椒；铎椒传赵人虞卿；卿传同郡荀卿名况；况传武威张苍；张苍传洛阳贾谊，由是言之，《左氏春秋》，荀卿之传也。"《穀梁传》也是由荀子传浮邱伯，又传瑕邱江公，再传鲁申公，申公传子孙，为博士。这里说的传承过程未必确切，但从战国到秦汉时期，荀子在儒学经典传授方面起了重要的桥梁作用则是不容置疑的。

荀子在汉武帝"罢黜百家，独尊儒术"以后，逐渐受到冷落，特别是到唐、宋时期受到一些所谓"醇儒"的攻击。主要原因是荀子主张既"隆礼又隆法"，特别是主张"性恶论"使他们难以接受。唐代的韩愈曾以"大醇小疵"来评价荀子，韩愈自以为公允，实际上仍为偏颇。

后来有许多学者为荀子鸣不平，指出"性恶""性善"其本意一样，都是主张要读圣贤书，修养人生，孟荀着眼点不同，落脚点都在成为贤人、圣人。因此，在强调读书明理、修身这些基本问题上，孟子、荀卿没有根本分歧。但是由于唐、宋以来某些腐儒的攻击诋毁，使荀子受到了不公正的评价。

（2）荀子的思想影响了秦以后历代治国的基本方针

荀子是儒学大师，是新兴地主阶级伟大的思想家、政治家，他的既隆礼又重法的主张为历代治国者所采用，成为执政治国的基本方针。

秦始皇采用韩非、李斯的思想建立了专制主义中央集权制的国家，由于缺乏教化的手段而激化了已经存在的矛盾，造成了秦二世而亡的结局。这使人们看到治国单凭法家的严刑峻法，不重视教化是不行的，因而荀子的既隆礼又重法的思想主张，为秦以后的治国者提供了切实可行的德法并用的方案。

在荀子的影响下，荀子之后的思想家与治国者逐渐明白了这个道理。如提出“罢黜百家，独尊儒术”的董仲舒也说：“阳为德，阴为刑。”①意思是说，治国要阴阳并用，二者不可缺一。《汉书·元帝纪》记载，汉宣帝曾教诲好儒学的太子刘奭说：“汉家自有制度，本以霸王道杂之，奈何纯任德教！”既用霸道即“法治”，又用“王道”即“德治”，这和既隆礼又重法是一个意思。曹操曰：“治定之化，以礼为首，拨乱之政，以刑为先。”②这是对荀子主张的进一步发挥，即根据时势，确定重点，乱世以刑为主，治世以礼为先。后之治国者亦经常遇到这一问题，凡是这两方面的关系处理得比较好的，则会收到社会稳定发展、人民安居乐业的效果；反之，则会出现社会动乱，人民流离失所的现象。因此可以说，荀子的既隆礼又重法的治国主张，至今仍有一定的启发与借鉴意义。

（三）博采众长的诸葛亮

诸葛亮是沂蒙历史上以传承、践行儒学为主，还根据时世的变化，博采众长，以应对时务的重要代表性人物之一。

诸葛亮所处的东汉末年，由于多种因素的作用，出现了儒学相对衰落的局面，《三国志·王肃传》裴松之注引《魏略》载，当时“天下分崩，人怀苟且，纲纪既衰，儒道尤甚”③。因而儒学之外的法术刑名等学说得到迅速发展的机会。诸葛亮分析诸家学说的利弊，说：“老子长于养性，不可以临危难。商鞅长于理法，不可以从教化。苏张长于驰辞，不可以结盟誓。白起长于攻取，不可以广众。”④对道家、法家、纵横家、兵家等都进行了分析，指出了其各自的短长，为其博采众长、应对时务提供了基础。

1.对道家思想的汲取运用

诸葛亮认为，道家老子的学说长于养性，因此他把道家学说首先用于“修

① 董仲舒：《春秋繁露·必仁且智》第三十，载《中国通史参考资料》，中华书局1962年版，第276页。

② 《三国志·魏书·高柔传》，第683页。

③ 《三国志》卷十三《王朗传》附《王肃传》裴松之注引。

④ 梁玉文等：《诸葛亮文译注·论诸子》，巴蜀书社1988年版，第237页。

身”，提出了“静以修身”的修养方法。

“静”这一哲学范畴，最早是由老子提出的，《老子》上篇有“致虚极，守静笃”的主张，《老子》下篇又有“清静以为天下正”的理念。把“静”的理念应用于治国，提出了“无为而治”的方法。庄子进一步发挥，提出了“虚静恬淡寂寞无为者，天地之平而道德之至”①的观念。

处于老庄之间的宋钘，把老子的“少私寡欲”，“致虚极，守静笃”的观点加以发挥，提出了“虚壹而静”的认识方法和修身之道。他认为心无欲者，“夫心无欲者，物过而目不见，声至而耳不闻也”，“毋先物动，以观其则。动则失位，静乃自得”②。诸葛亮显然赞同这些观点，这在《诫子书》《诫外生书》中不难看出。

《诫子书》曰：“夫君子之行，静以养身，俭以养德，非澹泊无以明志，非宁静无以致远。夫学须静也，才须学也，非学无以广才，非志无以成学。”③

在这里，对“静”的重要意义的认识，与老、庄宋一脉相承。该篇又云：“淫慢则不能励精，险躁则不能治性。”这显然是“静则得之，躁则失之”④等思想的发挥。

诸葛亮自称的“苟全性命于乱世，不求闻达于诸侯”，也是他遵奉道家的修身原则，宁静致远，不躁不急的表现。

诸葛亮不但用道家“静”的思想修身，而且也用于治国。他汲取了老子“无为而治”的思想，并接受战国时期道家之黄老派的主张，在“以法驭下”的同时，也重视“务农殖谷，闭关息民”⑤。

在处理君臣关系时，也注意引导后主刘禅“清心寡欲，约己爱民”⑥。后主的“政由葛氏，祭即寡人”⑦就是已经接受“无为而治”主张的表现。

---

① 《庄子·天道》。

② 《管子·心术》，郭沫若认为此篇系宋钘所作。

③ 梁玉文等：《诸葛亮文译注·诫子书》，巴蜀书社1988年版，第187页。

④ 《管子·心术》。

⑤ 《三国志》卷三十三《后主传》。

⑥ 诸葛亮：《自表后主》，任继愈：《中华传世文选：古文渊鉴》（上册），吉林人民出版社1998年版，第440页。

⑦ 《三国志》卷三十三《后主传》。

当然，“虚”“静”等概念虽然最早由道家提出，但是后来儒家、法家也接受了这一概念。如《荀子·解蔽》在认识方法上即提出“虚壹而静”的命题。有些法家人物也谈到“静”和“君道无为”的问题。这对诸葛亮也有影响。

2.对法家思想的汲取应用

诸葛亮重视道家思想，但又认为它“不可以临危难”，在汉末和三国鼎立的动乱之时，道家思想是很难独膺救世之重任的，故需求他家思想。当时魏武帝曹操明确提出“拨乱之政，以刑为先”①的观点，对此诸葛亮亦有同感。他认为，“孙武所以能制胜于天下者，用法明也。是以杨干乱法，魏绛戮其仆。四海分裂，兵交方始，若复废法，何用讨贼邪！”②这是他对法治重要性的认识。

诸葛亮分析、汲取了前人的法治成果，形成了自己的法治思想体系，主要有：

第一，审势行法，不避权贵。刘备入川后，诸葛亮以严法治国。法正谏曰：“昔高祖入关，约法三章，秦民知德，今君假借威力，跨据一州，初有其国，未垂惠抚；且客主之义，宜相降下，愿缓刑弛禁，以慰其望。”③诸葛亮不同意他的意见，在答《法正书》中说明当时所处的形势已与高祖入关时的形势不同。当时的情况是，“刘璋暗弱，自焉已来有累世之恩，文法羁縻，互相承奉，德政不举，威刑不肃”。而当地的豪强官僚“专权自恣，君臣之道，渐以陵替”。在这种情况下，如果约法省禁，那么问题就会更加严重，因此，“吾今威之以法，法行则知恩，限之以爵，爵加则知荣；荣恩并济，上下有节。为治之要，于斯而著”④。实践证明诸葛亮的做法是正确的。

第二，行法注意宣传。陈寿谓之“劝戒明”，或谓“教令为先，诛罚为后”⑤。当然，其中也有儒家思想的成分。他不但在一般臣民中宣传法治思想，而且还以法家学说教育皇室子弟。如在诸葛亮提倡下，刘禅不但读《汉书》《礼记》，还学习《商君书》《六韬》等法家、兵家著作，诸葛亮又专门为他抄写了《申子》《韩非子》《管子》等法家著作。这清楚地表明诸葛亮重视与

---

① 《三国志》卷二十四《高柔传》。

② 《三国志》卷三十九《马良传》附《马谡传》裴松之注引《襄阳记》。

③ 《三国志》卷三十五《诸葛亮传》裴松之注引郭冲一事。

④ 《三国志》卷三十五《诸葛亮传》裴松之注引郭冲一事。

⑤ 张连科、管淑珍：《诸葛亮集校注·便宜十六策·教令》，天津古籍出版社2008年版，第263页。

取用法家，并注重法治的宣传。

第三，执法既严格，不以私亲废国法，又有适当的灵活性。著名的例子是对马谡失街亭的处理和对法正的宽容。马谡是诸葛亮最器重的人物之一，且与之交情甚笃。但在马谡失街亭后，虽有多人说情，诸葛亮仍予以严惩。虽然目前对此事的评价尚有分歧，但诸葛亮不因私亲而废法的做法，则是应该充分肯定的。事后诸葛亮上表检讨“不能训章明法”和“明不知人，恤事多暗”的错误，并请自贬三等，表明了诸葛亮严于律己、勇于承认错误的精神。

诸葛亮在坚持“以法驭下”的原则下，处事也有适当的灵活性，如法正在任蜀郡太守后，“一飡之德，睚眦之怨，无不报复，擅杀毁伤己者数人”①。有人建议诸葛亮报请刘备予以严惩。但诸葛亮从大局出发，讲明了法正对建立蜀国的贡献和对刘备集团的重要作用，极力缓和与化解有关矛盾，表现了执法的灵活性。这也说明，诸葛亮是一位思想与处事皆成熟的政治家。

第四，注重成文法典的修订。陈寿所列《诸葛氏集目录》，共24篇，其中有《综核》2篇，《法检》2篇，《科令》2篇，《军令》4篇。诸葛亮对蜀汉法典的制定贡献较大。

实践证明，诸葛亮在以儒学为主导思想的同时，汲取法家思想，用之于治国治政治军，对于蜀国的稳定与发展，起到了重要作用。

3.对兵学的汲取应用

诸葛亮与其兄诸葛瑾、弟诸葛诞及子侄辈之诸葛恪、诸葛瞻等皆曾率军与敌作战，其行军、布阵、进攻、退守皆有章法。因此，兵学也是诸葛氏家族数代相传的家学内容之一。仍以诸葛亮为例说明。

（1）在战争与国家的关系等问题上，认真汲取前代兵学知识

战争是敌对双方政治、经济、军事等综合力量的较量，不是单纯的军事行为。在诸葛亮之前的兵学家已认识到这一点。如《孙子兵法·始计篇》曰：“兵者，国之大事，死生之地，存亡之道，不可不察也。”《左传》成公十三年曰：“国之大事，在祀与戎。”这说明战争是关系到国家兴衰存亡的大事。《孙

① 《三国志》卷三十七《法正传》。

子兵法·作战篇》曰："凡用兵之法，驰车千驷，革车千乘，带甲十万，千里馈粮；则内外之费，宾客之用，胶漆之材，车甲之奉，日费千金，然后十万之师举矣。"这说明战争是以经济为基础的。

诸葛亮汲取前人的认识，针对东汉末年国家分裂、群雄割据的局面，认为战争是扫灭群雄、恢复国家统一的主要手段。例如，他在《隆中对》中，分析了曹操、孙权的情况后，提出了跨有荆、益二州，西和诸戎，南抚夷越，外结好孙权，内修政理，然后从荆、益二州同时出兵北伐，达到"汉室可兴""霸业可成"的目的。也就是说，只有通过战争手段，才能使"汉室可兴""霸业可成"。

诸葛亮十分重视战争与经济的关系问题。据《三国志·诸葛亮传》注引《魏略》称：诸葛亮在初入刘备集团后，提出"今荆州非少人也，而著籍者寡，平居发调，则人心不悦；可语镇南，令国中凡有游户，皆使自实，因录以益众可也"。这说明诸葛亮很早就认识到社会生产的发展、经济的繁荣，对战争的胜利具有重要作用。

在《隆中对》中，诸葛亮分析荆、益二州的情况时，亦把两地的经济状况作为重要问题加以考虑，如谓益州"沃野千里，天府之土"，"民殷国富"等。

诸葛亮在蜀国执政与对魏北伐期间，更是十分重视经济的发展。他发展农业，重视水利，实行闭关息民，务殖农谷和分兵屯田的政策；他关注井盐、蜀锦等手工业生产，努力为北伐战争奠定良好的经济基础。

（2）认真汲取前代兵学的"上兵伐谋"思想，重视"人谋"的作用

《孙子兵法》提出"上兵伐谋"的思想，诸葛亮继承并予以弘扬。他不仅重视天时、地利等因素的作用，而且十分重视"人谋"的作用。如《隆中对》载："曹操比于袁绍，则名微而众寡，然操遂能克绍，以弱为强者，非惟天时，抑亦谋人也。"刘备集团在诸葛亮的策划下，从无立锥之地到建立蜀汉政权的过程，即多处显示了"人谋"的作用。在蜀汉建国后，从蜀魏两国当时对峙的客观条件看，人力、物力、国土资源等条件，蜀均不如魏，蜀国所以能维持40余年，与诸葛亮所制定的"伐谋"策略的实施是分不开的。建兴三年（225），诸葛亮征南中，也是一次以"伐谋"为主要内容的战争。诸葛亮接受马谡"攻

心为上，攻城为下，心战为上，兵战为下”[①]的建议，对孟获七擒七纵，并采取了迅速结束战争的策略。历史证明，这是正确的。

（3）注重汲取前代兵家军队管理的经验，善于治军

诸葛亮善于军队管理，故陈寿评其“治戎为长”。之所以如此，是因为诸葛亮注意学习、吸收前代兵家的治军经验。他曾说：“孙武所以能制胜于天下者，用法明也。……四海分裂，兵交方始，若复废法，何用讨贼邪！”[②]他学习汲取孙子、吴起等前代军事家严明军纪的做法，制定了《军令十三则》《兵要十则》《兵法》等多篇成文教令，供部队管理与训练之用。又作“八务、七戒、六恐、五惧，皆有条章，以训厉臣子”[③]。这使蜀国军队数量虽少，但素质较高。《三国志·诸葛亮传》载：“亮身率诸军攻祁山，戎陈整齐，赏罚肃而号令明。”裴松之注引《袁子》也说诸葛亮“其用兵也，止如山，进退如风，兵出之日，天下震动，而人心不忧”。

（4）汲取前代兵家的阵法，作“八阵”，并注重改良兵器

在冷兵器时代，好的阵法是战争取胜的重要基础，故军事家十分重视阵法研究。《孙子兵法》中有多处涉及阵法问题。《孙膑兵法》有专门论述阵法问题的“八阵”篇，该篇提出了“斗一，守二。以一侵敌，以二收”的著名用兵原则。诸葛亮汲取前人关于阵法研究的成果，结合当时的实际情况，作“八阵”。同时，诸葛亮注意改良兵器，制作了连弩、木牛流马和铠甲等，使蜀军的战斗力大为增强。

4.其他方面

诸葛氏家族亦以书画传家。《宣和画谱》称，诸葛亮是蜀汉有名的书画家。据记载，在南中之战后，诸葛亮还曾为西南地区少数民族作画。当时该地迷信鬼神，常以鬼神为信物赌咒，诸葛亮绘画引之为用，他“先画天地、日月、君臣、城府，次画神龙及牛马、驼羊，后画部主吏乘马幡盖，远行安恤，又

① 《三国志》卷三十九《马良传》附《马谡传》裴松之注引《襄阳记》。
② 《三国志》卷三十九《马良传》附《马谡传》裴松之注引《襄阳记》。
③ 《三国志》卷三十五《诸葛亮传》裴松之注引《魏氏春秋》。

画夷牵牛负酒赍金宝诣之，以赐夷，夷甚重之”[①]。诸葛亮子诸葛瞻亦“工书画”[②]，可见书画已成为诸葛氏家学的内容之一。

（四）兼容交融的临沂城市文化

临沂古城环水，拥有水的灵智；近山，接受了山的宽广；望海，包揽了海的宽阔。在历史的发展中，它以博大的胸怀，兼容并包，水乳交融，形成了独具特色的城市文化。

沂蒙文化是一种具有强有力的凝聚性、柔韧性和包容性的文化。根植于沂蒙文化的临沂古城，直接继承了这些文化特征。

临沂古城与鲁国近邻，在历史的发展进程中，临沂古城文化自然而然地接受了鲁文化的影响。在文化模式上，鲁文化是较典型的内陆河谷型文化；在经济上，以农桑为业；在政治思想领域内，注重祖宗的成法和经验、注重宗法，崇拜祖先，提倡述而不作，以“尚古”“从周”为宗旨，以谨守周礼、因循守旧为尚，以“周礼尽在鲁”为最高的追求；在风俗上，注重对谷神的祈求[③]。随着经济文化的交流，鲁文化逐步渗透到临沂古城文化当中，构成临沂城市文化的一个方面。

齐国势力抵达临沂古城后，齐文化对临沂古城文化的演变发展起到了潜移默化的作用。从文化模式的角度观照，齐文化在地理环境上，是半岛型文化；在经济结构上，是农工商一体化的复合式经济；在政治思想领域内，是以忠君爱民相统一，礼法结合、义利并重为特色的互补式政治。从文化发展的角度审视，齐文化又显现出与其他先秦地域文化迥然不同的变革性、开放性、多元性、务实性和智慧性。正是这些独具特色的文化模式和鲜明的文化特点，使齐文化博大精深、源远流长，成为中华传统文化星空中一颗亮丽的明星。而齐文化中的很多方面，被临沂人有选择的吸纳，发展成为临沂古城文化的一大特色。

临沂古城与楚国相邻，因而它还深受楚文化的熏陶。楚文化有四种非常明

---

① 〔晋〕常璩：《华阳国志》，金沛霖：《四库全书子部精要》（下册），天津古籍出版社、中国世界语出版社1998年版，第500页。

② 《三国志》卷三十五《诸葛亮传》附《诸葛瞻传》。

③ 王志民：《齐文化与鲁文化》，载《光明日报》（史林版）1999年3月14日。

显的精神特质，这些精神特质都深深影响着临沂古城文化的形成。一是筚路蓝缕，即艰苦创业、自强不息的进取精神。二是追新逐奇，即锐意进取、不断开拓的创新精神。三是兼收并蓄，即融汇南北、海纳百川的开放精神。四是崇武爱国，即崇尚武装、热爱祖国的爱国主义精神。楚文化的这些特质，很多融入临沂人的精神文化当中，极大地影响着临沂古城文化的形成与发展。

总之，临沂城在历史的发展进程中，接受了齐文化的开放进取、鲁文化的重礼敦厚、楚文化的豪放典丽和奋斗精神，这使临沂城在中国大一统的王朝——秦朝建立之前，就形成了以交融性为突出特征的城市文化，使临沂人拥有了兼容并包、海纳百川的博大胸怀和精明能干、敏于新潮的品格，容易接受八方来客和各种先进思想文化[①]。如在抗日战争和解放战争时期，临沂人民以马克思主义理论为指导，在中国共产党的领导和培育下，较快地接受了革命思想，形成了感天动地的高贵品质和爱党爱国、无私奉献的革命精神。

三、以孝为先，睦族好善

沂蒙人主张“百善孝为先”，特别注重孝行。在此基础上懂得知恩图报、睦族好善。

（一）沂蒙孝文化

沂蒙孝文化源远流长，是沂蒙地域文化的重要组成部分。沂蒙人重孝行的历史悠久，在《二十四孝》中，沂蒙人有七孝。东夷文化的仁风仁俗是孝思想的基础，“孝”是“仁”的体现。

1.沂蒙孝文化故事

在沂蒙历史上孝行故事很多，现择其要者，以飨读者。

（1）舜，孝感动天。舜幼年丧母，父再娶后妻，又生弟。而父顽，母嚚，弟傲。其父爱后妻及其子，经常想杀舜，但舜仍然“顺事父及后母与弟，日以笃谨，匪有解”[②]。舜到30岁时，受到尧的器重，尧又妻以二女。舜父与其弟仍要设法杀掉舜，在舜父的阴谋失败后，舜对其父不但不怨恨而是更加恭顺，

① 汲广运、王厚香：《地域的临沂与文化的临沂》，载《临沂师范学院学报》2008年第5期。
②《史记·五帝本纪》。

对其弟亦更加友爱。

（2）郯子，鹿乳奉亲。郯子是春秋时期郯国（今临沂市郯城县一带）的国君。他年轻时为人至孝。父母年老，又皆患眼疾，想喝一点鹿乳。郯子于是穿上鹿皮做的衣服，到深山混入鹿群之中，取来鹿乳，以供双亲饮用。当时猎人以为是鹿，正要开弓射杀，郯子站了起来，告以实情，感动了猎人。鹿乳奉亲表现了孝子为满足父母的要求而不怕艰难险阻的精神。

（3）曾子（曾参），啮指痛心。曾参是春秋时期鲁国南武城（今临沂市平邑县）人。年轻时，有一次外出打柴，家里突然来了客人，母亲不知怎么办才好，就用牙咬自己的手指。曾参忽然觉得心疼，于是挑着柴急忙回到家中，向母亲跪问缘故。母亲说："家中忽然来了有急事的客人，我没有办法，只好咬手指，以感悟你啊。"这则母子相感的故事，说明母与子之间是心心相连、休戚与共的。

有一次，曾子修整瓜地，不小心锄断了瓜苗，其父曾皙大怒，用大木棍子将他打昏。他苏醒后，却关心父亲："您没有因此而受伤吧？"鲁国人都喜欢曾子，就把此事告诉了孔子。孔子听后很生气，就对弟子们说："曾参如果来了，不要让他进来。"曾子听说此事后，自认为没有过错，使人向孔子表示歉意。孔子说："你没有听说过从前大舜是怎么做儿子的吗？如果其父用小棍打他就让他打，如果其父用大棍打他就赶紧逃走。如果是找来干活，没有不在其身边的；如果是加害，就让他找不到。现在你在那里承受他的暴怒，拱手而立而不愿离开，难道你不是天子的臣民吗？杀天子臣民的话，是什么罪？"这个故事所表现的思想与《孝经》之《谏诤章》所表现的思想是一致的，即对不合乎"义"的父命是不应该遵从的。

据《韩诗外传》等记载，曾子曾说过："我曾经在齐国为吏，禄不过钟釜，但仍然非常高兴，不是因为其俸禄多，而是因为正可以侍奉双亲；双亲去世后，我曾南游楚国，做了高官，堂高九仞，榱题三尺，车辆百乘，但我仍然向北面而泣涕，不是因为贫贱，而是因为我没有赶上侍奉双亲的机会。所以，在家中贫困，父母年老时，不会再去挑选官职而直接出仕就算了。"可见曾子是以是否能侍奉好父母为其幸福快乐的标准的。

（4）子路，为亲负米百里。子路，姓仲名由，春秋时期鲁国卞（今临沂市平邑县仲村镇驻地）人，孔子的得意弟子，性格直率勇敢，十分孝顺。有一次在离家百里的地方买了米，想雇车却没有钱，于是步行背米回家。后来，子路拜孔子为师，学习儒家学说，很快学会了治国之术。在孔门“四科”中，他以“政事”著称。做官之后，据说是“从车百乘，积粟万钟，累茵而坐，列鼎而食。”但他想起年轻时为父母百里负米一事，总感到十分温暖；而现在虽然有了地位、金钱，但却不能为父母尽孝，总感到十分遗憾。

（5）闵子骞，单衣顺母。闵子骞，姓闵名损，字子骞。原籍卫国，后迁鲁国，其故居在今临沂市兰山区汪沟镇闵家寨。在孔门四科中，以“德行”著称。他年幼丧母，父娶后母，生二子，冬天，后母以棉絮做袄给两个亲生儿子，以芦花做袄给闵子骞。有一次，父亲叫闵子骞驾车，闵子骞因手冷，手战栗，握不住车把。其父鞭打衣破，露出芦花，遂要休掉其后母，被闵子骞阻止：“母在一子寒，母去三子单。”其父打消了休妻的念头，后母亦为悔改。这样保持了家庭的稳定和和谐。闵子骞的孝行主要表现为，即使父母有错误，也要以爱心待之，使之悔过。这是难能可贵的。

（6）老莱子，戏彩娱亲。老莱子，原籍楚国，后奉父母到蒙山隐居。他近70岁时，其父母仍然健在。为了让父母开心，他经常穿着五色彩衣，学婴儿的姿态，在父母面前戏耍。也曾故意跌倒，躺在地上，学婴儿啼哭，逗乐双亲。据《史记·老子韩非列传》记载，老莱子是与老子同时代的人，早年从事著述和讲学，著书十五篇。老莱子主张道家学说，主张戒除骄矜，淡泊名利，忘却好恶，顺乎自然，认为“事君”贵柔，方“终以不弊”；人之生死都是与自然合一的。他奉父母到蒙山，应在战国末年，即在楚国进占淮北，占领徐州，进军泗上之后，沂蒙地区曾在短时间内成为楚国领土。老莱子的孝道，与沂蒙地区原有的孝文化相互结合，使孝悌观念更深入人心。

（7）王祥，卧冰求鲤。王祥（184—269）是琅邪临沂（今临沂市兰山区）人，官至太尉、太保。据《晋书·王祥传》记载，王祥幼年丧母，继母朱氏为人不善，多次在王祥父亲面前说王祥的坏话，因而父亲亦不喜欢王祥。后来继母有病，想吃活鱼，时值寒冬，河水皆冻，王祥即到河上，解衣卧冰，以自己的体温把冰化开，获取鲤鱼，回家供继母食用。后来继母又多次加害王祥，多亏继母所生的弟弟王览加以保护，才使王祥免受其害，由此看来，王祥是“孝”的典型，王览是“悌”的典型。

（8）王裒，闻雷泣墓。王裒是魏晋时东莞（其治在今沂水县）人，他的母亲生前害怕打雷，死后葬于野外。所以，每遇雷雨，王裒即跑到母亲的墓地，跪伏在墓上，哭着说：“裒子在此，母亲不要害怕！”这种孝行深深地感动了其他人。

（9）东海徐氏后裔以孝闻。徐湛之以孝悌闻名。《南史·徐湛之传》：“数岁与弟淳之共车行，牛奔车坏，左右人驰来赴之。湛之先令取弟，众感叹其幼而有识。及长，颇涉文义，善自位待，事祖母及母以孝闻。”

徐陵父子皆以孝闻，《南史·徐摛传》载，徐摛陷于侯景乱中，徐陵未知其父生死，“便蔬食布衣，若居哀恤”。徐陵之子徐份也以孝行著称，《南史》卷六二：“（徐份）性孝弟，陵尝疾笃，份烧香泣涕，跪诵孝经，日夜不息，如是者三日，陵疾豁然而愈，亲戚皆谓份孝感所致。”

（10）颜含以孝悌闻名乡里。颜含，字弘都，琅琊莘（今山东临沂费县方城镇诸满村）人，东晋名臣。《晋书》卷八八《颜含传》载颜含“少有操行，以孝闻”。即颜含少时，以孝悌闻名乡里。其兄颜畿有病，长期卧床不能言语，家人侍养都生倦色，颜含却绝弃一切事务，辛勤侍护，数年如一日。颜畿死后，颜含的二嫂樊氏患病失明，为治疗嫂子的眼病，颜含费尽心机，备受煎熬，终于治愈。

（11）费县王氏以孝悌传家。据《费县志》等文献记载，费县王氏家族，以孝悌传家。明万历年间，王慎曾任淄川训导、天长教谕等职，他侍母至孝，其母病逝，他忧悲成疾。其子王雅量（1566—1633），天性笃孝，有曾、闵之德，官至光禄寺卿，曾屡上《乞养亲疏》，要求回家侍奉母亲。王雅量之子王旌贤，爱敬父母，父亲出仕在外时，他在家侍候母亲，并处理弟、妹婚嫁及吉凶等事，所办各项皆为允当。

2.沂蒙古代孝行分类

自古代至近代，沂蒙古代孝行，主要表现在以下几个方面：

（1）对父母（或继父母）晨昏定省，色养无间，并出现了许许多多因家贫而佣工奉亲者，亦有乞食奉亲者。

（2）父母病时，侍奉汤药，极尽孝子之礼，衣不解带者数月。为疗亲疾，至有“割股和药”“割股点灯”者。所谓“割股”，就是割自己腿上的肉，以给父母作药引用，这种做法丧失理性，而且在科学上毫无道理，因而是属于糟粕之类。据地方史志记载，这种“割股”的行为在明清时期的沂蒙曾有10起左右，当时已有有识之士对此提出批评，今天看来更应该坚决摒弃。

（3）父母死后，泣血难食，哀毁骨立，庐墓三年，每饭必祭，甚至数十年如一日。或有因家贫而卖身葬亲者。

（4）父母或其他长辈在外地死亡，其子孙不顾路途遥远，世情险恶，而千里跋涉，裹骸负归，安葬故土。

（5）与兄弟分家时，自取敝恶，以膏腴让于兄弟，或因父母早亡而抚育幼弟，使其成立。

除以上各种情况外，还有一种，就是年轻女子结婚后丈夫早死，子年幼而公婆又年老，女子矢志不改嫁，在家倾心抚育幼子，侍奉公婆。沂蒙地区各县县志之《列女传》中都记载了这方面的情况。应该说，这些女子是封建婚姻制度的受害者，但他们孝敬公婆、苦心孤诣、抚育幼子的行为则应予肯定；而其中那些善于教子，并终使之成才的女子更应受到后人的尊敬。

3.沂蒙孝悌教育

对孝悌思想的教育与传播，是沂蒙地区孝文化的又一重要内容。孝悌教育存在和体现于各种教育形式之中，无论是家庭教育，还是学校教育、社会教育都重视对青少年进行孝悌教育。孝悌思想是家庭教育的基本内容之一，在家中能事父母以孝，在外能侍君、国以忠。

魏晋时期，随着家庭教育的发展，孝悌教育也得到了加强。如琅邪王氏的代表人物王祥、王览，本人力行孝悌，并以之教育子孙，要求子孙们做到“扬名显亲”，“兄弟怡怡”。颜氏自迁居临沂后，代传孝恭，故其居地被称为“孝弟里”。其后世子孙颜延之作《庭诰》，主张要家传孝悌，并且指出为父为兄者必须加强道德修养，或用慈爱去培植子女的孝心，或用友爱去培养兄弟的情谊，这样才能使家庭成员恩义相生，和睦相处。

颜之推作《颜氏家训》，继承前辈的思想，重视在家庭教育中坚持孝悌教育。其《教子》《治家》《兄弟》等篇论述了如何正确坚持孝悌教育的问题。

孝悌是家庭教育的基本内容，无论达官贵人，还是平民百姓，无不教育子女孝敬父母长辈，友爱兄弟姐妹。孝悌教育又与忠、信、义教育紧密相连。在家要求对父母孝，出外谋事要对国家忠，对朋友则要求讲究信义。

乾隆年修《郯城县志》记载，郯城人张丘桢曾任外省知县之职，后辞官回家，以教授子孙读书为乐，他常以忠、孝、节、义教育子孙，勉励他们为国家民族作出贡献。

《临沂县志》记载，临沂的宋氏家族（其原居地今属临沂市兰陵县）自明代中期开始至清朝后期，前后三百年间，代以孝悌传家，人才辈出，为官者不乏廉吏、循吏。

由于自西汉以后的大多数最高统治者重视《孝经》的传播，所以孝悌思想一直是学校教育的重要内容，有时甚至是主要内容。如自汉景帝开始，即重视地方学校的建立，汉武帝令“天下郡国皆立校官”，以开展地方上的教育。西汉后期，复立天下之官学，时郡国曰学，县、道、邑、侯国曰校，乡曰庠，聚曰序。学和校中置经师一人，庠、序置孝经师一人。由此可见，西汉下层的官学系统是以讲授《孝经》为其主要教学任务的。这种做法在历史上影响深远。至东汉时，郡国县乡等地方官学更普遍。到唐宋时期，科举考试时在明经科中《孝经》与《论语》合为一经进行考试。这说明《孝经》一直是士人学习的主要课程之一，孝悌教育在官学或私学中，一直没有间断。

明清时期，各级学校都对学生进行孝悌教育，强调或践行孝悌思想成为当时的校规之一。《明史·选举志》曰：“在学生员中，当以孝弟忠义为本。”清朝建立后也提出了类似的要求。如康熙的《圣谕十六条》，雍正的《圣谕广训》等都要求士人“敦孝弟以重人伦”。沂蒙地区各县官学私学都执行了这些规定，使“孝弟”教育成为沂蒙教育的重要内容。

4.沂蒙“孝弟”理论的研究

“孝弟”理论的研究探讨是沂蒙孝文化的重要组成部分。在这方面，主要有曾子根据孔子关于“孝弟”的论述而作的《孝经》一书，同时曾子撰有一些关于“孝”的著作，如《曾子十篇》中的《曾子本孝》《曾子立孝》《曾子大孝》《曾子事父母》等。

《孝经》共分18章，其内容是以孔子、曾子问答的形式阐述了儒家关于孝的基本思想。《开宗明义章第一》引孔子的话说：“夫孝，德之本也。教之所由生也……夫孝，始于事亲，中于事君，终于立身”，这是全书的主旨。以下五章分别论述了对天子、诸侯、卿大夫、士、庶人孝的要求。《庶人》章曰：“故自天子至于庶人。孝无终始。而患不及者。未之有也。”这就是说，任何人都必须根据自己承担的义务，而践行孝道。《三才章》论述孝的重要地位和作用：“夫孝，天之经也，地之义也，民之行也。”《孝治章》论述圣王如何以孝治天下，要求后之治国者皆应做到这一点。《圣治章》说明“圣人之德”，没有比孝更重要的，“父子之道，天性也，君臣之义也”。《纪孝行章》说明孝亲应包括五个方面，即居则致其敬，养则致其乐，病则致其忧，丧则致其哀，祭则致其严。为了尽孝，还要做到三个方面：居上不骄，为下不乱，在丑不争。《五刑章》称：“五刑之属三千，而罪莫大于不孝。”不孝是各种罪行中最严重的。《广要道章》说明孝、悌、乐、礼是治国、平天下的“要道”。《广至德章》说明推广孝、悌、君、臣之义，必须使天下人真正懂得为什么要这样做。《广扬名章》说明加强孝悌修养的重要性：“居家孝，故忠可移于君；事兄悌，故顺可移于长；居家理，故治可移于官。”《谏诤章》说明对“父命”不可无原则地顺从，对不合义的“父命”应进行谏诤。《感应章》说明“孝弟”之德可感应天地鬼神，即所谓“孝悌之志，通于神明，光于四海，无所不通”。《事君章》说明如何正确对待君王，应做到“进思尽忠，退思补过，将顺其美，匡救其恶”。《丧亲章》说明如何正确处理亲人的丧事。

从以上内容不难看出，《孝经》除了教人行孝外，还是一部充满辩证思维的杰作。在君、臣、父、子，兄弟，亲属等关系方面，强调坚守礼、义，强调各个矛盾侧面的辩证关系，而反对盲从的观点。

5.沂蒙孝文化的影响和意义

“孝”的本质是奉献，就是要把一定的物质财富和精神财富无偿地奉献给父母长辈。家庭范围内孝文化的传承弘扬，是良好社会风气形成的基础。

（1）孝行人物受到孔子赞赏

出生于沂蒙地区的著名孝文化代表人物曾子、闵子骞等就学于孔子门下，在三千弟子中，他们的孝行颇受孔子赞赏。如《论语·里仁》载：子曰：“参乎！吾道一以贯之。”孔子把自己的主张归结为最关键词语而专门告诉曾子，这自然使后人感到曾子是独得心传者，同时表现了孔子的垂青爱惜之意。孔子后来又传《孝经》于曾子，说明孔子对曾子的重视。对闵子骞，孔子曾在《论语·先进》中称赞：“孝哉闵子骞！人不间于其父母昆弟之言。”

孔子对曾子、闵子骞的垂青与赞扬，使曾子、闵子骞成为孝的典型而名垂后世。如西汉陆贾《新语》有“故曾、闵之孝，夷、齐之廉”等句；据东汉桓宽《盐铁论》曰“曾子、闵子无卿相之养，而有孝子之名”等句，可证。

（2）《孝经》一书在古代社会中影响巨大

自汉文帝立《孝经》博士之后，《孝经》成为历代重视的经典，治国安邦者皆以《孝经》教育臣民。在他们看来，《孝经》与儒学及其他学说，基本精神是一致的，但又有独特优势，用孝去阐述修、齐、治、平的道理，因而更能抓住人心，而且易于操作，因而《孝经》也是统治者选拔人才的标准之一。

自汉魏开始，直至明清时期，历代帝王命令太子及其臣子研读《孝经》的事例不胜枚举。金、元统治者还用少数民族文字印制《孝经》，供普及用。

历史上也有以《孝经》教民育才成功的事例。如《宋史·赵景纬传》载，赵景纬就学于朱熹的两个弟子，为淳祐元年（1241）进士，任台州知府后，即以化民成俗为务。其主要措施之一就是把《孝经·庶人章》的内容改为四字歌诀，使百姓朝夕歌之，有的人即被感动得流泪。赵景纬又在郡内推举人才，表彰孝行，作《训孝文》鼓励百姓践履孝悌，再加其他措施，经一年半努力后，流民纷纷返乡，郡内面貌大为改观。

（3）沂蒙孝文化所倡导的奉献精神是近现代革命文化的思想根源之一

孝的本质是一种奉献，即子女晚辈把物质的精神的及其他方面的用以涵养维持生命的条件，奉献给父母长辈，使他们得到良好的赡养，并得到精神等方面的愉悦。这种对父母长辈的奉献精神就是对国家、民族和整个社会奉献的基础。在沂蒙地区形成的沂蒙精神，其核心就是“无私奉献”。无私奉献的思想文化渊源之一就是沂蒙孝文化。这种奉献内涵在近现代千百万群众的实践当中，在革命的先进文化的指导下，发生了新的质变与升华，变成了沂蒙精神的无私奉献内涵，从而在更广阔的范围内，成为革命人民所追求与奉行的处世原则与道德圭臬。

对传统的大多数孝悌行为应予肯定，并继承发扬，但有些行为，如“割股”实为糟粕。子女对父母的孝，从本质上来说，是人们承担的社会责任的一部分，当然这种社会责任有一定的特殊性，有较多的感性内容；孝是正在从事历史创造活动的人们对于先前的历史创造者（在他们失去创造能力或退出历史舞台之后）的尊重、照料与帮助；因而孝是合理的，是必须承担的。这是问题的一方面，另一方面就是，既然孝是一种社会责任，因而其完成的方法就应该是合乎情理的，而不应该是损害其承担者与完成者的。

（二）蒙阴公氏孝友纯厚、睦族好善

沂蒙世家大族多以孝友纯厚，睦族好善传家。如汉魏之际颜盛带领家族由曲阜迁居琅邪之后，家族人物以儒学与孝行有声邦党，成为当地的名门望族等。其中，明代蒙阴公氏家族是代表。

明代蒙阴公氏家族以孝友传家，门风纯厚，族人讲究敦亲睦族，乐善好施。例如，蒙阴公氏家族的八世祖公海在辽东戍边，年龄到了40岁以后，按规定可以让他的儿子顶替他戍边。于是，他的儿子公守敬毅然抱着自己仅10个月大的儿子公勍前往。到金州时，受阻于海险，同行的人都中止了。但是，公守敬没有半途而废，而是将公勍托付给姓葛的人带回蒙阴，寄养在大伯家，实际上是以永诀之心到达辽东代替父亲戍边。公勍15岁时，听说父亲在辽东后，终日啼哭不食，决心到辽东寻找父亲。到达辽东后，父子相见，相拥大哭。史载：公守敬、公勍“父子以孝著闻，征勍广宗丞”①。从此，蒙阴公氏家族以孝传家，步入仕途。

公勍之后，蒙阴公氏族人多以孝规范自己的言行。如公勍的儿子公评、孙子公忠，“俱以孝友敦睦世其家，实启公氏发祥之基首”②。公评还在孝亲的基

① 蒙阴县地方史志编纂委员会：《蒙阴县清志汇编》，中华书局1999年版，第43页。
② 蒙阴县地方史志编纂委员会：《蒙阴县清志汇编》，中华书局1999年版，第273页。

础上，扩大了孝行的范围，开始承担起了社会责任，在自己富裕后帮助别人，蒙阴县志说他“富而好施，睦族劝善”①。

从公守敬到他的重孙公忠，四代人“孝友敦睦”“富而好施，睦族劝善”，已经形成公氏家族的家风。所以，经过公守敬、公甡、公评、公忠等数代人的努力，“孝友纯厚，睦族好善”已经成为蒙阴公氏家族较为稳定的家风。

此后，史籍关于蒙阴公氏家族孝友纯厚，睦族好善的记载也很多，如清康熙十一年（1672）的《蒙阴县志》记载，广灵知县公志真“传家孝友，敦明教化”②，公逢盛“孝亲敬兄”③。

溆浦县丞公志斜“以上东门分产，让弟志维，创迁坦埠集，时称友爱。此后，子孙繁衍，诗礼绵长，皆自此人始”④。

广昌县丞公一跃“父故，踊哭四日不食，乡党称孝。任广昌县丞，遇岁饥施粥，所活者甚众”⑤。

公家珍“睦族好善，孝友传家”⑥。

南京户部郎中公甸“崇祯庚辰，蝗灾三载，蒙民大饥。甸施粥贱粜以救饥，民赖以生全者甚众”⑦。

公家枋“天性至孝。母张氏疾笃，朝夕号泣，愿以身代。母故，伤哀丧毁容，五日不食。邻里喻以送终大事，始勉食。三年远房帏，断荤酒，且终身不语入闺阃事。乡党称焉”⑧。

乡贤公家柱“在亲前恂恂唯诺。遇横逆之来，将欲争，亲但目之，辄止。母亡，哀毁病死”。公登第“守身事亲，终身婉愉”⑨。

乡贤公琇“平恕和蔼，睦族信友”。公登高“重义敬贤，急公乐施，远

① 蒙阴县地方史志编纂委员会:《蒙阴县清志汇编》，中华书局1999年版，第64页。
② 蒙阴县地方史志编纂委员会:《蒙阴县清志汇编》，中华书局1999年版，第16页。
③ 蒙阴县地方史志编纂委员会:《蒙阴县清志汇编》，中华书局1999年版，第49页。
④ 蒙阴县地方史志编纂委员会:《蒙阴县清志汇编》，中华书局1999年版，第17页。
⑤ 蒙阴县地方史志编纂委员会:《蒙阴县清志汇编》，中华书局1999年版，第18页。
⑥ 蒙阴县地方史志编纂委员会:《蒙阴县清志汇编》，中华书局1999年版，第22页。
⑦ 蒙阴县地方史志编纂委员会:《蒙阴县清志汇编》，中华书局1999年版，第28页。
⑧ 蒙阴县地方史志编纂委员会:《蒙阴县清志汇编》，中华书局1999年版，第43页。
⑨ 蒙阴县地方史志编纂委员会:《蒙阴县清志汇编》，中华书局1999年版，第44页。

近重之”[①]。公逢盛“孝亲敬兄”[②]。

公一桂“睦族化众，善施好古”[③]。公家栋“扶危济贫，挥金如土，末路窘甚，处之泰然”[④]。

公汝义和他的儿子公如巳“父子俱礼让相尚，与乡人处，终身皆无一言之争、片纸之讼”[⑤]。公綖“父母故，孝事祖母。贼执祖母将杀，綖救之不得免。大骂曰：‘当速杀我，以殉祖母。’遂杀之”[⑥]。

以上这些历史记载都是孝亲友善的典型做法，是蒙阴公氏家族家风的真实反映。

出嫁后的蒙阴公氏家族的女子也很好地继承了娘家的家风，如举人陈光辉娶蒙阴公氏女为妻。陈光辉不幸早逝，他的22岁的妻子公氏“痛哭不食，七日死。遗子腾蛟方三岁，依舅氏生员一楠家教养，后为郐州守，慈惠养民，人称廉吏”[⑦]。

特别值得一提的是，在张居正“夺情”案中，充分体现了蒙阴公氏家族重孝的家风。

夺情，是我国古代丁忧制度的延伸，意为国家夺去了孝亲之情，可不必去职，以素服办公。对此，明朝时明文规定，“内外大小官员丁忧者，不许保奏夺情起复”，如有特殊情况，经皇帝特批，可以继续留任，称为“夺情”。万历五年，张居正的父亲去世，按明朝礼制规定，应该辞官守孝27个月，但是，他在皇帝和部分官员的支持下，没有辞官守孝。

张居正夺情，引起了吴中行、赵用贤、艾穆、沈思孝、公家臣等人的反对，结果，吴中行、赵用贤、艾穆、沈思孝四人同时受杖，吴中行、赵用贤被驱出国门，艾穆、沈思孝复加镣锁，且禁狱。在这种情况下，公家臣依然令其

---

① 蒙阴县地方史志编纂委员会:《蒙阴县清志汇编》，中华书局1999年版，第47页。
② 蒙阴县地方史志编纂委员会:《蒙阴县清志汇编》，中华书局1999年版，第49页。
③ 蒙阴县地方史志编纂委员会:《蒙阴县清志汇编》，中华书局1999年版，第66页。
④ 蒙阴县地方史志编纂委员会:《蒙阴县清志汇编》，中华书局1999年版，第66页。
⑤ 蒙阴县地方史志编纂委员会:《蒙阴县清志汇编》，中华书局1999年版，第176页。
⑥ 蒙阴县地方史志编纂委员会:《蒙阴县清志汇编》，中华书局1999年版，第41页。
⑦ 蒙阴县地方史志编纂委员会:《蒙阴县清志汇编》，中华书局1999年版，第71页。

长子公鼐护送二人到潞水。结果公家臣与朝臣赵志皋、张位等人同时被贬谪[①]。公家臣被贬谪泽州判官，后移广平推官。

在封建社会里，讲究忠孝仁义且以官为师，因此，官员履行对于亡父、亡母的义务，应该算是一种合理的行为。况且孔子还说："予之不仁也！子生三年，然后免于父母之怀。夫三年之丧，天下之通丧也。予也，有三年之爱于其父母乎？"[②]所以，公家臣反对张居正夺情，无论出于何种原因，从提倡孝的角度讲都是可取的。公家臣被贬谪时，公鼐已经22岁了，故公鼐对张居正夺情案印象深刻，曾写《书广平郡斋壁》记载："丁丑星变，吴、赵二太史上书忤时宰，太史公与兰溪赵公、新建张公皆以营救谪。及诸公被召，太史犹滞广平。"因此，反对张居正夺情，对蒙阴公氏家族的代表人物公鼐的成长影响较大，进而影响到了蒙阴公氏家族的家风，对蒙阴公氏家族倡导、践行孝的家风起到了促进作用。

四、经世致用，追求卓越

沂蒙人讲究经世致用。沂蒙人读书，多半是从书中汲取有益于经国济民的成分，而很少有穷守章句者。如王吉等人治《公羊春秋》，就重在领会其"六合同风，九州共贯"的"大一统"思想[③]，并贯穿于自己的政治实践中。诸葛亮读书更是"独观其大略"。据《魏略》记载："诸葛亮在荆州，与石广元、徐元直、孟公威俱游学，三人务于精熟，而亮独观其大略"。即使有些经师，虽学问精深，但目的也还是"接世"。如前述疏广、疏受精研《春秋》，分任太子太傅、太子少傅，"朝廷以为荣"[④]。所以从历史上看，沂蒙地区虽学者林立，但大都已转化为著名的政治家或军事家，而很少有皓首穷经的所谓学者。

沂蒙人仁智敦厚又不乏进取精神，致力于追求卓越。沂蒙地区是一块古老、富饶但不闭塞、保守的土地，处在山水之间的临沂人似乎早已深得"乐山""乐水"之奥妙，他们既仁且智，既敦厚又不忘进取、追求卓越，从而在

① 《明史》卷二百二十九卷《吴中行传》。
② 《论语·阳货》。
③ 《汉书》卷七十二《王吉传》，中华书局1962年版。
④ 《汉书》卷七十一《疏广疏受传》，中华书局1962年版。

民风上兼得了“齐气”与“鲁气”之长。在沂蒙文化里，鲁俗的“好儒备于礼”与齐俗的“宽缓阔达而足智”都被融入其中，这就促成了沂蒙人外朴厚而内多智的性格。这样的气质是极宜于从政或从事艺术创造的。沂蒙人的进取精神和追求卓越的意识，在很大程度上也就表现在这两个方面。他们在“耕读”的同时，注重日常的学术、艺术修养，从而具有多方面的才华，王羲之等即是明证；同时沂蒙人也很“识时务”，他们密切关注着全国政治局势的每一次细微变化，而且一有机会便参与其中，表现出强烈的从政意识，秦汉及以后，沂蒙籍名宦重臣层出不穷即是例证，而诸葛亮则是其中的杰出代表。诸葛亮避乱中原后，身居隆中而胸怀天下，一旦出山则功勋卓著，大名垂宇宙，成千古楷模，成为卓越者的代表。

（一）经世卓越的沂蒙世家大族

沂蒙是我国古代世家大族分布密度较高的区域之一。远古时期，东夷文化就比较发达。春秋战国时期，文化交融、排拒充分，儒学得到了较为广泛的传播。随着儒学教育的发展与传播，沂蒙迁入并形成了一批世代传承儒学的文化大家族。隋唐以后，沂蒙文化陷入发展低潮，直至明清时期，才出现了若干在全国较有影响的大家族。这些沂蒙世家大族主张经世致用、追求卓越，有的还成为典型代表。

1.琅邪王氏家族

琅邪王氏家族是我国著名的门阀士族，是沂蒙世家大族的代表。

西汉中期，琅邪王氏崭露头角，东汉末年，王祥、王览兄弟崛起，确立了琅邪王氏家族的高门地位。至两晋之际，王敦、王导兄弟辅佐司马睿建立了东晋政权，开创了“王与马，共天下”的局面。王导死后，王氏家族的政治地位有所降低，但其江左第一高门的社会地位未变。刘宋初，王弘为首辅，将琅邪王氏带向了继王导之后的第二个高峰。宋齐之际，王俭辅助萧道成建立萧齐政权，并为相10年，对齐初的政局产生了较大的影响。此后的王氏子弟“平流进取，坐致公卿”[①]，与南朝相始终。与此同时，进入北方的王肃和王褒等人，

① 《南齐书》卷二十三“史臣曰”。

在北朝亦获得了极大的权势，琅邪王氏的社会地位依然很高。至唐朝时期，王氏家族又出了4位宰相，显赫一时。琅邪王氏家族分支众多，人丁兴旺，注重家学传承，具有深厚的家学渊源，善于不断学习创新，勇于把握历史机遇，在较长的历史时期处在时代思想文化发展的前列，是我国最著名的文化大族。琅邪王氏子弟，从小就受到良好的家庭教育和艺术熏陶，多博览群书，多才多艺，精通文、史、琴、棋、书、画，文学艺术成就卓著，堪称爵位蝉联，文才相继的高门大族。故沈约曾感慨："吾少好百家之言，身为四代之史，自开辟以来，未有爵位蝉联，文才相继，如王氏之盛者也。"①

（1）名人辈出，功勋卓著

汉代以前的琅邪王氏家族世系，史载不完整。《新唐书·宰相世系表》载：太子晋生宗敬，东周司徒。宗敬"八世孙错，为魏将军。生贲，为中大夫。贲生渝，为上将军。渝生息，为司寇。息生恢，封伊阳君。生元，元生颐，皆以中大夫召，不就。生翦，秦大将军。生贲，字典，武陵侯。生离，字明，武城侯。二子：元、威。元避秦乱，迁于琅邪，后徙临沂。四世孙吉，字子阳，汉谏大夫。始家皋虞，后徙临沂都乡南仁里"。其中所载琅邪王氏家族的名人，事迹大多不可考。可知者如下：

王错，战国时期魏国将军、大夫。

王翦，频阳东乡（今陕西富平县东北美原镇西南）人，秦始皇时期名将，曾率军灭掉了燕、赵两国，功勋卓著，为秦统一六国立下了大功。

王翦之子王贲，也是秦国一位出色的将领。王翦率军攻打赵、燕之时，王贲曾受命攻楚，大败楚军，连下10城。又决黄河之水灌魏国都城，魏亡。其后，王贲则奉命北击燕王喜于辽东郡，俘获燕王喜，消灭了燕国的残余势力。然后，王贲挥师南下，进攻代郡，俘获代王嘉；再南下攻齐，俘获齐王建，灭亡了齐国。王贲从秦国出兵一次，即先后灭掉了3个国家。秦王论功行赏，王贲被封为通武侯。

王贲之子王离是秦朝的重要将领。王离在秦始皇时曾受封为武城侯。秦二

① 《梁书·王筠传》。

世杀蒙恬后，用王离统帅蒙恬部众，继续防备匈奴。秦末大乱时，王离及所部被调回镇压农民起义，与项羽交战不胜被俘。王离有子王元、王威。“元避秦乱，迁于琅邪，后徙临沂。”①

王元是王氏家族中第一个居于琅邪的人。因祖上三世曾为秦将，只能隐姓埋名，默默无闻。汉武帝即位以后，实行察举征辟制，给平民子弟指出了一条修行明经的仕进之途。王元四世孙王吉，以经学进入仕宦之路。从此，家世开始显赫。王吉也被认为是琅邪王氏家族的始祖。

王吉，字子阳，幼时即好学明经，以郡吏举孝廉为郎，补若卢右丞，迁云阳（今陕西淳化县西北）令，后又举贤良，逐渐显名。王吉为人耿直，以清廉自居，“甚得辅弼之义，虽不治民，国中莫不敬重焉”。宣帝时，王吉为益州刺史，后辞官，不久被征为博士谏大夫。宣帝盛修宫室，奢侈无度。他上疏直言得失，建议皇帝“引先王礼宜于今者而用之”，“与公卿大臣延及儒生，述旧礼，明王制，驱一世之民济之仁寿之域”。此外，他还反对早婚，反对任子制，主张“去角抵，减乐府，省尚方，明示天下以俭”。宣帝“以其言迂阔，不甚宠异”②。王吉见自己的建议不被采用，遂称病归琅邪，不再过问政务。

王吉之子王骏，初从父学习《诗》和《论语》，因才高学博被选为高材郎，从名士梁丘贺之子梁丘临学习京房《易》，其后遂成经学名家，迁谏大夫后，历任赵国内史、幽州刺史、司隶校尉、少府、京兆尹、御史大夫，成为当朝三公之一。

王骏之子王崇，历官刺史、郡守，颇有政声。哀帝建平三年（前4），由河南太守入为御史大夫，左迁大司农，徙卫尉左将军。平帝即位后，王莽秉政，令王崇代彭宣为大司空，封扶平侯。

东汉时期，琅邪王氏家族的世系是：王崇“生遵，字伯业，后汉中大夫、义乡侯。生二子：旹、音。音字少玄，大将军掾。四子：谊、叡、典、融。融字巨伟。二子：祥、览”③。这段谱系记载不全，可能缺少了三、四代人的名讳。

---

①《新唐书·宰相世系表》。

②《汉书·王吉传》。

③《新唐书·宰相世系表》。

王睿字通曜，琅邪临沂人，青州刺史王仁之子，晋太保王祥伯父，东汉末为荆州刺史，后被孙坚所杀。他是东汉以来琅邪王氏家族中影响较大的人物。王睿之弟王融，是一个声名俱佳以至影响到“公府”的人。

曹魏两晋时期，是琅邪王氏家族发展史上的黄金时代，西晋时期跻身于一流门阀士族之列，东晋初期则达到了与皇室“共天下”的巅峰，涌现出了王祥、王览、王戎、王衍、王敦、王导、王羲之、王献之等历史名人。

王祥（184—268），字休徵，生母早亡，继母不慈，常在父亲王融面前谗毁他，他因此失爱于父，又生逢乱世，处境艰难。但王祥以纯孝得名，其孝行被渲染，因“卧冰求鲤”被收入《二十四孝图》。

王览（206—278），其生母朱氏经常虐待王祥，但王览对兄长十分敬重。幼年时，每当朱氏打骂王祥，他都抱着母亲哭泣哀求，成年以后，更对母亲屡加规劝。王览被收入《二十四悌图》，与王祥一起成为孝悌典范。

汉末，群雄纷争，天下大乱，人民流徙逃亡。王祥“扶母携弟览避地庐江（今安徽潜山县）”，母终之后，应徐州刺史吕虔之召为别驾。此时，徐州一带是曹操和陶谦、刘备、吕布、袁绍等人互相争斗的主战场之一，社会秩序混乱。王祥出任徐州别驾后，竭尽全力稳定社会。因出众的治才，王祥得以“举秀才，除温令，累迁大司农”[①]，成为九卿之一。嘉平六年（254），王祥为关内侯，拜光禄勋，转司隶校尉，迁太常，封万岁亭侯。

王祥在朝，立身方正，处处以“礼”为行动准则，有“履仁秉义，雅志淳固”[②]之称。他历经魏文帝曹丕、明帝曹叡、齐王曹芳、高贵乡公曹髦、元帝曹奂、晋武帝司马炎六代帝王，屡经升迁，终至三公高位。至西晋建立，王祥拜太保，封睢陵公，位居八公第一，成为西晋最有名望的大臣。

王祥有五子，三子早亡，嗣爵的王馥和庶子王肇皆仕至郡太守。王馥子王根和王肇子王俊，担任散骑郎和太子舍人。

王览的长子王裁为抚军长史，次子王基为治书御史，三子王会任侍御史，四子王正为尚书郎，五子王彦为中护军，六子王琛为国子祭酒，皆为朝廷高

① 《晋书·王祥传》。
② 《三国志·魏书·三少帝纪》。

官，确立了琅邪王氏家族的政治地位和社会地位。

西晋时期，琅邪王氏家族确立了门阀士族的地位。王祥、王览兄弟崛起之时，琅邪王氏家族的另一分支——王雄家族也在发展，并经过王戎、王衍兄弟的努力，最终确立了琅邪王氏家族的门阀士族地位。

王雄，字元伯，文武兼备，胆略过人，担任县官，颇有政绩。后升任涿郡太守、散骑常侍、幽州刺史。王雄子王浑、王乂，一为凉州刺史，一为平北将军，是曹魏的重要官员。西晋时期的司徒王戎是王浑之子，太尉王衍、荆州刺史王澄是王乂之子，他们极大地推动了整个家族的发展，使琅邪王氏家族真正成为一流高门世族。

王戎（234—305），字濬冲，自幼聪慧过人，善于思考，有超乎常人的胆略和令人叹服的辨析能力，他参加竹林之游，虽年龄最小，但“善发谈端，赏其要会”①，与嵇康、阮籍、阮咸、山涛、向秀、刘伶号称“竹林七贤”。王戎入仕途后，历任吏部郎、散骑常侍、河东太守、荆州刺史、豫州刺史、侍中、光禄勋、吏部尚书、司徒。他在豫州刺史任上，参与伐吴之战，立下了赫赫战功，因功晋爵安丰县侯，增食邑6000户，并赐绢6000匹。渡江后，王戎竭力安定、抚慰归降西晋的吴国臣民，施以善政，竭力抬高晋王朝的威望，努力使江南士民诚心归附，为江南局势由混乱转向安定和统一做出了积极的贡献，深受晋武帝器重。

王衍（255—311），字夷甫，少年时“神情明秀，风姿详雅”②，好论纵横之术，声名甚高。入仕为官后，相继任太子舍人、尚书郎、元城令、中庶子、黄门侍郎、禁军将领、北军中侯、领军将军、尚书令。成都王颖执政，以王衍为中军师，累迁尚书仆射，领吏部，后拜尚书令、司空、司徒。

王戎、王衍身居高位，借助九品中正制度，援引王氏子弟入仕，在西晋后期动荡的政局中，维护并推动了琅邪王氏家族的发展。

西晋后期，朝内朝外各种矛盾迅速激化，卷入政治斗争漩涡的士大夫及其家族，朝不保夕，随时有杀身灭门之祸。但以王戎、王衍为代表的琅邪王氏子

---

① 《晋书·王戎传》。

② 《晋书·王衍传》。

弟却利用姻亲关系，保全了宗族，并为全族向南方转移、开辟新的天地做好了铺垫。以王敦等为代表的琅邪王氏子弟在元康后期的一系列变故中，采取了积极进取的措施。如在废太子事件中，时任太子舍人的王敦明目张胆地站在太子一方，积极协助齐王司马冏起兵讨伐赵王司马伦，还劝说时任兖州刺史的叔父王彦起兵，在一定程度上提高了琅邪王氏家族的声望，有利于全族的发展。

西晋末年，天下大乱，琅邪王氏家族的代表人物王导、王敦等人辅助晋宗室司马睿渡江南下，开创了东晋百年基业，也由此奠定了琅邪王氏家族江南一流高门的根基。

王导（276—339），字茂弘，“少有风鉴，识量清远”①。在中原已乱的情况下，他与王衍意识到必须另寻出路，复兴晋王朝，进而确立琅邪王氏家族的霸业。王导与司马睿交好，他与王衍一起游说司马睿，让司马睿出镇下邳，得到独立发展的机会。永嘉元年（307），王导随司马睿南渡建邺，完成了建立东晋政权的关键一步。

王导与司马睿过江后，内忧外患，困难重重。北方士族与南方士族之间、北方士族中的上层与下层之间、南北士族与皇室之间、中央与地方之间存在错综复杂的矛盾。渡江不久，司马睿就因母亡而回琅邪奔丧，将稳定江东、主持政权建设的任务留给了王导。王导根据江东社会的实情，采取“镇之以静”的政策，制定了“谦以接士，俭以足用，以清静为政，抚绥新旧”②的基本施政方针，利用一切机会抬高司马睿的声望，又通过团结江东大族的代表人物顾荣、贺循，将江东士族集团争取到了司马睿一边，为东晋政权的建立奠定了基础。

王敦（266—324），字处仲，少有令名，尚晋武帝女襄城公主，拜驸马都尉，除太子舍人，历任给事黄门侍郎、散骑常侍、侍中、青州刺史、中书监、扬州刺史等职。在江南初定时期，他利用手中掌握的军队，竭尽全力扫平江东的分裂势力，为东晋的建立和巩固作出了不懈的努力，使司马睿的势力几乎达到江南全境。

太兴元年（318）三月，司马睿继帝位，为晋元帝，东晋王朝正式建立，

---

①《晋书·王导传》。

②《资治通鉴》卷八十六。

琅邪王氏家族的势力也发展到顶峰。是时，王导居相位，兼扬州刺史，在内执政；王敦为大将军，都督江、扬、荆、襄、交、广六州军事、荆州刺史，拥重兵镇守武昌，“群从子弟布列显要，时人为之语曰：‘王与马，共天下’”①。元帝尊王导为“仲父”；明帝即位，王导受遗诏辅政；成帝幼年即位，“见导，每拜”②，这些都恰如其分地道出了琅邪王氏家族当时所处的地位。

此后，王敦起兵失败，琅邪王氏家族失去了对军队的控制权，王导受到明帝庾皇后兄庾亮的排挤，但地位仍是崇高的，琅邪王氏家族的实力依然雄冠江南各世家。太宁三年（325）八月，明帝死，5岁的皇太子司马衍即位，是为成帝，庾太后临朝，政事一决于庾亮，庾氏家族开始崛起，“王与马，共天下”的局面结束。咸康五年（339），王导去世。东晋政权对这位开国功臣备极哀荣，成帝连续3天在朝堂举哀，遣大鸿胪持节监护丧事，一切礼仪，皆依西汉博陆侯霍光和西晋安平献王司马孚的旧例。尽管如此，琅邪王氏家族的实际地位已大不如前，东晋中期，能够进入权力中枢的琅邪王氏子弟只有王彪之等人。

王彪之（305—377），字叔虎，以佐著作郎起家，仕至尚书令。他为人方正，过分执于礼法，缺少权变，很少顾及门户私利。因此，他并没有能够扭转琅邪王氏家族中衰的局面。但他精通礼学，熟悉典章制度，给子孙留下了宝贵的典制财富——“王氏青箱学”。

东晋后期，琅邪王氏家族的代表人物是王珣。王珣（350—401），字元琳，弱冠为桓温掾，后转主簿，有极强的进取心，以才干知名当世，是桓温集团的核心人物。桓温死后，谢安当政，王珣受到压制。谢安死后，王珣与弟王珉皆得升迁，俱为侍中。在司马道子与孝武帝的明争暗斗中，王珣站到了孝武帝一方。孝武帝提拔王珣为尚书仆射，领吏部，地位仅次于司马道子；以王恭为兖、青二州刺史，镇京口，统率能征善战的北府兵。司马道子一度处于劣势。太元二十一年（396），孝武帝暴死，白痴太子司马德宗登基，是为晋安帝。司马道子把持朝中大权，以王国宝、王绪兄弟为心腹，忌惮在外掌兵的王恭等人，致使与王恭等人的矛盾迅速激化。王恭和殷仲堪于隆安元年（397）和隆安

① 《资治通鉴》卷九十一。

② 《晋书·王导传》。

二年（398）两次起兵“清君侧”。第一次起兵，司马道子被迫杀了王国宝和王绪，与王恭讲和。第二次起兵，王恭被杀。王珣周旋于两大势力之间，左右逢源，直到隆安二年王恭第二次起兵，王珣站到了朝廷一方。王恭败死后，王珣与司马道子的关系有了进一步的发展，司马道子辟王珣长子王弘为骠骑参军主簿，不久又拟提升为黄门侍郎。王珣仔细考虑了当时的形势，认为王弘尚年轻，不能在中央和地方的争斗中陷入太深，便婉言谢绝了。王珣在一定程度上维护了家族利益，为琅邪王氏家族在刘宋时期的再度崛起奠定了基础。

南北朝时期，琅邪王氏家族凭借东晋时期的显赫，平稳进入刘宋王朝。至萧齐时期，随着王肃的北奔，琅邪王氏家族势力再度发展到北方。但梁、陈二代，受各种因素打击，王氏家族的影响趋弱。

刘裕、刘毅等北府将领起兵诛讨桓玄，逼晋恭帝禅位，建立了刘宋王朝。在这一历史性的大转折时期，王导曾孙王诞、王谧、王弘、王昙首、王华、王韶之等人，积极参与晋宋禅代，为新王朝的建立和巩固立下了汗马功劳，成为刘宋王朝的开国功臣，琅邪王氏家族也由中衰走向复盛。

王诞（375—413），字茂世，王恬之孙，袭父王混爵雉乡侯。他初以文学才华显名，入仕后，历任秘书郎、琅邪王文学、中军功曹。自隆安二年（398）平王恭后，会稽王世子司马元显以张法顺为谋主，大权在握。王诞结交张法顺，入司马元显府。隆安四年（400），司马元显开后军府，王诞为其功曹，后升任尚书吏部郎，仍为后军长史，领庐江太守，加镇蛮护军，转龙骧将军、琅邪内史，随府转骠骑长史，颇为司马元显宠信，日渐成为其心腹。

王谧（360—407），字稚远，少有美誉，与桓冲孙桓胤、太原王绥齐名。起家秘书郎，袭王协爵武冈侯，后迁秘书丞，历中军长史、黄门郎，到司马元显执政时，王谧已任侍中。

元兴元年（402）三月，桓玄入京后，杀司马元显等人。王诞被流放广州。当时，孙恩的妹夫卢循占据广州，自号平南将军。王诞虽被流放而来，卢循仍善待他，起用他为平南府长史。桓玄执政后，以王谧为中书令、领军将军、吏部尚书，不久迁中书监，加散骑常侍，领司徒，兼太保。桓玄封自己为豫章公，元兴二年（403）八月晋封楚王，加九锡，十二月逼安帝抄写事先拟定的禅位诏书，篡位称帝。在这场改朝换代的历史变革中，王谧担任了重要角色：亲奉玺绂与桓玄。而在刘裕迎白痴皇帝安帝复位把持了东晋大权后，不仅未处分王谧，而且以王谧为侍中，领扬州刺史、录尚书事。义熙三年（407）十二月，王谧亡。刘裕追赠他为侍中、司徒，谥曰文恭。王谧有三子：王瓘、王球、王琇，在刘裕和其他族人的照护下，入宋后皆至高官。王诞自被桓玄流放到广州后，时刻谋划北归。桓玄一死，王诞劝说卢循放他北归。当时，刘裕大权在握，义熙五年（409）四月，他出兵北伐南燕，生擒慕容超，将他送至建康斩首。在此次北伐中，王诞出色的文学才华和从政能力得到充分显现，得到刘裕重用。很快，王诞兼领齐郡太守。琅邪王氏家族继续保持了江左第一高门的社会地位。

刘裕执掌政权后，琅邪王氏子弟相继投靠到刘裕麾下。其中王弘影响最大。

王弘（379—432），字休元，起家为会稽王司马道子骠骑参军主簿。王弘早在刘裕入京执政之初，便应招为其谘议参军，他没有像一般高门子弟那样安流平进，而是抓住历史机遇，积极进取。刘裕初执政柄，王弘以其敏锐的政治嗅觉意识到政治局势的改变，很快适应了时势的变化。义熙十四年（418），王弘任江州刺史，监江州、豫州之西阳、新蔡二郡诸军事。永初三年（422），刘裕死后，少帝即位。不久，发生废立事件，给王弘等提供了机遇，也使琅邪王氏家族走上了再度辉煌的发展道路。

景平二年（424）二月，刘义真被废为庶人，不久即被杀。五月，皇太后废少帝为营阳王，七月，迎立刘义隆，是为宋文帝。当时，琅邪王氏子弟在官者还有王昙首、王华、王球、王惠、王敬弘、王准之、王韶之等人，家族势力和社会影响颇大。因此，废立之前，徐羡之等人将檀道济、王弘同时召进京，告以废立之谋。王弘等参与了废立事件，后又在铲除顾命大臣事件中发挥了重要作用。元嘉三年（426），徐羡之自杀，傅亮、谢晦先后被杀，王弘升任首辅。至此，王弘为首辅，王昙首、王华为侍中，皆为文帝宠臣。王敬弘仕至尚书仆射、王球仕至中书令，王准之历任侍中、吏部尚书等职，其他王氏子弟亦各有升迁，琅邪王氏家族再度辉煌。

刘宋中后期，琅邪王氏子弟借元嘉初的鼎盛之风，或官居要职，或联姻帝室，皆曾显赫一时。元嘉十年（433），王球迁中书令。王弘死后，长子王锡袭封华容县公，位至太子左卫率、江夏内史。次子王僧达自幼聪慧，“少好学，善属文”，文帝闻其名，妻以临川王刘义庆女。王僧达起家为始兴王刘濬参军，累迁太子舍人、宣城太守。元嘉二十八年（451）春，刘骏起兵讨刘劭，王僧达赶赴军中，刘骏遂以他为长史，待即位后，任他为尚书右仆射。元嘉七年（430），王昙首死，文帝亲临吊祭，追赠光禄大夫。元嘉九年（432），以预诛徐羡之等谋，追王昙首为封豫宁县侯，谥为文。孝武帝即位后，配飨文帝庙庭。王昙首长子王僧绰，袭封豫宁县侯，尚太祖长女东阳献公主。元嘉二十六年（449），徙尚书吏部郎，元嘉二十八年（451），迁侍中。王昙首次子王僧虔，娶文帝弟江夏王刘义恭女，起家秘书郎，太子舍人。孝武帝时，仕至太子中庶子。明帝时，王僧虔为辅国将军、会稽太守，中书舍人，湘州刺史，以宽惠著称。元徽三年（475），迁吏部尚书，至升明二年（478），仕至尚书令。王弘弟王虞、王抑、王孺，在刘宋一朝皆居高位。王虞，廷尉卿，王虞子王深，有美名，官至新安太守。王抑，光禄大夫。王孺，侍中，子王远为光禄勋，王远弟王微，虽素无宦情，仍做到中书侍郎，王微弟王僧谦早卒，亦官至太子舍人。王华死后，文帝追封他为新建县侯，孝武帝即位，配飨文帝庙。王华子王嗣袭封新建县侯，官至左卫将军。

东晋后期，王华大力提携从父弟王琨。王琨历任宣城、义熙太守，皆以清廉著称。王华临终，又将王琨托付给宋文帝，故王琨在宋世屡居清显，至升明元年（477），进右光禄大夫。萧齐建立后，王琨领武陵王师，加侍中，仍居要职。王诞兄子王偃，尚宋武帝第二女吴兴长公主，仕至右光禄大夫。王偃长子王藻，尚文帝第六女临川长公主。王藻弟王懋，位至光禄大夫，封南乡侯。王谧之侄王僧朗，历任侍中、湘州刺史、尚书仆射等职，女为宋明帝皇后。王僧朗子王彧，字景文，仕至扬州刺史、中书令。王彧长子王绚，官至秘书丞；次子王缋，元徽末年，为黄门郎，东阳太守。王彧兄王楷子王蕴，封吉阳男，位至湘州刺史。王彧兄王粹子王奂，历任侍中、吏部尚书、丹阳尹等职。王奂弟王份，仕宋位至始安内史。王准之子王兴之，官至征虏主簿。王准之从弟王逡之，仕宋至吴令；从弟王珪之，位至长水校尉。王韶之子王晔之，位至临贺太守、太宰祭酒。王晔之女王宝明，嫁给了萧道成的长孙萧长懋，后被尊为文安皇后。王羲之曾孙王悦之，宋明帝在位时仕至黄门郎、御史中丞、侍中。王敬弘长子王恢之，仕至新安太守、中大夫。王恢之弟王瓒之，孝武帝大明年间，为吏部尚书、金紫光禄大夫。王瓒之弟王升之，为都官尚书。王升之子王延之，升明末年，为尚书左仆射、江州刺史。

刘宋中后期，多名王氏子弟或死于非命，或死于政治纷争、军事斗争。如王僧绰死于刘劭屠刀之下；宋末王蕴因反对萧道成专权被杀；孝武帝时，竟陵王刘诞谋反，王玙之为其长史，事败被杀，牵连五子；明帝时，王应之为衡阳内史，因拒起兵谋反的湘州行事何慧文被杀；王僧达因藐视皇权被杀，王彧因受明帝猜忌，无罪赐死，王弘从子王钊，为建平王刘休仁长史，因事得罪了刘休仁，被明帝赐死，身为驸马的王藻因另有所爱而下狱死。这些族人的死亡，削弱了琅邪王氏在刘宋政权中的政治地位，影响到了琅邪王氏家族的发展。

刘宋后期，在不停息的内部倾轧和废帝的恐怖统治中，以萧道成为首的政治集团迅速崛起。升明三年（479）四月，萧氏集团代宋自立，建立南齐政权。但南齐政权仍内乱不断，结果，萧衍乘机而起，代齐建梁。在建立南齐和梁的历史时期，琅邪王氏家族凭借在刘宋王朝时期的显赫，再次成为为新王朝的士族代表。王俭、王晏等人相继进入了政权中枢，在南齐一度显赫，琅邪王氏家族也进入了又一个高峰时期。南齐后期，在混乱的朝局中，琅邪王氏家族作出了与刘宋后期相似的选择，顺利进入新王朝。

王俭（451—489），字仲宝，幼年丧父，为叔父王僧虔抚养长大。王俭“幼有神采，事心笃学，手不释卷”，一流高门的社会地位，再加上渊博的学识，使王俭少年时即获高名。宋明帝时，王俭尚阳羡公主，拜驸马都尉，18岁为秘书郎，历任秘书丞、义兴太守、吏部郎、太尉右长史等职。宋齐之际，王俭主动向萧道成靠拢，成为其得力助手。对萧道成来说，能够取得门阀士族的支持，尤其是王、谢等大族的支持是他夺取刘宋政权的关键。王俭积极参与其事，直言不讳地劝萧道成早登帝位，乃至迫不及待地为萧道成私作诏书。萧道成遂提拔王俭为左长史。建元年间，王俭深得萧道成信重，谏无不允，封南昌县公，转左仆射，兼领吏部、太子詹事。建元四年（482）三月，萧道成死，遗诏以王俭与褚渊为顾命大臣。未及半载，褚渊病亡，王俭挑起了辅政重担。齐武帝对王俭甚为倚重，王俭辅佐帝王订礼仪，正朝纲，稳定内政，促进了生产的发展。

南齐一朝，琅邪王氏家族除王俭高居宰相之位外，地位较高、影响较大的还有王僧虔、王延之、王琨、王思远、王融、王奂、王晏、王亮、王志、王莹等人，他们对家族势力的发展产生了不同的影响。

王僧虔在宋末已为尚书令，入齐后转侍中，后迁湘州刺史，齐武帝即位，拜为侍中、左光禄大夫、开府仪同三司。王延之在宋末为江州刺史，入齐后进号镇南将军，仕至中书令、右光禄大夫。王延之子王伦之，仕至侍中、都官尚书。王琨入齐后为侍中，领武陵王师，去世后被追赠左光禄大夫。王思远齐初为长沙王后军主簿历任尚书殿中郎、竟陵王参军、太子中舍人、吴郡丞等职。武帝末年，被任命为广州刺史，未及赴任，武帝崩，萧鸾辅政，改任他为御史中丞。在萧鸾谋夺政权的过程中，王思远劝说积极参与其事的从兄王晏，为了王氏家族的整体利益，也为了自己的声誉，不要卷入政治漩涡。萧鸾即位后，王思远迁为吏部郎，时王晏已任尚书令，他不欲与王晏并居内台权要之职，上表固辞。后王晏被杀，王思远升为侍中。这说明，明帝需要琅邪王氏这个高门望族的支持，并不能因王晏一人或一家而打击全族。

齐武帝后期和明帝前期，王奂、王融和王晏因自身的原因相继引来了三场家族大难，致使琅邪王氏家族在永明十一年至建武四年年间，有11人死于非命，除王奂尚有子孙传世，且在北朝发展外，王融、王晏皆绝后，这在一定程度上削弱了琅邪王氏家族的势力。

明帝以后，萧齐政权内部更为动荡不安，为了保护家族利益，以王亮、王志、王莹、王瞻等人为代表的琅邪王氏子弟，开始在动荡的政局中寻找新的保护人。中兴元年（502）四月，萧衍废掉齐和帝萧宝融，建立梁朝。在萧衍崛起的过程中，琅邪王氏成员早与之结交，并为之延誉。萧衍起家为巴陵王南中郎法曹行参军，迁卫将军王俭东阁祭酒。王俭一见，深相器重，王融识鉴过人，尤其推重萧衍。王俭是当朝宰相，王融俊爽过人，为当时名士，他们对萧衍的评论，在清议之风盛行之时，无疑对萧衍的仕途产生了极大的影响。萧衍则广泛结交琅邪王氏子弟，在他起兵直至登基称帝的过程中，都可以看到王氏子弟对他的支持。他以王志为右军将军、骠骑大将军长史，梁台建，迁散骑常侍、中书令，以王亮为大司马长史、抚军将军，以王莹为侍中、中书监，兼尚书令。总之，齐梁之际，王氏家族以其雄厚的社会基础和王氏子弟的圆滑手段，顺利进入了新王朝。

梁武帝在位期间，重用寒人，任用徐勉、朱异、周舍等掌机要，以琅邪王氏为代表的门阀士族的权益受到侵占。王亮虽被任为尚书令，封豫宁县公，但并不被信重，王亮除参与《梁律》的制定外，对其他一直消极应对，这使他和梁武帝的关系疏远。天监二年（503）正月，武帝削去他的爵位，废为庶人。到天监八年（509），王亮才复起为秘书监，不久加通直散骑常侍，数日后迁太常卿，皆是闲散无权之职。在地方，士族也受寒人排挤。如王规（492—536）任吴郡太守时，因谗言被征还京，吴郡百姓千余人诣阙请求留下王规，先后上表三次，梁武帝皆不允。王规心灰意冷之余，辞官隐居。

当然，由于门阀士族在社会上影响依然如故，经济力量依然雄厚，梁武帝仍须倚重他们作为自己的统治基础，让世家大族子弟平流进取，坐至公卿。琅邪王氏家族在这样的社会背景下，依然保持着一流高门的社会地位。梁朝前、中期，琅邪王氏子弟多人仕至高官。王奂之弟王份（446—524），入梁后仕至左光禄大夫兼丹阳尹。宋太保王弘从孙王瞻，齐末任御史中丞，入梁后，仕至吏部尚书。王俭次子王暕（457—523），入梁后仕至吏部尚书、尚书左仆射，领国子祭酒。王训仕至侍中，王泰仕至吏部尚书，王筠仕至太子詹事，王籍仕至中散大夫、作塘县令。

总体而言，梁朝时期的琅邪王氏家族，因受宋、齐皇权所挫，其子弟多持谦退之风，再没有一人能像王导、王弘、王俭、王晏那样成为权力中枢举足轻重的人物。他们在仕途上适可而止，见好就收，小心翼翼地维护着本家族不衰的社会地位。即使这样，在侯景之乱和江陵沦陷时，琅邪王氏也受到了沉重的打击，家族的社会地位和经济实力削弱。太平二年（557）十月，陈霸先建立陈朝，逃过江陵之难的琅邪王氏族人，除王凝、王诵以外戚身份仕于后梁外，大都重返建康，参与陈政权。因琅邪王氏的家族影响和王通、王瑒在梁陈禅代之际担任了传递皇帝玺绶的工作而成为开国功臣，其他族人王克、王冲、王固等也任显职。但他们在政治上少有建树，文化上也非一流，只能凭琅邪王氏这一招牌保持着较高的社会地位。随着陈朝灭亡，一部分王氏子弟被迫北迁，留在南方的族人也丧失了原来的政治地位和社会地位。尽管后来琅邪王氏家族的个别分支再度显贵，但已经不再是特定意义上的、具有权力与文化象征的琅邪王氏家族。

永嘉之乱，王敦、王导率族人南迁后，琅邪王氏虽仍保留了旧称呼，但影响主要在江南，到萧齐时期，随着王肃及琅邪王氏子弟的北奔，琅邪王氏家族再度在北方产生了较大的影响。

王肃（463—501），初仕南齐，历任著作郎、太子舍人、司徒主簿、秘书丞。永明十一年（493），任雍州刺史的王奂，因擅杀部属而招致家族大难，王奂死于乱军之中，其子王融、王琛、王彪、王爽、王弼及女婿殷叡皆被杀，唯王肃得以逃脱，投奔北魏。时正值孝文帝锐意改革期间，王肃很快得到魏孝文帝的接见和赏识。孝文帝有意统一南北，并利用王肃强烈的复仇心理，命他领兵攻南齐，“频破贼军，降者万余”[①]，王肃因功进号平南将军，豫州刺史、扬州大中正。太和二十二年（498），王肃以破萧齐将裴叔业功，进号镇南将军，封汝阳县开国子，食邑三百户。景明元年（500），王肃加开府仪同三司。但是，北魏统治者对南朝的流亡者并不放心，在军事上、政治上多加限制，这使王肃很难进入权力中枢。王肃的贡献主要在文化方面。

王肃将先进的南方文化带到北方，在南北文化交流过程中起了沟通作用。在北魏孝文帝全面汉化的过程中，熟悉江南国典朝章的王肃，成为北魏改定官制的总设计师。王肃所定制度，多以自己所熟知的南朝制度为蓝本，为北魏的政权建设作出了巨大贡献。

当时南北学风不同，南方经学玄学色彩浓重，重视义理的阐发；而北方经学恪守汉儒的传统，以章句训诂为主，南北学风迥异。南北经学的交流，主要是靠青、齐一带濡染南朝学风的学者与北方大儒之间的交流。王肃并非大儒，

① 《三国志·魏书·王肃传》。

但琅邪王氏的家学一直是南方文化的典型代表，王肃北上后，在北魏身居高位，成为沟通南北学风的桥梁。

自王肃入北魏，琅邪王氏家族开始名标北史。王肃死后，其一女被宣武帝纳为夫人，另一女为广阳王元渊妃，一孙女被明帝纳为嫔，一从孙女为广阳王元湛妃。与皇室的联姻，极大提高了琅邪王氏家族在北朝的社会地位，使王氏子弟顺利进入北朝统治集团。王绍，袭父爵，历任太子洗马、员外常侍、中枢侍郎。王绍子王迁，东魏末年仕至通直常侍。王绍弟王理入魏后，仕至著作佐郎。王秉，入魏拜中书郎，迁司徒谘议，出为辅国将军、幽州刺史。王肃长兄融之子王诵，以文才风流见称，起家员外郎，位至给事黄门侍郎。王诵子王孝康，魏末仕至尚书郎中。王孝康弟王俊康，性清雅，颇有文才，仕至齐文襄王中外府祭酒。王诵弟王衍，字文舒，起家著作佐郎，仕至西兖州刺史、车骑将军、左光禄大夫。王翊字士游，好学有文才，位至中书侍郎。他为子娶孝明帝朝的权臣元叉女，嫁女儿为广阳王元湛妃，凭借着姻亲关系，王翊得以超拜左将军、济州刺史，不久加平东将军。在任清静爱民，颇有政绩。后入为散骑常侍。孝庄初，迁镇南将军、金紫光禄大夫，领国子监祭酒。

554年，王褒到达北方，琅邪王氏家族进入了一个新的历史发展时期。王褒是王俭曾孙，幼有高名，梁武帝爱其才艺，妻以鄱阳王萧恢之女。王褒起家秘书郎，转太子舍人，袭爵南昌县侯。梁元帝即位后，因与王褒是旧友，又赏识王褒的才学，便将他调到江陵，拜侍中，累迁吏部尚书、左仆射。554年，西魏丞相宇文泰发兵进攻江陵，梁元帝被迫投降，王褒与王克、殷不害等人被带到了长安。王褒因文才甚高，甚为宇文氏父子看重，遂以王褒为车骑大将军，仪同三司。

隋朝时期，统治者以科举制取代了九品中正制，唐太宗编修《氏族志》，武则天编《姓氏录》，以官爵高下为等级，打破了士族和庶族的界限。这些措施极大地打击了门阀制度，曾盛极一时的琅邪王氏家族，逐渐丧失了政治特权和社会优势地位。

入隋以后的琅邪王氏家族，势力最大、族人最多的是江南分支。但因处亡国之余，政治地位并不高，有代表性的王氏子弟有王猛、王胄、王眘等。王猛，以镇南大将军的身份随陈后主降隋，奉命坐镇岭南。王胄因富有文才，被晋王杨广引为学士。杨广即位，王胄为著作佐郎，实际为文学侍臣。王胄一向自视甚高，对此极不满意。王胄与隋朝大贵族杨玄感私交甚好，大业九年（613），杨玄感乘隋炀帝北征高丽之机举兵叛乱，炀帝迅速回师平叛，杨玄感兵败被杀，王胄受到牵连，被流放岭南。王眘，博学多才，少有盛名于江左。初仕陈朝，历任太子洗马、中舍人。陈亡后，与王胄同为学士，隋炀帝即位，授秘书郎。

从梁入隋的王氏子弟，最有代表性的是王衮。王衮博涉经史，多才多艺，年未弱冠，起家秘书郎，后娶孝明帝萧岿女晋安郡长公主，拜驸马都尉，历官东阳王文学、东阳王友、中书郎、黄门郎。梁亡，王衮随萧琮入隋，在隋炀帝时被授骁骑尉，兼校书，又迁秘书郎。

唐朝时期，琅邪王氏家族在统治者大力推行文治政策的背景下，借助家学，一度显赫，相继出了四任宰相。琅邪王氏各分支，以王褒的后人崛起最早，势力最大。王褒子王鼒，因袭爵石泉侯而地位稍高，位至安都、竟陵二郡太守。王鼒子王弘让、王弘直在唐朝分别为中书舍人和魏州刺史。王弘让子孙可考者47人，长子王方士仕至临邛令，次子王方则仕至光禄卿，三子王方泰为太府少卿。孙辈多为州郡官吏。王弘直有子5人，其中四子王綝最为知名，其后世子孙也最为昌盛，成为唐朝时期琅邪王氏家族最有代表性的分支。

王綝，有盛名于初唐。他博学好著述，16岁起家为越王府参军，武则天时，累迁广州都督，在镇数载，为政清廉，秋毫不犯，执法严明，境内肃然。因此受到武则天的表彰，升任宰相。王綝的政治建树主要在礼制方面，他曾多次向武则天进言，均被采纳。王綝的六世孙王玙深为唐肃宗赏识，累迁太常卿，兼蒲州刺史，充蒲、同、绛等州节度使，后来便被提拔为宰相。王玙的曾孙王抟在唐昭宗时两度为相。

王綝、王玙、王抟在唐朝为相的时间分别是初唐、中唐和晚唐，其家族与唐王朝相始终，又形成了不小的势力。但是，这时的王氏子弟，已不再自称是琅邪王氏后代，而是称“咸阳王氏”，特定意义上的“琅邪王氏”已经不复存在。

经过唐末和五代十国的大动荡之后，到宋初时，琅邪王氏家族与其他名门望族一样，彻底丧失了原有的门第和地位。自五代以后，历史上又出现了一些自称琅邪王氏后裔的望族，主要有开闽王氏、余姚王氏、太苍王氏、五云王氏、金庭王氏、榆林王氏等。

（2）卓越的文化成就

琅邪王氏家族子弟，从小就受到良好的家庭教育和艺术熏陶，政治上入仕为官，多处显赫地位，经济上富裕，过着稳定且优裕的生活，有充足的时间和精力涉猎文学艺术领域。他们多博览群书，多才多艺，精通文、史、琴、棋、书、画，文学艺术成就卓著。另一方面，琅邪王氏的文学艺术成就，又对时代文化的发展产生了较大的影响。琅邪王氏子弟南迁，给江南地区带去了琅邪文化，随着王肃、王褒等王氏子弟的北奔，琅邪王氏家学中所蕴含的江南文风和艺术又传播到北方，推动了南北文学艺术的交流。

文学成就。琅邪王氏家族多重视文学素养的培养。东晋永和九年（353），王羲之、孙绰、谢安等人会于兰亭，曲水流觞，对景赋诗。王羲之的《兰亭诗》既有玄言诗的特征，又有山水诗的色彩。兰亭集会的名士们所做的诗篇编在一起，王羲之为之作序，即是流传千古的《兰亭集序》。《兰亭集序》分为两部分，前面叙事、写景，后面抒发自己对宇宙的见解。全文情理并茂，虽带有玄学色彩，但语言质朴，基本摆脱了玄言体的枯燥、乏味，其前写景后论理的写作方式，也给后世的散文家们以启示。

东晋后期，王珣以才学文章被孝武帝看重，孝武帝崩后，哀册谥议，都是王珣起草，被称为“大手笔”。其侄王诞亦有文才。进入南朝，琅邪王氏子弟多幼年即开始学习经史子集，更以文见长。王僧达“少好学，善属文”[①]。王训“文章之美，为后进领袖”[②]。王泰亦有文才，梁武帝经常令群臣在宴会上即席赋诗，且在蜡烛上标出刻度，限时完成，王泰才思敏捷，文不加点，一挥而就，深得武帝赞赏。王规“献《新殿赋》，其辞甚工。……（梁武帝）诏群臣

① 《宋书·王僧达传》。
② 《梁书·王训传》。

赋诗，同用五十韵，规援笔立奏，其文又美。高祖嘉焉，即日诏为侍中”[①]。王籍“七岁能属文，及长好学，博涉有才气，乐安任昉见而称之。尝于沈约坐赋得《咏烛》，甚为约赏。……至若邪溪赋诗，其略曰：‘蝉噪林愈静，鸟鸣山更幽。’当时以为文外独绝”[②]。王籍诗歌学谢灵运，“时人咸谓康乐之有王籍，如仲尼之有丘明，老聃之有严周”[③]。

在众多琅邪王氏子弟中，对南北朝时期的文学作出较大贡献的是王俭、王融、王筠和王褒等人。

王俭是萧齐前期文坛的核心人物，“手笔典裁，为当时所重”[④]。在王俭等人影响下，齐梁文学，皆注重对偶，以用典为长。不过，王俭本人的文章，用典还不算太多。

王融是“竟陵八友”之一。永明九年（491），他作《曲水诗序》，“文藻富丽，当世称之”[⑤]，并与他人开创了一种新的文体——永明体，且文名传到了北朝。“竟陵八友”的诗歌已经基本摆脱了玄言诗的艰涩，易于诵读，他们将声律引入诗歌，是中国诗歌走向格律诗的开端。因此，王融诸人不仅推动了齐、梁、陈文学的发展，还为唐代律诗奠定了深厚的基础。

王筠7岁能属文，年16，曾作一篇《芍药赋》，文辞华美，轰动一时。王筠长大成人后，文才与从兄王泰齐名。沈约每见王筠的文章，咨嗟吟咏，自以为不如，感慨“晚来名家，唯见王筠独步”[⑥]。王筠晚年自编文集，以历任官职为集名，有《洗马》《中书》《中庶子》《吏部佐》《临海》《太府》各10卷，《尚书》30卷，共100卷。

王褒于梁末入西魏，将江南文风带入北方，充当了南北文学交流的使者。永嘉以后，南北方文学差别很大。北朝文学文辞平淡质朴，南朝文学文辞轻绮艳丽。在南北交往过程中，入北的南方士人，将南朝文学介绍到北方，令北朝

① 《梁书·王规传》。
② 《梁书·王籍传》。
③ 《南史·王籍传》。
④ 《南齐书·王俭传》。
⑤ 《南齐书·王融传》。
⑥ 《梁书·王筠传》。

人叹赏不已。如王肃等人的诗歌，带有明显的南朝文风，甚为北人欣赏，但他们并不以文学见长，在南北文学交流过程中虽有影响却不显著。王褒是当时的文学大家，他和另一位文学家庾信在南北文学交流中发挥了特殊的作用，推动了江南文风的北传。

王褒在南朝时是宫体诗的代表人物，他写的《燕歌行》描写征夫思妇的相思之苦，清新流丽，是南朝文学的典型代表。王褒入魏过黄河的时候，写下了著名的《渡河北》。诗中充斥着悲凉的情绪，与前期的诗风大相径庭。王褒流寓北土，乡关之思、异域风情的强烈感情冲击，使他创作出了大量文学作品，这些诗赋文章中，既有南方的绮靡文风，又吸收了北方诗歌悲凉、慷慨的格调，将南北文学融合起来，在当时影响很大，时人以为他和庾信“奇才秀出，牢笼于一代”[①]，成为隋唐融合南北诗风的前奏。

史学成就。琅邪王氏家族自王导始，就比较重视史籍修撰。渡江未久，王导即建议朝廷设立史官，整理收藏史籍和档案。此后的王氏子弟，多关注时事，以著史的方式达到以古鉴今的目的，故史学著作颇多，体裁也很广。如晋宋之际，王韶之著《晋纪》《晋安帝阳秋》。萧齐时期，王智深撰《宋纪》，王逡之著《永明起居注》，皆为一朝之史。王僧祐的《三吴决录》是地区史。王珪之的《齐职仪》是典章制度史。王述之作《春秋左氏传解》，王规《续汉书》注，属于对史书的注解。王韶之撰《孝子传赞》，王褒撰《王氏江左世家传》，是人物传记。王俭的《百家集谱》，谱学地位颇为重要。此外，王俭曾校勘古籍，依刘歆《七略》撰《七志》，另有《宋元徽元年四部书目录》，在辨别学术源流，扩大目录范围和目录分类上有所创新，是当时最有影响的目录巨著之一。王俭突破刘歆收书不收图的旧例，新增《图谱志》，又始创“文翰”一目，以诗赋文集属之，即后世之集部。王俭开创了私人编撰书目的先例，为目录学的发展作出了贡献。

总之，琅邪王氏家族重视史籍修撰，所撰史籍也有一定的史料价值，在史学史上有一定的地位。

① 《周书·庾信传》。

艺术成就。在魏晋南北朝的艺术发展过程中，多才多艺的琅邪王氏子弟尽展风流，最值得一提的是琅邪王氏家族的书法成就。

自王导一代起，琅邪王氏子弟大多擅长书法，形成了世代相传的书法传统。王戎善书，王敦笔势雄健，王导行草兼妙，王旷善隶书，王廙工于草隶飞白，王恬、王洽、王珣、王珉、王弘、王昙首、王微、王僧虔、王慈、王志、王羲之及其子王玄之、王凝之、王徽之、王操之、王涣之、王献之等人，皆精通书法，名重一时。宋淳化三年（992）所编著名的《淳化阁帖》10卷，前5卷收录了16位琅邪王氏子弟的作品，从第六卷到第八卷，是王羲之的书法，第九、第十卷是王献之的书法，琅邪王氏子弟的作品竟占了半数以上，王氏书法之盛，由此可见一斑。

琅邪王氏子弟中，王羲之、王献之父子的书法成就达到了最高峰。

王羲之生在书法世家，相传他幼年即得其父王旷传授笔法，叔父王廙、从伯王导也对他多有指点。王导还将自己珍藏的钟繇《宣示帖》送给了他。王羲之先学钟繇，又博采魏晋诸家书法之精华，勤学苦练，终致隶、楷、行、草、章草、飞白皆精，被后人誉为“书圣”。王羲之的书法开一代新风，是我国书法史上一座承前启后的里程碑。王羲之的楷书完全摆脱了隶书的影响，完成了由隶到楷的飞跃。虽然书体的演进与新书体的诞生，并不是靠一两个人完成的，但王羲之在新书体的成熟与完美方面，所做的贡献的确是非常重要的。王羲之平生创作最多的却是行书，最杰出的书法作品和流传最广的也是行书，如《快雪时晴帖》《姨母帖》《奉橘帖》《孔侍中帖》《得示帖》等。《兰亭集序》更有“天下第一行书”之称，成为后代书法的范本。《兰亭集序》共324字，字态潇洒，笔势流畅，如行云流水，浑然一体，达到了极高的艺术境界。凡有重复的字都个个不同，“之”字最多，有20余字，竟全不相同，极尽变幻之能事。王羲之对此书极为爱重，传至第七世孙释智永，释智永临终时将《兰亭集序》托付给了弟子辩才。相传唐太宗醉心于王羲之的书迹，凡传世的真品都搜罗殆尽，独缺《兰亭集序》。后听说真迹在辩才手中，几次索要不成，便命监察御史萧翼设计赚得。太宗崩，《兰亭集序》真迹亦殉葬昭陵。

王献之幼年学书，继承了其父的笔法风格，后学习张芝的草书，并且有所创新。张怀瓘《书断》把王献之的书法列为“神品”，并评其行草书“兴合如孤峰四绝，迥出天外，其峻峭不可量也。尔其雄武神纵，灵姿秀出，臧武仲之智，卞庄子之勇，或大鹏抟风，长鲸喷浪，悬崖坠石，惊电遗光，察其所由，则意逸乎笔，未见其止，盖欲夺龙蛇之飞动，掩钟、张之神气”。东晋南朝时期，论者以为“羲之草隶，江左中朝莫有及者，献之骨力远不及父，而颇有媚趣”①。唐玄宗时期，王献之的书法艺术为世人所肯定，真正确立了他在书法史上的地位。

王羲之父子合称“二王”。他们的书法代表了东晋南北朝时期的最高水平，对当时的书法艺术发展起到了较大的推动作用。此前的书法家，看重的是书法的实用性。而“二王”在宽松的历史环境中，摆脱了各种束缚，任意挥洒，肆意奔放，使书法真正成为了一门艺术，尤其是王氏行书和草书，对后代书家影响极大。

宋齐时期，王僧虔善隶书，是有名的书法家。他了解前世和当时的书法概况，曾作《论书》，将汉魏以来的近30位著名的书法家略加评论，堪称当时的书法简史。

梁朝时，王志“善草隶，当时以为楷法。齐游击将军徐希秀亦号能书，常谓志为‘书圣’”②。陈朝时期，王羲之的七世孙释智永爱好书法。他在寺院的阁楼上苦练书法三四十年，用坏的秃笔有10瓮。这些秃笔被埋在寺院内，犹如一座坟墓，故称“退笔冢”。勤学苦练之下，智永终成一代名家，求书者络绎不绝，不得不将门槛用铁皮包起来，人称“铁门限”。他曾手书真草《千字文》800余本，分送江南寺院，备受珍爱。

值得一提的还有王褒。东晋南北朝时期，南方限制立碑，书法以帖为主，多用行、草；北方长于碑刻，惯于楷、隶。南方书法飘逸、灵动，得江左风流；北方书法端庄、古雅，袭汉、魏风骨。碑刻难移，书帖易传，在南北交往过程中，南方书帖不断传入北朝，在南北书法的交融中曾起到非常大的作用。王褒入关后，既有文才，又长于书法，北朝王公显贵经常向他求书或请他撰写

① 《晋书·王羲之传附王献之传》。
② 《梁书·王志传》。

碑铭。所以，在《全后周文》王褒书法作品中，为他人所作的章、表、碑铭占了绝大部分。颜之推说他“崎岖碑碣之间，辛苦笔砚之役，尝悔恨曰：‘假使吾不知书，可不至今日邪？’”[①]王褒为书所累，却在北方掀起了学习南方书法的高潮，促进了南北书法艺术的交融贯通和书法艺术的发展。

古有书画同源之说，能书者多善画。琅邪王氏书法名垂青史，长于丹青者也不乏其人。王廙工书画，书为王羲之师，画为晋明帝师。王羲之、王献之等人也善画。王氏子弟中最有名的画家则是王微。他是南朝山水画的开创者，著有《叙画》。《叙画》是绘画的审美技术传达手段和审美主题情感的表现。王微认为画山水的目的不是画地图，而是对于生动变化的大自然心有所感。画山水不能停留在形似上，若无灵动之美，则无生机可言。对于人来说，视觉范围有一定的限制，所见不周，为弥补自然视觉之不足，便有了绘画。《叙画》是中国也是世界上最古的关于山水画的美学专著。王微的论述，把对山水的体认从玄学推进到美学，促进了山水画向抒情方向的发展[②]。

魏晋南朝时期，音乐是士人日常生活中必不可少的组成部分，弹琴和清谈、饮酒一样，成为名士风度的标志。王敦与王应皆善音乐。《世说新语·豪爽》载：“王大将军年少时，旧有田舍名，语音亦楚。武帝唤时贤共言伎艺事。人皆多有所知，唯王都无所关，意色殊恶，自言知打鼓吹。帝令取鼓与之，于坐振袖而起，扬槌奋击，音节谐捷，神气豪上，旁若无人。举坐叹其雄爽。”“应知鼓又善于敦也。”《晋书·王敦传》云，王敦在荆州，受元帝猜忌，怨愤不已，每酒后辄咏魏武帝乐府歌曰：“老骥伏枥，志在千里。烈士暮年，壮心不已。”以如意打唾壶为节，壶边尽缺。《世说新语·任诞》载：“王子猷（王徽之）出都，尚在渚下，旧闻桓子野（桓伊）善吹笛，而不相识。”

南朝时期，长于音乐的琅邪王氏子弟也不在少数。《南史·王俭传》萧道成问王俭：“卿好音乐，孰与朕同？”王俭对曰：“沐浴唐风，事兼比屋，亦既在齐，不知肉味。”随着佛教音乐的盛行，中国传统音乐努力从中汲取养分，王融造《法乐》十二曲，促进了音乐的发展。萧齐时，王僧虔解音律，他针对

① 《颜氏家训·杂艺》。

② 吴功正：《六朝美学史》，江苏美术出版社1994年版，第367～369页。

“朝廷礼乐多违正典，民间竞造新声杂曲”的现状，上书朝廷，请正声乐。为了尽快恢复雅乐，他建议“宜命有司，务懃功课，缉理遗逸，迭相开晓，所经漏忘，悉加补缀。曲全者禄厚，艺妙者位优。利以动之，则人思刻厉。反本还源，庶可跂踵”。王僧虔留意于雅乐，当时流传到南方的雅乐已搜罗殆尽。于是，他写信给王俭，让他在向北魏派遣使者之时注意搜罗北方的雅乐。他认为“北国或有遗乐，诚未可便以补中夏之阙，且得知其存亡，亦一理也。但《鼓吹》旧有二十一曲，今所能者十一而已，意谓北使会有散役，得今乐署一人粗别同异者，充此使限。虽复延州难追，其得知所知，亦当不同”[①]。王僧虔竭力维护雅乐，在六朝音乐史上有一定的地位。

弈棋可启迪人的心智，陶冶人的性情，与琴、书、画同为士人风雅的象征。琅邪王氏子弟能棋者为数不少。王戎居母丧，“不拘礼制，饮酒食肉，或观奕棋”[②]。王廙在书画、音乐之外，还善“博弈”。王恬“善弈棋，为中兴第一”[③]。梁朝时，王瞻“射猎书记，于棋射尤善。……颇嗜酒，每饮或竟日，而精神益朗赡，不废簿领。高祖每称瞻有三术，射、棋、酒也”[④]。当时，按照九品官人法，将棋艺分为九个等级，《世说新语・方正》注引范汪《棋品》曰：“（江）彪与王恬等，棋第一品，（王）导第五品。”《晋书・王导传》载：“导尝共悦弈棋，争道。”《世说新语・排调》云：“王长豫幼便和令，丞相爱恣甚笃。每共围棋，丞相欲举行，长豫按指不听。”如果说王导父子之间的弈棋反映出的是天伦之乐，那么，刘宋王彧在明知自己必死之时仍能安然若素的弈棋，表现出的则是面对死亡的从容和镇定。王彧妹为明帝皇后，明帝病重时，担心自己死后皇后临朝，王彧为相，便派使臣送毒酒赐他自尽。使臣送敕书之时，王彧正与客人下棋，“扣函看，复还封置局下，神色怡然不变。方与客棋思行争劫竟，敛子内奁毕，徐谓客曰：‘奉敕见赐以死。’方以敕示客。……酌谓客曰：‘此酒不可相劝。’自仰而饮之”[⑤]。如此胸襟，令人叹服。

① 《南齐书・王僧虔传》。
② 《晋书・王戎传》。
③ 《晋书・王导传附王恬传》。
④ 《梁书・王瞻传》。
⑤ 《南史・王彧传》。

“王氏青箱学”。“王氏青箱学”之名最早见于《宋书·王准之传》，称王准之“曾祖彪之，尚书令。祖临之，父讷之，并御史中丞。彪之博闻多识，练悉朝仪，自是家世相传，并谙江左旧事，缄之青箱，世人谓之王氏青箱学”。可见，“王氏青箱学”是族中历代当官者研究典章制度，以更好地服务于族中子弟当官入仕而形成的家学。其中的“青箱”一词，应是指书箱或杂物箱，亦即用来盛放个人物品的箱子。既然王氏青箱学是关于典章制度和历朝施政故事的王氏家传学问，因此实际上也是为族中子弟当官服务的学问。当时琅邪王氏精通此学者，并不仅限于王准之父祖几人，而是包括琅邪王氏家族的许多人。如与王彪之同时的王珣，人称“是近世识古今者”①，可知他是一位在政治上博通古今的人。稍后的王朔之造《通历》，王韶之撰郊庙歌辞，也对历法和礼仪制度有所研究。另外与王准之同时的王弘，“博练治体，造次必存礼法，后人依仿，谓为王太保家法”②；王僧绰“练悉朝典，究识流品”③；王僧虔“上表请正音乐”④。齐代的王俭，“朝仪旧典，晋宋来施行故事，撰次谙忆，无遗漏者。所以当朝理事，断决如流”⑤。王逡之“精礼学，博闻，参定齐国仪礼。从弟珪之，有史学，撰《齐职仪》”⑥。梁代，王莹曾奉诏“参定律令”⑦。陈朝，王冲“习于法令。诏参撰律令”⑧。北魏，王肃“明练旧事，虚心受委，朝仪国典，咸自肃出”⑨。北周，王褒“雅识治体，颇参朝仪，凡大诏册，皆令褒具草”⑩。以上这些人，无不有家学渊源，所精通的学问，也大都属于典章制度或朝政礼仪，因此也在一定程度上可被视为青箱学的组成部分。

王氏青箱学作为琅邪王氏的家传官学，其目的因为是为做官服务，子弟在精通后用之于仕途，也都收到显著效果。纵观其家族历史上那些著名政治家和

① 《宋书·蔡廓传》。
② 《宋书·王弘传》。
③ 《宋书·王僧绰传》。
④ 《南齐书·王僧虔传》。
⑤ 《南齐书·王俭传》。
⑥ 《南齐书·王逡之传》。
⑦ 《梁书·武帝纪》中。
⑧ 《陈书·王冲传》。
⑨ 《北史·王肃传》。
⑩ 《周书·王褒传》。

谋臣，无不以精通家传官学著称于世。可见，在王氏青箱学与政治之间存在着紧密的内在联系。王氏青箱学有两个作用不容忽视：其一是帮助了族人在官场中的竞争，并诞生了一批博通古今的政治家；其二则是推出了《仪注》《晋宋杂记》《古今丧服集记》《齐职仪》《礼杂答问》等官学著作。这些著作，无疑也是人类的宝贵文化遗产①。

2.琅邪诸葛氏家族

琅邪诸葛氏家族因西汉宣、元间有诸葛丰名闻朝野，并名标史册，其家族地位有所提升，但真正成为大族是在诸葛亮出仕于蜀、诸葛瑾出仕于吴、诸葛诞出仕于魏而形成了“龙、虎、狗”各乘风云之时。裴松之在注释《三国志·吴志·诸葛瑾传》时曾引用三国时韦曜、周昭所写的吴书，其中说：“初，瑾为大将军，而弟亮为蜀丞相，二子恪、融皆典戎马，督领将帅，族弟诞又显名于魏，一门三方为冠盖，天下荣之。”

这是前人对诸葛氏家族之诸葛瑾、诸葛亮、诸葛诞及其子孙的总体评价。大体说来，诸葛瑾在道德与事业上都是一位成功者，而道德修养尤为突出。在事业的建树方面，诸葛瑾亦是少有的文武全才，在吴国的内政外交方面发挥了重要作用，特别是他善于弥合矛盾，调解纠纷，更增进了东吴君臣间的和谐。孙权曾称赞他：“颜氏之德，使人加亲，岂谓此邪？”②

与诸葛瑾的功成名就相比，其弟诸葛亮在各个方面都高于其兄。诸葛亮不仅是蜀汉的良相能将，而且是整个民族历史上的著名政治家、军事家，思想家，是对中华民族的发展做出了重要贡献的人物。他辅佐刘备取荆州，占四川，建蜀汉。他在开府治事后，采取了一系列切实可行的措施，取得了丰硕的成果。他重视发展农业，推行劝农政策，兴修水利，把北方的生产技术带到南中去；他实行盐铁官营，组织蜀国种桑养蚕，织锦生产，增加了蜀汉财政收入；他为促进文化交流和经济生产，改变“益州险塞”、交通不便的状况，组织军民在川陕边界“凿石架空”，修复秦栈道，修筑山路，并在白水关至成

① 王大良：《中国古代家族与国家形态：以汉唐时期琅邪王氏为主的研究》，甘肃人民出版社1999年版，第539～541页。

② 《三国志·吴书·诸葛瑾传》。

都建驿站400余处。蜀汉虽连年战争，但在诸葛亮法家思想路线的实践下，成都平原仍显现出“沟洫脉散，疆里绮错；黍稷油油，粳稻莫莫”[①]和“田畴辟，仓廪实，器械利，蓄积饶”的繁荣兴旺景象[②]。总之，诸葛亮顺应历史潮流，在治政、治军、治人、治财、治戎、外交等方面，进行了伟大实践，做出了较大贡献，取得了辉煌成就，为后人树立了经世致用的光辉典范。

诸葛诞是诸葛瑾和诸葛亮的族弟，小诸葛亮20余岁，自幼受公、忠、节、义等儒家思想的教育熏陶，终生行事以此为准绳。诸葛诞在魏国出仕后，最初以尚书郎任荥阳县令，继而为吏部郎，后来出任扬州刺史。司马懿对东吴作战时曾任其为镇东将军，假节都督扬州诸军事，并封山阳亭侯。由于诸葛诞深受儒家忠君思想的影响，他坚决反对司马氏集团篡夺曹魏政权的活动，司马氏虽对其多次拉拢利诱，但他不为所动。最后起兵反对司马氏，并降吴，兵败被杀，被夷三族。他在扬州时，威信很高，最后失败时下属数百人皆宁死不降，“皆曰：‘为诸葛公死，不恨。’”[③]可见，诸葛诞的行为是颇得人心的。

诸葛恪、诸葛融、诸葛瞻、诸葛尚、诸葛京、诸葛靓、诸葛恢是魏晋时期诸葛氏的第二、第三代的代表人物。诸葛恪为诸葛瑾长子，少有才名，甚得孙权赏识。32岁时为抚越将军，领丹阳太守，使10万山越人出山，既促进了山越人的社会发展，又补充了吴国的兵源，受到孙权的嘉奖。在丞相陆逊去世后，诸葛恪迁大将军，假节，驻武昌，代陆逊领荆州事。孙权病时，诸葛恪以大将军领太子太傅。孙权病重时，诸葛恪为顾命大臣之一。孙亮即位后，诸葛恪仍为太傅，后又率军击败其族叔诸葛诞率领的魏军，晋为阳都侯，加荆、扬州牧，督中外诸军事，赏赐甚厚。后来，诸葛恪要进攻魏国的淮南地区，弄得人心惶惶。军队中又出现上下不和的局面，加上疾疫流行，军队战斗力大失，结果一败涂地。诸葛恪的政敌孙坚之弟的后人孙峻趁机向孙亮进馋，诬告诸葛恪谋反，并用“置酒请恪”的办法在席间将其杀死。

诸葛瑾在吴国的子孙皆遇害身亡，原出嗣给诸葛亮的次子诸葛乔，曾任

---

① 左思:《蜀都赋》。
②《三国志·诸葛亮传》。
③《三国志·魏书·诸葛诞传》。

蜀驸马都尉，年25，建兴六年（228）卒。诸葛乔生子诸葛攀，官至行护军翊武将军，亦早卒。诸葛攀生子诸葛显，诸葛显在蜀国灭亡后，于魏咸熙元年（264）移居河东。

诸葛亮于建兴五年（227）生子诸葛瞻。诸葛瞻年17时拜骑都尉，后任羽林中郎将，迁射声校尉、侍中、尚书仆射，加军师将军。诸葛瞻工书画，才思敏捷，在蜀国威信很高，朝廷每有善政，百姓皆归功于诸葛瞻。后在魏军攻蜀时，诸葛瞻督诸军前往抵抗，魏统帅邓艾曾向其诱降，诸葛瞻怒斩魏使，率军与魏军决战，不幸战死，时年37岁。诸葛瞻的长子诸葛尚，亦同时殉国。父子皆为国而死，故受到后人的赞美。诸葛瞻次子诸葛京，咸熙元年（264）迁居河东，先为郿令，后官至江州刺史。

琅邪诸葛氏家族在西晋末年的大乱中，能成为司马睿南渡的百余家大族之一，诸葛恢起到了重要作用。《晋书·诸葛恢传》曰："恢弱冠知名，试守即丘长，转临沂令，为政和平。值天下大乱，避地江左，名亚王导、庾亮。"可见诸葛恢不仅颇有政治才能，而且在司马睿府中具有重要地位。这种地位的取得非一日之功。司马睿于太熙元年（290）嗣位为琅邪王，时年15岁，这时诸葛恢已经在家乡颇有令名与政绩，司马睿不能不重视其封国内的望族与贤才。永嘉元年（307）七月，司马睿迁安东将军，诸葛恢为主簿，再迁江宁令。元嘉四年（311），周馥与淮南太守裴硕相攻，裴硕向司马睿求救，司马睿即遣扬威将军甘卓、建威将军郭逸攻周馥于寿春。诸葛恢也参加了这次战斗，《晋书·诸葛恢传》称其"讨周馥有功，封博陵亭侯"。元嘉五年（311），司马睿加镇东大将军，诸葛恢为参军，迁从事中郎，在府兼统记室。这时的诸葛恢与司马睿已经有了非同一般的密切关系，《晋书·诸葛恢传》称："（诸葛恢）与卞壶并以时誉迁从事中郎，兼统记室。时四方多务，笺疏殷积，恢斟酌酬答，咸称折中。"

当然，诸葛恢能够位居显要并深得信任，除了他的个人政治才能之外，也与琅邪阳都诸葛氏家族与司马氏特别是司马睿一支的亲密关系有关。诸葛恢的祖父诸葛诞虽然因党附曹魏而不见容于司马氏集团，甚至最后被杀，但司马懿为了笼络这一琅邪望族还是颇费心思的。司马懿之子司马伷娶诸葛诞之女为妻，即有笼络的目的。诸葛诞之女就成了“诸葛太妃”，她在以后诸葛氏家族在政治上的崛起中起到了十分重要的作用。诸葛诞被杀后，诸葛靓逃到南方的吴国。吴国灭后，晋武帝司马炎欲以胜利者的宽容召他入朝。《世说新语·方正》第十条载：“诸葛靓后入晋，除大司马，召不起。以与晋室有雠，常背洛水而坐。与武帝有旧，帝欲见之而无由，乃请诸葛妃呼靓。既来，帝就太妃间相见。礼毕，酒酣，帝曰：‘卿故复忆竹马之好不？’靓曰：‘臣不能吞炭漆身，今日复睹圣颜。’因涕泗百行。帝于是惭悔而出。”这种戏剧性的相见，应当是诸葛太妃与晋武帝精心策划的结果。虽然诸葛靓终身不仕于晋，但这次相见无疑宣布司马氏政权对这个家族免除罪名甚至特别顾惜的态度，这为诸葛恢出仕提供了可能。特别是司马睿于“八王之乱”后渐渐成为宗室中最具实力者，更为诸葛恢的仕途创造了很大的空间。因为司马睿是司马伷之孙，也就是诸葛恢姑姑“诸葛太妃”的孙子。司马睿对诸葛氏家族怀有深厚感情，这对诸葛恢与司马睿一起过江且在江左政权中位居显要，起到了重要作用。

3.琅邪颜氏家族

颜氏家族是我国的名门望族之一。颜氏先祖出自黄帝轩辕氏之晏安支，初为曹姓。至曹姓后人友被封于小邾后，为别于曹姓其他支派，友据当时的惯例，以其父邾武公夷甫的字“颜”为氏，故小邾子友被称为颜友。至春秋时期，颜子家族成了鲁国的卿大夫家族，地位仅次于姬姓后裔，为春秋时期的鲁国望族。到颜子时代，颜氏在鲁国的地位虽有所下降，但因颜氏家族重视文化教育，使颜氏家族的文化影响逐渐扩大，同时为颜氏家族的发展奠定了深厚的文化基础。

颜子后裔世居于鲁，至二十四代孙颜盛，于魏文帝黄初年间始迁琅邪临沂，世代孝恭，因号其居住地为“孝悌里”。

东汉灵帝时期，颜子第二十三代孙颜敫，官至御史大夫。生二子：颜斐、颜盛。

颜斐，颜回二十四代嫡裔长孙，字文林，有才学，为官清廉，本人清己，不畏权贵。曹操召为太子洗马，魏文帝黄初初年，转黄门侍郎，累官京兆尹。当时民间多不务农殖，颜斐到任后，下令所属各县整治田地，种植桑果，教百姓造车买牛，发展生产。又倡建学校，官吏民众愿意读书者免其徭役。于是风化大行，吏民恐其迁转。后迁平原太守，吏民啼泣遮道，车不得前，10余日才出界，时称“良二千石”。颜斐卒后，京兆闻之，皆为流涕，为之立碑，后世称颂之。颜斐生二子：颜鲁、颜欢。因颜鲁、颜欢皆无后，颜氏宗子的地位由迁入琅邪临沂的颜盛后裔所取代。

颜盛，字书台，又字叔震，为东汉尚书郎，于汉灵帝中平年间出任青州刺史；魏文帝黄初年间，改任徐州刺史，携眷属由鲁（今山东曲阜）迁徙琅邪临沂。《颜氏家庙碑》《陋巷志》等皆称颜盛由鲁迁徙琅邪临沂孝悌里。《颜真卿志》则记：“颜盛于灵帝中平年间出任青州刺史，携眷属侨居青州治所临淄；魏文帝黄初年间，改任徐州刺史，又举家迁徙琅琊国华县城西孝悌里。”

颜盛东迁琅邪临沂后，因其兄颜斐一支无后，颜氏宗子的地位遂由颜盛后裔所继承。自此以后，颜氏家族人丁众多，人才辈出，整个家族兴旺发达起来，“琅邪颜氏”成为名门望族。南北朝隋唐时期，颜氏子孙无论居于何地，皆自称是琅邪临沂人或祖籍琅邪临沂。当今遍布世界的颜姓人，均是以颜子为一世祖、颜盛为二十四世祖的颜氏一族的后裔。

颜氏家族迁居琅邪临沂后，经历了四代，大约80年的时间。在这一时期，颜氏家族开始兴旺发达，逐渐成为琅邪望族之一。

颜子二十五代孙颜钦，字公若（一作公历），颜盛之子，居琅邪，明《诗》《尚书》《礼》《易》，对这些儒家经典著作多有见解，造诣较深，学者宗之。历东中郎将司马，太中大夫，东莞、广陵太守，给事中，并引直禁省，封爵葛绎县子，谥曰“贞”。娶赵氏，生七子：颜默、颜平、颜协、颜雅、颜闵、颜永、颜考。

颜默，字静伯，颜钦之子，历任晋汝阴太守，护军将军，给事中，袭封葛绎县子。护军将军是又秦汉时期的护军都尉发展而来，具有调度与监督诸将，分派任务的职权，是军队中的重要长官之一。曹魏时护军将军还有主持选拔武官的职权，西晋时护军将军地位又有所提升，与领军将军相同。也就是说颜默曾在西晋军中担任重要职务。颜默生有三子：颜畿、颜辇、颜含。颜畿、颜辇均无后，宗子地位由颜含一支继承。

颜含的事迹主要见于《晋书·颜含传》，他是颜氏家族发展史上一个承前启后的重要人物。颜含自少年时即以孝悌闻名乡里，在社会上有很大影响。出仕后，曾任东海王司马越的太傅参军，后调任开阳县令。琅邪王司马睿初到下邳镇守，又命颜含为幕府参军。这是颜含在西晋时期的任职情况。

颜氏家族在琅邪临沂的80余年，是颜氏家族发展史上一个非常重要的时期，也是琅邪颜氏家族文化发展的一个重要阶段。颜氏家族文化的内涵，如以社会责任为人生的价值尺度，以高尚道德为人生规范等，在这一时期已基本具备。因此，琅邪颜氏家族这一时期的发展为后来家族的繁荣壮大打下了基础。

4.兰陵萧氏家族

兰陵萧氏是古代沂蒙地区以儒学传家的著名大族之一。据《新唐书·宰相世系一下》载：萧氏亦出自姬姓，为帝喾之后。因先人封于萧（今安徽萧县西北），故姓萧。春秋时期，萧成为宋国的附庸。战国时期萧被楚（前597）灭亡，其子孙世居丰、沛。西汉初年，有丞相萧何，萧何之孙萧彪，任谏议大夫、侍中等职，始迁兰陵郡承县，这是兰陵萧氏之始。嗣后传四代至萧望之时，又徙杜陵（今陕西西安东南一带），至萧望之孙萧绍时又迁回兰陵。

萧望之自幼学习儒家经典，善治《齐诗》，是著名经师后苍的弟子。后被派至太常寺受业，随博士白奇学习，又曾向夏侯胜请教《论语》《礼记》等。从政后，以儒学为其行事准则，主要表现为：一是积极践履儒家倡导的大丈夫“威武不屈”的节操。萧望之出仕前被推荐给权臣霍光，霍光怕人刺杀自己，使被接见者如同受审一样。对此，萧望之当面向霍光提出批评，认为霍光的做法不符合周公平等对待士人的原则和礼贤下士的态度。霍光虽然表面上接受了批评，但又对萧望之打击报复，直到霍光死后，萧望之才得到重用。二是萧望之继承儒家强化君权的思想，反对“大臣任政，一姓擅权”。三是萧望之主张引导人民以好义之心战胜欲利之心。他认为，虽然不能否定“欲利”之心的合理性，但如果处处事事只讲个人的私利，那么社会道德水准就会严重下降，就会影响整个社会的发展。

兰陵萧氏在南北朝历史上占用较重要地位，这不仅是因为他们建立了齐、梁两个王朝，也是因为他们在中国文化史上有着突出贡献。

《南齐书》《梁书》都明确而详细地记载着兰陵萧氏的谱系。《南齐书》开篇即载萧道成世系云：“太祖高皇帝讳道成，字绍伯，姓萧氏，小讳斗将，汉相国萧何二十四世孙也。何子酂定侯延生侍中彪，彪生公府掾章，章生皓，皓生仰，仰生御史大夫望之，望之生光禄大夫育，育生御史中丞绍，绍生光禄勋闳，闳生济阴太守阐，阐生吴郡太守永，永生中山相苞，苞生博士周，周生蛇丘长矫，矫生州从事逵，逵生孝廉休，休生广陵府丞豹，豹生太中大夫裔，裔生淮阴令整，整生即丘令儁，儁生辅国参军乐子，宋升明二年九月赠太常，生皇考。萧何居沛，侍中彪免官居东海兰陵县中都乡中都里。晋元康元年，分东海为兰陵郡。中朝乱，淮阴令整字公齐，过江居晋陵武进县之东城里。寓居江左者，皆侨置本土，加以南名，于是为南兰陵兰陵人也。”

萧整，就是兰陵萧氏南渡的始祖。兰陵萧氏在江南的卜居地是晋陵，当时这个地方“地广人稀”“田多恶秽”[①]，是安置低层流民的地方。当然，兰陵萧氏是望族，绝非一般贫寒流民，虽然并未跻身公卿士大夫之列，但至少亦当属于南渡者的中层。但是，无论怎么说，萧氏在当时毕竟没有能成为政治中枢的一员，所以过江后仍不能居于建康一带。即使是萧整的“淮阴令”一职，也可能不是过江前就已担任的，很可能是过江定居武进后得到的职位。因为司马睿政权为了减少与南方士族的冲突以及阻挡北方胡族政权的南侵，一直严格限制北方流民过江，即使已经定居的，也可能被北遣，居于江淮之间，以抵御胡羯兵锋。萧整的儿子萧鎋也是这样，作为一名北府兵的普通将领，曾经北伐与后赵、前燕作战，最后终于济阴太守一职。

5.东海王氏家族

东海王氏是指东海郡郯县的王氏家族。魏晋时期东海郯县王氏家族的代表人物有王朗、王肃、王恂、王恺等。

王朗字景兴，东汉末年因通儒学经典，被任为郎中、菑丘长等职，后又任徐州刺史陶谦的治中从事。不久，被朝廷任为会稽太守。魏国建立后，任魏

① 《元和郡县图志》卷二十五“江南道一：新丰湖”。

郡太守、迁少府、奉常、大理，又迁御史大夫，封安陵侯、兰陵侯等爵。王朗的主要贡献和思想主张有：第一，育民省刑，执法公允。《三国志·魏志·王朗传》称王朗在任职大理寺时，"务在宽恕，疑罪从轻"。又载其在任御史大夫时，曾向魏文帝上奏，劝其育民省刑，要求在上位者慎重刑罚，断狱不可草率从事。王朗在力主省刑育民的同时，还主张薄赋敛、省徭役、勤稼穑，"一以勤耕农为务"，反对大兴土木，加重人民的负担。第二，尊奉《春秋》之义，极力维护王权。王朗所处的东汉末年正是国家由统一到分裂的时期，他在任徐州刺史治中时，曾对刺史陶谦说："《春秋》之义，求诸侯莫若勤王。"并指出当时皇帝被董卓劫持到长安，应该派使者前往表示对皇帝的拥护。第三，重视儒学的学习传录。王朗以精通儒学经典起家，出仕之后仍十分重视儒学的学习、传播与继承。他对《易》《春秋》《孝经》《周官》等多有解释，又有奏议论记等多篇，皆传之于世。其子王肃整理改定了他所作的《易传》，立于学官。

王肃字子雍，历任曹魏散骑常侍，并领秘书监兼崇文观祭酒、广平太守、侍中、太常等，承父爵。王肃的主要思想和贡献：一是主张"息民"，惠民，对民要讲信；二是反对"刑杀仓卒"，主张不可滥杀无辜；三是在儒学的学习、传播和研究方面作出了重要贡献。在儒学的研究方面，王肃继承了贾逵、马融的做法与观点，而不喜欢郑玄之学，他"采会异同，为《尚书》《诗》《论语》《三礼》《左氏》解，及撰定父朗所作《易传》，皆列于学官"[①]。又有其他著作百余篇，并集有《圣证论》用来批评郑玄的观点。王肃还整理注释了《孔子家语》。

王肃生子王恂、王虔、王恺。王恂西晋时官至河南尹，重视儒学的教育与传播。王恺，少有才学与能力，在他身上体现了魏晋士族的基本特征：既能对民族的发展有所贡献，又有明显的奢侈性、腐朽性。他历任清显职位，虽然没有多么好的声誉，但有"在公之称"，即因能为国效力而受称赞。他为人豪侈，曾与石崇比富，"并穷绮丽以饰舆服"[②]，显现了士族腐朽性的一面，在历

① 《三国志·魏书·王肃传》。
② 《世说新语·汰侈》，中华书局1984年版，第471页。

史上产生了长久的负面影响。

6.泰山南城羊氏家族

泰山南城（今临沂市平邑县）羊氏是汉晋时期较有影响的大家族之一。宋代邓名世《古今姓氏书辨证》称，周代有官职“羊人”，其后裔以官为氏。至西晋羊祜时，羊氏已有九代为二千石，皆以清正廉洁闻名于世。著名人物有羊续、羊衜、羊祜、羊琇等，出仕者还有羊发、羊祕、羊耽、羊曼、羊玄之、羊祉等。

羊续，字兴祖，祖父羊侵在汉安帝时为司隶校尉，父羊儒，在桓帝时为太常。羊续为庐江太守，又拜南阳太守。灵帝中平六年（189），任太常。

羊祜（221—278），字叔子，其祖即羊续，其父羊衜曾任上党太守，其外祖父是东汉名儒蔡邕。其母蔡氏，由于受到家族的影响，处事能谨遵儒家的道德规范。羊祜五岁时，羊祜同母兄羊承与羊祜的前母（孔融之女）孔氏所生的兄长羊发同时染病，蔡氏认为根据当时的情况，两个孩子只能救活一个，于是专心救治孔氏所生的羊发，而不顾自己亲生的羊承，结果羊发得救，羊承病死。这一舍亲生救他生的高尚行为，深深教育与影响了羊祜的一生。

羊祜终生处事谨遵儒家的伦理道德、纲常名教，积极践行儒家的思想，主要表现在以下几个方面：第一，以儒家“大一统”思想为自己立身的根据，为实现国家的统一而奋斗不止。第二，继承儒家的用贤思想，多次荐举贤人。羊祜很受皇帝信任，多次荐举德才兼备之士。虽然常以推举贤才为己任，但每次荐举又不愿让他人知道，这说明羊祜的荐举不是为了个人的树党营私，而是为了国家的利益。第三，积极践履儒家的道德规范。羊祜在清谈玄学声浪渐高的环境中保持了儒家的原则与气象。《晋书·羊祜传》称其“以道素自居，恂恂然若儒者”。在其未出仕前，“举上计吏，州四辟从事、秀才，五府交命，皆不就”。故时人称之曰“此今日之颜子也”。这说明无论官府还是民间都把羊祜看成醇儒之士。在羊祜身上体现的儒家道德主要有礼让、讲信修德、耿介清廉等。

魏晋时期，泰山羊氏在全国属于一流门第，主要有泰山南城羊氏、泰山平阳羊氏、泰山钜平羊氏、泰山梁父羊氏等支系。其中泰山南城羊氏以南城为郡望，南城即今平邑、费县一带。泰山羊氏家族在徐兖一带叶茂根深，在西晋时也曾一度取得天下甲族的地位。使羊氏家族在司马睿江左政权中得以隆升地位的，是被称为“中兴名士”的羊曼。羊曼，字祖延，《晋书·羊曼传》载：“避难渡江，元帝以为镇东参军，转丞相主簿，委以机密。”羊曼不仅深得司马睿信任，而且在后来平定苏峻的反叛中死难。《晋书·成帝纪》载，晋咸和三年（328），“二月庚戌，峻至于蒋山。假领军将军卞壶节，帅六军，及峻战于西陵，王师败绩。丙辰，峻攻青溪栅，因风纵火，王师又大败。尚书令、领军将军卞壶，丹阳尹羊曼，黄门侍郎周导，庐江太守陶瞻并遇害，死者数千人”。羊曼之死无疑对南迁的泰山南城羊氏是个巨大打击，但也为家族在江左政权中赢得了巨大的政治资本。

7.蒙阴公氏家族

明代蒙阴公氏家族是我国江北罕见的文学世家和声势显赫的“馆阁世家”。蒙阴公氏出自姬姓。周公旦的后代鲁昭公把王位传给弟弟姬宋，即鲁定公。鲁定公把鲁昭公的儿子衍和为，都封为公爵，世称公衍、公为。公衍、公为的后代子孙以爵位为姓，遂成公姓。汉代，有主爵都尉公俭。至魏晋南北朝时期，北方士族部分南迁，公氏也南迁到浙江括阳等地，但鲁地仍有大量公氏后裔存在。至宋宣和元年（1119），公蕃自临沂迁至蒙阴，被称为蒙阴公氏的一世祖。到八世公海时已至元朝末年，蒙阴公氏已经是有一定势力的家族了。

进入明代以后，蒙阴公氏经过数代人的努力而进入了繁荣发展时期。主要表现是蒙阴公氏家族出现了叔侄五进士，父子两翰林，在仕途和文坛都产生了较大的影响，成为江北声势显赫的“馆阁世家”。

明朝建立后，蒙阴公氏因是军户，加上明朝有“三家出一戍”的政策，八世公海被遣送到辽东戍边，故康熙十一年版《蒙阴县志》记载，公海在“洪武初以军户戍辽东”[①]。

公海有四个儿子：公守道、公守信、公守权、公守敬。按例，公海年龄达到40岁以后，可以让他的儿子顶替而回到蒙阴老家。但是，“至期，海三子

① 蒙阴县地方史志编纂委员会：《蒙阴县清志汇编》，中华书局1999年版，第43页。

皆不往，四子守敬慨然独抱十月子銑以往。至金州阻海险，同行者咸中止。守敬以銑付葛姓者担回，寄养伯家，痛哭东去，盖永诀也。竟达辽，代父还。銑至十五岁，闻父所在，终日啼哭不食，欲往觅父。抵辽，父母不认。验项后一疤，乃相抱大哭。当事者闻其状，将敬父子并发回籍。父子以孝著闻，征銑广宗丞。一年移疾归，仅有二驴载其书籍，妻子皆徒步，闻者叹息”[①]。这是一段感人至深的孝义故事，从此，蒙阴公氏“以孝著闻”，而且公銑“以孝行征，任北直隶广宗县丞”[②]，步入仕途。

公銑生子公评，公评已较富裕，不像他的父亲致仕后，“仅有二驴载其书籍”。康熙十一年版《蒙阴县志》载：公评“富而好施，睦族劝善”[③]。公评的儿子公忠继承了祖辈的美德，“孝友承先，诗书启后，公氏之兴始于此”[④]。也就是说，从公銑到公评、公忠都以孝友闻名，而且公忠以“诗书启后”，蒙阴公氏从此开始兴盛。到公銑的曾孙公勉仁时，蒙阴公氏家族开始繁荣，一门连续五世考中五个进士，而且第四世进士公家臣和他的儿子、第五世进士公鼐父子同为翰林，声势显赫，世称“五世进士，父子翰林”。

第一世进士公勉仁（1450—1516），字尚德，号西埠。明弘治三年（1490）考中进士。初授行人，后任江西道监察御史，太仆寺少卿。他生性耿直，因与宦官刘瑾等不和而遭降职。史载，明武宗正德初年，他“忤宦官刘瑾，左迁四川参议。剿蜀寇有功，累升都御史，巡抚大同。值兵变，公率众力战，复振奇勋”[⑤]。在四川的夔州、重庆、保宁、顺庆等地，他抚治流民，惩罚盗贼，赈济难民，受理讼诉，修理城池，操练部队，使地方社会稳定，百姓安居乐业；在大同，他督理军务，训练士兵，严肃军纪，修筑工事，打击豪强，发展生产，使百姓休养生息，粮草充足，兵强马壮，安抚一方，功名卓著，史载“在边十年无警”[⑥]。正德十一年（1516）七月，公勉仁去世，享年67岁。武宗甚感惋惜，

① 蒙阴县地方史志编纂委员会：《蒙阴县清志汇编》，中华书局1999年版，第43页。
② 蒙阴县地方史志编纂委员会：《蒙阴县清志汇编》，中华书局1999年版，第273页。
③ 蒙阴县地方史志编纂委员会：《蒙阴县清志汇编》，中华书局1999年版，第65页。
④ 蒙阴县地方史志编纂委员会：《蒙阴县清志汇编》，中华书局1999年版，第62页。
⑤ 蒙阴县地方史志编纂委员会：《蒙阴县清志汇编》，中华书局1999年版，第58页。
⑥ 蒙阴县地方史志编纂委员会：《蒙阴县清志汇编》，中华书局1999年版，第301页。

下旨派山东布政司左参政徐纯谕祭公勉仁。公勉仁著有《东山集》《守边策略》等文集。

第二世进士公跻奎，字瑞文，号中山。公跻奎生而颖秀，13岁时补弟子员，明嘉靖十四年（1535）中进士，授工部主事，分曹吕梁。嘉靖十六年（1537），山西吕梁地区发生水灾，洪水泛滥，民众深受其害，军队粮草运输中断。公跻奎临危受命，赴吕梁地区佐理漕政，督治洪水。经过三年的治理，当地漕运大为改善，百姓得以安居，公跻奎因而“升本部员外。时世庙大兴土木，奎省民力而功举。世宗以为材，赐金帛，出守潞安府”[①]。在山西潞安，他整顿防务，操练军马，修理城池，“化杰骜以恩，处宗室以礼。不期年，政孚上下，署上考，进湖广按察司副使，督兵辰沅。时镇筸苗叛，奎计擒其首，苗大沮。调广西按察司副使。值东兰州土官反，攻田州，两广开府屡讨不胜，檄奎往讨。奎授千户丁俊以方略，数日贼魁授首，兰州平”[②]。从记载看，他勤于政事，功绩较大，但是后来遭人嫉妒，无奈之下挂冠回到老家蒙阴。到老家后，他重视教育，自费在中山寺设中山书院，作为自己读书和授徒、教子的地方。闲暇时，他或策杖徒步，优游林泉，吟诗作赋，或与田夫野老话桑农，不识的人不知他是达官贵人，终老于故乡。著有《中岩草》等。

公跻奎有五个儿子：公一载、公一鸣、公一扬、公一跃、公一翔，皆登科为官。

公一载，号肖山，官至北直隶兴济县知县。后因病辞官回蒙阴。他博学工书，积书数千卷，昼夜审阅。去世后，因其子公家臣获赠翰林院编修，并因孙子公鼐获赠礼部右侍郎。著有《田居》。公一载次子公家邻，万历十三年（1585）乙酉科中举人，曾任虞城县知县。

公一鸣，字绪山，号南陵，任直隶南陵县丞。他少时聪颖多病，“清介嗜古，卓行绝伦”[③]。他因病辞官回到老家蒙阴后，为地方史志的编写做出了贡献。史载：他“勤学善文，以朴素为志。每采故实为《蒙考》，旧志多取

① 蒙阴县地方史志编纂委员会：《蒙阴县清志汇编》，中华书局1999年版，第58页。
② 蒙阴县地方史志编纂委员会：《蒙阴县清志汇编》，中华书局1999年版，第58页。
③ 蒙阴县地方史志编纂委员会：《蒙阴县清志汇编》，中华书局1999年版，第17页。

之”[①]。另著有《墨庄集》《墨庄摭要》等文集。

公一扬是第三世进士，号亦山，9岁能文，12岁入邑庠，21岁领嘉靖戊午乡荐。嘉靖己未三十八年（1559）中进士，初授大理寺评事，后历任河南尉氏知县、裕州知州、工部郎中。他致仕后，曾到济宁州居住，且喜好仙术。据蒙阴县志记载，“郎中公一扬致仕，徙居济宁州，好仙术”[②]。著有《闲音集》《静菴摘稿》等。

公一跃，号继山，他博学且重视教育，曾设立义塾，教生徒。他以副贡任广昌县丞，曾施粥救人，故史载他“遇岁饥施粥，所活者甚众”[③]。后迁岷州卫经历，在官任上去世。

公一翔，号续山，相貌雄伟，目光如炬，声若洪钟。工帖括草，入邑庠，两次参加乡试不中，就焚烧了笔砚，出游塞上。他览九边形势，陈方略于当道，因而授京卫千户。著有《中岩诗草》。

第四世进士公家臣（1533—1584），字共甫，号东塘，是公跻奎的长孙，公一载的长子，隆庆辛未五年（1517）中进士，以才选庶吉士，万历癸酉授翰林院编修。他“天资诚朴，不苟为异同，读书务求经世之学，立朝正色，居乡谨厚”[④]。万历四年（1576）出任会典纂修官，负责校阅《世宗实录》，完成后，受到皇帝钦赐金币嘉奖。万历五年（1577），他因反对首辅张居正丧父“夺情”而忤逆了张居正，被贬谪。他“初除泽州判官，量移广平司理，迁南京户部主事，卒于滁州”[⑤]。《原任南京户部主事赠詹事府詹事兼翰林院侍读学士公家臣诰命》称他“闳文博物，懿行作人，居号义门，仕为良史。具经纶之实用，需弼亮之远期。顾以正己见疑，竟浮沉于谪籍，乃益鞠躬尽瘁”[⑥]。后来他的儿子公鼐发达后，他因子而贵，获诰赠礼部左侍郎。著有《柳塘集》等。

第五世进士公鼐（1558—1626），字孝与，是公家臣的长子。他从小聪明

① 蒙阴县地方史志编纂委员会:《蒙阴县清志汇编》，中华书局1999年版，第51页。
② 蒙阴县地方史志编纂委员会:《蒙阴县清志汇编》，中华书局1999年版，第172页。
③ 蒙阴县地方史志编纂委员会:《蒙阴县清志汇编》，中华书局1999年版，第18页。
④ 蒙阴县地方史志编纂委员会:《蒙阴县清志汇编》，中华书局1999年版，第302页。
⑤ 蒙阴县地方史志编纂委员会:《蒙阴县清志汇编》，中华书局1999年版，第302页。
⑥ 蒙阴县地方史志编纂委员会:《蒙阴县清志汇编》，中华书局1999年版，第327页。

异常，因文才而显名。史载：公鼐“生有异才，龆龄能诗，读书一目即记，载籍靡不腹笥之。弱冠，文名炳著海内”①。14岁时，他随考中进士的父亲进京读书，15岁时就写出了七律《拟秋怀》：“阅实三臣出帝京，居然九塞属长城。秋风笳鼓燕山满，晓邑旌旗瀚海清。国计连年称款虏，边防此日重销兵。有怀投笔非吾事，原学龙门策太平。”抒发了他将来建功立业的理想抱负。另从诗中可以看出，他虽然只有15岁，但洞事清晰，笔法老练，有从政之才。故时人参藩曹如川先生称他有“依马之才”②。但是，他22岁时参加科举考试却名落孙山。24岁时，公鼐的父亲公家臣因反对张居正“夺情”而被贬出京城，公鼐因此被迫离开京城回到蒙阴老家。

在蒙阴期间，公鼐诗作较多，留下了许多写景和盼望父亲书信的佳句。如描写景物的佳句有：“悬崖空翠滴，叠嶂乱云青”③，“重阳山气晚潇潇，山寺鸣钟更寂寥”，“篱外泉流双涧响，檐前山色数峰连”④，“日观高临秦树横，霞宫半隐白云生”⑤；描写盼父亲书信的佳句有：“太行云近频回首，不见西飞一雁来”⑥，“今日泗源川上望，白云无限舞衣愁”⑦，等等。张居正去世后，公家臣重新得到朝廷重用，万历十一年（1583），公家臣擢升为南京户部主事，但在前往南京上任的途中病逝，时年公鼐26岁。此后，直到40岁时，公鼐才参加科举考试，并中举。万历二十九年（1601），他44岁时考中进士，46岁授翰林院编修。但是，他的仕途一直不顺利，50岁就请归故里。58岁时被皇帝召回，重新为官。但是，时事的纷乱，自身的老迈，无不使他感觉到力不从心，结果仅仅过了4年，他又选择了“引疾归”。数月后，光宗登基，召拜公鼐为国子监祭酒，迁国子监司业。不久熹宗继位，公鼐升为礼部右侍郎协理詹事府事。期间，公鼐曾受职为两朝实录副总裁，后来因魏忠贤乱政，不愿与其党羽同朝，再次“引疾归”，不久于故乡蒙阴去世，享年69岁。崇祯朝赠公

① 蒙阴县地方史志编纂委员会：《蒙阴县清志汇编》，中华书局1999年版，第5页。
② 〔明〕公鼐著，赵广升点校：《问次斋稿》，中国戏剧出版社2008年版，第197页。
③ 《同家叔、张徐二子重至蒙山》，《问次斋稿》，第122页。
④ 《与张子、徐子、家叔宿蒙山下田家》，《问次斋稿》，第202页。
⑤ 《辛巳登泰山》，《问次斋稿》，第203页。
⑥ 《壬午春日郊游试笔》，《问次斋稿》，第203页。
⑦ 《癸未，至泉林寺》其四，《问次斋稿》，第327页。

鼐为礼部尚书，谥“文介”。

公鼐是明代著名文学家、诗人，是明朝万历前期“山左三大家”之一（山左是山东省的别称。另两家分别为于慎行：礼部尚书、东阁大学士；冯琦：礼部尚书）。史载：“鼐家世词馆，与临朐冯文敏同学，在公车时已负重名，博学多闻，诗文好引征故实，一时馆阁之士无以尚之。”[①]有《问次斋集》一百卷行世。

公鼐的弟弟公鼒，字敬与，号浮来，万历二十五年（1597）中举人，官至工部屯田司主事。他“天性英敏，走笔千言，博学善书，名重京师”[②]，“才名甲海内，与兄文介公齐名……得其只字者，皆珍重之，以为秘宝”[③]，是明朝后期山左诗坛的主盟人。从历史记载看，公鼒的文名不逊于他的哥哥公鼐。公鼒著有《浮来集》《千金裘》《小东园集》。

公鼐育有三子：公光国、公端、公甸。公光国，字宾王。少年中秀才后屡试不第，于是弃文从武，因功升为直隶河南副总兵，防守徐州，年40余岁去世。著有《自适吟》《寄乐园》等诗文集。公端，曾任光禄寺署丞。公甸，字陟明，仕至南京户部郎中。他乐善好施，爱护地方。史载：崇祯庚辰年，“蝗灾三载，蒙民大饥。甸施粥贱粜以救饥，民赖以生全者甚众”[④]。辛巳年，山东巡抚王公弼、总兵刘泽清统兵三万追剿李青山到蒙阴，“时军饷告艰，官兵所过，劫掠甚于盗贼，甸慨然出粟千石犒师，地方得以安家（宁？——作者）”[⑤]。

公恕，字克己，公勉仁的父亲，曾任固始县丞。他“天性贤明，酷嗜诗书，受学于诸生阚姓者。入庠后，力劝一乡之子弟从学，不索束金。继而科贡蝉联，遂称文丛，东鄙人文实始于此”[⑥]。后因其子公勉仁而被封为御史。

公一楠，字世用，是公志斜的第五子，他任“溧阳主簿，署县年余，有惠

① 蒙阴县地方史志编纂委员会：《蒙阴县清志汇编》，中华书局1999年版，第303页。
② 蒙阴县地方史志编纂委员会：《蒙阴县清志汇编》，中华书局1999年版，第9页。
③ 蒙阴县地方史志编纂委员会：《蒙阴县清志汇编》，中华书局1999年版，第51页。
④ 蒙阴县地方史志编纂委员会：《蒙阴县清志汇编》，中华书局1999年版，第28页。
⑤ 蒙阴县地方史志编纂委员会：《蒙阴县清志汇编》，中华书局1999年版，第304页。
⑥ 蒙阴县地方史志编纂委员会：《蒙阴县清志汇编》，中华书局1999年版，第11页。

政，升祥福县丞，遂告归。自备谷金，延塾师邓姓者，授教众家子弟。养甥陈腾蛟，教之如子，后成名宦。乙卯大饥，收侄家楫父子养之。慈俭端方，今人犹颂。有《中山诗集》行世”[①]。

明代以后，蒙阴公氏家族无论在仕途还是在文坛都不如以前显赫了，但是，家族依然较为兴旺，仍有许多见于史籍的名人。如公家珍，号前塘，“赋性正直，睦族好善，孝友传家”[②]，“诸生时设义学，受业者教之如子，入庠食饩者二十余人”。他先任河南襄城县知县，后迁湖广黄州府同知。在任时，他“抚盗安民”，垦荒赎难，“崇学校，清保甲，煮粥活人，解衣推食”[③]，得到好评。著有《义课》一卷。公家枋，“贫未知学，天性至孝。母张氏疾笃，朝夕号泣，愿以身代。母故，伤哀丧毁容，五日不食。邻里喻以送终大事，始勉食。三年远房帏，断荤酒，且终身不语入闺阃事。乡党称焉”[④]。公綖，是一个孝子，他的父母去世得早，他“事祖母最孝”，特别孝顺祖母。一次，有贼抓着他的祖母将杀，他救之不得免，就对贼说：“当速杀我，以殉祖母。”[⑤]

总起来说，蒙阴公氏家族见诸史籍的名人较多。从公海到公铫、公评、公忠都以孝友闻名，而且公忠讲究以“诗书启后”，自此蒙阴公氏家族进入了家学、家风相对固定的时期。换言之，这一时期，为蒙阴公氏家族的进一步发展兴盛奠定了文化基础。随后，公勉仁、公跻奎、公一扬、公家臣和公鼐先后、连续五世考中五个进士，标志着蒙阴公氏家族进入了繁荣期。期间，还有多人考中举人，至于获得较低功名的蒙阴公氏族人就更多了。而且在这一时期，蒙阴公氏子弟步入仕途后，仅县级以上的官员就有数十位。如公勉仁曾任江西道监察御史、太仆寺少卿，累升都御史，巡抚大同；公跻奎曾任工部员外郎，出守潞安府；公一载曾任北直隶兴济县知县，公一鸣曾任直隶南陵县丞，公一扬历任河南尉氏知县、裕州知州、工部郎中，公一跃曾任广昌县丞；公家臣曾任翰林院编修，并获诰赠礼部左侍郎；公鼐曾任翰林院编修、国子监祭酒、国子

---

① 蒙阴县地方史志编纂委员会：《蒙阴县清志汇编》，中华书局1999年版，第18页。
② 蒙阴县地方史志编纂委员会：《蒙阴县清志汇编》，中华书局1999年版，第22页。
③ 蒙阴县地方史志编纂委员会：《蒙阴县清志汇编》，中华书局1999年版，第59页。
④ 蒙阴县地方史志编纂委员会：《蒙阴县清志汇编》，中华书局1999年版，第43页。
⑤ 蒙阴县地方史志编纂委员会：《蒙阴县清志汇编》，中华书局1999年版，第311页。

监司业、礼部右侍郎协理詹事府事，并获赠礼部尚书；公鼐官至工部屯田司主事；公端曾任光禄寺署丞，公甸仕至南京户部郎中，公恕曾任固始县丞，并因公勉仁而封御史；公一楠曾任祥福县丞，公志绪曾任知州、长史，公志真和公增仁曾任知县，公志斜和公一柟曾任县丞，公秉文曾任刑部郎中等。在武官方面，蒙阴公氏子弟也有所作为，如公一翔曾任京卫千户，公光国曾任直隶河南副总兵，公安国曾任淮安守备，公亮曾任大将军等。当然，以公家臣和公鼒父子同为翰林影响较大。同时，明代蒙阴公氏家族子弟在"一门五进士，父子双翰林"的带领和影响下，笔耕不辍，作品丰硕，成就了其江北"馆阁世家"和山左诗坛巨擘的光辉形象。

8.莒南大店庄氏家族

莒南大店庄氏家族以厚重的家族文化，培养出了众多优秀人才，进而在明清时期近400余年中保持了地方望族地位。

明朝洪武年间，大店庄氏家族从江苏东海迁至山东莒州朱陈店村（今属莒南县）。初到时，生活贫苦，经过几代人的不懈奋斗，至五世庄谦时，家声初振。明万历四十七年（1619）庄谦考中进士，官至陕西巡按。

清朝初期，由于政治因素，大店庄氏家族趋于沉寂。清朝中期，到八世庄若胄时，庄氏家族又重新振作了起来。庄若胄官至直隶沧州知州，七个儿子均有所成，考取了太学生、廪生、国学生或岁进士，并出任知州、训导、教谕等职。十世庄咏，嘉庆四年（1799）进士，官至沧州知州、河间府知府，因秉公办案，勤政为民，百姓为其献上"廉明慈惠"的匾额。庄咏还是一位学者，著有《学庸困知录》《杜律浅说》《慎守堂文稿》等。这时的庄氏家族，人才辈出，十一世庄瑶、十二世庄锡级父子皆中进士。庄瑶嘉庆二十二年（1817）中进士，先后任工部都水司主事、郎中，顺天乡试同考官，湖北荆宜施道，河南河北兵备道，河南彰怀卫道等职。在河南彰怀卫道任上，庄瑶谕民沿河种柳，数岁蔚然成林，堤岸既固，材料有储，人咸呼为"庄公柳"。庄瑶与林则徐为同科进士，并在共事的过程中建立了深厚的友谊。在轰轰烈烈的禁烟运动中，庄瑶对林则徐始终给予了坚定的支持。林则徐曾书赠庄瑶横幅一条（现存临沂市博物馆），表达了对庄瑶的敬重之情。庄锡级，是庄瑶次子，咸丰六年（1856）中进士。十二世庄予桢同治二年（1863）进士，曾在军机章京任上，受到了恭亲王奕䜣的器重。光绪九年（1883）任江南道监察御史，后任四川道监察御史。光绪十六年（1890），庄予桢出任湖南宝庆府知府。他处理积案，封禁违法铁矿，捐助濂溪书院，厘剔税关积弊，政绩卓著。十三世庄余珍，光绪十一年（1885）被授予了内阁中书的职位，但为了照顾在家的寡母，孝顺的庄余珍毅然辞官不做，回到了家乡，把大部分的精力都放在了家族和地方的建设上。十四世庄陔兰，光绪三十年（1904）中进士，他成为大店庄氏家族的最后一个进士，也是中国最后一批进士之一。

明清两朝，大店庄氏共有进士7人，举人14人，“五贡”34人，其他各类生员300余人。出任道台、知府、知州、知县、州判、州同、县丞、典史、教谕、训导及内阁中书、六部主事、六部郎中、六部员外郎等中下级官吏的族人近200人[①]。晚清时的庄氏家族，势力遍及山东南部与江苏北部，是声名显赫的科宦家族。

大店庄氏族人为后人留下了丰厚的文化遗产。庄氏族人的著作有50余部传世，涉及训诂学、音韵学、文学、史学和医学等。其中庄咏的《学庸困知录》被时任山东学使李少峰评为初学“四书”者的“暗室之漆灯，而迷津之宝筏”。诗词方面有庄咏的《菊香亭诗草》《杜律浅说》，庄瑶的《小琅玕馆古近体诗》，庄逵的《浔西诗草》《红豆青松唫舍诗文集》，庄湘泽（女）的《簌声阁诗词集》等。书法方面，庄氏家族吸收沂蒙悠久的书法艺术精华，涌现出了以庄瑶、庄锡纶、庄陔兰为代表的数十位书法名家。代表作品有颜体大家庄陔兰的《重修定林寺碑》等。绘画方面，有庄逵、庄呈骏、庄迈、庄景楼和剪纸艺术家庄平（女）等，其中以庄景楼的《卢雁图》和《花鸟四幅屏》最为著名。在医药方面，庄瑶、庄允埔、庄云章、庄少庚均成就突出。另外，庄氏家族还涌现出了数学家庄圻泰、生物学家庄孝僡、音乐家庄虔昕等各类专业人才。他们像繁星璀璨，照耀着庄氏家族的历史。

① 庄应宸：《鲁莒大店庄氏族谱》，光绪三十二年（1906）铅印本。

（二）精美绝伦的沂蒙汉画像石刻艺术

临沂汉画像石遍布全市各县区，尤其以沂南北寨汉墓、罗庄吴白庄汉墓和兰陵汉墓的画像石名闻遐迩。这些汉画像石不仅雕刻精美，而且是研究汉代社会文化、艺术的重要资料，在全国汉画像石遗存中占有突出的历史地位。

1.临沂汉画像石的分期与分布

临沂汉画像石大致可分为三个时期：西汉中晚期、西汉末年至东汉早期、东汉中晚期。

西汉中晚期的临沂汉画像石，有清代同治年间在平邑县发现的西汉河平三年（前26）麃孝禹碑，在其弧圆的碑首部位有阴线刻双鸟画像。这是目前知道的一块有准确纪年的较早的汉画像石。这一时期所见的画像石多为石椁墓。在临沭、郯城、兰山、沂水等县区已见有画像石椁墓地点10余处。以临沭曹庄镇西南岭石椁墓为最早，约在汉武帝前期，其他代表性墓葬如兰山庆云山、沂水邑山墓等。这一时期的图像简略，内容多为简单的常青树、穿壁纹及几何纹图案，仅在个别墓中有人物、龙、凤、双阙等。画面多左右为格，线条粗涩率直，风格古拙粗犷，揭示出这一地区汉画像石滥觞阶段的情况。

西汉末年至东汉初期，临沂画像石有了进一步的发展，画像石建筑有墓室和阙。现知墓阙有4座，即莒南东汉元和二年（85）孙氏石阙，平邑南武阳元和三年（86）两座皇圣卿阙和章和元年（87）功曹阙。该期的画像石墓发现不多，部分石椁墓当延至东汉初期；墓葬形制平顶石室墓，当是该期由石椁墓向凸顶石室墓过渡的形式。以郯城杨集画像石为例，其画像内容比早期丰富，构图也比较充实，出现了分层分格的构图方法。

东汉中晚期，是临沂画像石发展的鼎盛时期。墓葬形制为凸顶石室墓和砖石合构墓，沂南北寨墓和罗庄白庄墓代表了这一时期墓葬建筑形式、雕刻技法和艺术风格的最高成就。其他如兰山五里堡、西张官庄，费县刘家疃，兰陵城前墓等一批墓葬均集中在这一时期。兰陵城前村画像石墓出土的元嘉元年（151）墓室题记，是研究汉画像石墓的画像内容及布局意义的宝贵资料。

2.临沂汉画像石的题材和内容

临沂汉画像石，题材广博，内容丰富，它生动形象地刻画和记录了当时的社会生活。画像内容包罗万象，浑然一体，大体可分为四类：一是表现现实生活的画像，内容主要有车骑出行、迎宾拜谒、乐舞杂技、庖厨宴饮、田猎捕鱼、亭台楼阁、门卒待卫等；二是历史故事方面的，主要集中在沂南北寨汉墓，有仓颉造字、周公辅成王、齐桓公释卫、晋灵公杀赵盾、荆轲刺秦王、蔺相如完璧归赵等，还有兰陵出土的豫让刺赵襄子刻石、平邑汉阙的孔子见老子等。在罗庄白庄、梨行墓还见有炎帝神农的形象，均是头戴王冠状斗笠，短裳赤足，扶插而立；三是神话传说与祥瑞的内容，主要有东王公与西王母、伏羲与女娲、天神羽人、灵禽瑞兽、铺首衔环等；四是装饰性图案，主要有穿壁纹或编环纹、莲花纹、菱形纹等。边饰图案主要有连弧纹、三角纹、菱格纹、带状纹、水波纹、波浪纹、连续S纹、垂帐纹等。画像内容丰富多彩，有些内容还逐渐形成了较固定的地域特点，如墓室中柱的结龙图、盘龙柱、双龙头或双羊头倒衔辅栱造型，胡人、熊、猴等力顶栌斗形象，东王公与西王母高几座形象，伏羲与女娲胸部为日月轮的形象等，都多见于本区及其邻境，而少见或不见于其他地区。另外，这一地区汉画像石中以鸟为图案的画像最为多见，并出现有许多仙人奉饲凤、鸟的专题作品，反映了该地区东夷人祖先以鸟为图腾文化的崇拜现象。

3.临沂汉画像石的雕刻艺术

临沂汉画像石的雕刻技法多种多样，线刻细腻真切，有阴柔之丽，有阳刚之美，体现了中国传统美的基本要素。早期的特点是石面粗糙，用粗阴线刻画出物像轮廓，图像简略，风格古朴粗犷，画面内容简单。中期以平地凹面线刻或凿线纹地浅浮雕为主，画面构图比早期充实，物像的空间动感也较生动。东汉晚期临沂画像石艺术兴盛时，形成了各种雕刻技法异相纷呈的局面。根据不同的需要，或婉转流畅，或刚直豪放，或粗壮有力，在坚硬的石块上创造了栩栩如生的形象，创造了具有永久魅力的艺术珍品，给冰冷的石头注入了永久的生命力。如在沂南北寨、罗庄吴白庄等大型画像石墓中，就有阴线刻、浅浮雕、高浮雕、透雕多种雕刻技法，根据墓室结构画像布局的需要，应用在各种部位的画像石上。如沂南北寨墓的减地平面线刻，使画面细腻繁复，线条纤细流畅，颇具绘画风味；以罗庄吴白庄墓为代表的平面浅浮雕，是在磨平石面上雕刻的，物像轮廓外剔地深1.2厘米左右，使物像呈平面凸起，再施以绘线刻画细部；有的物像局部交汇处采用减地浮雕的手法，形成上下相错的层次；有的局部表面形成一个倾斜的平面，如兰山五里堡、西张官庄、沂水韩家曲、费县潘家疃、兰陵县兰陵村、前姚村等出土的汉画像石，都类似这种刻法，显示了以吴白庄画像石为代表的临沂汉画像石的面貌特征。

临沂汉画像石刻艺术，其画面深沉雄大、豪放古朴，是古典现实主义与浪漫主义完美结合的典范。可以说，临沂汉代画像石在美术史上具有独特的艺术风格。汉画像石所取得的巨大艺术成就，使它不仅成为汉以前中国古典美术发展的巅峰，而且对汉以后的美术发展也产生了巨大而深远的影响。这种艺术风格是由构图的方式、造型的手段、雕刻的技法等来体现的，我国绘画艺术的诸多早期因素都可以从这里窥见端倪。例如包含了装饰图案画、花鸟画、山水画、人物画甚至写意画、连环画等。从构图的方式来讲，除了采用分层分格的配置方法、对称的构图方法、主体画面以外的空白处填以祥云瑞兽、飞鸟祥树表现法外，还对画面的安排采用散点透视构图法，画面在构图上能够采用散点透视法完成复杂宏大场面的创作，如北寨墓的乐舞百戏图即是其成功的代表作。各类画面布局合理，繁疏得当，虽然多是不留空白，充盈丰满，但主次分明，繁而不乱，密而不杂，有着“密不透风，疏可跑马”的艺术效果。从造型的手段来讲，在创作各种具体物象时并不拘泥真实的模拟，在造型方面大胆采用了中国意象造型，运用以形传神、以神传情的创作手法，取得了气韵生动而又形式感强的艺术效果。如画像中对羊车、鱼车、龙车、虎车、凤车以及仙人骑羊、骑虎、骑独角兽、乘龙、跨凤、禽虎、操蛇等仙人画像的生动刻画，演绎出了一个雄奇瑰丽的神仙世界。

4.沂南北寨汉墓的画像石

沂南北寨汉墓位于县城西的界湖镇北寨村，为大型画像石墓，有画像石42块，画像73幅，画像面积44.227平方米，是将建筑与绘画、雕刻相结合的综合性艺术作品。墓室布局合理，结构严谨，雕刻精美，气魄宏伟，俨然一座庄严肃穆而又富丽堂皇的地下府第。

（1）沂南汉墓画像石内容

沂南汉墓画像石的主要图像有：攻战图、祭祀图、出行图、丰收宴享图、乐舞百戏图和祥禽瑞兽图等。画像分刻于墓门上及前、中、后三室内。画像分为四组，每组各有其明确的主题思想。

第一组为墓门画像石，共4幅，以刻在门楣上的胡汉战争图为中心，反映了追求吉祥平安的思想。衬托这一主题思想的，则是三根门柱上的东王公、西王母以及羽人、玉兔捣药、伏羲、女娲、蹶张、仙人、异兽等，用以表现人类的起源，神仙的灵异，含有辟除不祥、保护墓中人之意，亦表明墓主所居之地属于仙境。

第二组为前室画像石，共29幅。画像刻于四壁、立柱、斗拱、过梁及室顶，主题思想是祭祀和辟邪。位于前室东、西、南三壁横额的是吊唁祭祀图。南壁东西两段上的击鼓图和拥彗图，是祭祀仪式中的一部分；中立柱上的武器库和捧盾图，则是辟邪迎归的。其他还有神话人物、奇禽异兽各图，如青龙、白虎、朱雀、玄武四神及奇禽、异兽、仙人、神怪、铺首、云纹等。此外还有专作装饰用的图案画，如栱上、藻井上的画，在整组画中，只起附庸的、补充的作用。两室顶分别刻穿璧纹和莲花纹。这说明，祭祀是丧葬礼俗文化组成的核心内容之一，祭祀仪式已成为汉代人最重要的集体精神生活之一。

第三组为中室画像石，共32幅。画像刻于四壁、中立柱、斗拱、过梁及室顶，以刻在四壁横额上反映生活内容的画像为中心，主题是墓主逸乐的生活。衬托此组主题思想的，是室中上横额下四周的9幅18个历史故事图和历史人物图，包括仓颉造字、卫姬请罪、尧舜禅让、周公辅成王、蔺相如完璧归赵、晋灵公纵犬咬赵盾、孔子见老子、荆轲刺秦王、聂政刺韩累等，并有榜题“苍颉”“齐桓公”“卫姬”“御者”“齐侍郎”“苏武”“管叔”“令（蔺）相如”“孟犇”“铁揗”“晋灵公”“敖（獒）也”等12处28字。这些故事可能是墓主人生前津津乐道的故事，故事中的圣贤豪杰，可能是墓主人生前景仰的人物。还有神话人物、奇禽异兽、神怪、东王公、西王母、佛教造像、龙、云纹等各图，是衬托主题思想的。同前室一样，栱上、柱础上、藻井上也有作补充的莲花纹、方格纹和圆饼纹等图案画，并加施黑、绿、红三色彩绘。

第四组为后室画像石，共8幅。分布于后室中隔墙上。此组画的主题思想是描述墓主夫妇房内的生活，用仆人涤器图、侍女执镜捧奁图、衣履图和男仆送馔备马图以及家具、日用品、酒器、兵器、仆人等体现。后室后壁安排了驱邪逐鬼的两个方相氏，用以辟邪和守护后门，也有衬托主题思想的奇禽异兽画和图案画。其中最有趣的是一幅狗抓耗子图。老鼠的出现，象征的是生活的富裕。

（2）沂南汉墓画像石艺术

沂南汉画像石画面喧嚣繁杂但却井然有序，将慌乱与整齐、激烈与静谧巧妙结合在一起，使得画面气势恢宏而又从容不迫。其战争图、吊唁祭祀图、车马迎归图、丰收宴享图、乐舞百戏图等场面宏大，气势磅礴，给人以强烈的艺术视觉冲击力。

壮观激烈的战争图的中间是一座带栏杆的平板桥，桥下有划船的、摸鱼的、网鱼的、罩鱼的。桥的左方是翻越重重大山来犯的北方少数民族敌人，右方是抗击外来侵略的汉人。敌人皆深目高鼻，戴尖顶帽，跃马弯弓；汉兵主将正乘车督战。两军交战处，短兵相接，激战正酣，有的敌人的头已落地，有的拦腰被斩，有的跪地乞降。在行进队伍的上空刻有飞翔的小鸟。将这样一幅壮观惨烈的战争场景安排在一道两端有高柱的石桥上，是非常巧妙的，因为兵士从桥上单行或双行前进，这样不仅看出军容的整肃，而且从漫长有序的行列，让人联想到后面似有千军万马随之而来。同时，把两军交战的地方定于桥头之上，让汉人军队占领着整座桥，显示出汉人在气势上、地理上均占有优势，即将获得胜利。从桥的整体结构来看，是直线条的、对称的，显出整齐规矩之美。此画在墓门之上，刻一长桥于正中，两端植高柱，也显出一种对称的美来，和整个墓的风格相一致。在激烈战斗的场面中安上这样一座屹立不动的建筑物，使动静相辅，这在艺术上也是相当高明的手法。

庄严肃穆的吊唁祭祀图中所有致祭的人，尽管有不同的姿势，有俯伏的、有跪立的、有鞠躬的，但面部恭敬肃穆的表情，使人一见便感觉到祭祀仪节的隆重。东西两壁上的两组画面是官员们的祭拜：东壁屋前，有一拥彗迎接客人的长者恭立，16位官员成排，或拱手作揖，或持笏鞠躬。西壁是在祠堂前的祭拜，门前一人持彗，二人执梃，一吏跪捧读祭文，22位官员分列，在丰盛的祭品前，或跪伏于地，或躬身施礼。南壁的祭祀图尤为精彩，中间是一座五脊重檐的大庙，庙的两边，是亲朋好友们的祭拜场面，有的驾着车，有的骑着马而来，有的捎着酒食和成袋的粮食。庙的两边大路上，人来车往，熙熙攘攘，各种礼品沿途摆放。墓主人生前显赫的地位一目了然。

浩浩荡荡的车马迎归图，共雕刻了13辆车，25匹马，45个人，浩浩荡荡、前呼后拥。行进的队伍中，乐器在吹奏着，马在奔跃，车轮在滚动。车队的最前边，是拱手相迎的人，屏息敛气，谦恭有加，而车中静坐的主人，不威自严，让人肃然起敬。

忙忙碌碌的丰收宴享图的画面分两部分：左半部分为收租图，粮仓前有一堆粮食，一群鸡争啄粮粒，附近有斗，有升，一人张着口袋，一人捧斗装粮，一人持彗扫粮，另一人持箕从后面而来。有三辆牛车装满了粮食，三牛两站一卧。两个督粮的管家袖手坐于长席之上，席前几上摆着两个旋，一个斛，五个耳杯。画面的右半部分为庖厨图，有杀猪的、宰牛的、剥羊的、烧火的、做菜的、和面的、吹火的等场景；右上角一人正持刀剥吊着的羊；左边一人牵着一头牛，左手扬椎正欲椎之；灶上置有伞状排烟罩；右下角有切菜的画面，二人在帷内跪坐案前，左手放在案上，右手持刀，好像已经切完菜，正在谈笑。

精彩纷呈的乐舞百戏图，从左至右依次为四组：第一组刻杂技表演，第二组为乐队，第三组为鱼龙曼衍之戏，第四组为马戏和戏车。“乐舞百戏图”是沂南画像中人物表现最精彩、最生动的一幅，参加演出的演员、侍者有52人。表演者形象动作各不相同，恰到好处，特别是以小队奏乐的和送茶水的人穿插其间，增添了生活情趣，可谓匠心独运。整个画面生动地展现了一个茶茗酒香扑鼻、流光溢彩迎面、鼓乐丝竹绕耳的乐舞场面，活现出各种精湛绝伦的演技和狂奔、旋转的速度，让人目不暇接、过目不忘。故有人说：“在汉代画像石中，有许多表演乐舞百戏的图景，但称得上大结构、全景式的画像，无过于沂南北寨墓画像石的乐舞百戏画像。”[①]“这幅百戏图场面之宏大，门类之繁多，在汉代画像中首屈一指，是记录我国古代乐舞杂技艺术最为丰富的一幅造型艺

① 李建平、任世忠：《沂南北寨汉墓画像石刻造型艺术初步研究》，载《沂南汉墓画像石论文集》，诗联文化出版社2007年版，第87页。

术作品。”①

（3）沂南汉墓画像石的雕刻技法

画像石是一种独特的雕刻艺术，不同的雕刻技法决定了画像石艺术风格。沂南汉画像石的雕刻技法可分为阴线刻、减地平面线刻、浅浮雕、高浮雕、透雕五种。

阴线刻。这是汉画像石最基础的雕刻方法，与汉画像石的发展相终始。沂南画像石墓的柱础及画像的边缘部分多用此种刻法。

减地平面线刻。在沂南画像石墓的四壁多用此种刻法，技法轻盈舒展、明快洗练、自由酣畅、精密细致，显示了高超的艺术水平，对后世绘画及雕塑艺术产生了重大影响。

浅浮雕。这是汉画像石最重要、最基本的雕刻技法。沂南画像石墓的墓门和前室八角擎天柱运用此种刻法。

高浮雕。这种雕刻技法使物像有较强的立体感。沂南画像石墓各室的藻井中间的莲花便属此种。

透雕。在高浮雕的基础上把物像的某些部分刻透镂空，使之类似立体的圆雕，其上加刻线纹。沂南画像石墓的中室和后室旁倒衔的双龙斗拱便属此种。

以上多种雕刻技法的综合运用，使沂南汉墓的画像显得丰富多彩，特色鲜明，反映了汉画像石的雕刻技术和雕刻艺术水平。

（4）沂南汉墓画像石的艺术价值

沂南北寨汉画像石墓是汉代民间艺术家们集体创作的结晶，是将两汉建筑艺术、雕刻艺术、绘画艺术综合起来而去粗存精、推陈出新的杰出艺术作品，其建筑规模宏大，墓室结构考究，画像内容丰富，有攻战、祭祀、出行、宴享、乐舞百战、历史故事、神话人物、奇禽异兽等。画面刻工精丽，线条纤劲流畅，是两汉雕刻绘画艺术中的珍品。

庄严华丽的建筑结构。建筑是人类智慧与力量的象征产物之一。建筑是由建筑材料所构成的空间形式，它把人们的情感或观念凝固在一座固定不移的空

① 蒋英炬：《山东沂南汉墓画像石·序》，齐鲁书社2001年版，第1页。

间结构之中；它是一门象征艺术，能象征性地表现出设计者与建造者的观念、情感与精神。歌德、雨果、贝多芬都曾把建筑称为“凝固的音乐”。当歌曲和传说都归于沉寂，已无任何东西能使人们回想起一去不返的古代民族时，只有建筑在说话，在石书的篇页上记载着人类历史的时代。

沂南汉画像石墓是一座仿地上宅院式建筑的石室大墓，是一座富丽堂皇的地下府第。该墓坐北朝南，由前室、中室、后室和东边三个侧室、西边两个侧室构成，布局合理，结构严谨，装饰华丽，气魄宏伟。墓室南北长8.67米，东西宽7.55米，高3.12米，体积326.34立方米，总面积88.2平方米。前、中、后三主室各以中立柱及斗拱、过梁分隔为二开间，但中室比前室略大，几间侧室的面积也不完全一致，使人感觉整个布局有变化，不单调。各室相互贯通，前有墓门、墓道。整个墓室的构筑是由地面、台子、支柱、墙壁、横额、中柱、过梁、横枋、抹角石、盖顶石等先后顺序垒筑起来的。东北角筑一长条形的侧室，侧室的后面安一厕所，通到这侧室去不从后室而从中室的东侧室。整个布置相当平衡，均在一中轴线上，主轴为南北向，墓门南偏西9度。东北角的侧室是从东侧室进去的，在室内的北头有一隔墙，厕所就在隔墙之内。从这种布局看，就是活生生的阳间生活院落。到目前为止，黄河下游地区的民宅院落仍遵循着这种结构形式。“这种布局法，使人一下就感受到生活的气息。”[①]墙壁设计，大小石材合理搭配运用，大的画面一般用较完整的石材，相得益彰。墙体石材构架是采用扣合结构，前室、中室的立柱是仿斗拱形式，应该与当时生活中讲究的房屋构架中使用斗拱无二。墙体和石材的扣合完全采用预制施工然后安装，横直相交，所有石块均对接扣合严密，承重自如，受力分散均匀。前、中、后的三个主室都分成两间，前室和中室的正中各加一根八角擎天柱，柱础上圆下方，敦庄有力，柱上之斗与柱为整石雕成，为一斗两升式。斗拱上都承着过梁，这样便把前室和中室的顶分成两半，梁柱既承重，又起到了分割空间的装饰作用。后室较低，中间置一个旁有双龙的斗拱，斗拱的两个散斗、斗拱与双龙之间和双龙与地栿之间都是镂空的，室虽一分为二但相通着，

① 曾昭燏、蒋宝庚、黎忠义：《沂南古画像石墓发掘报告》，文化部文物管理局1956年版，第47页。

如此也会符合墓主“死则同穴”的愿望的。前室和中室的壁石下设地栿，栿下又以石板铺地，加大了受力面积，使整个石墓坚固浑然一体，表现出了高超的建造技术。整个建筑宏伟气派，紧凑精致，高大宽阔的构筑与精美雕刻画像的和谐统一，打造出一座宏伟瑰丽的地下府第，表现了当时人们对待阴间居住场所的高度重视。

轻灵流畅的线条造型。中国画是线条的艺术。汉画像石可以说是一种线描艺术品。沂南汉墓42块汉画像石上的73幅画像，无一不有线刻，或用阴线刻出，或用线条勾勒。车马出行、乐舞百戏的宏大场景，人物、动物形象都用线条勾勒而成，成为一幅雕刻在石面上的笔墨画。即使是那些在线描的基础上再用剔地手法雕刻成的浅浮雕画像石，其画面图像仍然主要以线条构成，以线条表现物象轮廓，以线条显示艺术形象。尤其是车马、人物和边框纹饰的线条刻画，飞动劲利、舒缓流畅，给观者以极强的视觉感受。

沂南汉墓画像在大量用线的同时，一直紧抓线的精神不放，长线、短线、直线、曲线，都不放过，细微处，毛发胡须都认真对待，并与人物的形象特征、情节特征、意境特征形神暗合，精、气、神十足。如对一些历史人物形象的刻画，这些人物造型通过衣襟、袍服、须发等的飞动甚至放射，得到飞速和强烈的艺术效果。人物面部和衣纹描线流畅而又自然，线条自由挥洒，笔法精炼流畅，表现神态则细如毫发，都与人物动态及故事情节极为吻合，把人物的内在精神描绘得惟妙惟肖、栩栩如生，真正达到了以形写神，形神兼备的艺术效果。如用袍袖翻舞表现惊慌失措的赵盾、面对失败怒目圆睁的荆轲、苍颉闪烁着智慧光芒的眼睛等。再如“乐舞百戏图”中的“七盘舞”，画面以夸张的但却不失衡的动作造型，让形象具有了飞舞的动感，造型勾勒出的线条充满弹性，结构精到，美轮美奂。这其中有传统艺术中用线的基础，有匠师们对所表现内容的理解，也是创作者生活的体验，自然更是他们娴熟技巧及认真态度的流露。线条的圆转，遒劲有力，气势飞扬，轻盈洗练，显示当时作者找到手法语言后所获得的自由酣畅的感觉，也是汉代人激情活力的情感宣泄。线条成为汉代人展示个性、挥洒情感的艺术载体。其中，“车马出行图”无论在构图上，还是在雕刻技法和形象设计上，其对线条运用的精美程度，都是同类艺术形式中所罕见的。

丰富多彩的构图手法。沂南汉画像石在构图上，把众多的人物、器物、建筑物紧密地结合在一起，有动有静，构成一幅幅丰满而生动的画面。

散点透视的构图。为了把丰富的内容充分具体地反映在画面上，汉画像石上对画面的安排多采用散点透视构图法，即在同一方向，用等距离的视点去捕捉所要表现的事物。汉画像石中采用的“散点透视”的方法，包括平视、侧视、俯视、仰视和多角透视等。

沂南汉画像石在安排物象位置时，有的是平视横列，将所有的人物都刻在一个水平线上，以平面的散点来构图布局，即视点不固定在一点上，而是作各种方向和线路的移动，把多个视点有机地组合在一个画面上。一幅图中可以容纳不同区域、不同场景中的不同物象为一体，也可以容不同时空的事件为一体，这样就使得画面形成了人神共处、仙凡互通、古今若一、阴阳并存的艺术大世界。画面物体是通过上下层次、左右关系获得了在空间中的位置，而没有提供向纵深延伸的暗示。如前室过梁和八角柱柱身画像，便是平视横列，即将刻画的物象完全布置在一条水平线上呈横向序列，物象之间的关系只能靠左右位置或动作来表明，是没有纵深等关系的二维空间。沂南汉墓后室南侧隔墙西面上格武库画像，共刻三个武器架，上面的一个和下面的两个上下安排位置，给人一种相互叠压的感觉，而实际上表现的是前后、左右的位置关系。有的采用侧斜视横列，将视点从正侧面移到斜侧面，画面便出现了侧面轮廓线互相重叠的现象。如车骑出行中的成对的骑吏、数匹马、车轮等，为了显示他们之间的纵深关系，就会出现重叠的侧面轮廓线，使人一看便知该车有几匹马所驾，并列骑吏几人等。收租庖厨图采用仰视、平视、俯视和侧视、正视等多角度、多视点的透视法把粮仓、收租和交租者、炊事者、车马人物等众多场景活动全布置在一个画面里。乐舞百戏图更是把众多的人物场面活动以平列的方式在同一空间、同一时间里同时刻画出来，构图者将乐队及杂技百戏从左至右依次分为四组：第一组为杂技表演，第二组为乐队，第三组为鱼龙曼衍之戏，第四组为马戏和戏车。各组均布置了最重要的绝技，使人看后，觉得自己好像坐在高台上，远远观看广场上杂技演员们的精彩表演，显示了宏大、复杂场面的高超构图结构，有力地营造出一种场面宏大、内容丰富、气派非凡的画面氛围。

对称均衡的造型。“对称”是指左右或上下具有相同形态的图像而言，也可说是以一轴线向两个相对的方向以等距离延展开而成左右相反的相同图像。对称有上下对称、左右对称，以对称点、对称轴、对称面为基准。对称形态的安排，汉画像石中绝大多数是分布在垂直轴线的左右两侧。“均衡”是指构成的均势状态，又称平衡，如大小、轻重、明暗、质地之间的平衡感，可分为对称均衡的静态均衡和非对称均衡的动态均衡。沂南汉画像石墓在墓葬结构的整体布局上给人一种对称均衡的感觉，如墓门部分的东西两个墓门及立柱，前室、中室的东西两个耳室，后室的男棺室、女棺室等。在图像的安排上亦是如此，如墓门部分东立柱上的东王公和西立柱上的西王母，前室北壁东立柱上的青龙、西立柱上的白虎，前室东横额、西横额上的祭祀图等。中室东间藻井上层的四瓣莲花、下层的大小方形重叠，中室西侧室藻井的四方连续形格子纹，每一幅图案的中心都有一个圆，以圆心为中心呈对称平衡状。沂南汉画像石中还有一种构图可以称之为约略对称，如中室过梁和八角柱斗拱及两旁龙身画像，它们在视觉重量上看起来似乎是相同的，但不是严格意义上的精确对称。沂南汉画像石中更多的是那些非对称平衡或者说是一种动态的平衡，如胡汉战争图、车马出行图、祭祀吊唁图、乐舞百戏图等，胡汉战争图以桥为中心、前室南壁横额祭祀图以庙宇为中心呈对称平衡状态。在这里，空间可以被分割成不相等的部分，两边的视觉重量相等但不相同，这种构图方法在这里比对称平衡的应用更为广泛。

分层分格的布局。汉画像石中构图的分层分格，是为了更清楚地表现画面的内容题材，有左右分格或上下分格。根据内容主题的需要，有分二层、三层或多层者。分层分格具有布局排列有序、层次分明等特点。有的就是以几段连续的画面来构成一个完整的主题故事，把不同场景巧妙地组合在同一幅画面中。前室八角柱栌斗和柱身即分为四面八方格画像。前室南壁中段画像，画面分二层，上层刻武器库，壁上刻弩弓，架上插戈、矛、盾甲等。下面画像居中刻一楹柱，两侧分别刻一捧盾、佩剑者，为掌管武库的门吏，左右二人相背而立，使得物象形象生动，比例更适当，气氛和谐，风格统一。再如墓门东立柱上层刻伏羲女娲，下层刻东王公坐于龙虎座上；西立柱上层刻翼虎，中层刻白虎，下层刻西王母坐于龙虎座上。中室的四壁立柱刻有18个历史故事，每个立柱均分二格，各刻一个历史故事。这种分层分格现象，与齐鲁文化的致密理性的影响不无关系。

和谐饱满的画面。沂南汉画像石的整个画面是满的，几乎不留空白，也可以说成“密”或“繁”，给人以空灵精致的艺术所不能替代的丰满朴实的感觉，也表现出汉人开阔的心胸和雄浑的气魄。乐舞百戏图、丰收宴享图、胡汉战争图、八角立柱图等是主题构图，均繁密而饱满。不仅如此，还在主题构图的内容之间或饰加飞动的云朵，或刻画较小的飞鸟，如前室西壁北段画像，在腾飞的羽人、翼虎、朱雀、青龙之间的空隙处刻饰以漂浮的云朵以填充，如此一来，起到了烘托画像主题内容的作用。漂浮的云朵增强了画面的缥缈灵动之感。这种填白方式达到了这样一种艺术效果，即不仅使画面保持了均衡，而且统一中又富于变化，体现了一种饱满充实的感觉。就连边框也施加飘逸的云纹、凝重的垂幛纹和律动的三角锯齿纹予以装饰。主题与衬托、动与静的结合，打破了画面的宁静，使空间变得运动起来，使动与静、人与自然巧妙地结合起来。

栩栩如生的动物描绘。“沂南画中最成功的是对动物的描绘，他们的各种姿势都被表现出来。”[①]人与动物的关系，是人与自然关系的集中表现。汉代是一个充满浪漫幻想的时代，汉画像石上的祥禽瑞兽均呈现出快乐、自由、和谐的景象。这里既有云的卷舒、神的飘荡、龙的飞腾、鸟的翱翔，又有人与动物或动物与动物的混体怪神形象。画面中人与神、人与兽、兽与兽都和谐相处。在绝大多数含有动物群的画中，画家对它们的安排，也是很有趣的。他们互相追逐着、嬉戏着、承托着、抵接着、勾连着，这表现了这些艺术家们的一种世界观，认为自然界是和谐的，一切生物是互相联系着的，而不是各自孤立着的。从这种和谐和联系中，人们充分感到生命的欢乐，世界的美好。

沂南汉画像石在描写动物方面，表现得非常丰富多变，它们的各种姿势

① 曾昭燏、蒋宝庚、黎忠义：《沂南古画像石墓发掘报告》，文化部文物管理局1956年版，第50页。

均被一一表现出来，有正立的、有侧立的、有两足直立的、有奔跑的、有飞翔的、有俯冲的，正立的和侧立的中有俯身向下的、有回首向后的，都刻画得活泼生动而又真实。动物的造型，所突出的是高度夸张的形体动态，手舞足蹈的大动作，单纯简洁的整体形象。线条强劲有力，粗犷流利，与粗轮廓的整体形象相配合，构成一种飞扬快速的节奏感，形成泼辣的野性旺盛的画风。在这里，动物具有更多的野性，它们狂奔乱跑，活泼跳跃，远不是那么安静驯良。好些动物都人性化了：分明是一条龙或一只老虎，而让它持着兵器立着，挥舞着，俨然同人一样；分明是一只乌龟，而让它举着一把大钺；分明是一条龙、一条蛇、一只兽、一只鸟或一条鱼，而安上一个或一个以上的人头；分明是一条龙，而安上一个鸟头；分明是一只老虎，而安上一个牛头或四只马蹄；分明是一条鱼，而安上一个虎头和六只脚。画像中，人和动物的各部分自由配合，而且配合得十分调和，十分自然，表现出力量、运动、速度以及由此而形成的气势美。画像中那条双人头的蛇，似乎在凌空飞翔，上举的长毛迎风飘着，蜿蜒的身躯横空天际。画像中的开明兽，九个头是那样巧妙地分排着，好像一顶华冠戴在龙的头上，龙在大跨步前进着，而我们不感觉它头上负荷的重。这些形象，多源于神话传说，可以在《山海经》《楚辞》《周书》《广雅》等文献中找到出处。

优美动感的纹样装饰。优美的纹饰是沂南汉画像石又一独特的艺术风格。纹样装饰称之为纹饰。纹样是装饰花纹的总称，可分为单独纹样、适合纹样、边饰纹样、连续纹样（包括二方连续、四方连续）等。沂南汉画像石纹饰包括主题纹饰和边饰纹装饰，一般都以带状形式刻在图像的四周，或作为主题图像的个框而存在。主题性纹样主要有各种吉祥纹样，整幅画面刻一种主题饰纹，如前室两室顶分别刻穿璧纹和莲花纹；中室两室顶刻莲花纹、方格纹和圆饼纹；后室两室顶刻菱格纹和莲花纹，并加施黑、绿、红三色彩绘。边饰纹样亦称边缘纹样，装饰于物像边缘的纹样起装饰效果，主要有齿形纹、垂幛纹、卷云纹、山纹、席纹、夔龙纹以及带卷草的卷云纹、带花朵的卷草纹、带浪花的波浪纹等，洋洋洒洒十余种。这类纹饰基本上采用均齐、平衡排列式混合组织排列。尤其是整幅画面的四周或上下、左右饰以优美动感的纹饰和图案，在装饰性上与徐州地区的汉画像石有许多相似之处，与陕北汉画像石剪影式的图像及边饰略有不同。从西汉晚期到东汉初的画像石，一般是以简单图案形式中的一种图案花纹组成单层二方连续花纹带，刻在主体图像的四周作为画像的边饰，从东汉中期开始，随着汉画像石的边饰花纹艺术的迅速发展，画像石中装饰花纹所占的面积也越来越大。花纹所占的面积甚至超过了主体图像。在山东和徐州地区的画像石中，由互相重叠的几种单层二方连续花纹带组成的复合装饰花纹带出现并迅速流行开来。东汉晚期的沂南汉墓的画像石，由于大量使用了这种复合装饰花纹带作边饰，尤其是边饰的卷云纹纤巧流利、轻灵飘逸，可谓空前绝后。优美边饰的映衬使得主体图像极为华丽典雅，大大提高了画像的艺术性，使这些汉画像石成为这个时期的艺术杰作。沂南汉画像石的这种纹样装饰极大地丰富了雕刻画面的空间与层次，营造出点、线、面的强烈节奏感，在铺张扬厉中，追求形神之美和感官的审美满足，达到了结构紧凑、布局合理、画面生动的效果。

同时，夸张浪漫的形象塑造亦是沂南汉画像石的重要艺术风格。沂南汉画像石中许多画面真实地展现了汉代社会生活，同时，在创作各种物象时并不拘泥于真实的模拟，而是在写实的基础上大胆地运用夸张、变形手法，使艺术形象更为突出和传神，以达到形神兼备的效果，具有明显的浪漫主义色彩。如乐舞百戏图上马戏中四蹄几乎拉成一条线的两匹奔马、走索中矫若飞鸿的舞者、跳丸艺人健壮而又灵动的身姿、墓门中立柱蹶张士异常粗壮的双肩大腿等，无不给人一种夸张浪漫的感觉。汉画像石艺术的浪漫主义色彩，更充分地表现在那些神灵、仙人等画像中。创作者将鸟兽虫鱼等拟人化，把人拟成鸟兽动物，相互组合，变化万端，想象大胆，构思巧妙，从而刻画出了许多现实世界所没有的美好而奇特的形象。那些纷繁多样的神异形象，既有相对的确定性，如伏羲女娲人首蛇身的基本形象，西王母“梯几而戴胜杖”的形貌特征等，又有着变化不定的模糊性。模糊可变的形象比确定明确的形象更富有想象力和表现力。

（5）沂南汉墓画像石的历史文化价值

沂南汉画像石是特色鲜明自成体系的绘画艺术宝藏，其深深植根于汉代社会现实的土壤。它以广阔的胸怀，大量吸收儒家文化、道家文化以及内蕴原始巫术文化遗存的楚民俗文化营养，广泛吸收从原始时代到春秋战国诸多文化因素，从而形成自己鲜明的特色。它对历史演进和现实世界的理性关注，它对神话、天地和神仙世界的感性向往以及对质朴的神秘美学风格的追求，对以后绘画艺术的发展产生了深远的影响。在沂南汉墓画像石中，无论从其形式还是从其表现内容，我们都可以看到它是我国传统历史文化的一种折射。

沂南汉画像石是汉代厚葬习俗的产物。西汉初年，由于受到秦末战乱的严重破坏，社会经济尚未得到恢复。《汉书·食货志》云："汉初，承秦之弊，国力虚弱，民无盖藏，自天子不能具纯驷，而将相或乘牛车。"从汉高祖刘邦至汉景帝刘启，都大力提倡薄葬。可到汉武帝时期，西汉前期的薄葬风俗为之一变。在最高统治阶层的倡导和支持下，厚葬之风愈演愈烈，风靡了整个社会。导致这种局面的主要原因有两个：其一，经过西汉初年70余年的"休养生息"，终于迎来汉武帝刘彻统治的全盛时期，社会经济不仅得到全面恢复，而且出现了历史上从未见过的繁荣景象。雄厚的财富积累为汉代厚葬风俗提供了充分的物质基础，使得厚葬习俗蔚成风气。其二，汉武帝即位后，排斥黄老，独尊儒术，使孔孟的儒家学说成为占统治地位的思想。儒家学说的核心内容是"仁孝"，而对死去的祖先特别是对父母的厚葬被儒家学说看成是最主要的孝行。

东汉时期的厚葬，与西汉相比，有过之而无不及。东汉政府所实行的"举孝廉"制度，将"孝悌"列为选拔、任用官吏的最重要的标准，为了骗取"孝悌"的美名以便飞黄腾达，人们争相"崇饬丧纪以言孝，盛飨宾旅以求名"[①]，于是厚葬之风愈演愈炽。《后汉书·王符传》："今京师贵戚，郡县豪家生不极养，死乃崇丧，或至刻金镂玉，檽梓梗枏，良田造茔，黄壤致藏，多埋珍宝，偶人车马，起造大冢，广种松柏，庐舍祠堂，崇侈上潜。"不仅贵族豪门如此，乃至中产之家，"边远下士亦竞相仿效"。就是在这种"崇饬丧纪"的厚葬风气之中，用坚硬而又不腐朽的画像石营造的墓室、祠堂等建筑物得以发展兴盛

① 王符：《潜夫论》。

起来，它充分地反映了墓主生前拥有的财富情况。

沂南汉画像石的画像内容既反映了汉代人的精神世界，又反映了当时经济发展的状况。沂南汉画像石的内容题材丰富多彩，包罗万象，从各个不同的角度折射了汉代的社会状况、风土民情、典章制度、宗教信仰等，远远超出了墓室装饰的范畴。一是现实生活类。车骑迎归、迎宾拜谒、庖厨宴饮、乐舞杂技、捕鱼田猎、亭台楼阁、门卒侍卫，从山林田池到宅第高楼，将这些内容都总汇起来，简直可以构成一幅完整的庄园经济图。墓主所向往的仙界生活，均是现实生活的再现或折射。二是历史人物故事类。这与汉代经学盛行，儒家主张通过历史进行惩恶扬善的道德观念有关。虽然皇家罢黜百家，独尊儒术，但在社会上儒学占主导地位的同时，道家思想和民间宗教也十分活跃。人们在接受君君臣臣、父父子子、忠君孝亲的伦理道德束缚的同时，对贤君明臣、贞节烈女、殉国刺客也顶礼膜拜，反映出当时流行的忠勇、仁义、节孝等道德伦理观念。沂南汉画像石所刻画的历史人物是墓主热情追慕、提倡并力图与之为伍的对象。

沂南汉画像石的流行与辉煌，和当时文化的发达密不可分。沂南近年出土了大量的大汶口文化、龙山文化、商周文化和秦汉文化遗存，尤以汉代文化遗存最为丰富，为画像石提供了文化元素。东汉后期，沂南一带冶铁业十分发达。铁器的广泛使用，为石料的开采和画像石的雕刻提供了较为得心应手的工具。

沂南汉画像石深受楚文化的影响。古沂南东部、南部为琅邪国，西靠鲁国、费国，北为齐国。鲁地儒教文化和楚文化好巫尚鬼的风俗交互影响着该地区。楚灭鲁以后，鲁南地区逐渐融入楚文化的范畴之中，临沂地区西汉墓葬所呈现的浓郁的楚风楚韵，使这一带地域被烙上了深深的江汉文化印记。

5.罗庄吴白庄汉画像石

吴白庄画像石墓位于临沂市罗庄区盛庄办事处吴白庄村，原有高约10米的巨大封土堆，1972年抢救发掘。墓室为砖石结构的半地下建筑，坐北向南，规模宏大，总面积135平方米。由墓道、墓门、前室、中室、双后室、三耳室、回廊等部分组成。画像石主要分布在立柱、过梁、横额、门楣等部位。

前室呈横长方形，由9根立柱和3块拱形过梁组成。中柱为圆形透雕盘龙柱，上有栌斗和透雕双龙首辅拱过梁，再上为半月形透雕双凤门额，左右两柱为圆形十六角柱，上置拱形过梁。整个前室东西通耳室，北与中室、东墓室、回廊相连。前室的西半部进里为中室，中置拱形过梁，两侧以立柱承托，西侧通一耳室，北接西墓室及回廊。

整个墓葬由前室至中室、后室逐级升高。前中室阔度大，顶部高；后室则进深大，顶较低，给人以安谧稳定的印象。自前而后穿行，有“升堂入室”的感受。

（1）吴白庄汉画像石的题材内容

吴白庄汉墓的画像石材为优质青灰色石灰岩，有画像石45块，画面65幅。分布在墓室的门扉、门楣、横额、立柱等处。画像题材广泛，内容丰富。题材内容有社会生活、历史故事、神鬼升仙、奇禽异兽祥瑞及各种装饰图案等几大类。

反映社会生活类画像内容有车马出行、乐舞杂技、迎宾拜谒、庖厨宴饮、捕鱼狩猎、亭台楼阁等。车马出行是汉画像石最流行题材，借此表示墓主人的身份地位，炫耀他们的权势。置于前室或中室横额的5幅车马出行图，有3幅是迎归，迎接的门吏手捧盾牌，十足的虔诚，躬身迎候着浩浩荡荡驰来的车马。如此排场，表现的是墓主的身份和荣耀，也暗含了墓主进入地下世界的焦虑和不安。车马之中，仪仗威严，各种车辆也一应具备，墓主进入地下可以高枕无忧了。

乐舞杂技和宴饮也是必不可少的场面。画像中的墓主在歆享着丰富的酒肉美味的同时，当然也要享受着耳目之娱。从画面中可以看出墓主人豪奢生活的宴享，宾主边宴、边饮、边欣赏乐舞，有长袖舞、建鼓舞、倒立等，乐队有击鼓、吹埙、吹笙、吹排箫、振铎等。表现了汉代乐舞演技已发展到了较高的水平，也生动刻画出封建官僚、地主的奢侈生活。与主墓室相应的前室北壁西段横额为拜谒图，画面左侧刻一高大的主人形象：主人凭几而坐，面前摆放案、豆、耳杯及食物等，前有分两排的小人物30余人执笏跪拜。充分显示出墓主人显赫的地位。前室南壁东段的一幅庖厨图最具生活气息，两座庑殿式建筑的大屋内，一屋内有人在烧炊，一屋内悬挂有猪头、猪腿、鸡、鱼等，柱上栓一犬扑向猪腿；屋外有二人抬馒头、二人抬猪、一人在剥兽皮、一人持刀牵羊、一人操槔汲水，一树下栓一牛正在饮水；屋顶上立二鸟，并有一猴正欲偷食。好一派繁忙热闹的庖厨场景，真实地反映了汉代封建统治阶级奢侈豪华的生活方式。

历史故事画面有2幅，置于中室东壁横额。一幅为仓颉造字，画面居中为大树凤鸟，右刻一人，长发后梳，着长袍，四目，左手执笔，右手执一物，坐于榻上，面前摆放盘、杯、樽等；左刻一人，头戴高冠，佩剑，左手前伸，右手执物，身体前倾。此画面右侧之人当为“苍颉”，左侧之人当为“沮涌”。按王充《论衡·骨相篇》：苍颉四目，为黄帝史。置于前室北壁东墓室上横额一幅为七女为父报仇，画面中有一桥，一列车骑从桥上左向行驶，桥的左上方列八人手捧简右向排列；桥右侧刻有两列人物，上层三人，下层四人，皆为头梳高髻女子，各执戟、盾、弩、环首刀等兵器作追杀状。汉代，妇女参战或率领起义的也不乏其例。如王莽天凤四年（17），吕母在今山东省日照市西部领导的起义。该画像石内容是以歌颂墓主人为官捕盗的功绩来表现的。

神鬼升仙类主要是伏羲、女娲、西王母、东王公、天神仙人、玉兔捣药等画面。前室北壁立柱东、西两面相对刻伏羲与女娲画像。立柱东面伏羲人首蛇身，右手执规，胸前一日轮，轮中有金乌、九尾狐，下一“山”字形大树，中部树头成三个平台，两边为玉兔捣药，中蹲一虎首有尾神兽作筛药状。立柱西面刻人首蛇身的女娲，手执矩，胸前一月轮，轮中有玉兔、蟾蜍，右有飞鸟、仙人。伏羲、女娲在汉画像石中常见，传说他们是人类的始祖，其形象是人身蛇尾。伏羲作“八卦”，又结绳为纲，教人打鱼，被誉为“百王之先”，后成为天上五帝中的东方上帝。女娲传说是伏羲之妹，是古代治理天地的女神，炼五色石以补苍天，抟黄土作人。人身蛇尾的人类始祖伏羲、女娲对应出现，伏羲右手执规，胸前一日轮，轮中有金乌、九尾狐，以象阳；女娲手执矩，胸前一月轮，轮中有玉兔、蟾蜍，以象阴，充分反映了汉代阴阳平和协调，万物生生不息的思想。

描绘西王母、东王公的画面有5幅之多，其中前室中过梁西面为西王母画像，西王母肩生两翼端坐，两侧有玉兔捣药、八头人面兽等奇禽异兽；前室西过梁东面为东王公画像，东王公肩生两翼，戴冠，端坐T形虎首高座之上。左右侧各有一羽人吹洞箫、弹筝。T形虎首座左侧有九尾狐、羽人、建鼓、长袖羽人踩鼓舞、华盖下坐榻妇人、持仙草虎面怪兽、衔珠凤鸟等。右侧有凤鸟含珠、执笏跪拜仙人、二蟾抬鼎、羽人骑独角兽等。在东汉时期的画像石中，西王母与东王公形象多是刻在相对称的位置上。西王母总是和制造仙药分不开，其身边有玉兔、蟾蜍、金乌和九尾狐。掌管不死仙药，使人长生不老的东王公、西王母画像，充分展现了仙界的美好景象，体现了人们对长生不老，羽化升仙的追求和向往①。描绘捣鸟巢渴求仙药的画面也非常有趣，如前室东过梁西面一幅，画面中刻一大树，树右侧一长袍大袖者带一童执长钩捣鸟巢。而前室北壁立柱西的画面则刻仙树，树上有二鸟衔鱼，树枝间二鸟宿巢中，树下一人推树，一人执竿捣鸟巢。特别是第二幅画面从捣鸟窝人身着衣服，而晃树者则长发蓬头的装束来看，两人不是寻常人的打扮，这两个人物应该归属于仙人。因为这棵带有鸟巢的树，树干表皮文理像虎斑，而树叶则呈凤尾的样式，每一片树叶还刻画成羽毛的形状，应该是一棵仙树。由此推断，能够在仙树上做窝的鸟类，不是平常凡鸟，也应该是神鸟，即山海经所说的为西王母运送仙药的青鸟，这说明当时人们对仙药的渴望②。

奇禽异兽祥瑞类画面非常多，所谓祥瑞多为世上罕见的动物、植物或宝器，如出现象征祥瑞，王道大行。祥瑞思想主要反映占统治地位的儒学学说的天人感应论和谶纬学说。墓室立柱和墓门多以此为主题，门扉上刻铺首衔环与青龙、白虎以把守门户；墓内打鬼驱邪的方相氏，怒目圆睁、张口露齿，头顶弓、口含刀，右手执锤、左手执斧，使墓主免遭外邪的干扰。门楣上刻凤鸟衔朱、翼龙衔钱及飞鸟、翼鹿、翼虎等祥禽瑞兽。这正如兰陵城前汉画像石墓刻铭中所言：上有龙虎衔利来，百鸟共持至钱财。而支柱上高浮雕出熊、虎、猴、羽人、胡人力顶栌斗的形象，既体现了墓室的宏伟坚固，又起到了装饰保佑作用。前室中柱透雕的盘龙立柱，上刻一巨形生角翼龙，龙攀柱升腾，体态

① 蒋英炬、杨爱国：《汉代画像石与画像砖》，文物出版社2001年版。
② 张从军：《吴白庄汉画像石墓》，载《走向世界》2006年第3期。

矫健生动。缘柱腾云的神龙，把墓主的灵魂带到了天界仙庭。其他神话祥瑞，如河伯鱼车出行、仙人操蛇、羽人伺凤、人面鸟、多头人面兽、鹰啄兔等画面，它们相间配置，人、神有时出现在同一画面。这种人神杂糅的现象，充分反映了汉代人的宇宙观和生死观念。它为死者开辟了另一个神奇的世界，其灵魂进入的是一个“天人合一”的、有神灵保佑的、能羽化升仙的和充满着安乐生活享受的天地境界。

（2）吴白庄汉画像石的画像雕刻艺术

吴白庄汉墓的画像雕刻技法多样，有阴线刻、减地平面浅浮雕、浅浮雕、高浮雕、透雕等。

阴线刻即在石面上直接用阴线条勾勒出图像，物像和石面为同一平面，物像的轮廓线和细部都使用阴线条的刻法。其代表作是前室、中室的三块拱形过梁的西王母、东王公、祥禽瑞兽等作品，其平面线刻技法娴熟，线条圆润流畅，显示了这个时期成熟的雕刻技法。即使是那些在线描的基础上再用剔地手法雕刻成的浅浮雕画像石，其画面图像仍然主要以线条构成，以线条表现物象轮廓，以线条显示艺术形象。尤其是车马、人物、禽兽等各种动物动态的描绘线条刻画，飞动劲利，舒缓流畅，给观者以极强的视觉感受。而对人物脸部的眼、眉、胡须、衣服的皱褶、花边、系带等细部结构也都刻画得细微精致。

减地平面浅浮雕，是在磨平石面上雕刻的，物像轮廓以外剔地深约1.2厘米，使物像明显凸起，并依物象特征刻出高低不同的层次，其整体形象更具有浮雕的立体效果。该墓的车马出行等主题画像均用此法。这种技法也代表了鲁东南地区的汉画像雕刻特色。

吴白庄汉墓最具神韵的就是以高浮雕和透雕的技法创作的立柱作品，计有14件之多。工匠们通过对现实生活的观察和提炼及长期的艺术实践，运用手中的刀笔将各种人物、动物等雕刻得美轮美奂，栩栩如生。其立柱的设计，艺人们抓住支撑向上这一特点，把胡人、羽人、动物等设计为擎托、背负、肩荷等各种强劲的姿态，以压缩、归纳等多层次处理手法，雕刻得极富真实感，赋予这些冰冷的石头以无限的生命力，如两只猴子简直是呼之欲出，是现实主义和浪漫主义相结合的典型艺术佳作。

那透雕的盘龙立柱是宽阔高大的前室的中心支柱，也是整个墓室的关键所在。对它的处理更是别具匠心。柱身下粗上细，既稳重又不失灵动之感，四面各上刻一巨型生角翼龙，下刻一小翼龙，八龙攀柱腾云，体态矫健生动，在整个墓室中更是起到了画龙点睛的作用。柱顶以上亦进行了重点布置，透雕出双龙首辅拱横梁，上置高大厚重、寓意深刻的半圆形透雕对凤门额。这些高浮雕、透雕作品应是本土能工巧匠们的杰作，可这些作品又有着西方雕刻艺术品的特征，目前还无汉文化与西方文化交流的实证，应是异曲同工之笔。

在构图上，多采用散点透视构图法，有的是平视横列法，有的是斜视横列法，还有的是鸟瞰散点法，在构图上还采用了对称分层、分格等方法，收到了完美、协调、统一的效果。如伏羲、女娲、东王公、西王母，分别刻在门柱两侧或一石两侧及中间，在中室北壁一横额，画面分两层，两侧分别是东王公、西王母，端坐在同下层画面连为一体的宝座上，中有两仙女羽人相对弯腰捋着秀发，整个画面透出了一种对称和谐的美；中室北壁的一车骑出行画面虽在一块石头上分为两层，却处理得非常巧妙，上层右上一人送行，下层左下一人恭迎，展示出一幅灵动宏大的迎送长卷。对画面空白处理采用填白的方式，用飞鸟、走兽纹饰等填充，使整个画面显得非常饱满。

吴白庄汉画像石墓在全国为数不多的几座大墓中，其墓室规模最大，而且布局合理，结构严谨，装饰华丽，无不向人们展示出了墓室建筑的宏伟和气势。画像石雕刻技法全面、清新，技艺娴熟、精美，达到了汉代画像石艺术的顶峰。特别在该墓占主导地位的平面浅浮雕作品，代表了鲁东南地区的主流与特色。其画像内容的表现，是现实主义和浪漫主义相结合的典范，是大汉积极向上精神的完美体现，在中国美术发展史上占有重要位置。诚如中国汉画学会副会长蒋英炬先生所言，“20世纪70年代在临沂白庄发现的画像石墓，又可与沂南画像石墓媲美。若论其墓室规模之宏大、装饰之华丽、雕刻之用功精致，则有过之而无不及”[①]。因此，吴白庄汉画像石墓在全国画像石墓中也应占有较突出的地位。

① 临沂市博物馆:《临沂汉画像石》，山东美术出版社2002年版。

（三）卓越书法家王羲之

王羲之我国历史上最卓越的书法家，是书圣，对我国的书法艺术和书法理论贡献巨大。

1.王羲之的书法艺术

王羲之备精诸体，尤擅正、行。其正书，全是小楷，以《乐毅论》为代表作，被历代奉为楷模，影响深远。

王羲之的草书，以《十七帖》为代表。王羲之将书体传授给儿子王献之，其中草书经唐人张旭、怀素等，发展为狂草一体。

行书是王羲之对书体最重要的创新。永和九年（353）书写的《兰亭序集》，字体活泼，笔画多变，凡是相同的字，写法各不相同。《圣教序》是弘福寺僧人怀仁奉敕从内府保存的王羲之手迹中集字刻成的石碑上拓下来的，较为全面地展现了王羲之行书艺术风貌，被评论为“古雅绝伦”之佳作。

王羲之的书法艺术对后世产生了极其深远的影响，诸如唐虞世南、欧阳询、褚遂良、颜真卿、柳公权、孙过庭、怀素、张旭，五代杨凝式，宋代苏轼、黄庭坚、米芾、蔡襄，元代赵孟頫，明代文徵明、董其昌，清代刘墉等人，无不以王羲之为宗师，成为历史上著名书法家。从历代书法名家对其书法的评论中，也可得到证明：

《晋书·王羲之传》载：王羲之“尤善隶书，为古今之冠，论者称其笔势，以为飘若浮云，矫若惊龙”，“时议者以为羲之草、隶，江左中朝莫有及者”。

南朝宋书法家羊欣《采古来能书人名》认为：“王羲之……博采群法，特善草、隶……古今莫二。”

南朝梁武帝萧衍《古今书人优劣评》认为：“王羲之书，字势雄逸，如龙跃天门，虎卧凤阙，故历代宝之，永以为训。”

唐太宗李世民认为：“详察古今，研精篆素，尽善尽美，其惟王逸少乎！观其点曳之工，裁成之妙，烟霏露洁，状若断而还连；凤翥龙蟠，势如斜而反直。玩之不觉为倦，览之莫识其端。心慕手追，此人而已。其余区区之类，何足论哉！”[①]

① 《晋书·王羲之传》。

唐代欧阳询《用笔论》论道："自书契之兴，篆、隶滋起，百家千体，纷杂不同。至于尽妙穷神，作范垂代，腾芳飞誉，冠绝古今，唯右军王逸少一人而已。"

唐代李嗣真评道："右军书每不同，以变格难俦。……皆有义以成字，非得意以独妍。"他又说："王羲之三体及飞白……神合契匠，冥运无矩，皆可称旷代绝作也……可谓书之圣也。若草、行杂体，如清风出袖，明月入怀，瑾瑜烂而五色，黼绣摛其七彩，故使离朱丧明，子期失听，可谓草之圣也。其飞白也，犹夫雾縠卷舒，烟空照灼，长剑耿介而倚天，劲矢超腾而无地，可谓飞白之仙也。"[①]王羲之"书圣"之称，即由此首先提出。

唐代张怀瓘《书断》说："王羲之……尤善书，草、隶、八分、飞白、章、行，备精诸体，自成一家法，千变万化，得之神功，自非造化发灵，岂能登峰造极。"

唐代张彦远《历代名画记》认为："王逸少……风格爽举，不顾常流，书既为古今之冠冕，丹青亦妙。"

唐代蔡希综《法书论》说："汉魏以来，章法弥盛，晋世右军，特出不群，颖悟斯道，乃除繁就省，创立制度，谓之新草，今传《十七帖》是也。"

南唐后主李煜在《评书》中说："善法书者，各得右军之一体。若虞世南，得其美韵而失其俊迈；欧阳询，得其力而失其温秀；褚遂良，得其意而失其变化；薛稷，得其清而失于拘窘；颜真卿，得其筋而失于粗鲁；柳公权，得其骨而失于生犷；徐超，得其肉而失于俗；李邕，得其气而失于体格；张旭，得其法而失于狂；献之，俱得而失于惊急，无蕴藉态度。此历代宝之之训，所以夐绝千古。"

著名书法家对王羲之书法艺术特点和成就的评论，也是王羲之书法对后世的重大影响，成为"历代宝之之训"。

2.王羲之的书法理论

王羲之书法理论著作有《题卫夫人〈笔阵图〉后》《书论》《笔势论十二

---

① 《书后品》。

章并序》《草书势》《用笔赋》《笔经》《天台紫真传授笔法》和《笔势论》(十章)、《自论书》(《书苑菁华》作《与人书》)等。在这些书法理论著作中，他提出书法艺术最重要的"意"即"神韵"问题。他在《论书》《自论书》中认为:"夫书，玄妙之伎也。""吾尽心精作亦久，寻诸旧书，唯钟、张故为绝伦，其余为是小佳，不足在意。去此二贤，仆书次之。须得书意转深，点画之间皆有意，自有言所不能尽。得其妙者，事事皆然。"所谓"意"，就是指书法家的审美情趣、思想感情。书法艺术的神韵来自作者的本性，即书法家的品德和精神气质。王羲之视神韵"把笔抵锋，肇于本性"[①]，不但指出这个根本问题，而且创造出高超的艺术。因此，他的书法历来被视为"晋人尚韵"的典型代表。

在书法技艺方面，王羲之提出两个基本问题：一是笔势，二是笔法。对笔势，"凡诸字势"，他"总立十章……定其楷模"，以传后人；对笔法(即用笔、运笔)，他提出"意在笔前，字居心后"，"藏锋点画，悬笔属纸，令笔心当中行"(即行笔中锋)等，都是千百年来行之有效的不二法门。

王羲之的书法理论中蕴含着对立统一的辩证法。如形神、方圆、粗细、长短、曲直、连断、疏密、大小、偃仰、欹侧、轻重、起伏等，他总是相提并论，既对立又统一地灵活运用。后人评论其正楷"势巧形密"，草书"浓纤折衷"，行书"遒丽劲健，变化万千"，是合乎实际的。

王羲之其他著作有《报殷浩书》《上司马昱笺》《致殷浩书》《致谢尚疏》《与谢万书》《临护军教》《与殷浩书》《致谢万书》《与桓温笺》《上司马昱书》等。这些政论文，反映了王羲之主张实行清明政治、减少老百姓的繁重赋役、生活清简、反对骄奢淫逸、提倡以敦朴为天下治等思想。王羲之的散文有《兰亭集序》《誓墓文》《赞蜀中山水》《月仪书》《鼓山题辞》等，诗歌有《兰亭诗》(二首)、《答许掾诗》(二首)等，并有大量书信。王羲之的著作内容广泛，国家大事、品题人物、约人围棋、采菊登山无所不涉，是研究王羲之其人其事的重要资料。

---

① 〔晋〕王羲之:《天台紫真传授笔法》。

（四）伟大天文历算学家刘洪

刘洪（约130—196），字元卓，泰山郡蒙阴县（今山东蒙阴县）人，出身于东汉王室宗室之家。他早年“笃信好学，观乎六艺群书”，尤精于天文数术，“探赜索引，钩深致远，遂专心锐思”①。刘洪“善算，当世无偶”②。汉桓帝延熹年间，刘洪应太史令征召赴京都洛阳，拜为郎中，后迁常山国长史。不久，因父亲去世离官。守丧期满后，他再度出仕，任常山国上计掾。“上计”是战国、秦、汉时年终考核地方官员成绩的方法，是一项需要进行复杂数字计算的会计、统计工作，刘洪担任“上计掾”之职，说明他的“数术”是非常出众的。

刘洪任郎中时，正在撰写《汉记》（后称《东观汉记》）的蔡邕认为《律历志》和《天文志》“以筹算为本，天文为验”，“道至深微，不敢独议”，建议朝廷让“密于用算”的刘洪和他合作。结果，二人珠联璧合，撰成《律历志》。对此，司马彪的《律历志论》评价道：“光和元年中，议郎蔡邕、郎中刘洪补续《律历志》，邕能著文，清浊钟律；洪能为算，述叙三光。今考论其业，义指博道，术数略举，是以集录为上下篇，放续《前志》，以备一家。”

刘洪离开东观后，担任地方官员。他“政教清均，吏民畏而爱之，为州郡所礼异”③。

汉灵帝熹平三年（174），刘洪作《七曜术》。古人以日、月与金、木、水、火、土五大行星为“七曜”。七曜也表示一个星期，日曜日、月曜日、火曜日、水曜日、木曜日、金曜日、土曜日，即星期日至星期六。《七曜术》是研究天文的历算。

刘洪创制《乾象历》。《晋书·律历中》云：“汉灵帝时，会稽东部都尉刘洪，考史官自古迄今历注，原其进退之行，察其出入之验，观其往来，度其终始，始悟《四分》于天疏阔，皆斗分太多故也。更以五百八十九为纪法，百四十五为斗分，作乾象法。冬至日，日在斗二十二度，以术追日月五星之

① 刘昭注引：《博物记》，载《后汉书·律历志中》。
② 刘昭注引：《袁山松书》，载《后汉书·律历志中》。
③ 刘昭注引：《博物记》，载《后汉书·律历志中》。

行，推而上，则合于古，引而下，则应于今。其为之也，依易立数，遁行相号潜相术，名为《乾象历》。”

《乾象历》是我国第一部考虑到月球运动不均匀性理论的历法。东汉以前，我国的历法都把月球的速度当作不变的常数，以朔、望的周期来计算“朔”。这样算出来的“朔”，后来称为“平朔”。东汉时人们发现了月球运动的不均匀性，就设法对“平朔”加以修正，以求出真正的“朔”，称为“定朔”。刘洪在《乾象历》中首先提出这方面的修正算法。他实测得到一个近月点内月球每天实际运行度数和平均运行度数之差，由此可从“平朔”推求“定朔”，这种方法为后世科学家长期沿用。刘洪在推度日食、月食时，就采用了“定朔”的方法。《乾象历》还把回归年的长度由当时通行的《四分历》的365.25日，减为365.2462日。朔、望月的长度也由《四分历》的29.53085日，降低为29.53054日。这两个数值都比前代历法精密。《乾象历》首次得出白道与黄道约成古度6°1′的交角。它测得的近月点的长度为27.55476日，和现在的科学测值27.55455日相差甚微。

刘洪的《乾象历》影响很大。如三国魏黄初年间，魏国准备改历法，太史丞韩翊造《黄初历》，朝廷恐其不准确，令与《乾象历》互相参校，历时3年多。时人徐岳肯定刘洪的《乾象历》，曾将《乾象历》传授给吴国会稽山阴人阚泽。孙权称帝后，阚泽为尚书，后为中书令，加侍中。阚泽对《乾象历》极为欣赏，“又著《乾象历注》以正时日”[①]。在阚泽的建议下，吴国于黄武二年（223）正月废《四分历》，改用《乾象历》，直到晋太康元年（280）吴国灭亡为止。南朝宋范晔撰《后汉书》的《律历志》，唐代房玄龄等奉命修《晋书》，都对刘洪的《乾象历》作了追述与肯定，足见《乾象历》影响之深远。

刘洪的另一重大贡献是对珠算的改进和推广。“珠算”一词，最早见于徐岳的《数术记遗》。书中记载：徐岳早年“备历山岳，村壑必过”，“于泰山见刘会稽”。刘会稽“博学多闻，遍于数术”，便跟他受业。刘会稽传授给徐

① 《三国志·吴书·阚泽传》。

岳的“隶首注术，乃有多种”，而“其一珠算”。刘会稽就是刘洪（因任过会稽东部都尉而称）。可见，称刘洪为“珠算”的奠基人之一是有道理的。

刘洪精通《九章算术》，是“当世无偶”的历算学家；他和蔡邕共同完成的《律历志》，为后世修撰国史提供了宝贵借鉴；他所作的《七曜术》，“理实粹密，信可长行”；他对珠算的改进和推广，使人类的计算能力产生了新的飞跃；他任地方官员，能做到“政教清均”，表现出很强的政治能力，是一位令人敬仰的科学家和官员。

（五）千古名相诸葛亮

三国蜀汉丞相诸葛亮一生勤政清廉，“鞠躬尽瘁，死而后已”，留下了无数可歌可泣的事迹。《三国志》高度评价诸葛亮说：“诸葛亮之为相国也，抚百姓，示仪轨，约官职，从权制，开诚心，布公道……终于邦域之内，咸畏而爱之。”他“立法施度，整理戎旅，工械技巧，物究其极，科教严明，赏罚必信，无罪不惩，无善不显，至于吏不容奸，人怀自厉，道不拾遗，强不侵弱，风化肃然”。唐代诗人杜甫在《咏怀古迹》中赞颂“诸葛大名垂宇宙”，清高宗（乾隆）在《题琅邪五贤祠》诗中说“端推诸葛是全人”，后人对其崇敬可想而知。诸葛亮是中国历史上的一位光辉人物。

1.诸葛亮生平

诸葛亮（181—234），字孔明，琅邪阳都（治所在今沂南县砖埠镇黄疃村）人，三国蜀汉政治家、军事家，西汉司隶校尉诸葛丰的后代。其父诸葛珪，字君贡，东汉末年任泰山郡丞。诸葛亮早年父母相继去世，随叔父诸葛玄生活。兴平二年（195），袁术署诸葛玄为豫章（今江西南昌）太守。诸葛玄带领诸葛亮和诸葛亮的姐弟到豫章上任。但时隔不久，东汉朝廷派遣朱皓任豫章太守代替诸葛玄。不久，诸葛玄去世，诸葛亮便隐居于南阳隆中（今湖北襄阳西），躬耕陇亩，结交名士，关注天下形势。他经常吟诵《梁父吟》，并自比春秋时期齐国政治家管仲和战国时期燕国军事家乐毅，被当地名士庞德公称为“卧龙”。

建安十二年（207），到处漂泊暂住新野的刘备，经徐庶推荐，与关羽、张飞赴隆中“三顾茅庐”，请诸葛亮出山帮助。诸葛亮被刘备的真诚所感动，对当时天下的政治、经济、军事、地理、人情作了深刻透辟的分析，建议刘备先占据荆州（今湖北）、益州（今四川），外结孙权，内修政理，西和诸戎，南抚夷越，一旦天下有变，两路北伐，则霸业可成，汉室可兴。这个统一天下的战略方针，就是著名的“隆中对”。诸葛亮的形势分析得到刘备的赞赏，刘备称“孤之有孔明，犹鱼之有水也”。次年七月，刘备被曹操追迫于夏口。诸葛亮赴东吴，联合孙权，共御曹操。接着，孙权派周瑜、程普率军与刘备共破曹操于赤壁。刘备乘机占领荆州，以诸葛亮为军师中郎将，督零陵、桂阳、长沙三郡，“调其赋税，以充军实”[①]。

建安十六年（211），刘备应益州牧刘璋邀请，率军入蜀。次年，刘备由葭萌关南攻刘璋。诸葛亮留关羽守荆州，携张飞、赵云逆江而上，攻克巴东、江州，又分兵占领犍为、巴西等郡，与刘备会师，合围益州治所成都。建安十九年（214），刘璋出降，刘备自领益州牧，以诸葛亮为军师将军、署左将军府事。建安二十三年（218），刘备进军汉中，诸葛亮留守成都，筹办军需，调集兵员，做到“足食足兵”。刘备于次年占领汉中，于七月自称汉中王。从此，形成曹、孙、刘三方鼎峙局面。

东汉延康元年（220）十月，魏文帝曹丕代汉，改元黄初。次年四月，刘备在成都称帝，改元章武，诸葛亮任丞相录尚书事，不久领司隶校尉。章武三年（223）春，刘备征东吴失败，病死于白帝城。临终之前，对诸葛亮说：“君才十倍曹丕，必能安国，终定大事。若嗣子可辅，辅之；如其不才，君可自取。”[②]诸葛亮涕泣曰：“臣敢竭股肱之力，效忠贞之节，继之以死。”[③]是年五月，刘禅继位，改元建兴，封诸葛亮为武乡侯，开府治事。不久，又领益州牧，军政大事，皆由诸葛亮裁决。当时蜀汉新败，处于魏、吴两国的威胁之下，南中诸郡的地方势力又起而叛蜀。诸葛亮一面派邓芝赴吴国修复与孙权的联盟关系，一面发教于下属人员，群策群力把国事办好。建兴三年（225）春，诸葛亮分兵三路进行南征，相继平定了越巂、牂柯等三郡叛乱。会师后，又渡

① 《三国志·蜀书·诸葛亮传》。
② 《三国志·蜀书·诸葛亮传》。
③ 《三国志·蜀书·诸葛亮传》。

过泸水，讨伐骚扰边境的少数民族，将其首领孟获七擒七纵，终于使其心服，此后蜀汉南境一直都很安定。

建兴六年（228），诸葛亮率军北驻汉中，开始伐魏。临行，上书后主刘禅，提出“北定中原”“兴复汉室”的目标。此后，诸葛亮五次率军北伐。建兴十二年（234）第五次北伐，与魏将司马懿相距于渭南，病逝于五丈原（今陕西岐山南）军中，享年54岁。谥曰忠武侯。

2.诸葛亮的政治军事经济思想

（1）政治思想

诸葛亮政治思想集中体现在“兴复汉室”的政治理想、鞠躬尽瘁的忠君报国思想、劝惩结合的法治思想和选贤任能的用人思想等方面。其政治思想的基础，以儒家为主、法家为辅。他幼承家学，15岁侨居襄阳后，所师事者庞德公以儒学精湛著称、司马徽为古文经学大师，可见儒学是他的政治思想的基础。诸葛亮的言论及政治实践，处处反映出他所受儒家思想熏陶的烙印。如他在《诫子书》中说：“夫君子之行，静以修身，俭以养德。非澹泊无以明志，非宁静无以致远。夫学须静也，才须学也。非学无以广才，非志无以成学，淫慢则不能励精，险躁则不能治性。”他要求后辈澹泊明志，宁静致远，寄寓了儒家“修身、齐家、治国、平天下”的内涵。诸葛亮政治思想以法家为辅，表现在对法家代表人物韩非、商鞅思想的吸收并崇尚法治方面。《三国志·先主传》裴松之注引《诸葛亮集》载刘备遗诏敕后主刘禅说：“可读《汉书》《礼记》，闲暇历观诸子及《六韬》《商君书》，益人意智。闻丞相为写《申》《韩》《管子》《六韬》一通已毕，未送，道亡，可自更求闻达。”诸葛亮为刘禅抄录包括《韩非子》在内的诸书，既说明他本人喜爱这些书，又希望刘禅读其内容以有益于治国。

“兴复汉室”是诸葛亮的政治理想，也是刘备蜀汉政权的政治口号。《隆中对》中提出“霸业可成，汉室可兴”之后，诸葛亮辅佐刘备尽力奋斗以期实现。蜀汉政权建立后，诸葛亮为实现其政治理想，将“兴复汉室”付诸实践，于建兴六年（228）开始北伐中原，并在《出师表》中表示“兴复汉室，还于旧都”的决心。尽管他的政治理想没有实现，却使人对他无比崇敬与爱戴，留下了“出师未捷身先死，长使英雄泪满襟”的千古慷慨悲歌。

鞠躬尽瘁的忠君报国思想是儒家思想的精华，也是诸葛亮之所以受到后人崇敬的关键所在。刘备临终前托孤于诸葛亮，说如果刘禅“不才”，“君可自取”皇位。尽管刘禅确实“不才”，但是诸葛亮并未“自取”，而是竭尽全力为政治理想的实现鞠躬尽瘁，直到病逝于北伐军中。这是诸葛亮忠君报国，忠、正、善的体现，也是千百年来诸葛亮受人称颂有加的原因。

诸葛亮劝惩结合的法治思想是在教化的基础上实行法治，让官吏、官兵、百姓都了解怎样做是对的，怎样做是错的。蜀汉政权建立后，他与法正等制定《汉科》法典，以便全国上下有所遵循。他赏罚分明，不分亲疏，正如陈寿所言：“尽忠益时者虽仇必赏，犯法怠慢者虽亲必罚；服罪输情者虽重必释，游辞巧饰者虽轻必戮；善无微而不显，恶无纤而不贬。”以法治国，包含赏和罚两个方面，而公平、公正，标准一致，则是执法效果的关键。例如，在第一次北伐曹魏中，马谡督诸军在前，与张郃战于街亭（今甘肃庄浪县东南），马谡违诸葛亮节度，失守街亭，导致失败。为严肃军纪，他依法予以严惩，并上疏后主，因用人失误，请求“自贬三等”。对在街亭之战中能够尽到劝谏责任的王平，予以奖赏并提拔其为讨寇将军、封亭侯。诸葛亮奖罚分明，为人称道：“终于邦域之内，咸畏而爱之，刑政虽峻而无怨者，以其用心平而劝戒明也。”①

诸葛亮选贤任能的用人思想，表现在其用人注重德才兼备，不拘资历、地域、关系亲疏等方面。例如，蒋琬以州书佐之职，跟随刘备入蜀，被任为广都长。因政绩不突出，刘备“将加罪戮”。诸葛亮认为蒋琬“为政以安民为本，不以修饰为先”②，于建兴元年（223）任蒋琬为东曹掾，不久又提拔其为参军。建兴五年（227），诸葛亮移驻汉中准备北伐曹魏前，命蒋琬与丞相长史张裔主管留府事务，后蒋琬代张裔为丞相长史。诸葛亮外出征战期间，蒋琬“常足食足兵以相供给”，显示了卓越的才能。再如费祎，当刘禅为太子时，他为舍人、庶子，刘禅继位后任黄门侍郎。诸葛亮知费祎才能，任其为中护军、司

---

① 《三国志·蜀书·诸葛亮传》。
② 《三国志·蜀书·蒋琬传》。

马之职，表现均出色。蒋琬去世后，费祎由尚书令迁大将军录尚书事，政局一直比较稳定。诸葛亮还任用曹魏降将姜维，使其成为蜀汉著名的军事将领，等等。选贤任能的结果，是使蜀汉政权得以稳定。

（2）军事思想

诸葛亮军事思想集中体现在他的战略与战术思想、治军思想、兵器革新等方面。

第一，战略与战术思想。诸葛亮在《隆中对》中为刘备制定了“汉室可兴”的蓝图，即是他的战略思想。诸葛亮北定中原战争，是对战国时军事家孙膑“必攻不守”战略思想的继承和实践，故被后人视为“以攻为守”。然而以弱攻强获得局部胜利尚可，但欲求整个战争全局之胜利则难矣。北伐的结果，也证明了这一点。

诸葛亮的战术思想体现在北伐中原的战事之中。他认为：“夫用兵之道，先定其谋，然后乃施其事。审天地之道，察众人之心，习兵革之器，明赏罚之理，观敌众之谋，视道路之险，别安危之处，占主客之情，知进退之宜，顺机会之时，设守御之备，强征伐之势，扬士卒之能，图成败之计，虑生死之事，然后乃可出军任将，张禽（擒）敌之势，此为军之大略也。”①诸葛亮为人做事谨慎，故按“用兵之道”行事，采取“十全必克而无虞”的战法，缺乏神出鬼没的用兵之法。在坚持阵地攻坚战为主的战术思想指导下，诸葛亮谨慎的用兵思想，被魏将曹真、郭淮等人了如指掌。如第二次北伐时，尚未出兵前，曹真就料到诸葛亮“后必出从陈仓，乃使将军郝昭等守陈仓，治其城”②。事实果然如此，郝昭只率3000人马，便挡住蜀汉数万大军。

阵法，是取得战争胜利的一种战术。《三国志·诸葛亮传》载其“推演兵法，作八阵图”。诸葛亮的八阵图，是八阵的图谱，是对孙膑《八阵》的继承或发展。在北伐中，他将阵法用于实战。建兴九年（231）春，他率诸军围祁山，魏将张郃、费耀、郭淮等留兵4000守上邽，余众悉出。诸葛亮自逆于上邽，郭淮、费耀邀战，被诸葛亮打败。司马懿敛军依险，兵不得交，派张郃攻

① 《诸葛亮集·治军》，中华书局1960年版，第67页。
② 《资治通鉴·魏纪》，陕西师范大学出版社1997年版，第468页。

无监，自按中道趋战，被诸葛亮“大破之”。是年六月诸葛亮以粮尽退兵，张郃追击，蜀汉军队临高地布伏，弓弩齐发，射杀张郃。

诸葛亮“北定中原”，以失败告终。《三国志》评价诸葛亮“于治戎为长，奇谋为短，理民之干，优于将略”[①]；“连年动众，未能成功，盖应变将略，非其所长”[②]。所谓“治戎为长”，是说诸葛亮擅长于军队的管理；“奇谋为短”，是说他在战术方面缺乏奇计。凡此，是符合实际的。

第二，治军思想。诸葛亮对军队管理严格，训练有方。他认为要提高军队的整体作战能力，首先需要制定一套完整的军事律令，让将士们遵照执行。在《诸葛亮集》中，就有《军令》15条、《兵要》10条以及《治军》和教令等。《军令》内容具体细致，明确将士行军、作战等具体做法，要求将士按令行动，服从命令，违者则严惩不贷。例如：“始出营，竖矛戟，舒幡旗，鸣鼓角。行三里，辟矛戟，结幡旗，鸣鼓角。未至营三里，复竖矛戟，舒幡旗，鸣鼓角。至营，复结幡旗，止鼓角。违令者髡。”“闻雷鼓音，举白幡绛旗，大小船进战，不进者斩。闻金音，举青旗，船还。若贼近，徐还；远者，疾还。”“闻鼓音，举黄帛两半幡合旗，为三而陈。”“凡战临陈，皆无讙哗，明听鼓音，谨视幡麾，麾前则前，麾后则后，麾左则左，麾右则右，不闻令而擅前后左右者斩。”诸葛亮提出“赏不可不平，罚不可不均。赏赐知其所施，则勇士知其所死；刑罚知其所加，则邪恶知其所畏。故赏虚施则劳臣怨，罚妄加则直士恨”[③]。马谡失街亭被严惩，是诸葛亮治军赏罚分明的范例。

第三，注重兵器制作与革新。在战争中兵器的优劣对于战争胜负关系极大。诸葛亮注重兵器制作与革新，《三国志·诸葛亮传》称他“性长于巧思，损益连弩，木牛流马，皆出其意”。连弩是一种装有机栝、可以连续发射箭的弓。通过诸葛亮的改进而效率提高。木牛和流马是两种类似车辆的运输工具。建兴九年（231）春，诸葛亮军围祁山，始用木牛运粮。《三国志·诸葛亮传》裴松之注引《诸葛亮集》中有《作木牛流马法》，记录木牛和流马的形状与具

① 〔晋〕陈寿：《进诸葛亮集表》。
② 《三国志·蜀书·诸葛亮传》。
③ 《诸葛亮集·赏罚》，中华书局1960年版，第70页。

体尺寸。为提高骑士的杀敌能力，诸葛亮命“作匕首五百枚，以给骑士”；发现以前所制刀斧质量有问题，“令作部重新制造”，并认为不合格的兵器“若临敌，败人军事矣”。为达到兵器精良，他有一篇《作刚铠教》，命作部“皆作五折刚铠、十折矛以给之”。所谓“五折刚铠”，指铠甲用经过五次煅打的钢制成，而“十折矛”则是制矛的钢铁需经过十次煅打。以上所述，也是诸葛亮的科技思想及成就之一。

（3）经济思想

诸葛亮的经济思想，主要表现在奖励农耕和发展手工业方面。刘备定都成都，占据了一向富庶的“天府之国”。但由于蜀中豪强“专权自恣，强夺民财”，造成广大民众生活贫困。诸葛亮任丞相后，本着“为政以安民为本”的宗旨，推行抑豪强、薄赋敛、兴水利、便屯垦等一系列经济改革措施，大大增加了蜀汉政权的财政收入。

在奖励农耕方面，诸葛亮认为“唯劝农事，无夺其时；唯薄赋税，无尽民财”[①]。为保证成都平原的农业灌溉，他重视水利设施建设，加强了对战国时期秦国蜀郡太守李冰所修的都江堰水利工程的保护，调集1200人在此护守，并设置“堰官”负责管理。“诸葛亮北伐，以此堰为农本，国之所资。”[②]

在发展手工业方面，诸葛亮大力提倡发展蜀锦生产，为此专设“锦官”管理。他说：“今民贫国虚，决敌之资，惟仰锦耳。”[③]战争经费靠生产蜀锦解决，其生产规模可想而知。至蜀汉灭亡时，库存锦、绮等丝织品尚有20万匹，这是手工业兴旺的反映。同时，诸葛亮继续实行西汉武帝时采取的盐、铁官营政策，专设司盐校尉、司金中郎将负责。蜀地产井盐，历史悠久，诸葛亮对煮盐方法进行改进，即用“井火”（天然气）代替“柴火”（柴草之火），大大提高了盐产量。“取井火还，煮井水，一斛水得四五斗盐；家火煮之，不过二三斗盐耳。”[④]

① 《诸葛亮集·便宜十六策·治人》。
② 《水经注·江水》。
③ 《太平御览》卷八百一十五。
④ 《后汉书·郡国志》。

在实行屯田方面，为解决北伐的缺粮问题，诸葛亮于建兴六年（228）第一次北伐失利后，令军队在汉中、渭南多处屯田，使耕战结合，以足食富兵。虽然其屯田规模不及曹魏，但在解决北伐运粮困难和军粮短缺问题上，起到了一定的积极作用。

3.诸葛亮代表作品评析及其散文特色

诸葛亮一生著作颇丰。西晋武帝泰始十年（274），著作郎陈寿编纂了《诸葛亮集》上奏，收集其著作“二十四篇，凡十万四千一百一十二字”[①]，这是诸葛亮文集最早、最完善的本子。《隋书·经籍志》著录“蜀丞相诸葛亮集二十五卷”；《旧唐书·经籍志》著录“诸葛亮集二十四卷”。到了宋朝，《诸葛亮集》就散佚了。此后，有关的传本，均系明、清人根据史书、类书辑录而成，主要者有明人王士骐集《武侯全书》20卷、杨时伟《诸葛忠武全书》10卷、清人朱璘辑《诸葛武侯集》20卷、张澍辑《诸葛忠武侯文集》11卷。1960年，中华书局根据张澍辑本，进行整理和校点，更名为《诸葛亮集》出版。

（1）代表作品评析

收入《诸葛亮集》的“文集”部分共178篇，其主要内容有诏、表、奏、疏、策、书、教、议、兵法、军令、赞和铭等。这些作品系统地反映了他的“顺天”“忠君”的封建正统思想，以及以法治国、科教严明、赏罚必信、恩威并施的政治、军事、经济主张。《隆中对》《出师表》《与群下教》《诫子书》系诸葛亮的代表作品。

《隆中对》（亦作《草庐对》）一直受到史学界和文学界的推崇。原因有二：一是记叙历史上两个著名人物的重大活动；二是具有很高的艺术水平。全文虽仅有295个字，但层次清楚，语言流畅，议论精辟，剖析形势恰当。该文结构严谨，用字洗练明净，质朴无华。从《隆中对》的风貌来看，兼具两汉的朴质持重与魏晋的清丽典雅之特色，与建安诸子的作品不可言谁高一筹。

《出师表》是诸葛亮北伐临行前，向后主刘禅上的奏疏。因次年诸葛亮出兵散关、围陈仓出征前，他又上了一个《出师表》，故前表被后人称作《前出

① 《晋书·陈寿传》。

师表》，后表被称作《后出师表》。

《前出师表》的主要内容是谆谆劝诫刘禅尊贤纳谏，发扬刘备的品德；推荐朝内可以倚重的文臣武将；说明出征的目的和任务，表明自己忠诚的心声。文章既表现了诸葛亮具有政治家的高瞻远瞩，又具有卓越军事家的清醒头脑，并严守作为臣子的身份。

《前出师表》分为前、后两部分内容：前部分系临行的进谏，后部分是表达北伐的决心。文章结束前，又将出师与谏言拢合在一起，既提出“愿陛下托臣以讨贼兴复之效；不效，则治臣之罪”，又提出“陛下亦宜自谋，以咨诹善道，察纳雅言”。从而将进谏与表达北伐中原的决心紧紧联系在一起，画龙点睛地阐明了修明内政和北伐胜利的重大关系。

在中国历史上，以战名世者可谓不胜枚举，而以“表”传世者却不多。诸葛亮的《出师表》不但存之典籍，而且熠熠闪光于文苑。其原因主要是该文言辞恳切，感情真挚，寓浓烈的情感于叙述、议论之中，达到持论贤明通达，行文情浓义明。因此，被奉为理政的规范、作文的楷模，为后世各代所传颂。刘勰《文心雕龙·卷五章表》称：“孔明之辞后主，志尽文畅……表之英也。”陆游多次赞美《出师表》：“出师一表通今古，夜半挑灯更细看”（《病起书怀》）；“出师一表千载无”（《游诸葛武侯台》）；“凛然《出师表》，一字不可删”（《感状》）；“出师一表真名世，千载谁堪伯仲间”（《书情》）。文天祥身陷囹圄时，高吟“或为《出师表》，鬼神泣壮烈”（《正气歌》）。

《与群下教》是诸葛亮同部下谈话的文稿。“夫参署者，集众思广忠益也。若远小嫌，难相违覆，旷阙损矣。违覆而得中，犹弃弊蹻而获珠玉。然人心若不能尽，惟徐元直处兹不惑，又董幼宰参署七年，事有不至，至于十反，来相启告。苟能慕元直之十一，幼宰之殷勤，有忠于国，则亮可少过矣。”在这篇仅有94个字的文章里，他教育大家说：凡参署国家大事商讨时，要集中众人的智慧，广泛地采纳各种有益的意见，要发扬徐元直（徐庶）那样直抒己见、董幼宰那样敢于争论的精神，这样就能使自己少犯错误。文章虽然短小，但是论理却非常深刻，使人读之浮想联翩，回味无穷。

《诫子书》是诸葛亮劝诫儿子的书信。在文中，他就为人和学习两个方面提出要“静”而不可“险躁”的看法。认为只有遵循这样的“修身”“养德”之道并树立壮志，才能够“成学”“致远”。“修身”与“养德”，是诸葛亮推行教化的一个重要思想，他以此进行自我修养，教育子孙，严整部属，感化万民。这与他的“顺天”“忠君”封建正统思想紧密相连。在诸葛亮看来，如不遵守以上所述那样去做便是“淫慢”急躁，为人便不可经世，学业便不会获得成就。这篇86个字的文章，言简意赅，成为后世各种“家训”的重要内容之一，有极强的发人深省的作用。

（2）诸葛亮散文特色

鲁迅先生在《魏晋风度及文章与药及酒之关系》中说：“汉末魏初的文章，可说是‘清峻、通脱、华丽、壮大’。”以此来衡量，这些特点在诸葛亮的文章中兼而有之。

首先，短小精悍，思想严峻。诸葛亮著作以短文居多，最短的《军令》仅有9个字（“令而擅前后左右者斩”）；最短的表《举蒋琬密表》仅有10个字（“臣若不幸，后事宜以付琬”）；最短的书《答司马懿书》也仅10个字。即便是最长的《治军》一文，总共只有1360个字，而超过千字的作品，也仅此一篇。他用简短的文字，将确定的方针说得一清二楚，充分体现了他做事干练、为人谨慎的性格，同时也反映其文简约严明清峻的风格。

其次，肌理缜密，通脱华美。诸葛亮行文，重视运用排比、对仗等修辞方法。例如“宠之以位，位极则贱；顺之以恩，恩竭则慢”；“威之以法，法行则知恩；限之以爵，爵加则知荣。恩荣并济，上下有节”（《答法正书》）。“苟全性命于乱世，不求闻达于诸侯”；“受任于败军之际，奉命于危难之间”（《出师表》），都是两两相对。这种对偶句的运用，不但能增强艺术美，而且通晓畅达，情意真挚，使人容易记诵，得到有益的启迪。

再次，比喻精当，形象生动。诸葛亮文章比喻精当，可谓不胜枚举：“违覆而得中，犹弃弊蹻而获珠玉。”（《与群下教》）“去妇不顾门，萎韭不入园。”（《与张裔书》）“吾心如秤，不能为人作轻重。”（《杂言》）“战地平如案也。”（《算计》）这些比喻帮助说理，并有明白易懂之效。他对景物的描写，形象而生动：“睹江山之盛，乱石排空，惊涛拍岸”“江左大山壁立，林麓峰峦如画。”(《黄陵庙记》)苏轼词《念奴娇》“乱石穿空，惊涛拍岸”，恐就是沿袭诸葛亮的词语。

第四，气势跌宕，激昂悲壮。这方面，在《出师表》《街亭自贬书》《与李严疏》等文中都有所反映，像“年与时驰，意与日去，遂成枯落，多不接世，悲守穷庐，将复何及”(《诫子书》)，感人至深。

（六）山左诗坛领袖公鼐

公鼐(1558—1626)，字孝与，是公家臣的长子。他从小聪明异常，因文才而显名。史载：公鼐“生有异才，龆龄能诗，读书一目即记，载籍靡不腹笥之。弱冠，文名炳著海内”[①]。但是，他22岁时参加科举考试却名落孙山，直到40岁时，公鼐才参加科举考试，并中举。万历二十九年(1601)，他44岁时中进士，46岁授翰林院编修。但是，他的仕途一直不顺利，50岁就请归故里。58岁时被皇帝召回，重新为官。但是，时事的纷乱，自身的老迈，无不使他感觉到力不从心，结果仅仅过了4年，他又选择了“引疾归”。数月后，光宗登基，召拜公鼐为国子监祭酒，迁国子监司业，不久熹宗继位，升为礼部右侍郎协理詹事府事。期间，公鼐曾受职为两朝实录副总裁，后来因魏忠贤乱政，不愿与其党羽同朝，再次“引疾归”，不久于故乡蒙阴去世，享年69岁。崇祯朝赠公鼐为礼部尚书，谥“文介”。

公鼐是明代著名文学家、诗人，是明朝万历前期“山左三大家”之一(山左是山东省的别称。另两家分别为于慎行：礼部尚书、东阁大学士；冯琦：礼部尚书)。史载：“鼐家世词馆，与临朐冯文敏同学，在公车时已负重名，博学多闻，诗文好引征故实，一时馆阁之士无以尚之。”[②]有《问次斋集》一百卷行世。

公鼐以精通理学闻名，被明光宗称为“理学名臣”。史载：公鼐“穷经史之奥，晰天人之微。源本洙泗，理宗程朱。东省台司，每以国士遇之。万历时官京邸，国家有大事，公卿咸就裁，光宗称其博学简用，赐以‘理学名臣’四

① 蒙阴县地方史志编纂委员会：《蒙阴县清志汇编》，中华书局1999年版，第5页。
② 蒙阴县地方史志编纂委员会：《蒙阴县清志汇编》，中华书局1999年版，第303页。

字匾其门”[①]。

1619年，朱常洛即位，改年号为泰昌，史称泰昌帝、光宗，公鼐以帝师的身份被召回京。光宗对自己的老师极为器重，拜公鼐为国子监祭酒，成为辅国重臣和“理学名臣”。《国子监祭酒公鼐诰命》载：“国子监祭酒公鼐，德资茂亮，行植端方，世博兰台石室之书，日昭玉质金相之度。”[②]然而光宗继位不超过一个月，就因食“红丸”而丧命。随后，因怀疑有人对皇帝下毒，朝廷开始追查凶手。其间，党争与私仇夹杂，连坐罪死者众多。熹宗即位后，公鼐仍以帝师的身份被加封为礼部右侍郎、协理詹事府詹事。这时，魏忠贤逐渐专权乱政，加上储位未定，内宠奸佞因以植援媚奥。天启年初，流言蜚语，议论纷纷。公鼐以宫端入朝，晓畅旧事，抗疏列白，指陈其所以，耿介正直的公鼐不愿陷入其中，但也不愿谣言流传，更不愿宦官魏忠贤诬陷忠良，于是，他上书熹宗，要求主持编纂《光宗实录》，以秉笔直书光宗政绩，“成一朝信史”，但是熹宗没有批准他的建议。之后，朝内乌烟瘴气，不平之事接连发生，公鼐又连续两次上疏，规劝皇帝及辅臣。但此时的熹宗已被魏忠贤等人操纵，公鼐遭到恶官佞臣的排挤和打击，结果，公鼐被判“忤旨，谯责”。公鼐自感势单力薄，但事关家风公道和人品，他不愿趋炎附势，结果再一次选择了“引疾归”，时论惋惜。对此，史载：“当神庙中叶，储位未定，内宠耦嫡，群小因以植援媚奥，交通宫禁，天启之初，流蔓未已，议论纷呶。鼐以宫端入朝，晓畅旧事，抗疏列白，指陈其所以，欲纂修光庙实录，以成一朝信史。群小恶其害己，尽力排击，引疾以去，不得大用，时论惜之。”[③]在当时的情境下，公鼐这样做是无奈之举，但也践行、捍卫了公氏家风。

公鼐的诗歌主张主要体现在他的《古乐府序》中。他的诗歌主张主要是标举“齐风”，即主张诗本性情，不主格调，熔铸古今，标宗自然，雄浑大雅，自我树立，真情表露，自然化工，博大雅正等。如他在《问次斋稿·赠冯季韫》曾说：“主盟非吾事，愿君恢齐风。”在《问次斋稿·赠蒋生》的诗中又

① 蒙阴县地方史志编纂委员会：《蒙阴县清志汇编》，中华书局1999年版，第50页。
② 蒙阴县地方史志编纂委员会：《蒙阴县清志汇编》，中华书局1999年版，第328页。
③ 蒙阴县地方史志编纂委员会：《蒙阴县清志汇编》，中华书局1999年版，第303页。

说："泱泱古大风。"表达了他标举"齐风"的意愿。

公鼐早年曾经崇拜拟古主义者，但很快就成了倡言革新的带头人，他陈述拟古的危害，成了拟古主义的反对者。他曾说："近乃有拟古乐府者，遂颛以拟古其说，但取汉魏所传之辞，句模而字合之，中间岂无陶阴之误夏五之脱？悉所不校，或假借以附益，或因文而增损，局蹐床屋之下，而探胠滕箧之间，乃艺林之根蠹、学人之路阱矣。"[①]

公鼐认为文学创作应该反映时代，应该紧扣时代特征，因时因事而作，即"论诗主张一时代有一时代之声情"[②]。他曾说："愚谓风雅之后有乐府，如唐诗之后有辞曲，声听之变有所必趋，情辞之迁有所必至，古乐之不可复久矣。后人之不能汉魏，犹汉魏之不能风雅，势使然也。"[③]同时，他认为，诗可学古之调法，内容却不可拘泥，必须因时而变，代有新体，不断地推陈出新，在继承中创新，正所谓"余子纷纷未易说，拟议原非吾所悦。丈夫树立自有真，胡为效彼西家颦。天地数理非秘昔，河岳英灵无终极。啧啧莫问群儿喧，愿成昭代一家言"[④]。

公鼐标举"齐风"，是因为"齐风"与齐鲁文化敦厚、质朴、宏正、开放的文化传统深相印和。他一生的绝大多数时间居住、往来于齐鲁大地，而且熟悉典制，博通经史，因此，他的诗沾溉了齐、鲁山川之气和经史之韵，他将齐鲁山水和大国之风结合起来，即地兴思，引经据典，托古讽今，实现了古朴与清新和谐统一。

万历后期，公鼐的弟弟公鼒与王象春、李若讷等人主张重开诗界，抒发忧时愤世之情。王象春为公鼒作《公浮来小东园诗序》，相约"重开诗世界，一洗俗肝肠"。他们继续倡导"齐风"。公鼒等人不袭陈言，诗风纵横放驰，"齐气"奔轶。公鼒的诗入禅入侠，放拓不拘，当属山左诗人中的"野狐禅"。在具体到创作上，王象春和公鼒的"禅诗""侠诗"，慷慨、急怼，确有钱谦

① 〔明〕公鼐著，赵广升点校：《问次斋稿》，中国戏剧出版社2008年版，第13页。
② 钱仲联：《中国文学大辞典》，上海辞书出版社1997年版，第888页。
③ 〔明〕公鼐著，赵广升点校：《问次斋稿》，中国戏剧出版社2008年版，第49页。
④ 〔明〕公鼐著，赵广升点校：《问次斋稿》，中国戏剧出版社2008年版，第230页。

益批评竟陵派时所说的那样“兵气鬼象”[①]。

公鼐、公鼒标举“齐风”，引领着万历朝山左诗坛的走向，代表着山左诗人对自己地域文化传统和诗学价值的清醒认识，其思想性和艺术性都达到了较高水平[②]。

关于公鼐在中国文学史上的地位，明朝著名史学家、文学家焦竑，明朝著名政治家、东林党人杨涟，清朝著名学者朱彝尊、文坛领袖王士禛等都给予了公鼐极高的历史评价。

焦竑评公鼐：“先生才识独出，综鉴复富。故其原本山川，极命草木，能牢笼载籍之菁华，不为靡曼剥夺之语。盖直取独见，上媚千古。犹烟云之出没，忽乎满前，不可以为方，卒其所为法者，丙丙如丹。噫，可谓异已！”[③]杨涟认为，公鼐“有古大臣之风……心丹识卓，骨劲力沉，范希文（范仲淹）、司马君（司马光）实伯仲间者”[④]。朱彝尊认为公鼐，“言诗于万历，则三齐之彦，吾必以文介为巨擘焉”[⑤]。王士禛认为公鼐为“万历中为词林宿望，诗文淹雅，绝句尤工”[⑥]。《谕祭公鼐文》载：“谕曰：惟尔真修卓品，博学宏词，承太史之家风，作述继美；掌先朝之典故，津沽为昭。”[⑦]

总之，公鼐的作品表现出了鲜明的政治主见和思想倾向，在中国文学史上占有重要地位，称得上万历诗坛的“巨擘”“宿望”[⑧]。

五、忠诚大义，鞠躬尽瘁

“忠”与“义”是中华民族的优秀文化元素之一。忠的内涵分为不同的层面，忠于祖国、忠于人民、忠于正义事业则是历代都加以提倡的，当然忠

① 李圣华：《晚明诗歌研究》，苏州大学2001年博士毕业论文。

② 李大晋、李平：《写心画意，亦情亦景——读公鼐〈汶南别业秋居〉》，蒙阴县政协文史资料委员会编：《蒙阴文史资料》第九辑，山东省内部资料性出版物准印证，2012年4号，第93～99页。

③ 焦竑：《问次斋稿序》。

④ 杨涟：《与秦贞予刺史书》。

⑤ 朱彝尊：《明诗综》。

⑥ 王士禛：《池北偶谈》。

⑦ 蒙阴县地方史志编纂委员会：《蒙阴县清志汇编》，中华书局1999年版，第329页。

⑧ 李大晋、李平：《试论公鼐的文学主张及其诗歌成就》，《解放军艺术学院学报》2001年第3期。

的含义有明显的时代性，但对祖国、人民、真理的忠，则具有共时性的特点。“义”的基本概念是“尊尊”。《中庸》载：“义者宜也，尊贤为大。”《礼记·丧服四制》说：“贵贵、尊尊，义之大者也。”可见，义的基本概念是“尊尊”。尊尊多指义节，义就是“行其所当宜”，指在任何时候，任何情况下，都应当坚决维护整个国家、整个民族和人民群众的利益。沂蒙多英杰，英杰多忠诚大义。其代表人物诸葛亮更是做到了“鞠躬尽瘁，死而后已”。

（一）王祥倡导礼乐加忠诚

王祥出自儒学世家，吸收道家思想，正始年间受玄学思潮影响，思想较驳杂。这是魏晋之际思想不统一的反映。但是他在当时特殊的背景下倡导礼乐加忠诚。

嘉平元年（249），高平陵政变后，王祥迁任太常。太常的主要职责是祭祀祖宗、天地、圣贤及前往封拜重要属国之王等，非深明儒学者不能充任，王祥的前任如高柔、王肃、夏侯玄等人皆是知名学者。甘露三年（258），曹髦率群臣至太学。王祥“南面几杖，以师道自居。天子北面乞言，祥陈明王圣帝君臣政化之要以训之，闻者莫不砥砺”[①]。《三国志·魏书·三少帝纪》注引《汉晋春秋》曰：“帝乞言于祥，祥对曰：‘昔者明王礼乐既备，加之以忠诚，忠诚之发，形于言行。夫大人者，行动乎天地；天且弗违，况于人乎？’”在这里，王祥大讲忠诚，说明了两个问题：一是甘露年间，王祥的理想治世是礼治社会，人们严格按照礼的规范行事，“礼乐既备，加之以忠诚”，在其思想中，儒学仍是最重要的；二是此时的王祥对司马氏还抱有一线希望，讲“忠诚”意在提醒司马昭不要冒天下之大不韪，留下万世骂名。同时，王祥也安慰曹髦，“天且弗违，况于人乎？”暗示他在时机不成熟时切不可轻举妄动。但曹髦年轻气盛，不甘心居于傀儡之位，两年后举兵攻司马昭，被司马昭门客成济所杀。

应该说明的是，魏晋之际，政治斗争的险恶、残酷，在王祥心中留下了浓重的阴影。他受到了玄学思潮的影响，既希望能够建功立业，实践儒家治国平天下的理想，又希望能够在风云变幻的政治斗争中保持独立的人格。于是，王祥晚年屡乞逊位。这与儒家的积极入世主张相悖，而合乎道家的功成身退之

① 《晋书·王祥传》。

说。但是，由于王祥深受儒学熏陶，再加上文化传统的巨大惯性，儒家礼教始终是他的精神支柱，所以，他时时处处尊礼而行。他在遗训中谆谆告诫子孙以儒家伦理道德中的信、德、孝、悌、让为立身行事的准则，却没有提到儒家最看重的“忠”。其实质，是将维系家族利益摆到了最重要的位置上。此后的琅邪王氏子弟，多能遵从这条遗训，孝子甚多。

（二）诸葛亮家族大义忠诚

大义忠诚是诸葛氏家族的传统，以诸葛亮为代表的诸葛氏家族忠贞之士众多，诸葛亮是典型代表。

诸葛亮名垂千古，并非主要凭借他的“智慧”，日本人池田大作说：“诸葛孔明之所以能赢得人们的崇敬，一方面固然由于他的闪闪发光的睿智，同时也是由于他终生面对理想，一贯无私意所致。”“孔明通过自身的一生，显示了他为大义为理想而献身的心灵，该多么清洌澄明！特别是《出师表》，使他为贯彻高迈之志所怀抱的真诚得以千古不朽。”[①]诸葛亮身上除了闪耀着智慧的光芒外，还散发着为了高远理想而无私奋斗的忠贞光辉，智慧与忠贞的完美结合，才使得“诸葛大名垂宇宙”。

诸葛亮是“忠贞报恩”的忠臣，堪称“忠”与“信”的典范。他呕心沥血辅佐刘备、刘禅父子，鞠躬尽瘁，他位高权重时，仍能以身作则，仍守“不求闻达”的初衷，当李严劝他“宜受九锡，晋爵称王”时，他拒不接受，这被历代奉为楷模。他在《后出师表》表中，以“臣鞠躬尽瘁，死而后已，至于成败利钝，非臣之明所能逆睹也”来表明心迹。他认为，“人之忠也，犹鱼之有渊，鱼失水则死，人失忠则凶”[②]。他认为忠诚对于人的重要性，可与鱼之与水相比，须臾不可离也。诸葛亮的一生即如此。

1.诸葛亮忠诚的表现

（1）笃信、遵循并践行儒家的“大一统”理念，为国家、民族的统一而鞠躬尽瘁，死而后已

在我国，自西周初年的“普天之下，莫非王土；率土之滨，莫非王臣”，

① 〔日〕池田大作：《我的人生》，北京大学出版社1990年版，第276~277页。
② 梁玉文等：《诸葛亮文译注·兵要》，巴蜀书社1988年版，第215页。

到春秋战国时期的孔子的“天下有道”、孟子的“仁者无敌”“兼济天下”，到荀子的“法先王，统礼义，一制度”“以一持万”，国家、民族统一的理念，一直在逐步发展、丰富、深化。至秦汉时期，随着国家统一的实际形成，思想学术界更重视“一统”理念的阐述与弘扬。《春秋公羊传》隐公元年曰：“何言乎王正月，大一统也。”明确提出了“大一统”的理念。西汉前期，董仲舒进一步发挥这一理念：“《春秋》大一统者，天地之常经，古今之通谊也。”[①]自此以后，追求国家、民族的统一成为一切以天下为己任者为之终生奋斗的政治理想和目标。

应该说，诸葛亮从青年时期即已开始为实现这一理想和目标而不懈努力。著名的《隆中对》就是他为刘备集团设计的实现统一的行动纲领，明确提出了“兴复汉室”的目标。

刘备集团的发展起初确如《隆中对》所规划的那样，从无立锥之地发展到占有荆、益二州，成为鼎立三国之一。夷陵之战失败后，诸葛亮及时调整了原来的跨有荆益、两路出兵北伐的战略方针，以攻为守、连年北伐，直到去世。这个过程充分表现了他对儒家的“大一统”之义的笃信、践行与弘扬。

（2）笃信并践行儒学的义、忠、信等理论原则

诸葛亮十分重视儒学的“信”“义”原则。他初见刘备时，即称赞刘氏“信义著于四海”，这也是他投靠刘备并为之效力的基本原因之一。他以“信”“义”为处事原则，如建兴九年（231），他在祁山与司马懿、张郃对阵，形势危急，但他仍坚持让士兵按时更番，参佐们劝其暂缓更代，诸葛亮答曰：“吾闻统武行师，以大信为本，得原失信，古人所惜；去者束装以待期，妻子鹤望而计日，虽临征难，义所不废。”这样做的结果是“去者感悦，愿留一战，住者愤踊，思致死命”，“一战大克，此信之由也”[②]。

对于“忠”，诸葛亮亦多次论及。史称他对“尽忠益时者虽仇必赏”。他认为，“人之忠也，犹鱼之有渊，鱼失水则死，人失忠则凶”[③]。他把“忠”当

① 《汉书》卷五十六《董仲舒传》。

② 《三国志》卷三十五《诸葛亮传》裴松之注引郭冲五事。

③ 梁玉文等：《诸葛亮文译注·兵要》，巴蜀书社1988年版，第215页。

作一条约己择人的标准，不仅自己一生追求忠贞，他对部属也时时以忠贞来衡量。在《前出师表》中，他向后主刘禅推荐郭攸之、费祎、董允等人，首先看重的就是其“志虑忠纯”，为“贞良死节之臣”。他重用蒋琬，是因其“托志忠雅”，可与其“共赞王业”[①]。吕凯因“执忠绝域”而被其荐升[②]。姜维因“忠勤时事”而被其选为接班人[③]。等等。

（3）为了尽忠，诸葛亮明知不可为而为之——坚持北伐

兴复汉室，一统天下，是诸葛亮出山时在《隆中对》中提出的奋斗目标，也是他对刘备的承诺。这在当时是明智的，也是符合大一统理念的。为了实现“北定中原”“兴复汉室，还于旧都”的夙愿，诸葛亮从蜀汉建兴五年（227）春上表、率兵北伐曹魏致命殒五丈原，历时8年。实际上，对这一结果诸葛亮是有预感的。《后出师表》载：“凡事如是，难可逆见。臣鞠躬尽力，死而后已，至于成败利钝，非臣之明所能逆睹也。”这句话是能够代表诸葛亮的心情的。由此，古今许多学者认为，诸葛亮是一个“知其不可为而为之”的典型人物，这是有道理的。诸葛亮的“知其不可为而为之”，是在忠贞的基础上，为了兴复汉室的理想追求，不计成败，知难而进，临危不惧，虽死不悔。按道德的观点评价，这是一种高尚的行为。从功利的角度看，知难而退，显然是一种明智的选择，但是，伦理道德观则不允许[④]。不北伐，诸葛亮“兴复汉室”的豪言壮语等于白说，就有负刘备的重托，就有违人臣之道，就是大不忠。诸葛亮不仅没有这样做，而且他在《出师表》中还说“受命以来，夙夜忧叹，恐托付不效”，北伐是“臣所以报先帝，而忠陛下之职分也”[⑤]。在《为后帝伐魏诏》中也说北伐是“龚行天罚，除患宁乱，克复旧都”[⑥]。

（4）笃守君臣大义

诸葛亮在刘备死后，是蜀汉的实际掌权者，但他仍笃守君臣大义，按朝廷

① 《三国志》卷四十四《蒋琬传》。
② 《三国志》卷四十三《吕凯传》。
③ 《三国志》卷四十四《姜维传》。
④ 谭良啸：《诸葛亮与传统价值散论》。
⑤ 《三国志》卷三十五《诸葛亮传》。
⑥ 张连科、管淑珍：《诸葛亮集校注·为后帝伐魏诏》，天津古籍出版社2008年版，第11页。

礼仪处理君臣关系，故能使君臣和谐，上下一心，国内稳定。其关键是诸葛亮能够始终如一地信奉与坚守儒学所规定的君臣之礼。

刘备在白帝城托孤留下了“君可自取”的遗言，而诸葛亮以“竭股肱之力，效忠贞之节，继之以死”①的话语和对刘禅忠心耿耿的治蜀实践给予了回答。

在封建社会中，为争夺皇位，父子兄弟君臣相互残杀的事件屡见不鲜。诸葛亮位至丞相，掌握蜀国军政大权，而后主刘禅暗弱，可以说皇位唾手可得。在这样的情势下，诸葛亮忠于职守，自我约束，安分守己，处处不失君臣之礼，事事上表奏请，最大限度地尽其义务和职责，充分发挥自己的才干。如此忠实地恪守君臣职分，毫不僭越，鞠躬尽瘁，实属不易和难能可贵。所以，西晋人张辅说：“余以为睹孔明之忠，奸臣立节矣。”②苏轼在评论曹操和诸葛亮时说：“曹操因衰乘危，得逞其奸，孔明耻之，欲信大义于天下。当此时，曹公威震四海，东据许、兖，南牧荆、豫，孔明之恃以胜之者，独以其区区忠信，有以激天下之心耳。”③

当然，诸葛亮的忠贞也有“士为知己者死”和“为王者师”的含义。如他在《出师表》中说：“先帝不以臣卑鄙，猥自枉屈，三顾臣于草庐之中，谘臣以当世之事，由是感激，遂许先帝以驱驰。”④表明了对自己地位的满足和践诺之意。从三顾茅庐推论，假若刘备不能以礼待诸葛亮，诸葛亮则不会以刘备为知己，也就根本不存在践诺和报恩的思想和行为。反之，如果诸葛亮没有管仲、乐毅之才，没有伊尹、吕望之德，不是一个可以共创大业、可以以性命和政权相托的人物，刘备也不可能三顾茅庐、临终托孤了。

“忠”与“正”是紧密联系在一起的，忠于国家的统一大业，必然要反对一切分裂这一事业的不正行径。诸葛亮的“正”主要表现在他与蜀汉内部破坏统一事业的势力的斗争，他敢于“执法”，敢于依法处理那些危害国家安全和

---

① 《三国志》卷三十五《诸葛亮传》。
② 《艺文类聚》卷二十二。
③ 《东坡应诏集》卷十《诸葛亮论》。
④ 《三国志》卷三十五《诸葛亮传》。

统一事业的势力。诸葛亮在治理蜀国的过程中，面临着几种影响甚至破坏统一国家的势力：一种势力是原益州地区刘璋的旧部及其社会基础，他们对刘备、诸葛亮的认真执法不满。为此，在统治集团的高层中还发生过一些争论，前面引用的法正对诸葛亮的谏言和诸葛亮的《答法正书》就是这种争论的反映。法正主张“缓刑弛禁”，而诸葛亮分析了益州地区执法的历史与现状后，指出只有“威之以法”，才能做到“法行则知恩”；“限之以爵”，才能“爵加则知荣”；只有运用“荣恩并济”的方法，才能把握“为治之要”。这样诸葛亮即坚持了严肃执法的原则。另一种势力是原属刘璋集团的人物，但主动投靠了刘备，并在蜀国政府中担任了一定职务，甚至是相当重要的职务，如李严（平）、廖立、彭羕等人，他们虽然也做过一些好事，但后来却犯了严重错误。对这些人也必须坚持法治原则，依法处理。

建兴九年（231），诸葛亮进军祁山，李严负责督运粮草。秋夏之际，“值天霖雨，运粮不继”。李严派人要诸葛亮退军，在“亮承以退军”后，李严佯装出一副惊异的模样，说：“军粮饶足，何以便归？”企图以这种办法推卸自己未按时把军粮运到前线的责任，并显示出诸葛亮不率军进攻的错误。李严又上书给后主说：“军伪退，欲以诱贼与战。”这似乎又为诸葛亮说好话，但是如果引诱不来敌人，李严可能又会攻击诸葛亮无能。诸葛亮毫不畏惧，把此事的前后因果、李严围绕此事写的书信、说的话都摆了出来，可以明显地看出李严的错误。在这种情况下，李严理屈词穷，无话可说，只好承认错误，于是诸葛亮上表给后主，将李严废为平民[①]。

对于廖立的处理同样表现了诸葛亮坚持正确的原则，敢于清除内部“害群之马”的精神。廖立，字公渊，在年未30岁时，即被任为长沙太守。孙权曾派使者询问诸葛亮“谁相经纬者”时，诸葛亮回答：“庞统、廖立，楚之良才，当赞兴世业者也。”[②]廖立虽有比较突出的才能，但道德修养较差。在建安二十年（215）孙权派兵袭击长沙等郡时，他忘记守土之责，“开门就敌”[③]，

---

① 《三国志》卷四十《李严传》。
② 《三国志》卷四十《廖立传》。
③ 《三国志》卷四十《廖立传》裴松之注引《诸葛亮集》。

自己脱身逃走。因他与刘备早就认识，故刘备没有加以深责，还任用他为巴郡太守。在任巴郡太守时，他“暗昧闒茸其事”[①]，后任长水校尉。廖立妄自尊大，自以为才名应为诸葛亮之二，故对自己的职务十分不满。经常口出狂言，不仅对朝廷上下官员乱加评论，而且对刘备也乱加指责，因而引起思想上的混乱。诸葛亮认为对此类人物必须加以惩处，他上表给后主，其表云：“长水校尉廖立，坐自贵大，臧否群士，公言国家不任贤达而任俗吏，又言万人率者皆小子也；诽谤先帝，疵毁众臣。人有言国家兵众简练，部伍分明者，立举头视屋，愤咤作色曰：‘何足言！’凡如是者不可胜数。羊之乱群，犹能为害，况立托在大位，中人以下识真伪邪？”廖立因此受到应有的惩罚，被废为民。

总之，诸葛亮为巩固蜀汉政权，坚持对各种破坏、违法行为进行了不懈的斗争，表现出了凛然正气。

2.一贯忠诚的诸葛亮族人

除诸葛亮外，诸葛氏家族的忠贞之士还有诸葛丰、诸葛瑾、诸葛诞、诸葛恪、诸葛瞻、诸葛恢等人。

诸葛丰在任司隶校尉时，因忠于国家、忠于职守，对各种违反法纪、有害于国家利益的人和事，“刺举无所避”。他曾说：“臣闻伯奇孝而弃于亲，子胥忠而诛于君，……使臣杀身以安国，蒙诛以显君，臣诚愿之。独恐未有云补，而为众邪所排，令谗夫得遂，正直之路雍寒，忠臣沮心，智士杜口，此愚臣之所惧也。”[②]表明了他尽忠孝的决心和对“众邪所排，令谗夫得遂”的担心。

诸葛瑾非常忠于孙吴集团，孙权也非常相信诸葛瑾。《三国志》载，有人告诉孙权，说诸葛瑾“别遣亲人与备相闻”，孙权不相信诸葛瑾会这样做，说：“孤与子瑜有死生不易之誓，子瑜之不负孤，犹孤之不负子瑜也。”[③]

诸葛诞对曹魏政权忠贞不贰，以至于被司马昭率大军击败而杀。当曹魏大

① 《三国志》卷四十《廖立传》裴松之注引《诸葛亮集》。

② 《汉书》卷七十七《诸葛丰传》。

③ 《三国志》卷五十二《诸葛瑾传》。

权落到司马懿的儿子司马师和司马昭兄弟两人手里时，扬州刺史文钦和镇东将军毌丘俭，假冒太后诏书，列举司马师罪状，起兵声讨司马师，并派使者游说诸葛诞一同举事。诸葛诞出于对曹魏的忠诚，当即斩了来使，并督豫州诸军，征讨叛军。司马昭便派人探试诸葛诞，而诸葛诞表示“若洛中有难，吾当死之”[①]，直率地表示了对曹魏的忠贞。诸葛诞察觉到司马昭准备篡位，便暗中防范。《三国志·诸葛诞传》载：“诞既与（夏侯）玄、（邓）飏等至亲，又王凌、毌丘俭累见夷灭，惧不自安，倾帑藏振施以结众心，厚养亲附及扬州轻侠者数千人为死士。”[②]并据守寿春，拥兵淮南。这使司马氏感到威胁很大。甘露二年（257）五月，司马昭采纳谋士贾充的建议，晋升诸葛诞为司空，召其进京，但将兵权交给扬州刺史乐綝。诸葛诞感到司马昭已对他采取行动。于是，他一方面攻杀扬州刺史乐綝，尽收扬州甲兵及军粮，集于寿春，闭门自守；另一方面以儿子诸葛靓为人质，派长史吴纲到吴求救。东吴闻讯，派魏降将文钦及将军全怿、全端、唐咨、王祚等率兵3万驰援。六月，司马昭挟魏帝东征，统率26万大军征讨诸葛诞，并遣镇南将军王基及安东将军陈骞围寿春。寿春城破，诸葛诞奋力突围，终被追杀。应该指出的是，诸葛诞是亲曹集团中最后一位有实力的人物，在司马氏代魏已成定局的情况下，他举兵抗拒司马氏集团，不是无奈，而是出于对曹魏集团的忠诚，这与诸葛氏家族主流文化是一致的。在遇险时首先想到的是别人，在大势已去时仍忠于政权，显示了诸葛诞的操行，深得民心和后誉。这在无形中进一步提升了诸葛氏家族的政声。

诸葛瑾的儿子诸葛恪的忠贞、正直主要表现在他对吴国幼主的辅佐和对北伐灭曹统一全国这一事业的执著上。如孙权临病召诸葛恪“诸事一以相委”，这也是托孤，与三年前刘备白帝托孤的情形十分相似。当时的诸葛恪手握军政大权，完全有能力踢开未继位的太子孙亮而夺取吴国政权，但诸葛恪没有那样做，而是完全按照孙权的遗诏把太子孙亮扶上了皇位。不久，诸葛恪给其弟诸葛融写了一封信，进一步表达了他忠于孙权集团、忠于职守的心情。其信说：“今月十六日乙未，大行皇帝委弃万国，群下大小，莫不伤悼。至吾父

① 《三国志》卷二十八《诸葛诞传》。
② 《三国志》卷二十八《诸葛诞传》。

子兄弟，并受殊恩，非徒凡庸之隶，是以悲恸，肝心圮裂。皇太子以丁酉践尊号，哀喜交并，不知所措。吾身受顾命，辅相幼主，窃自揆度，才非博陆而受姬公负图之托，惧忝丞相辅汉之效，恐损先帝委付之明，是以忧惭惶惶，所虑万端。"[①]在这里，诸葛恪一方面表达了对孙权之死的沉痛心情；另一方面又感到自己没有西汉霍光那样的能力，承担周公辅佐成王一样的任务；对能否取得汉丞相辅佐后主的效果也深感忧惧，因而害怕有损于先帝对自己的信任。应该说这些话不是客套话，是诸葛恪忠于职守、忠于孙权集团的表现。该信的后半部分还表示了对吴国内部局势的忧虑，又提出了防范意外事故的措施，要求自己的弟弟"整顿军具，率厉将士，警备过常，念出万死，无顾一生，以报朝廷"[②]。

诸葛恪的忠贞还表现在他对结束三国鼎立，恢复祖国统一这一伟大事业的追求上。本来在孙权执政时期，孙权实行的主要是务自保全，观望成败的方针，而诸葛恪辅政之后，积极发动对于魏国的作战，其中包括与自己的族叔诸葛诞大军的战争。诸葛恪攻打魏国，进行的统一全国的战争，最后以失败告终。这种结局，除客观原因外，诸葛恪的轻敌、急躁也是失败的重要因素。尽管如此，诸葛恪为结束三国鼎立的分裂局面，积极为统一而战，反对苟安、无所作为的精神是应该予以充分肯定的。

诸葛瞻、诸葛尚父子的忠贞主要表现在为国牺牲方面。诸葛瞻在邓艾伐蜀时面对"封王"诱降，怒斩来使，率军与魏军决战于绵竹，寡不敌众，壮烈战死，享年37岁。诸葛瞻的儿子诸葛尚，闻讯后"驰赴魏军"[③]，亦战死，年仅17岁。晋朝干宝为此感叹道："瞻虽智不足以扶危，勇不足以拒敌，而能外不负国，内不改父志，忠孝存焉。"[④]

诸葛靓也是忠贞之士。《世说新语·言语》载："诸葛靓在吴，于朝堂大会。孙皓问：'卿字仲思，为何所思？'对曰：'在家思孝，事君思忠，朋友思信，

① 《三国志》卷六十四《诸葛恪传》。

② 《三国志》卷六十四《诸葛恪传》。

③ 《三国志》卷三十五《诸葛亮传》附《诸葛瞻传》裴松之注引《华阳国志》。

④ 《三国志》卷三十五《诸葛亮传》附《诸葛瞻传》裴松之注引。

如斯而已。'"晋灭吴后，诸葛靓隐匿不出，不愿出仕于晋，又不面向朝廷而坐，以示对孙吴的忠心。

应该说明的是，诸葛氏族人的忠君思想虽有历史的局限性，但在国君是国家象征的封建时代，忠君就意味着忠于国家，积极性是显而易见的。

（三）颜真卿忠烈

颜真卿（709—785），字清臣，号应方，祖籍琅琊临沂。唐开元二十二年（734）进士及第，先后任朝散郎、秘书省著作局校书郎、侍御史、监察御史、平原太守、刑部尚书兼御史大夫、户部、吏部侍郎、太子太师等职，封上柱国，食邑三千户。颜真卿出生于书法世家，自幼受到长辈的熏陶，爱好书法艺术，对中国书法的发展做出了重大贡献。

颜真卿重大义，以国事为重，视国家利益高于自己的生命。颜真卿在观察和处理问题时，表现出了可贵的大局意识和大义品质，尤其关注关系到国运和百姓利益的国家统一、奸贼叛乱等大事。天宝十四年（755）安禄山反于范阳时，颜真卿立即号召周边各郡县平叛，同时在平原城西门外举义誓师。他举酒下泪，登台陈辞："国家之恩，戮力死节，无以上报！"（殷亮《颜鲁公行状》）义愤填膺，誓与平原共存亡。他重视孝义名节之士，礼待平叛将士。当他得知武邑县县尉李铣因投奔义军，其母被伪县令庞宣远拘押时，颜真卿拿出个人俸禄，募勇士搭救，不仅将李母救出，还杀死了庞宣远；当安禄山命亲信段子光带着李憕、卢奕、蒋清等三人的首级宣谕各郡，胁迫投降时，颜真卿为了稳定军心，强忍悲痛，当着众人的面说他与三人熟识，首级是假的，立命部下腰斩了段子光。待部下情绪稳定后，他才哭诉事实真相，命人用蒲草扎成人形，与首级接续，穿戴整齐，备棺盛殓，祭奠三日后方安葬于城外。

颜真卿为国尽忠，视死如归。处事、虑事皆以国家、民族利益为出发点和落脚点，在他眼里，自己的生命与社稷相比，无足轻重。建中三年（782）十一月，李希烈等叛乱称王，朝野震恐。昏聩的唐德宗听信了卢杞的话，派颜真卿以淮西宣慰使的身份前往许州劝谕李希烈。颜真卿明知这是卢杞排除异己的奸计，但为了朝廷的安危，他抱定以死报国之志，立即动身起程。颜真卿抵达许州后，向李希烈宣读皇帝的诏谕，责以大义，劝他悬崖勒马。李希烈先是劝诱，不成后便施以威胁，命士兵在院子里挖一深坑，扬言再不屈服就活埋，颜真卿处之泰然。接着，架起柴堆，泼上油，点燃后，威逼颜真卿说：“不能屈节，当自烧。”颜真卿一言不发，昂首挺胸，投身赴火。叛贼急令部下扶回。贞元元年（785）八月，李希烈见颜真卿终究不能为己所用，于是决定缢杀颜真卿。颜真卿从容就义，时年77岁。颜真卿殉难后，唐德宗辍朝五日，以示哀悼，并诏赠颜真卿为司徒，谥“文忠”。

颜书在书法史上的崇高地位还在于它的书品与人品的高度统一。由于中国古代传统的审美价值观是以儒家所倡导的“以善为美”为核心的，故往往要求艺品与人品的一致。只有艺品的精专与人品的忠善一致，达到德艺双馨，艺品才会被充分肯定。对书艺的评价也是如此，颜真卿本人以爱国爱民、刚正无私和鞠躬尽瘁的高风亮节彪炳史册，而其书法的宽厚正向正与这种人品相一致。人们一看到浑厚饱满、气势雄伟的颜字，就会想到颜真卿立朝刚正，不为邪恶所屈服的为国家、民族献身的凛然大义。因而自然形成了书法美与人品美相辉映的审美环境，极大地提高了其审美价值。

唐白居易作《新乐府·青石·激忠烈也》云：“青石出自蓝田山，兼车运载来长安。工人磨琢欲何用？石不能言我代言。不愿作人家墓前石道碣，坟土未干名已灭；不愿作官家道旁德政碑，不镌实录镌虚辞。愿为颜氏、段氏碑，雕镂太尉与太师。刻此两片坚贞质，状彼二人忠烈姿。义心如石屹不转，死节如石确不移。如观奋击朱泚日，似见叱诃希烈时。各于其上题名谥，一置高山一沉水。陵谷虽迁碑独存，骨化为尘名不死。长使不忠不烈臣，观碑改节慕为人。慕为人，劝事君。”此诗对颜真卿为坚持民族大义而坚贞不屈、壮烈殉国的英雄行为，表达了由衷的赞美，对其必将英名长存深表景仰。

南宋末年，文天祥的《过平原》诗曰：“平原太守颜真卿，长安天子不知名。一朝渔阳动鼙鼓，大河以北无坚城。君家兄弟奋戈起，一十七郡连夏盟。贼闻失色引军还，不敢长驱窥帝京。明皇西狩灵武立，中兴遂起勤王兵。唐家再造李郭力，逆贼牵制公威灵。哀哉常山舌可裂，公归朝廷气不慑。崎岖坎坷不得志，出入四朝仗忠节。当年幸脱安禄山，白首竟陷李希烈。希烈何能遽杀公，范阳奸相阴相轧。乱臣贼子归何处？茫茫烟草中原土。公死于今六百年，忠精赫赫雷行天。”此首古风，咏述了颜真卿的生平业绩，对其以身殉国的凛然大义表示了由衷的敬仰，对破坏国家统一的“乱臣贼子”表示了极大的轻蔑和愤慨。

（四）左宝贵大义凛然

左宝贵（1837—1894），字冠廷，山东平邑县地方镇人，回族，清代著名抗日爱国将领。他出生于贫苦的农民家庭。1856年，左宝贵携其弟左宝贤、左宝清流浪江南，后投效军营，开始了戎马生涯。二弟左宝贤官至守备，于同治四年（1865）战死于曹州。三弟左宝清官至都司，于光绪三年（1877）在奉天阵亡。左宝贵因作战勇敢，屡建战功，历任千总、游击、副将、广东高州镇总兵等职，并以提督记名。1917年《沈阳县志》说：左宝贵“治军严肃，重文士，爱才勇，有奇技异能者，辄罗致麾下。功不吝赏，罚不私刑，士乐为用”。他在长期驻军奉天期间，热心地方公益事业，办义学多处，并设置赈灾粥厂、同善堂、栖流所、育婴堂、牛痘局等慈善卫生机构。

1894年7月，日本发动侵略朝朝鲜的战争。清政府应朝鲜要求出兵支援，调集左宝贵等率军入驻平壤。主帅叶志超怯弱无能，贪生怕死，企图弃城逃跑。左宝贵誓与平壤共存亡。9月15日清晨，日军对平壤发起总攻，左宝贵率部防守城北牡丹台、玄武门一线。日军7000多人分几路强攻牡丹台，左宝贵指挥部下奋力反击，但终因孤立无援，以致牡丹台失守。左宝贵身穿清廷赐给的黄马褂及顶戴，立于城头，亲自督战。营官杨某见城上危险，欲挽左宝贵下城暂避，左宝贵怒斥之，并亲自点燃大炮轰击敌人。部下见主帅临危不惧，均奋力搏战，拼死抗敌，给予日军以重大杀伤。在鏖战中，左宝贵身负重伤，血透征衣，仍裹创再战；继而胸部、喉部连续受伤，遂壮烈牺牲，时年57岁。

左宝贵牺牲后，在国内引起了极大的反响。光绪帝赐予他“太子少保，谥忠壮，予骑都尉兼云骑尉世职”，令将其事迹交付国史馆立传，在其生前立功省份建立专祠，以示褒扬忠烈。光绪二十一年（1895），清廷拨款在其故里地方镇修建了衣冠冢。

《费县志·左忠壮公挽歌》载：“英灵不肯返家山，碧血丹心委榛蔓。”[①]

① 清光绪《费县志·左忠壮公挽歌》。

洒血异域，大义凛然。

六、尚和尚志，倡俭倡廉

沂蒙人自远古时期即尚和、追求美好，崇拜凤凰是明证。随着人类社会的发展，社会财富的增加，沂蒙人的追求也在不断增加，出现了尚志、倡俭、倡廉等良好风尚。

（一）沂蒙人尚和尚志

“和”是中华优秀文化的基本元素之一。中华文化自建立之初，即崇尚“和”的原则，认为“和”是事物发展中的最佳状态。

东夷人崇拜凤凰是尚和的体现之一。

东夷部族是以鸟为代表性图腾的民族，东夷先民对鸟禽十分崇拜，东夷部落的鸟图腾崇拜则是中国凤文化的源头。以鸟为图腾徽帜的东夷集团在东征西伐的进程中，陆续融汇了以各类翔天型飞禽为崇拜偶像的其他部落的图腾，后几经融合，实现实物与想象的合理搭配、组合，最终融汇为“凤凰”的艺术形象。

凤凰自古以来就是传说中最重要的吉祥神奇之物。凤凰尊贵、崇高、贤德，含有美好而又不同凡俗之意。凤凰作为人们心目中的瑞鸟，还是天下太平的象征。古人认为时逢太平盛世，便有凤凰飞来。古有“凤凰出而天下治”，“太平之世，凤凰常居其国”之说。东夷先民们赋予凤凰以道德、审美的含义，通过艺术加工，使之深深打上民族文化的印记，他们希冀所崇拜的凤凰能为自己带来福祉，使其能够在人类不可企及的时空搏击中实现更大范围的自由，这表达了东夷人追求幸福快乐、向往祥和太平的情感愿望。

东夷人崇拜的凤凰形象还是和谐观念的产物。一方面，凤凰是一个“二合一”的对立统一体，雄为凤、雌为凰，表示阴阳调和、合和祥瑞；另一方面，它又是一个多元混合体，是在鸟图腾的基础上，融合原始时代多个不同氏族所崇拜的自然物的特征的集大成者。如《说文》就这样描绘凤凰形象的多元和合特征：“凤之象也，鸿前麟后，鹳颡鸳腮，龙文龟背，燕颔鸡啄，五色备举。”在中国文化中，凤凰形象不仅表示自然物之“和”，也表示人类社会之

“和”。凤凰“五色”后来就被看成是维系古代社会和谐安定的“德、义、礼、仁、信”五条伦理的象征。如《山海经·海内经》说：“有鸾鸟自歌，凤鸟自舞。凤鸟首文曰德，翼文曰顺，膺文曰仁，背文曰义，见则天下和。”[①]“和”也就成了凤凰形象的基本特性。所以，凤凰在民间自古就代表着和美、和谐与吉祥。

从地理位置上看，临沂古城位于东夷文化发祥的腹地，长期以来，又一直作为琅邪国国都和琅邪郡治所。历代相因的临沂古城建设者们，便逐步将临沂城的城制结构打造成“凤凰”的形状。这种在城市建设中呈现出的“返祖”现象以及对临沂古城南两座山峦分别冠以“金雀”与“银雀”的命名，都是人们对本地区土著传统文化——东夷文化的怀念与追溯的外在表现形式。

总之，凤凰美丽高洁，象征美好、尊贵、瑞兆，还是中华民族主流审美意识贤德及“和”的象征。凤凰的出现意味着社会安宁，政通人和，人民安居乐业。临沂古城建设者们秉承东夷先民尊崇凤凰的理念，将自己的智慧和心血凝铸在临沂的城市建构上。临沂古城状如凤凰，充分展示了古代临沂人民尚贤、追求美好祥和，希望政通人和、社会安宁、人民安居乐业的强烈愿望。

沂蒙地域文化在其产生与形成时，即被赋予了这种“和”的品格。沂蒙地域文化本身就是“和”的产物，沂蒙地域文化是由东夷文化、商周文化，齐鲁文化，楚、吴、越等区域文化和合而成的。

沂蒙地域文化在各个时期的代表人物都崇尚“和”的原则。如，沂蒙地域文化形成初期的代表人物荀子，主张要整合各家，礼法并用，他重视“和”在事物发展中的作用。《荀子·天论》曰：“万物各得其和而生。”讲了“和”与万物生长的关系。当然，这里的“和”内涵十分丰富，既有事物内部的多元统一，又有与外部环境的调适。

沂蒙文化的另一个代表人物诸葛亮，坚持以“和”的原则，处理内政外交。他的《隆中对》就是运用“和”的哲学处理内政外交的典范。当然，这里的“和”是分为不同层面的。最外一层是与曹操集团的“和”。这种“和”

---

① 《山海经·海内经》。

是不与之争锋，暂时与之和平相处，待时机成熟，再予以扫灭。再向里一个层面，就是对孙权集团的“和”，主要是联合之，共抗曹操，后来成为蜀汉立国的基础。“和”的第三个层面就是在刘备集团控制的区域，“内修政理”，并“西和诸戎，南抚夷越”，以“和”的原则处理内部关系。《隆中对》提出的原则，后来基本上得到了落实。此外，从《隆中对》中还隐隐透露出“和”更深一层的内涵，就是天人合一，顺天而作的思想。总之，诸葛亮对“和”的理解与运用，丰富与发展了“和”的内涵。

在尚志方面，诸葛亮也是代表人物之一。纵观诸葛亮的一生可见，诸葛亮是一个追求“志存高远”的人。首先，他在正心、修身、齐家、平天下的过程中，强调立志特别是树立与保持高远之志的重要。

《三国志·诸葛亮传》裴松之注引《魏略》曰：“亮在荆州，以建安初与颍川石广元、徐元直、汝南孟公威等俱游学，三人务于精熟，而亮独观其大略。每晨夜从容，常抱膝长啸，而谓三人曰：‘卿三人仕进可至刺史郡守也。’三人问其所至，亮但笑而不言。”

“亮但笑而不言”，是因为诸葛亮有大志而当时不便说出。另外，与高远之志相联系的是诸葛亮读书方法的特别——“独观其大略”，这是指站在历史发展的新的起点或新的高度上，从总体上理解把握书意，汲取书的有利于经国济民的有益成分。因此，诸葛亮的读书方法是与其高远之志相配合的。志存高远的另一层含义是，不但要树立高远之志，而且要“揭然有所存，恻然有所感”[①]，即时刻不忘，时刻为之奋斗。人类意识形态发展的历史表明：志向、理想是一种强大的动力。诸葛亮后来的成功不能不说与他青年时期的高远之志有密切关系。

其次，诸葛亮把树立高远之志作为教育下一代的重点。他在《诫子书》中说“非淡泊无以明志”，强调做人要学会淡泊。这里的“淡泊”指不过分地追求名利，不能急功近利。只有淡泊，才能明确志向，才能实现远大的目标。同时说：“非学无以广才，非志无以成学。”阐释了“志”“才”“学”三者之间

---

① 张连科、管淑珍：《诸葛亮集校注·诫外生书》，天津古籍出版社2008年版，第111页。

相辅相成的内在关系，即要想增长才干必须学习，不学习就不能增长才干，没有明确的志向就不能完成学业。可见，三者之中，“志”是核心内容，是先决条件。只有确立远大的志向，才能学有所成，才能增长才干。诸葛亮是历史上较早对立志、学业、才干三者的关系进行系统论述的人。

诸葛亮在《诫外生书》中提出了“志当存高远”的著名论断，教育下一代立高远之志，而反对那种拘泥于“细碎”“嫌吝”的规规之志。这正表明了诸葛氏家族在教育下一代立志时的见解，即要把一定时期振兴国家、民族的大计作为下一代的高远之志，把个人的前途、命运与国家、民族的命运紧密联系起来。

“志存高远”是实现人生价值的首要的重大命题，对一个人来讲，年轻的时候，如果没有高远的志向，就找不到人生的目标，就很可能会碌碌无为，浑浑噩噩地了却一生。诸葛亮的目的，是告诉外甥，志向应该建立在远大的目标之上，以高远之志激励自己，勤于修身，心无旁骛，艰苦奋斗，自强不息，去实现理想，成就功业。《诫外生书》还指出了没有远大志向或志向不坚毅的后果，即就会陷入碌碌无为，就会停滞在流俗中，默默无闻地被情欲所束缚，永远混迹在凡夫俗子之间，永远沦入凡庸之列。在这里，诸葛亮是从相反的方面，强调了立志高远和保持、实现高远志向的重要性。

诸葛亮将儿子诸葛瞻取字“思远”，寓意是让他立大志。后来，诸葛瞻在与魏军激战中壮烈殉国，其子诸葛尚亦战死。儿孙皆忠烈，与诸葛亮的教育是分不开的。

从历史上看，诸葛氏子弟多为立志高远之人。如诸葛丰关心国家兴衰，对“奢淫不奉法度”的行为，敢于惩治。他对“以四海之大，曾无伏节死谊之臣，率尽苟合取安，阿党相为，念私门之利，忘国家之政”的现象，深感痛恨与耻辱。他为了国家的振兴，“故常愿捐一旦之命，不待时而断奸臣之首，悬于都市，编书其罪，使四方明知为恶之罚，然后却就斧钺之诛”①。这说明，他为了振兴国家，不怕牺牲生命。诸葛瑾、诸葛诞等处于国家由分裂到局部统一，再

① 《汉书》卷七十七《诸葛丰传》。

到全国统一的时期，他们为了实现国家的重新统一，民族重新振兴繁荣，各在自己所处的环境中，为之作出了积极的努力，也是有远大志向的表现。

诸葛亮强调立志的重要性，有“非淡泊无以明志”“非志无以成学”“志当存高远”等重要论述，对中华民族尚志精神的形成起到了一定的推动作用。

（二）沂蒙人倡俭倡廉

俭廉是沂蒙人的传统美德之一。倡导、践行俭廉的沂蒙人和沂蒙大家族不胜枚举。

1.王良以清廉教人

东汉时期兰陵人王良，字仲子，是著名的儒生，通晓《尚书》。建武四年（27），他被征辟为谏大夫，在任“数有忠言，以礼进士，朝廷敬之”。后调任太中大夫、大司徒司直。在任期间，他十分节俭，不带妻子到官舍居住，一人过着清苦的生活，盖的是粗布的被褥，用的是粗笨的陶器。王良所任的大司徒司直在当时属于高级官员，而他却如此清廉，这种品德的确是难能可贵的。

2.王肃恭俭节约

王肃（195—256），字子雍，东海郡郯人，与其父王朗均系三国魏经学家。王朗仕魏为司徒，进封兰陵侯。“朗高才博雅，而性严整慷慨，多威仪，恭俭节约，自婚姻中表礼贽无所受。常讥世俗有好施之名，而不恤穷贱，故用财以周急为先。”[①]著有《易传》《春秋传》《孝经传》《周官传》等书。

3.徐勉清廉无私

徐勉（466—535），字修仁，汉族，东海郯人（今山东省临沂市郯城县）。南北朝时期南梁文学家、中书令，因“居敬行简称为简，执心决断为肃”，死后谥“简肃公”。徐勉为官能做到清廉无私，《南史·徐勉传》：“尝与门人夜集，客有虞暠求詹事五官。勉正色答云：‘今夕止可谈风月，不宜及公事。’故时人服其无私。”《梁书》本传亦载：“勉虽居显位，不营产业，家无蓄积，俸禄分赡亲族之穷乏者。门人故旧或从容致言。勉乃答曰：‘人遗子孙以财，我遗之以清白。子孙才也，则自致辎軿；如其不才，终为他有。’”东海郯人

① 《三国志·魏书·王朗传》裴松之注引《魏书》。

何远也是清白无私的典范。史称："其清公实为天下第一。居数郡，见可欲终不变其心，妻子饥寒，如下贫者。及去东阳归家，经年岁口不言荣辱，士类益以此多之。其轻财好义，周人之急，言不虚妄，盖天性也。"[①]

4.琅邪王氏家族俭廉

琅邪王氏家族虽然出将入相、钟鸣鼎食，但不废俭朴家风。王吉，字子阳，幼时即好学明经，以郡吏举孝廉为郎，补若卢右丞，迁云阳（今陕西淳化县西北）令，后又举贤良，逐渐显名。王吉为人耿直，以清廉自居，"甚得辅弼之义，虽不治民，国中莫不敬重焉"。宣帝时，王吉为益州刺史，后辞官，不久被征为博士谏大夫。宣帝盛修宫室，奢侈无度。他上疏直言得失，建议皇帝"引先王礼宜于今者而用之"，"与公卿大臣延及儒生，述旧礼，明王制，驱一世之民济之仁寿之域"。主张"去角抵，减乐府，省尚方，明视天下以俭"。宣帝"以其言迂阔，不甚宠异"[②]。王吉见自己的建议不被采用，遂称病归琅邪，不再过问政务。王吉在向子孙传授儒家经典的同时，也注意品德的培育。他本人能正确处理义利关系，不贪图他人的些微小利，亦教育子女要做到这一点。故《汉书》本传称："自吉至崇，世名清廉"，"及迁徙去处，所载不过囊衣，不蓄积余财。去位家居，亦布衣蔬食"。这里的"囊衣"，即以布袋装盛衣物，而无箱笼之类家具，可见王氏生活之简朴。

王导节俭成性，其后代也是如此。例如《南史·王弘传》谓王弘："虽历藩辅，而不营财利，薨亡之后，家无余业。"又如《南史·王俭传》载："俭寡嗜欲，唯以经国为务，车服尘素，家无遗财。手笔典裁，为当时所重。"而且琅邪王氏家族子弟还颇有危机意识，如王僧虔曾作诫子书曰："吾在世，虽乏德素，要复推排人闲数十许年，故是一旧物，人或以比数汝耳。即化之后，若自无调度，谁复知汝事者？舍中亦有少负令誉弱冠越超清级者，于时王家门中，优者龙凤，劣犹虎豹，失荫之后，岂龙虎之议？况吾不能为汝荫，政应各自努力耳。"[③]

---

① 《梁书·何远传》。
② 《汉书·王吉传》。
③ 《南齐书·王僧虔传》。

5.琅邪颜氏家族检约不贪

琅邪人颜含从政后以清廉著称。他在《靖侯成规》中以“勿贪”教导子孙：“汝家书生门户，世无富贵；自今仕宦不可过二千石，婚姻勿贪世家。”即勿贪富贵、勿贪官位、勿贪与世家联姻，中心就是勿贪利，正确处理义与利的关系，做到勿以利害义。颜含本人曾拒绝权臣桓温的联姻要求，率先为后世做出榜样。

在颜含的影响下，颜氏家族后世子孙皆注重道德修养，如颜延之“居身检约，不营私利，布衣蔬食”。颜杲卿、颜真卿更是把勿贪利、勿以利害义的品行发展到极致。颜真卿生前为官时，以“清白”闻名于朝野。其《乞米帖》云：“拙于生事，举家食粥，来已数月。今又罄竭，祇益忧煎，辄恃深情，故令投告。惠及少米，实济艰辛，仍恕干烦也。”当时，颜真卿正在刑部尚书任上，常人或许不相信这样一位官员竟然穷困到无米下锅的程度，但事实就是如此。这是颜真卿坚守清廉的结果。

6.琅邪诸葛氏家族崇俭抑奢，廉洁清正

（1）诸葛亮崇俭清廉

孔子曾言：“礼，与其奢也，宁俭”①；“奢则不孙（同逊），俭则固。与其不孙也，宁固。”②孟子言：“养心莫善于寡欲。”③可见，俭约寡欲是儒家对士人的基本要求之一，若奢侈糜烂，养家则不能持久，为政则不能清廉，即夫子所谓“不逊”也。诸葛亮继承和弘扬了孔孟的思想，一生以节俭为美德，反对奢侈。原因除了诸葛亮的个人品德外，还有诸葛亮对崇俭抑奢的自觉认识。他深知，他所治理的蜀汉与魏吴相比，是最小最弱的，以最小最弱的蜀国抗衡最大最强的魏国，困难很多。故诸葛亮认为：“今篡贼未灭，社稷多难，国事惟和，可以克捷。”④如何“和”？一是官员之间不猜忌，不倾轧，互敬互信，可使统治集团内部和睦；二是崇俭抑奢，吏风清廉，官与百姓同甘共苦，使整

---

①《论语·八佾》。

②《论语·述而》。

③《孟子·尽心下》。

④《三国志》卷四十《李严传》裴松之注引诸葛亮《公文上尚书》。

个国家和谐。基于此，诸葛亮崇俭抑奢。这主要表现在以下三个方面：

第一，以节俭教子。诸葛亮在《诫子书》中告诫他的儿子："静以修身，俭以养德。"[①]希望后代子孙在满足正常生活的物质需求的基础上，不为物欲所驱使，不过分地追求奢华，从而在物质引诱面前保持平静的心态，欲将子孙培养成为聪明、好学、有志、忠烈的君子。实际上，他也要求自己清静养性，以节俭养德，不奢侈不浪费。考诸历史可知，一个人做到节俭、不奢侈不浪费，退则可以安贫乐道，视富贵如浮云；进则可以廉洁奉公，勤政爱民。因此，诸葛亮的育子思路是正确的。

第二，崇尚节俭，反对奢华。诸葛亮十分赞赏楚国令尹孙叔敖的节俭作风，曾发布《昔孙叔敖教》，称赞孙叔敖。孙叔敖于公元前601年出任楚国令尹（楚相），辅佐楚庄王施教导民，政绩赫然，但极为节俭。诸葛亮称赞孙叔敖的目的是以孙叔敖的事迹勖己励人。韩非说：孙叔敖"栈车牝马"，"其俭逼下"[②]。意思是说楚相国的节俭之风为下级官员树立了榜样，即使有奢侈之习的人，亦将迫于形势而有所收敛。这给诸葛亮以极大的启发，所以，他同样以身作则，号召部属向孙叔敖学习，以节俭为荣。目的是减轻人民的负担，节约国家的开支，积蓄抵抗曹魏力量，还可以养成节俭的风气，在政治上产生良好的影响。这无疑是明智的。

第三，廉洁奉公，节俭治家。诸葛亮廉洁奉公，从不贪污受贿，这是历代所公认的。他说自己在"成都有桑八百株，薄田十五顷，子弟衣食，自有余饶"[③]。这一点田产，以他的地位及权力而言，是相当廉洁的。特别需要指出的是，购置这一点产业的金钱还来自刘备的赏赐。刘备入成都后，曾论功行赏，赐给诸葛亮、关羽、张飞等功臣每人金五百斤、银一千斤、钱五千万等，孔明以赏赐之金钱购买田宅，自是无可厚非的。除此之外，他就"不别治生"，"以长尺寸"[④]。他曾向刘禅剖白心迹说："臣死之日，不使内有余

① 梁玉文等：《诸葛亮文译注·诫子书》，巴蜀书社1988年版，第187页。
② 《韩非子·外储说左下》。
③ 《三国志》卷三十五《诸葛亮传》。
④ 《三国志》卷三十五《诸葛亮传》。

帛，外有盈财，以负陛下。”后来诸葛亮谢世后，“如其所言”①。而且，诸葛亮去世前，“遗命葬汉中定军山，因山为坟，冢足容棺，殓以时服，不须器物”②，也是以节俭示人。这种丧事节俭的做法，在盛行厚葬的两汉时期，是难能可贵的。

众所周知，廉洁与否关系到政治的良窳，进而影响到国势的兴衰隆替，大凡锐意图治的明君贤相，几乎都注意澄清吏治，倡行节约。因此，诸葛亮以身作则廉洁奉公，对于蜀国的政风自然会起到良好的作用。事实上也的确如此，在诸葛亮的榜样力量的作用和推动下，蜀汉吏风清廉简朴，蜀汉的官吏清廉者居多。例如，董和生活简朴。刘备入蜀后，董和任掌军中郎将，与军师将军诸葛亮并署左将军、大司马府事。具有如此地位，他“居官食禄，外牧殊域，内干机衡，二十余年，死之日家无儋石之财”③。连诸葛亮都极为钦佩，曾两次教令群下，表示对董和的追思。

张嶷，在蜀汉任州从事、都尉时，曾经得病，而且越来越重。但他“家素贫匮”，没钱医病。他听说广汉太守何祗为人通达厚道，便让人抬着到了何祗处，求他助自己治病。张嶷与何祗并不熟识，但何祗并未因此将他拒之门外，而是“倾财医疗，数年除愈”④。一个州从事、都尉有病竟无钱自医，要靠别人帮助，可见其清苦至极。

费祎，在诸葛亮逝世后，官做到大将军、录尚书事，领益州刺史。蒋琬卒后，他实际上掌握蜀汉了军政大权，但他“雅性谦素，家不积财。儿子皆令布衣素食，出入不从车骑，无异凡人”⑤，颇有诸葛亮的风范。

姜维，郤正曾著文论曰：“姜伯约据上将之重，处群臣之右，宅舍弊薄，资财无余，侧室无妾媵之亵，后庭无声乐之娱，衣服取供，舆马取备，饮食节制，不奢不约，官给费用，随手消尽；察其所以然者，非以激贪厉浊，抑情自割也，直谓如是为足，不在多求。凡人之谈，常誉成毁败，扶高抑下，咸以姜

① 《三国志》卷三十五《诸葛亮传》。
② 《三国志》卷三十五《诸葛亮传》。
③ 《三国志》卷三十九《董和传》。
④ 《三国志》卷四十三《张嶷传》。
⑤ 《三国志》卷四十四《费祎传》裴松之注引《祎别传》。

维投厝无所，身死宗灭，以是贬削，不复料擿，异乎《春秋》褒贬之义矣。如姜维之乐学不倦，清素节约，自一时之仪表也。”[①]

邓芝任将军20多年，“终不治私产，妻子不免饥寒，死之日家无余财”[②]。尚书令刘巴“躬履清俭，不治产业”[③]。吕乂“历职内外，治身俭约”[④]。

《盐铁论·疾贪》载：“夫欲影正者端其表，欲下廉者先之身，故贪鄙在率不在下，教训在政不在民也。”诸葛亮治蜀充分说明了这一点。翻开史书，能有蜀国如此官德政风的朝代实在少有，究其原因，还是由于诸葛亮清正廉洁，崇俭抑奢的为官准则，教育、影响了满朝文武，带出了一大批清正廉洁的官员，赢得了蜀汉人民的爱戴，受到后世的称赞。

综上所述，可以看出，诸葛亮崇俭抑奢、廉洁奉公等政治品质，对他的同代人、他的子孙和他的第二代继承人蒋琬、董允，第三代继承人费祎、姜维等人以深刻的影响，说明诸葛亮淡泊明志、崇俭抑奢的倡导，得到了效仿，赢得了蜀汉人民的爱戴，受到后世的称赞。这对端正诸葛氏家族的家风，树立诸葛氏家族的正面形象起到了重要作用。

（2）诸葛恢廉洁

诸葛恢，字道明，随司马睿渡江后，被称为“中兴三明”之一。东晋初年，他任会稽太守，主张提倡儒家的“尊五美，屏四恶，进忠实，退浮华”。至太兴初，他被评为“政绩第一”，元帝始发诏表彰他“政清人和”。所谓“政清”，自然包括为政清廉这一方面。这说明诸葛恢是尚廉的典型。

7.“悬鱼太守”羊续

泰山南城（今临沂市平邑县）羊氏家族是汉晋时期较有影响的大家族之一。至西晋羊祜时，羊氏家族已有九代为二千石，皆以清正廉洁闻名于世，尤以羊续为著。

羊续字兴祖，祖父羊侵在汉安帝时为司隶校尉，父羊儒，在桓帝时为太

① 《三国志》卷四十四《姜维传》。
② 《三国志》卷四十五《邓芝传》。
③ 《三国志》卷三十九《刘巴传》。
④ 《三国志》卷三十九《吕乂传》。

常。羊续为庐江太守，又拜南阳太守，常穿破旧衣服，吃粗劣食物，乘破车瘦马，以表示对靡丽风气的排斥。有一次府丞看他生活清苦，就送他活鱼，羊续收到后即把鱼悬挂在庭前。后来府丞又来送鱼，羊续就把原来悬的鱼拿出来给他看，以示杜绝。因此，羊续被称为“悬鱼太守”。

灵帝中平六年（189），皇帝欲任羊续为太尉。当时的规矩是升任三公的人都要送给皇帝礼钱千万，皇帝专派宦官为使，主持此事，羊续举起破旧的袍子说：“我能够送的，只有这个了！”使者回报，皇帝很不高兴，改任羊续为太常。羊续所创的清廉之风对羊氏家族的后世子孙产生了良好的影响。

8.王璟为政清廉

王璟，字廷采，号东皋，今莒南县板泉镇大白常村人。明成化八年（1472）中进士，先任登封县知县，接着任两京御史。弘治十四年（1501）管理两浙督政，弘治十七年（1504）任保定巡抚，后任都察院右都御史，官至荣禄大夫都察院左督御史。奸臣严嵩专权时，王璟辞官回到故里。王璟一生勤政为民，政绩卓著，为人刚正不阿，为官清正廉洁，是一位德高望重的历史名臣。特别是他耿介忠直为政清廉的气节，在当时和以后的历史上被奉为楷模，传诵至今。王璟死后，嘉靖皇帝十分悲痛，下旨追赐他为太子少保，谥号恭靖，并“御赐九坛”，在大白常村设立御封林，供后人供奉。

七、刚直不阿，疾恶如仇

从整体上看，沂蒙人特立刚直，具有不畏权势，不逢迎、不偏私，行事力求公平、公正的性格，对坏人坏事如同对仇敌一样憎恨。

（一）诸葛丰刚直、嫉恶

《汉书·诸葛丰传》载：“诸葛丰字少季，琅琊人也。以明经为郡文学，名特立刚直。贡禹为御史大夫，除丰为属，举侍御史。元帝擢为司隶校尉，刺举无所避，京师为之语曰：‘间何阔，逢诸葛。’上嘉其节，加丰秩光禄大夫。时侍中许章以外属贵幸，奢淫不奉法度，宾客犯事，与章相连。丰案劾章，欲奏其事，适逢许侍中私出，丰驻车举节诏章曰：‘下！’欲收之。章迫窘，驰车去，丰追之。许侍中因得入宫门，自归上。丰亦上奏，于是收丰节。司隶去节自丰始。”

可见，诸葛丰以特别刚直闻名。诸葛丰在侍御史的位置上已表现出杰出的才能，故很快便被元帝擢为司隶校尉。司隶校尉掌“捕巫蛊，督大奸猾”，“察三辅、三河、弘农”七郡。诸葛丰在司隶校尉任上表现得相当出色，“刺举无所避”，故京师为之语曰：“间何阔，逢诸葛”。“间”者，犯也，即《左传·定公四年》“管蔡启商，间王室”之“间”；“阔”者，远离也。意思是说，作奸犯科之人为何都逃得远远的而见不到呢，那是因为遇上了诸葛丰这样一位毫不留情的司隶校尉。换言之，诸葛丰以人格独立，不与邪恶同流合污，刚强、正直、无畏而闻名于世。这种品格在处理外戚许章一事上突出地表现出来。

许章当时任侍中之职，许章自恃为外戚，“奢淫不奉法度”[①]，其宾客犯事，与他有牵连。诸葛丰正准备劾奏其事，适逢许章私出，诸葛丰便停车举节，令许章下车就擒。许章驰车逃去，诸葛丰紧追不歇。最后许章逃入宫门，乞哀于汉元帝，诸葛丰亦上奏此事。但因元帝的袒护，不但未能置许章于法，反而收回了司隶校尉之“节”。诸葛丰为此“不胜愤懑”，旋上书于元帝，表达他“不待时而断奸臣之首，悬于都市，编书其罪”的决心。但他“伏节死谊”的报国情怀并不被元帝所理解。“是后所言益不用”，且以“春夏系人，在位多言其短”，诸葛丰反而被元帝徙为城门校尉，专掌京师城门屯兵。但诸葛丰继续直言奏事，又上书揭发了光禄勋周堪、光禄大夫张猛“贞信不立”等种种罪行[②]。对此，元帝虽有所“疑”，但最终还是没处理。

诸葛丰毫不屈服，他再次上书，表面上表示自责，实际上是对元帝提出委婉的批评，他说：“今以四海之大，曾无伏节死谊之臣，率尽苟合取安，阿党相为，念私门之利，忘国家之政。邪秽浊溷之气上感于天，是以灾变数见，百姓困乏。此臣下不忠之效也，臣诚耻之亡已。”[③]这里所指出的部分朝臣的“念私门之利，忘国家之政”的丑恶现象和上天因之“示警”的问题，根源不在臣下而在于皇帝的昏暗。这样一来，诸葛丰实际上是指出了元帝的错误。

---

① 《汉书》卷七十七《诸葛丰传》。
② 《汉书》卷三十六《刘向传》。
③ 《汉书》卷七十七《诸葛丰传》。

为了缓和君臣关系，诸葛丰在上书中又说："凡人情莫不欲安存而恶危亡，然忠臣直士不避患害者，诚为君也。"[①]接着他一方面感谢皇帝的"恩深德厚"，另一方面又说："臣窃不胜愤懑，愿赐清宴"，即以辞职相求。

元帝虽然没有同意诸葛丰辞职，但对他的意见不愿意采纳。于是，诸葛丰再次上书："臣闻伯奇孝而弃于亲，子胥忠而诛于君，隐公慈而杀于弟，叔武弟而杀于兄。夫以四子之行，屈平之材，然犹不能自显而被刑戮，岂不足以观哉！使臣杀身以安国，蒙诛以显君，臣诚愿之。独恐未有云补，而为众邪所排，令谗夫得遂，正直之路壅塞，忠臣沮心，智士杜口，此愚臣之所惧也。"[②]在这里，诸葛丰列举了历史上的伯奇、子胥、隐公、叔武和屈原蒙冤受屈的事例，批评了为父为君者的昏庸愚昧、不辨良莠。实际上是对元帝提出警告，希望他不要重蹈前人的覆辙，而分清是非，排除谗佞，还正直之士以公平。这样做的结果，是元帝更加反感，诸葛丰被"免为庶人"，削去官职，"免为庶人"[③]。诸葛丰的仕宦生涯便也结束了，遂病殁于家中。《汉书》作者班固感叹"有刚德者为难也"[④]。

诸葛丰出仕的时间虽然不长，但他对国家利益的忠贞不贰，对邪恶势力敢于斗争的刚直不阿精神，"刺举无所避"的惩治犯罪的精神，"伏节死谏""官尊责重"的敬业精神，"杀身以安国，蒙诛以显君"的忘我牺牲精神，以及进退出处的原则，都对诸葛氏后裔产生了深远的影响，奠定了诸葛家族文化的基本价值取向。

（二）诸葛亮凛然有正气

诸葛亮在《隆中对》中表现出了他以天下为己任的济世精神，充满了在政治上积极进取的自信心和非凡的勇气。在《出师表》等文中，包含着正心、立身、待人、治国、治军、用兵的丰富而深邃的内涵，其中感人至深者，莫过于他对国家、对君主、对同僚、对下属、对百姓、对家人所表现出的那种浓厚的

① 《汉书》卷七十七《诸葛丰传》。
② 《汉书》卷七十七《诸葛丰传》。
③ 《汉书》卷七十七《诸葛丰传》。
④ 《汉书》卷七十七《诸葛丰传》颜师古注。

人情味和博大的爱心。正是其雅博的思想和深切的爱心，给人们心灵深处以极大的撞击和感召力。

诸葛亮与人相处，绝无势力之交。例如孟公威，是诸葛亮在隆中隐居时的好朋友。后来孟公威离开荆州，到北方曹操那里施展自己的才干，做了曹魏的凉州刺史。20多年以后，诸葛亮北出祁山讨伐曹魏时，还给司马懿写信，询问孟公威的情况。20多年不见仍念念不忘，这种历经久远的感情决非势利之交。体现诸葛亮交往情操最典型的，是他与刘备的君臣之交。诸葛亮27岁结识刘备，54岁去世，始终未离刘备和蜀汉的事业，可谓经年历久。建安十二年（207），当曹操攻入荆州时，刘琮降曹，刘备大败于当阳，而孙吴对抗曹态度分歧、犹豫不决。在这危急时刻，诸葛亮只身前往江东，促成孙刘联盟，取得抗曹战争的胜利。诸葛亮在江东期间，张昭有意让诸葛亮留下来，而诸葛亮却坚决不肯留下。对此，南朝刘宋史家裴松之说："观亮君臣相遇，可谓希世一时，终始之分，谁能间之？"[①]夷陵战败，刘备病危将亡，刘禅庸弱才劣，蜀国处于危亡之秋。在此危急时刻，刘备意识到，只有诸葛亮才能力挽狂澜，拯救蜀汉，诸葛亮以生命允诺。此刻，君臣间的信任升华到了无以复加的程度。陈寿对此举评论说，刘备"举国托孤于诸葛亮，而心神无二，诚君臣之至公，古今之盛轨也"[②]。刘备去世，诸葛亮再一次"受任于败军之际，奉命于危难之间"，"受命以来，夙夜忧叹，恐托付不效，以伤先帝之明，故五月渡泸，深入不毛。今南方已定，兵甲已足，当奖率三军，北定中原，庶竭驽钝，攘除奸凶，兴复汉室，还于旧都。此臣所以报先帝，而忠陛下之职分也"[③]。

综观诸葛亮的言、行、功业，处处体现着他的优秀品德。这些优秀品德，可以归结为：修身养德、尽忠为国、虚心纳谏、廉洁奉公、严明法纪、一身正气的典范精神，忠顺勤劳、尽职尽责、自强不息、百折不挠的进取精神，为实现国家统一、国富民安的远大理想，"鞠躬尽力，死而后已"，为国家为民族利益而奋斗的献身精神。

---

① 《三国志》卷三十五《诸葛亮传》裴松之注论《袁子》。

② 《三国志》卷三十二《先主传》。

③ 《三国志》卷三十五《诸葛亮传》。

诸葛亮的这些美德的核心是凛然正气。正气者，不可侵犯之气也。诸葛亮的思想品德中，就有这样的凛然不可侵犯之气。

诸葛亮的政治理想不可侵犯。他把兴复汉室，统一全国作为自己的政治理想，他一生始终为这个理想而奋斗。夷陵战败，刘备新亡，蜀汉面临着严重的危机。这时候，曹魏司徒华歆、司空王朗、尚书令陈群、太史令许芝、谒者仆射诸葛璋等人，纷纷写信给诸葛亮，陈说天命人事，劝他举国向曹魏称臣。这实际上就是要诸葛亮放弃自己的政治理想。对此，诸葛亮作《正议》一文作答："昔在项羽，起不由德，虽处华夏，秉帝者之势，卒就汤镬，为后永戒。魏不审鉴，今次之矣；免身为幸，戒在子孙。而二三子各以耆艾之齿，承伪指而进书，有若崇、竦称莽之功，亦将偪于元祸苟免者邪！昔世祖之创迹旧基，奋羸卒数千，摧莽强旅四十余万于昆阳之郊。夫据道讨淫，不在众寡。及至孟德，以其谲胜之力，举数十万之师，救张郃于阳平，势穷虑悔，仅能自脱，辱其锋锐之众，遂丧汉中之地，深知神器不可妄获，旋还未至，感毒而死。子桓淫逸，继之以篡。纵使二三子多逞苏、张诡靡之说，奉进驩兜滔天之辞，欲以诬毁唐帝，讽解禹、稷，所谓徒丧文藻烦劳翰墨者矣！夫大人君子之所不为也。又《军诫》曰：'万人必死，横行天下。'昔轩辕氏整卒数万，制四方，定海内，况以数十万之众，据正道而临有罪，可得干拟者哉！"[①]这是一篇援古证今、凝练深沉、义正词严、凛然不可犯的正气歌。

诸葛亮的忠贞不渝不可侵犯。诸葛亮受刘备遗托辅政，"事无巨细，咸决于亮"[②]。能够有这样的权力和地位，对一般人的吸引力是巨大的，这个吸引力就是再向前迈一步，即位称尊，创立个人的家天下。远的不说，就说禅代汉帝的曹氏即是如此。然而这种吸引力在诸葛亮面前却没有作用。他一如既往，恪守臣礼，戮力国事，直至生命的最后一息。在此期间，李严曾劝他加九锡，向至尊之位靠拢，诸葛亮却义正词严地拒绝。对此，古人评论说："至于职为臣，行令如君，其名近嫌也；位为君，事臣如父，其形近猜也；不然昔周公赋《鸱鸮》之诗，成王启金縢之诰，此虽大小有异，托付不殊，竟能上不生疑心，下

① 张连科、管淑珍：《诸葛亮集校注·正议》，天津古籍出版社2008年版，第68页。
② 《三国志》卷三十五《诸葛亮传》。

不兴流言，苟非诚信结于人，格于神，移于物，则莫能至是。”[①]这种不追求个人地位，一心为国的凛然正气，至今仍感人至深。因而范文澜先生说：“诸葛亮的行为在封建时代，道德标准是很高的。”[②]

（三）东海于氏执法公正

《新唐书·宰相世系二下》载：“于氏出自姬姓。周武王第二子邘叔，子孙以国为氏，其后去‘邑’为于氏。”周武王第二子封于邘（今河南沁阳），其后子孙以“于”为氏。其中一支迁至东海郡郯县（今临沂市郯城县），这一支的后人又有人迁于代北，与鲜卑融合为万纽于氏，北魏孝文帝改革后又恢复“于”姓。西汉时于定国一家出于由河南迁至郯县的一支，这一支至于定国时始为大族。

于氏家族的主要事迹是谨慎执法、决狱公正，使被处罚者自认为不冤。于定国的父亲世称于公，曾为县狱吏、郡决曹，执法谨慎而公正，他处理的案件皆平允无偏差，被处罚者也感到自己罪有应得，不忌恨于公。于公威信很高，在他健在时人们即为之立祠，号“于公祠”。

东海郡有一个孝妇，年少守寡，又无子女，对婆婆很孝顺。她的婆婆为此深感不安，为了减轻儿媳的负担，即上吊而死。婆婆的女儿却到官府诬告孝妇害死婆婆，官府即逮捕孝妇，孝妇申明自己未害婆婆。官吏不信，结果屈打成招，形成冤案。此案报到郡府，于公认为，孝妇赡养婆母10余年，并以孝闻，故不可能杀死婆婆。但太守不听，于公据理力争，太守固守已见，于公气极而哭，并以疾病为由辞职，孝妇最后被冤杀。3年后，新太守到任，于公重提此案，新太守为孝妇平反并隆重祭祀。于公因此受到更大的敬重。

于定国自幼即从其父学习法律，并培养了执法必须公正的理念。其父死后，他亦先后担任狱吏、郡决曹，又补廷尉史，后为侍御史，迁御史中丞。汉昭帝死后，昌邑王刘贺即位，刘贺淫乱宫中，于定国上书劝谏。不久昌邑王被废，宣帝即位，于定国升任光禄大夫，参与朝政机务，后又迁水衡都尉、廷尉。

---

① 尚驰：《诸葛武侯庙碑铭》，见张连科、管淑珍《诸葛亮集校注》附录第一部分“古代著名人物评论选辑”，第359页。

② 范文澜：《中国通史简编》（二），人民出版社1965年版，第272页。

于定国在处理各种疑难案件时，完全按有关法律公正地去处理，并且特别哀怜鳏寡孤独之人。对仅有怀疑而无确证者，从轻处理。办案时，他十分谨慎小心，从不马虎，因此，朝廷称赞他："于定国为廷尉，民自以不冤。"[①]当然，是否冤枉，是否公正，应有一定的客观标准，不能纯粹以办案者和案件的当事人的感受为依据。但是，于定国办案能使当事人特别是"民"即下层群众感到"不冤"，应该说其公正性、客观性是比较高的。

（四）琅邪颜氏族人刚直

在颜含的影响下，颜氏后世子孙皆注重道德修养，如颜延之"居身检约，不营私利，布衣蔬食"，其子颜峻为人刚直，对皇帝"谏诤恳切，无所回避"[②]。至南齐时，颜见远因反对萧衍夺权，不食发愤数日而死。颜见远之孙颜之仪，由梁入北周，杨坚夺取政权时，他拒而弗从，厉声制止，几乎被杀，足见其为人正直。事后，杨坚亦称赞他"见危授命，临大节而不可夺，古人所难，何以加卿！"[③]颜之仪侄颜师古"性简峭，不善逢迎"，其弟相时，"有诤臣之风"[④]。颜杲卿则"性刚直"，安史之乱发生后，与弟颜真卿首举义旗平定安史之乱，后不幸被俘。他坚决拒绝了叛军的各种利诱，对敌人横眉冷对，最后壮烈殉国。颜真卿立朝以"刚正"著称，对各种违反礼仪之事，敢于纠弹。最后为维护国家统一，深入虎穴，与叛军头目李希烈相周旋，对敌人的各种利诱皆不屑一顾，最终从容就义。

（五）萧望之威武不屈

兰陵萧氏家族是古代沂蒙地区以儒学传家的著名大族之一。据《新唐书·宰相世系一下》载：萧氏亦出自姬姓，为帝喾之后。因先人封于萧（今安徽萧县西北），故姓萧。春秋时期，萧成为宋国的附庸。战国时期萧被楚（前597）灭亡，其子孙世居丰、沛。西汉初年，有丞相萧何，萧何之孙萧彪，任谏议大夫、侍中等职，始迁兰陵郡承县，这是兰陵萧氏之始。嗣后传四代至萧

① 《汉书·隽疏于薛平彭传》。
② 《宋书·颜延之传》。
③ 《北史·谢之仪传》。
④ 《旧唐书·颜师古传》。

望之时，又徙杜陵（今陕西西安东南一带），至萧望之孙萧绍时又迁回兰陵。

萧望之（约前114—前47），字长倩，自幼学习儒家经典，善治《齐诗》，是著名经师后苍的弟子。后被派至太常寺受业，随博士白奇学习，又曾向夏侯胜请教《论语》《礼记》等。从政后，以儒学为其行事准则，积极践履儒家倡导的大丈夫“威武不屈”的节操。他出仕前曾被推荐给权臣霍光，霍光怕人刺杀他，使被接见者如同受审一样。对此，萧望之当面向霍光提出批评，认为霍光的做法不符合周公平等对待士人的原则和礼贤下士的态度。霍光虽然表面上接受了批评，但又对萧望之打击报复，直到霍光死后，萧望之才得到重用。

（六）蒙阴公氏一门正气

明代蒙阴公氏家族一门正气，成员为人正直、宽厚、仁慈，崇尚公平正义，但不畏强暴。例如，公家珍“赋性正直”①。公家炳“慷慨任事，直节不阿”②。公师旦“质实无伪，厚重不佻”。公家梅“平恕慈祥，犯而不校”③。公秉文“清雅高品。先，太仆寺丞，中官欲结之，固却。”后“由太仆寺丞，历仕至刑部郎中。清贫高雅，不愧家风”④。“清雅”正直，安贫乐道，不结交权贵是我国古代真正的知识分子的宝贵追求之一，公秉文做到了。公家柱“豪侠任事”⑤。公典“醇正不阿，大有兄辈遗风。教子汝翼、汝为，孙升，咸成端士”。公家臣“天资诚朴，……立朝正色，居乡谨厚。以直道见摈，甫赐环而遽终，士论惜之”⑥。公家邻“虞城知县。谨肃方介。邑令杜洽任去，执邻手曰：‘三年无只字于我，真金玉君子也。’士人咸式之”⑦。公度“端方整肃，取与不苟”⑧。公逢盛“正直笃学”。公汝翼“纯朴谨厚，闭户嗜学。数世绅衿，忍让相传，从无只字入官”⑨。公一鸣“家门贵盛，而歉抑特甚，士

① 蒙阴县地方史志编纂委员会：《蒙阴县清志汇编》，中华书局1999年版，第22页。
② 蒙阴县地方史志编纂委员会：《蒙阴县清志汇编》，中华书局1999年版，第25页。
③ 蒙阴县地方史志编纂委员会：《蒙阴县清志汇编》，中华书局1999年版，第66页。
④ 蒙阴县地方史志编纂委员会：《蒙阴县清志汇编》，中华书局1999年版，第28、297页。
⑤ 蒙阴县地方史志编纂委员会：《蒙阴县清志汇编》，中华书局1999年版，第44页。
⑥ 蒙阴县地方史志编纂委员会：《蒙阴县清志汇编》，中华书局1999年版，第302页。
⑦ 蒙阴县地方史志编纂委员会：《蒙阴县清志汇编》，中华书局1999年版，第8页。
⑧ 蒙阴县地方史志编纂委员会：《蒙阴县清志汇编》，中华书局1999年版，第47页。
⑨ 蒙阴县地方史志编纂委员会：《蒙阴县清志汇编》，中华书局1999年版，第49页。

人皆以为楷式”[①]。以上事例充分反映了蒙阴公氏家族正直不阿的家风。嫁入蒙阴公氏家族后的他姓女子受蒙阴公氏家风的影响，也很好地继承了蒙阴公氏家族正直不阿的家风。如公志继妻张氏，“正德六年流寇至其家，胁刀炙，箠楚百出，大骂不屈死”[②]。太原府经历公登策的妻聂氏，“遇史二贼党执索金，氏曰：‘我夫素行廉洁，毫不苟取，安有藏金舍与尔等死贼也。’贼怒，刀剑乱下，氏神色自若，死之”[③]。

明代蒙阴公氏家族正直不阿家风在其代表人物公鼐身上表现得尤为突出。《明史》载：“鼐好学博闻，磊落有器识。”万历二十九年（1601），公鼐中进士后，初选为翰林院庶吉士，授编修，后迁国子监司业、左春坊左谕德，负责给皇子讲学。当时宫廷形势复杂，争权夺利的斗争激烈，公鼐身处其中，动辄得咎，处境十分困难，于是，天性正直的他在考中进士7年后，选择“称引疾归”，以回避宫廷内斗。

公鼐生性正直，为人宽厚仁慈，崇尚正义，他经常把贪官污吏比作老鼠、狐狸、豺狼和苍蝇，无情地揭露他们搜刮民财，中饱私囊的丑行。如太监冯保（号双林）倚仗太后权势，浪费大量钱财，肆意大兴土木，造双林寺以求冥福。公鼐作《双林寺歌》进行揭露：“双林寺枕帝城隅，糜费大官累钜亿。司农为借饷边钱，水衡为罢漕渠役。荆山玉石邓林木，浮淮达汶千帆开。波属云委蔽原野，连阡累陌辟草莱。琳宫直与阛邱齐，浮图俯视都城小。……行人弹指不敢言，游客但咤燕中景。”咏物诗《苍蝇》则刻画了贪官如同苍蝇一样，含垢濡染，四处钻营，大胆地鞭挞了贪官污吏。

1619年，朱常洛即位，改年号为泰昌，史称泰昌帝、光宗，公鼐以帝师的身份被召回京。光宗对自己的老师极为器重，拜公鼐为国子监祭酒，成为辅国重臣和“理学名臣”。《国子监祭酒公鼐诰命》载：“国子监祭酒公鼐，德资茂亮，行植端方，世博兰台石室之书，日昭玉质金相之度。”[④]然而光宗继位

① 蒙阴县地方史志编纂委员会：《蒙阴县清志汇编》，中华书局1999年版，第51页。
② 蒙阴县地方史志编纂委员会：《蒙阴县清志汇编》，中华书局1999年版，第70页。
③ 蒙阴县地方史志编纂委员会：《蒙阴县清志汇编》，中华书局1999年版，第73页。
④ 蒙阴县地方史志编纂委员会：《蒙阴县清志汇编》，中华书局1999年版，第328页。

不超过一个月，就因食“红丸”而丧命。随后，因怀疑有人对皇帝下毒，就开始追查凶手。其间，党争与私仇夹杂，连坐罪死者众多。熹宗即位后，公鼐仍以帝师的身份被加封为礼部右侍郎、协理詹事府詹事。这时，魏忠贤逐渐专权乱政，加上储位未定，内宠奸佞因以植援媚奥，天启年初，流言蜚语，议论纷纷。公鼐以宫端入朝，晓畅旧事，抗疏列白，指陈其所以，耿介正直的公鼐不愿陷入其中，但也不愿谣言流传，更不愿宦官魏忠贤诬陷忠良，于是，他上书熹宗，要求主持编纂《光宗实录》，以秉笔直书光宗政绩，“成一朝信史”，但是熹宗没有批准他的建议。之后，朝内乌烟瘴气，不平之事接连发生，公鼐又连续两次上疏，规劝皇帝及辅臣。但此时的熹宗已被魏忠贤等人操纵，公鼐遭到恶官佞臣的排挤和打击，结果，公鼎被判“忤旨，谯责”。公鼐自感势单力薄，但事关家风公道和人品，他不愿趋炎附势，结果再一次选择了“引疾归”，时论惋惜。对此，史载：“当神庙中叶，储位未定，内宠耦嫡，群小因以植援媚奥，交通宫禁，天启之初，流蔓未已，议论纷呶。鼐以宫端入朝，晓畅旧事，抗疏列白，指陈其所以，欲纂修光庙实录，以成一朝信史。群小恶其害己，尽力排击，引疾以去，不得大用，时论惜之。”[①]在当时的情境下，公鼐这样做是无奈之举，但也践行、捍卫了家风。

① 蒙阴县地方史志编纂委员会：《蒙阴县清志汇编》，中华书局1999年版，第303页。

下篇　沂蒙红色地域文化

沂蒙红色文化是在革命战争年代，由中国共产党人、先进知识分子和人民群众继承了古代沂蒙文化的精神特质，在沂蒙地区共同创造的并具有中国特色的先进文化，蕴含着丰富的革命精神和厚重的历史文化内涵。沂蒙红色文化是马克思主义与沂蒙区域的历史环境、自然环境、社会环境和人文环境相互作用的结果。饱经战火洗礼的沂蒙人民，用不畏强暴、奋起抗争的血肉之躯践行了爱党爱军、无私奉献的高尚品质。正是这血与火的洗礼与锤炼，使以“大爱”“忠诚”“正义”和“实干”为本质特征的沂蒙红色文化得到了充分的彰显。沂蒙红色文化是中国红色文化的区域形态，凝聚着鲜明的爱国主义、集体主义、革命英雄主义的精神。这是沂蒙红色文化超越时空的生命力所在，也是激励后来者追求理想和信仰的源泉与动力。

以蒙山、沂水为主要象征的沂蒙山区，既是一块孕育中华辉煌文明的文化沃土，也是一块滋润中国革命的红色热土。20世纪初，党的早期活动家、中共一大代表王尽美在家乡传播马克思列宁主义，发展建立党的组织。土地革命时期，党领导沂蒙人民先后发动了四次武装暴动，给国民党反动统治以沉重的打击。抗日战争和解放战争时期，以今临沂市为中心的沂蒙山区成为中国新民主主义革命的重要战略基地之一。在中国共产党的动员和组织下，沂蒙人民为中国新民主主义革命、中国人民的抗日战争和中华民族的解放事业都做出了巨大贡献。同时，革命与战争也留存下来了厚重的红色文化资源。在沂蒙地区这一广义的地理与文化区域内，近代沂蒙人民在新民主主义革命进程中的文化创造、文化创新，成为20世纪中国先进文化的重要组成部分。其核心和精髓，是自新民主主义革命时期以来逐渐形成的沂蒙精神。

沂蒙红色地域文化是在沂蒙地区这一具有地理与文化双重意义的区域单元里产生并孕育出来的文化形态。

进入近代社会以后，沂蒙人民高举反帝反封建的大旗，与一切中外反动势力进行顽强不屈的斗争。在旧民主主义革命时期，沂蒙地区爆发了声势浩大的幅军起义，捻军也在这里转战十几个春秋。当帝国主义者染指沂蒙大地时，沂蒙人民奋起反抗，反“洋教”斗争开展得更是如火如荼，清末鲁南地区的反洋教斗争沉重打击了西方国家的宗教势力，日照教案、神山教案与沂州教案等对清末反洋教斗争产生了较大影响。辛亥革命的风暴席卷全国大部分地区时，沂蒙地区的资产阶级革命党人群起响应，护国护法斗争一时也曾轰轰烈烈。虽然这些斗争都以失败而告终，但在一定程度上打击了封建统治阶级和帝国主义的侵略势力，表现了沂蒙人民高度的爱国主义觉悟和英勇顽强的革命斗争精神。

可见，沂蒙近代革命文化是以反抗外来侵略势力和国内反动统治而体现出来的爱国主义精神、顽强英勇的革命斗争精神为基本特征的。这一革命文化形态具有反帝反封建、继承和弘扬优秀沂蒙文化的特征。20世纪20年代以后，马克思主义传入沂蒙，沂蒙革命文化向更深层次发展，它逐渐孕育出了沂蒙人民的坚定革命信仰和理想信念，投身革命洪流的英勇无畏精神，无私支持革命支持军队的奉献精神。40年代以后到新中国建立以前，体现时代精神风貌的沂蒙精神最终孕育形成，此即毛泽东所说的“民族的、科学的、大众的”新民主主义文化。

沂蒙山区因抗日战争和解放战争而举世闻名，是我国著名的革命根据地之一。当时的沂蒙“是山东、华东的政治、军事、经济中心，当时有山东的小延安”之称。[①]山东党政军机关、华东局机关长期驻扎在这里，八路军第一一五师、八路军第一纵队、新四军、华东野战军长期在这里转战，山东省政府的前身——山东省战时工作推行委员会在这里诞生，《大众日报》在这里创刊，山东抗日军政干部学校在这里创建，“老一辈无产阶级革命家陈毅、罗荣桓、徐向前、粟裕等都曾在这里战斗过、工作过，罗炳辉、赵镈以及国际共产主义战

① 徐东升:《基于沂蒙精神育人的社会主义核心价值观教育研究》，山东人民出版社2015年版，第131页。

士希伯等6万名英雄儿女将鲜血洒在沂蒙山区”①。

沂蒙红色地域文化本质上是一种先进文化，是沂蒙党政军领导在党中央和中央军委的领导下，带领普通沂蒙人民支持革命、参与革命、投身革命、献身革命的伟大历史进程中创造的一切物质文化和精神文化的总和。沂蒙地区作为山东革命根据地的中心，留下了革命先辈战斗、生活的足迹和物质遗存；革命改塑了沂蒙人民传统的生活方式、生产方式、道德观念、思想信仰，有形与无形红色文化浸染着八百里沂蒙，飘洒在蒙山脚下，沂河两岸。

在沂蒙老区，负载着沂蒙革命精神与革命文化的物质载体，主要是指沂蒙和滨海革命根据地时期以及建国以后留存下来的革命旧址、战争遗址、遗迹遗物、革命文物、纪念馆、纪念地、诞生地、博物馆、烈士陵园等。这是沂蒙红色文化的显性存在。据统计，临沂现有革命遗址及纪念建筑物55处，拥有华东革命烈士陵园、八路军第一一五师司令部旧址暨省政府成立纪念地、孟良崮战役烈士陵园、新四军军部旧址暨华东军区华东野战军诞生地纪念馆等4处全国爱国主义教育示范基地。在51处山东省重点文物保护单位中，有山东省战时工作委员会旧址、《大众日报》创刊纪念地、中共中央山东分局旧址、抗大一分校旧址、大青山战斗遗址、鲁南革命烈士陵园、鲁中革命烈士陵园、滨海革命烈士陵园、岱崮革命遗址、孟良崮战役遗址等10处革命遗址、旧址与纪念地。曾经为新民主主义革命和社会主义建设做出巨大贡献的红色遗物，诸如拥军布鞋、胶轮手推小车、担架、石磨、鏊子等，承载了沂蒙人民踊跃参军参战、支援前线、拥军爱军的光荣革命传统与精神。它们见证了沂蒙人民在革命战争时期跟随主力部队，拥军支前的光荣历史、激情岁月与难忘历程。今天，当我们再次凝望这些承载沂蒙人民拥军支前精神的遗物，我们不能不为它们所浸染和负载的革命精神所感动。

巍巍沂蒙山，耸立起无私奉献的丰碑；滔滔沂河水，诉不尽沂蒙儿女对党的无限忠诚。革命也给沂蒙人民带来了新的价值观念、思想信仰、生活方式与生产方式，孕育了水乳交融的革命文化和革命精神，成为中国共产党在新民主

① 徐东升等：《基于沂蒙精神育人的社会主义核心价值观教育研究》，山东人民出版社2015年版，第131页。

主义革命与社会主义现代化建设进程中的思想结晶。

此外，革命根据地时期流传下来的红色歌谣、小说、报告文学、通讯创作、诗歌、战地美术、战地摄影、文艺演出剧目以及众多的文化团体、文化战线上创办的报纸杂志，甚至是留存各地的标语口号、文字信息等，构成了丰富的沂蒙红色非物质文化遗产，它们同样是丰厚的沂蒙红色文化的符号与象征。从文化元素中，可以提炼出具有沂蒙特色的红色地域文化。

一、信念坚定，砥砺前行

理想信念对人的行动具有导向作用、激励作用和维持作用。理想信念是指路明灯、是人生前进的动力，是人生的精神支柱。没有理想信念就没有方向，没有动力，没有积极性。中国共产党自成立之日起就确立了马克思主义的信仰，树立了社会主义、共产主义的理想信念。此后，在长期艰苦的新民主主义革命斗争中，无论革命处于怎样的不利甚至极端的低潮时期，中国共产党人始终没有动摇自己的革命理想信念。正是有了坚定的社会主义、共产主义理想信念，激励着革命者在革命的征程中克服了种种困难和挫折，保持革命本色，战胜了强大的敌人，取得了新民主主义革命的伟大胜利。

“人民有信仰，民族有希望，国家有力量。”这是习近平对理想信念作出的注脚。2012年11月17日，在中央政治局组织第一次集体学习时，习近平进一步强调了理想信念的重要性：“一个人有了坚定正确的理想信念，就能不懈努力、执着追求；一个国家和民族有了坚定正确的理想信念，就能披荆斩棘、攻坚克难。”

在沂蒙战斗和工作的党政军领导信念坚定，方向明确，砥砺前行，为沂蒙人民带来了先进的思想观念和奋斗目标，在思想上武装了沂蒙人民。

沂蒙党政军领导无论在力量怎样弱小的情况下，无论遇到什么样的困难，他们对崇高理想矢志不渝、对党和人民无比忠诚、对革命事业锲而不舍的坚定信念，牢固树立共同信念和共产主义远大理想，做到任何时候任何情况下都坚持理想信念不动摇、革命意志不涣散、奋斗精神不懈怠，正确认识最高纲领与最低纲领的辩证统一，科学处理树立远大理想与立足当前的关系，历经磨炼，克服困难，奋勇前进。

（一）信念坚定，重视思想宣传

沂蒙是全国著名的革命老区之一，有许多革命前辈在这里战斗、工作过，仅在1955年至1965年期间授衔的1614名将帅中，就有429人曾在沂蒙战斗过。这些革命前辈，在自己坚持正确的政治方向、革命目标的同时，宣传马克思主义和中国共产党的路线、方针、政策，为沂蒙带来了先进的思想观念和奋斗目标。

“沂蒙地区是山东较早传播马克思列宁主义的地区之一。马克思主义先进文化的传播，播撒了革命的火种，为沂蒙地区中共早期地方党组织的创建奠定了思想基础。”[①]20世纪20年代初，刘晓浦、刘一梦、李清漪、李清潍、刘之言等沂蒙籍进步青年曾分赴外地寻求真理，接受了马列主义，坚定了共产主义理想信念，然后回乡传播马列主义，开沂蒙人接受马克思主义先进思想观念之先。

刘晓浦，沂水县人，1903年生，1922年由王尽美介绍加入社会主义青年团，翌年在上海大学转为共产党员，毕业后在南方从事党的地下工作，曾任中共江苏省委组织部长。

刘一梦，沂水县人，1905年生，1923年在上海大学加入中国共产党，是革命文学团体“太阳社”的主要成员和党组织负责人之一，曾创作短篇小说集《失业之后》。蒋光慈评价说：“刘一梦最早描写了中国产业工人的形象，他的创作丰富了革命文学的实绩。”[②]刘晓浦、刘一梦在回乡探亲时，带回许多革命刊物，交给知识青年阅读，对他们进行马列主义启蒙教育。他们还向农民群众讲解革命道理，启发他们的阶级觉悟。在刘氏叔侄的影响教育下，很多人的思想发生了重大变化，逐步走上了革命道路。

李清潍，沂水县人，1905年生，1923年11月在青岛商科职业学校加入中国社会主义青年团，12月回到沂水县下小诸葛村小学任教。他把《向导》《晨

① 徐东升、孙海英：《沂蒙精神大学生读本》，山东人民出版社2016年版，第51页。

② 郭文明、刘玉鹏：《刘晓浦、刘一梦传略》，载临沂市政协：《临沂文史集粹》（第一册），山东人民出版社1997年版，第54页。

钟》等革命刊物送给进步教师阅读，向他们传播革命思想，影响了邵德孚、孙固斋等许多师生。

李清漪，沂水县人，1902年生，1924年在上海大学加入共产党，翌年“五卅”运动期间在上海总工会工作。1925年秋，他因病回家乡休养。在乡期间，他创办平民学校，并油印《农民小报》，向农民进行马列主义和文化知识教育。在他的影响下，埠前村进步青年李鸿宝和上小诸葛村的陈梯山、刘瑾山，也在本村办起平民学校，在更广的范围内传播革命思想。经过李氏兄弟等卓有成效的努力，马列主义在沂水西北乡传播开来。

王敬斋，沂水县城人，1900年生，1921年到鲁大公司淄川洪山煤矿当职员，在王尽美、邓恩铭的直接领导下从事工人运动。1924年加入共产党，任洪山煤矿党小组组长。1926年5月，入广州农民运动讲习所第六期学习。11月，受中共山东区委派遣回沂水县开展建党工作。

刘鸣銮，沂水县人，1902年生，1925年在上海大学加入共产党，“五卅”运动期间在上海总工会工作。1926年，入武汉中央军事政治学校学习，翌年10月，回家乡开展工作。

孙金宣，又名孙实，临沂县人。1884年生，保定陆军速成军官学校毕业。1913年“二次革命”失败后，追随孙中山从事革命活动，1923年冬在广州加入共产党。历任冯玉祥部团长、旅长，河南省夏邑、鹿邑县县长。1927年春成立“中共孙实党小组”。曾撰写《人的宇宙性》一书，传播马列主义。1928年8月回临沂县老、小屯一带开展建党工作。

郭云舫，1909年生，原籍山西省永济县西文化村。早年就读于陕西长安县民主中学，在该校加入共产党。1927年秋迁居临沂县埠子村（今属兰陵县），先后在费县、临沂一带几所小学任教，坚持同恶霸地主作斗争。后经刘之言介绍恢复了党的组织关系。

孙善师，临沂县人，1904年生，1926年在济南省立高中加入共产党，翌年夏回乡开展工作。

刘之言，郯城县人，1905年生，1926年在济南省立第一师范学校加入共产党。1927年夏回家乡，以在郯城县立第三小学任教为掩护从事党的秘密工作。

他组织了“读书会”，成立了小学教师联合会、农民协会，在进步师生和农村青年中宣传马克思主义。“这样，沂蒙地区便形成了沂水、临沂、郯城三个马克思主义宣传基点，为中共沂蒙地方早期组织的创建奠定了思想基础。”①

抗日战争爆发后，受党中央委派，黎玉、徐向前、罗荣桓、朱瑞、刘少奇、陈毅、粟裕等革命前辈先后来到了沂蒙。他们都是坚定的马克思主义者，具有崇高的、坚定的理想信念。他们十分重视思想政治教育，通过报告、演讲、座谈会、个别谈心等形式，耐心、有计划地在人民群众中宣传马克思主义，解释党的路线、方针、政策，使沂蒙人民进一步接受了马克思主义，明确了革命的目标。

黎玉认为：“我们的责任，就在于……加强革命思想的宣传，提高群众对自己的命运与中国共产党、八路军的一致，并有希望实现这个前途的热情。”“要抓紧适应党的当前政治任务（如十大政策还未被充分注意宣传），也要随时随地把共产主义具体化，以启发群众理想与现实痛苦解除的出路。”“在公开的面目下，要大胆的、公开的宣传党与军队的政治主张，以至共产主义的精神来教育群众，扩大党与党军的影响。”②他非常重视宣传工作，在谈到宣传工作时，他谈到了“宣传内容”“宣传对象”和“宣传方式”。仅在宣传方式方面，他就谈到以下几点：参加各种学校上课、作报告，出席各种群众性的集会（如工、农、青、妇、儿童各种代表会议、全体会议、反扫荡动员会议、纪念会议），组织集市宣传、村民大会、房东座谈会、军民联欢会、难民座谈会、农业生产座谈会、抗属座谈会、村干部座谈会、士绅座谈会，娱乐及化装宣传，访问宣传、自己的爱民宣传，文字宣传（如小墙报、小标语，小画报等）③。他强调指出：“我们必须记得我们采用各种有效方式，是为了达到（把群众）组织起来的目的，在能够组织起来的时候，就不要放松机会。对于宣传后的反映是必须从各方面加以调查的，根据调查来定期总结这个工作，

① 徐东升、孙海英：《沂蒙精神大学生读本》，山东人民出版社2016年版，第53页。

② 山东省档案馆、山东社会科学院历史研究所：《山东革命历史档案资料选编》（第十一辑），山东人民出版社1983年版，第403、404、407页。

③ 《拥政爱民与军队群众工作的建设——一九四四年四月黎玉同志在军区政工会议上的报告》，《山东革命历史档案资料选编》（第十一辑，1943.10—1944.4），第402～405页。

充实内容，提高技术，我们就会锻炼成许多宣传者。千万不要把嘴巴贴起封条来，这对于革命是个损失，更不要学老鼠的嘴巴偷吃群众的东西，而是把嘴巴会说当地群众的语言变成一个武器使用，才是一个革命者的嘴巴。”①

罗荣桓重视宣传马克思主义和中国共产党的大政方针。1939年，罗荣桓率第一一五师进入沂蒙后，曾积极宣传落实六届六中全会精神和中共七大精神。1943年，罗荣桓要求各级领导从学习整风文件入手，认真领会整风的精神实质，掌握马克思主义的立场、观点、方法，同时注意联系实际，提高对主观主义、宗派主义和党八股的辨别能力。为了使党员干部掌握毛泽东思想的精神实质，罗荣桓通过写文章、作报告、谈话、批改干部们所写的材料等方式宣传毛泽东思想。如在1944年7月1日，他向山东分局和山东军区机关干部作了《学习毛泽东同志的思想》的报告②。

罗荣桓还特别重视思想政治工作。他把政治工作作为我军一切工作的生命线。他认为，“政治工作是革命战争革命军队的生命线，政治工作最基本的任务，就是巩固与提高部队的战斗力，保证战争的胜利”；部队“战斗力不但取决于军事技术的高低，而且主要的是取决于政治工作的强弱。没有政治工作，就没有战斗力，也不可能保证战争的胜利。我军所以百战百胜，无坚不摧，成为革命战争中最优秀的铁军，就是因为有党的领导，以及整个政治工作的保证”③。为做好政治思想工作，他还采取了演讲、座谈讨论、评比竞赛、个别谈心、回忆对比等多种形式做工作。他认为，军队政治工作的基础在连队，做好政治工作，必须发挥干部的表率作用，干部要联系群众，深入实际，及时解决下面提出的问题。干部不仅要懂政治，而且要懂军事，懂业务，熟悉部队，准确把握部队的思想脉搏，在实践中发现问题解决问题。不要浮在上面，要到问题最多的地方去，亲手“解剖麻雀”。他要求各级干部不要把自己的主观愿望当作现实，要做到腿勤、脑勤、手勤、嘴勤，从连队中来，到连队中去。他

① 《拥政爱民与军队群众工作的建设——一九四四年四月黎玉同志在军区政工会议上的报告》，《山东革命历史档案资料选编》（第十一辑，1943.10—1944.4），第405页。

② 中共中央文献研究室中央档案馆：《建党以来重要文献选编（一九二一～一九四九）第十六册》，中央文献出版社2011年版，第256～363页。

③ 李维民、潘天嘉：《罗荣桓在山东》，人民出版社1986年版，第144页。

自己就是这方面的模范。他每到一地，做每一件事情，总是先听取各级干部汇报情况，直接与战士座谈，到群众家中访贫问苦，掌握第一手材料，做到心中有数。因而在做指示、布置工作时，想得细、抓得实，常常一语中的，入木三分。他认为发扬党的密切联系群众的作风是人民军队性质、宗旨的根本体现。他在政治思想工作中以思想教育为主，纪律惩处为辅，收到了很好的效果。他善于抓思想政治工作的典型，强调理论学习与联系实际的重要性，注意防止和反对形式主义和教条主义等倾向。在长期的政治思想工作中，他积累了丰富的政治思想工作的成功经验，被誉为政治思想工作的“巨匠”①。

正是由于党宣传马克思主义，把自己的主张告诉了沂蒙人民，使沂蒙人民接受了先进的思想观念，明确了奋斗目标，进而激发了沂蒙人民支持共产党革命事业的热情，调动了沂蒙人民群众参加革命战争的积极性，使中国共产党的思想主张转变成了沂蒙人民自觉追求的革命行动。20世纪二三十年代以后，在马克思主义和中国共产党的影响下，沂蒙人民逐渐从传统的思想信仰、价值观念中解脱出来，走出蒙昧和落后，用新的眼光、视界思考“外来的”的中国共产党及其领导下的人民军队。在马克思主义的指导下，沂蒙人民固有的优秀思想道德和朴素的阶级感情转化为共产主义而奋斗的高度政治热情，激发起为翻身解放、实现革命理想而敢于战斗、勇于奉献的强大精神力量。在经历了抗日战争与解放战争、新民主主义革命与山东抗日根据地的建设，经历了减租减息、抗击日寇、参军拥军、大生产运动、土地改革运动、支前运动之后，代表最先进文化的马克思主义理论和共产主义思想在沂蒙山区得到了持续深入的传播。沂蒙人民从亲身经历中体验到了党的英明伟大，形成了坚定的爱党爱军的政治觉悟，在内心深处实现了对马克思主义的文化认同和高度的文化自觉，进而从行动上展示了沂蒙人民所具有的立场坚定、方向明确、追求执著的崇高政治信仰。

（二）方法得当，组织武装群众

沂蒙党政军领导在重视宣传、教育、引导人民群众的同时，多种工作方

① 李维民、潘天嘉：《罗荣桓在山东》，人民出版社1986年版，第144页。

法并用，讲究群众工作艺术，辩证地处理好了学习群众和教育群众的关系，全面、务实地做好了群众工作。

1.辩证地处理好了向人民群众学习和教育、依靠人民群众的关系

既要向人民群众学习，又要教育、引导人民群众，是马克思主义群众观的基本论点之一，也是在实践中往往难以把握、处理的问题。但在革命战争时期，在沂蒙工作、战斗的中国共产党的党政军领导却较好地处理了这些问题。

首先，他们注重向人民群众学习。1939年冬，天气已经很寒冷了，但在沂蒙抱犊崮山区开辟抗日根据地的第一一五师指战员们还没有穿上棉衣。当时，这里土地瘠薄，很少种棉花，吃饭、穿衣成了大问题。白天，战士们用䅟子、地瓜干煮地瓜秧充饥。晚上，几个人合盖单薄的棉被，缩在被窝里当“团长”。站岗时，把薄被折起来捆绑在身上御寒。罗荣桓等首长看在眼里，急在心头。这时，罗荣桓一面要求大家在内部走群众路线，以连、排为单位开“诸葛亮会”，商讨对策；一面到群众中走访问计。有一天，他来到一位放羊的老乡家。谈到棉衣问题，这位老农想了想说，这里是山岭地，老百姓一般不种棉花。但花生多，羊也不少，可以先用羊毛套棉衣抵挡一阵子，然后组织大家榨花生油，卖了油到外地买棉花，花生饼还可以煮菜叶，营养也多些……一席话，说得罗荣桓茅塞顿开。于是，罗荣桓组织第一一五师的指战员联合群众收花生、开油坊，较好地解决了吃穿问题。此事使罗荣桓十分感慨，感到人民群众不但是衣食父母，而且是我们永远的老师。所以他说：“领导上要把任务的提出应当作只是事情的开始，要亲自动手去组织实践，联系实践，通过干部和群众的经验，补充领导知识的不够，否则，任务的提出开始还只能是一般化。”[①]1945年1月16日，罗荣桓《在山东省第二次行政会议闭幕典礼上的致辞》中还指出：“有了自我批评，倾听群众的意见，民主才能充分。”[②]

其次，他们注意教育、启发和依靠群众。如徐向前在谈到动员民众参战时

① 罗荣桓：《一九四四年的过去和一九四五年的到来——一九四五年一月三日罗荣桓在山东分局、军区直属队干部会上的报告》，见《山东革命历史档案资料选编》（第十四辑），第9页。

② 《罗荣桓在山东省第二次行政会议闭幕典礼上的致辞》（1945年1月16日），《山东革命历史档案资料选编》（第十四辑），第153页。

说："必须经过说服教育，万勿强迫。""加强民众的抗日民族教育，提高其政治觉悟。"①在总结孙祖战斗的经验时，他又说："要取得群众的自卫团和游击队的密切帮助与配合。认识群众力量的伟大，一切依靠群众，不仅在平时，尤其在战斗中，均须取得人民群众的配合与帮助。这是坚持持久战，取得胜利的基本因素。"②1944年4月，黎玉同志在军区政工会议上做报告时说："在空白区、落后村、未建立群众团体的村庄，从群众减租减息、反贪污、反恶霸的切身要求上去发动群众自己干，来发展工农团体，并在学习上、劳动上、纺织上、识字班（上），去推动青年妇女、儿童的组织。""要懂得不论在任何地方，对群众是不能以强迫命令包办的办法发动起来的，而是要启发群众自觉，发动群众迫切要求去运用各种各样形式上去组织群众、宣传群众、武装群众，并随时地发现与培养群众积极分子、群众自然领袖，来培养他们更加正确，以推动群众自己来组织扩大群众。"③

向人民群众学习就是向实践学习，这体现了中国共产党人的实践观点和广阔的胸怀。教育、启发和依靠群众，则体现了中国共产党人的马克思主义辩证观点、先进性和责任感。

2.建立群团组织

在中国共产党领导下，沂蒙山区建立起各级群众团体。1928年5月，沂水县成立了妇女协会筹备委员会，10月成立临沂市妇女协会筹备委员会，12月沂水县开始组织农民协会；1929年2月，沂水县成立工人联合会。中国社会主义青年团1922年5月召开第一次全国代表大会后，沂水县下胡同峪人李清潍1923年在青岛由邓恩铭、王尽美介绍加入中国社会主义青年团（1925年改称中国共产主义青年团），后于1932年5月建立沂水瑞麟小学共青团支部。1936年11月10日，中共中央在《关于青年工作的决定》中提出："为了适应新的形势，

① 徐向前：《粉碎敌人的新"扫荡"与我们的紧急动员工作》，《大众日报》1939年12月11日。《建党以来重要文献选编（一九二一～一九四九）第十六册》，第819、820页。

② 徐向前：《孙祖战斗的总结》（一九四〇年三月二十五日），见国防大学第二编研室《徐向前转》编写组编《徐向前军事文选》，解放军出版社2007年版，第89页。

③ 《拥政爱民与军队群众工作的建设——一九四四年四月黎玉同志在军区政工会议上的报告》，《山东革命历史档案资料选编》（第十一辑，1943.10—1944.4），第409页。

取消共青团，成立青年救国会，使共青团变为广大青年广泛的群众组织。”此后，很多进步青年加入中国共产党。

1937年7月7日卢沟桥事变后，沂蒙各县党政机构迅速恢复与建立，人民抗日武装相继发展起来。与此同时，各种形式的群众团体组织纷纷建立。1938年3月第五战区青年救国团在徐州成立后，临（沂）郯（城）青年救国团于5月在临沂县丁庄小学宣布成立，它是鲁南地区群众性最广泛的抗日救国群众团体组织。1939年7月山东分局第一区党委建立后，所辖5个地委均放手发动群众，建立抗日群众团体。各级党委的职工部、青年部、妇女部改称为职工、青年、妇女工作委员会，以加强对各地群众团体的指导。1940年7月至8月山东省联合大会召开后，从省级到县、区、乡，民众动员委员会、各界救国联合会和职工、农民、青年、妇女、文化界等抗日群众团体全部建立起来。这些群团组织在动员民众开展对敌斗争、参军支前、生产等方面发挥了重要作用。

3.全面、务实地做好了发动群众、组织群众、武装群众、依靠群众的工作

群众工作是中国共产党的起家之本，是革命战争时期党的全部工作的基础。在沂蒙战斗、工作过的中国共产党的领导干部是做群众工作的模范。山东特别重视群众工作，1941年4月1日，《中共山东分局关于群众工作的决定》指出：“县以上各级党委成立群众工作委员会，其职务为计划研究并决定党在该地区的群众运动方针，检查督促各政党团执行计划的程度，调整统一工农青妇文各委会的步调，……”[①]毛泽东曾说：“罗荣桓在山东，一直抓住依靠谁、团结谁、打击谁。什么是中心？就是发动群众，依靠群众，武装群众。”[②]江泽民也曾说：“罗荣桓同志是对党忠诚，敢于坚持原则的典型；是实事求是，善于创造性开展工作的典型；是艰苦奋斗，密切联系群众的典型。”[③]这些评价是恰当的。罗荣桓的确是做群众工作的行家里手。他在沂蒙6年，每年的主要工作都是群众工作，他不仅认识到位，而且落实到位，效果显著。为了广泛

① 罗东进：《我的父亲罗荣桓》，罗嗣峰主编：《红源革命光荣传统教育读本》，中国档案出版社2005年版，第195～196页。

② 山东省档案馆、山东社会科学院历史研究所：《山东革命历史档案资料选编》（第六辑，1940.10—1941.5），山东人民出版社1982年版，第56页。

③ 江泽民：《在〈罗荣桓军事文选〉出版座谈会上的讲话》，《人民日报》1998年1月16日。

地发动群众，使之成为坚强的抗日力量，他从第一一五师抽调大批干部，分成小组深入农村，帮助地方党组织做发动群众的工作，帮助各县、区群众，组织自卫团、农会和各种群众团体，建立党组织和区、乡政权。

刘少奇到山东后，特别是山东实现党的一元化领导之后，罗荣桓和黎玉从调查研究、训练干部入手，更加深入、具体地抓群众工作。他们发动农民与民愤极大的恶霸地主进行有领导有组织的斗争，通过斗争进一步发动群众，组织群众。军事行动的目的之一也是群众工作。1944年7月1日，罗荣桓在报告中借用毛泽东的话说："我们打仗，不是为了打仗而打仗，是为了宣传群众，组织群众，建立群众自己的政权，武装群众的力量而打仗。"①他重视群众工作，坚决走群众路线。《一九四四年的过去和一九四五年的到来——罗荣桓在山东分局、军区直属队干部会上的报告》指出："在大生产中，一定要贯彻群众路线，应以劳动模范来推动和组织今年的大生产，坚决反对不走群众路线而用人工扶植起来的模范。""我们必须把群众继续发动和组织起来，也就是更进一步贯彻以查减为中心的群众运动。在没有进行减租的地方继续减，在已经进行减租的地方，除组织群众大生产外，应团结地主继续抗战。因此必须克服我们某些干部在群众运动中的幼稚行为，克服至今还严重存在的包办代替作风，以及少数干部的脱离群众，特别是把根据地群众工作的一套机械的搬到边沿区去运用，影响我在边沿区团结地主抗战方针的实现。""发扬民主，提倡民主作风，培养民主习惯，造成民主空气，克服官僚主义、上下脱节与群众脱节的严重现象。实际上所谓民主作风的问题，就是一个群众观念和群众路线的问题，不难想象，没有群众观念，不走群众路线，而会有民主。"②

在沂蒙工作多年的黎玉也是做群众工作的专家，他仅在1939年至1949年的10年间，就发表了《起来！为广大人民办事！》《介绍大家读李有才板话和我们的群众路线》《拥政爱民与军队群众工作的建设》《在鲁中区群众工作委员

① 罗荣桓：《学习毛泽东同志的思想——为纪念党的二十三周年而作》，中共临沂市委、中共山东省委党史研究室编：《三帅在沂蒙》，中共党史出版社1996年版，第477～478页。

② 山东省财政科学研究所、山东省档案馆合编：《山东革命根据地财政史料选编》，山东人民出版社1985年版，第142～143页。

会扩大干部会议上作总结报告与今后工作的意见》《怎样开展群众性的游击战争——在山东纵队的干部会议上作的报告》《论群众路线与山东群众运动——在山东分局群众工作第二次代表会议上作的报告》《对于山东今后群众运动的意见——在华东局群工会上作的报告》等文章。这些文章至今仍具有较强的启发意义。他做群众工作的突出特点是办法多、踏实、细致。这在他的报告中可略见一斑。如1944年4月，他在军区政工会议上谈到军队群众工作的建设时指出："在组织群众、做群众工作时，不能忽视以下几个基本点。"[①]

第一，战斗与群众结合。每一次战斗，都"应当为了群众，组织群众，宣传群众，作战部署时要充分估计到与群众直接的利害关系，与我们的政治任务结合起来。战时要爱护群众利益，尽可能设法减少或避免群众的损失，战前动员准备工作也要善于使用群众，切实要爱惜人力物力，不要不管群众农忙如何，不归还借物（如胶东借物不还无负责者，欠民众几百万元之巨），战后要及时清理，动员作恢复组织宣传等工作以及在游击区、敌区活动的小部队，一举一动要为群众要求而活动作战，才能立足开展工作"。

第二，一切战时、平时环境要处处爱护群众利益，严格遵守群众纪律，坚决实行拥爱公约，以影响群众，团结群众，打下组织群众的准备工作。

第三，由于军队的战斗作风，养成命令、服从、迅速、干脆简明以至急躁的习惯，所以宣传群众、组织群众就必须改变这些作风，而变成乐于接近的群众作风，即承认群众自身民主权力，耐心细致、不怕麻烦、不怕"啰唆"去接近群众、组织群众、宣传群众、学习群众与帮助群众。

第四，由于基本群众未充分发动之前，往往有对军队害怕怀疑、不敢接近的老习惯，所以，我们要在组织群众、宣传群众、武装群众时，必须首先表示和气亲热，用人人愿意亲近的态度来对待群众，使群众逐渐敢吐露真情实话。

第五，"由于军队在未成为密切血肉相连的人民子弟兵时，我们的工作往往是站在群众外面来进行工作的，所以群众的内情不是一接触即能深刻全面了解的，因此也就不能对症下药来为群众真正迫切要求进行斗争。因此，必须善

---

① 《拥政爱民与军队群众工作的建设——一九四四年四月黎玉同志在军区政工会议上的报告》，《山东革命历史档案资料选编》（第十一辑，1943.10—1944.4），第402页。

于多方调查，善于通过地方党政关系去熟悉情况，而不能听一面之词，受坏人利用，不能先入为主抱起成见就粗枝大叶蛮干起来”。

第六，“在公开的面目下，要大胆的、公开的宣传党与军队的政治主张，以至共产主义的精神来教育群众，扩大党与党军的影响。在隐蔽工作下要以地方名义出现，穿起便衣，表现出一个公民的好榜样，服从地方党的领导去进行群众工作”。

第七，“至少要懂得不论在任何地方，对群众是不能以强迫命令包办的办法发动起来的，而是要启发群众自觉，发动群众迫切要求去运用各种各样形式上去组织群众、宣传群众、武装群众，并随时地发现与培养群众积极分子，群众自然领袖，来培养他们更加正确，以推动群众自己来组织扩大群众”。

在谈到“组织群众”时，黎玉还说：“我们要把握当前组织群众的任务是普遍的深入的发动和组织根据地内的基本群众，普遍切合的改善群众生活，建立真正广大的强固的群众团体，才能巩固我们的根据地，也才有积蓄力量的源泉，那我们就要到一村做一村，视察度量一村的群众是否充分发动，这就要：首先看工、农、青、妇、民兵团体是否真正组织起来，还是只有会长与团体形式而无实际的空架子？会长是否经过群众民主选举出来的，还是被人指派的？如果只有空架子，我们的责任就在于与县区党群众干部配合，迅速发动群众的自动性充实它。……我们的责任即在于寻找出其真相，彻底帮助地方发动群众，争取经济利益与政治权力（军队应在暗处帮助）。再次还要审查、调查群众团体的领袖会长是否为真正群众信任的人？是否为坏分子窃取领导权？或者成为‘新贵’？脱离群众，有剥削群众、贪图小便宜、私分斗争果实、闹宗派、不和睦的现象，如果确是如此，我们的责任应该建议县区党委严重的注意，切实处理、改造推动群众民主改选，成为真正为群众所信任的团体。……末次群众已经发动了，其思想上是否有了相当的转变？是否对过去旧社会的道德迷信命运等观念，仍固守不变或开始动摇参加村政？民兵是否意识到是代表自己阶级利益？对共产党八路军与他们自己的命运如何关联？如果没有或者不是，我们的责任，就在于对他们加强革命思想的宣传，提高群众对自己的命运与中国共产党、八路军的一致，并有希望实现这个前途的热情。”

至于武装群众，黎玉认为："武装群众的工作即是帮助推动民兵与普通自卫团的工作，在战时要配合援助民兵作战或民兵配合主力地方作战。"①

正因为宣传群众、发动群众、组织群众、武装群众、依靠群众、带领群众前进等方面的工作做得好，中国共产党在沂蒙不断发展壮大。抗日战争时期，沂蒙成为山东抗日根据地的中心，到1945年7月，山东五大解放区已完全打通，联系在了一起。8月15日，日本侵略者投降后，八路军的总人数已经发展到了27万多人，基础民兵发展到了50万人，此外，还拥有数百万人民自卫武装，形成了一支雄厚的正义力量。在解放战争中，沂蒙人民一切为了前线，全力参战、全力支前、全程支前、破家支前，形成了好儿郎踊跃参军，数以百万计的民兵、民工组成的浩浩荡荡的支前大军奔赴战场，妇女们在后方赶制军服、加工军粮、救护伤员的大好形势，为全国的解放做出了杰出的贡献。

在中国共产党的领导下，英雄的沂蒙人民不仅用红薯、煎饼、小米、奶水养育了几十万人民军队，而且为人民战争的胜利献出了自己的热血和青春。"解放战争时期，全区420万人口就有超过120万人参战支前，有3.1万多名沂蒙儿女献出了自己宝贵的生命。"②"红嫂""沂蒙六姐妹""孟良崮战役"等故事，至今家喻户晓、妇孺皆知。他们所展示的崇高品格和博大胸怀正是对党、对人民子弟兵的无限热爱和对共产主义理想信念不懈追求的真实写照。

二、重视组织，创新发展

在革命战争时期，中国共产党在沂蒙的党政军领导在革命斗争异常激烈频繁、环境异常复杂、生活异常艰苦的情况下，开天辟地地加强了党的建设、政权建设和军队建设，为沂蒙带来了先进的组织建设原则和工作作风，提高了人民群众政党意识和军事素养，为革命的胜利奠定了坚实的基础。

---

① 《拥政爱民与军队群众工作的建设——一九四四年四月黎玉同志在军区政工会议上的报告》，《山东革命历史档案资料选编》（第十一辑，1943.10—1944.4），第405～409页。

② 徐东升等：《基于沂蒙精神育人的社会主义核心价值观教育研究》，山东人民出版社2015年版，第128页。

（一）党组织建设

沂蒙是山东较早建立党组织的地区之一。沂蒙山区从1923年开始，就有了第一批共产党员，1927年建立了第一个党支部——中共沂水支部，1928年建立了中共日照县委、中共沂水县委。从1931年至抗日战争前夕，先后建立了中共新蒙县委、中共郯城县委（不久改为中共临郯县委）、中共费县临时县委、中共费县工委。1936年6月，中共苏鲁边区特委由枣庄迁到费县高桥，后扩建为中共苏鲁豫皖边区特委。

抗日战争爆发后，中共山东省委进驻沂蒙山区，积极恢复和发展党组织。1938年5月，中共山东省委扩大为中共苏鲁豫皖边区省委。12月，中共苏鲁豫皖边区省委改称中共山东分局。在边区省委的直接领导下，建立了蒙阴、沂水、临费、费县等县（工）委和部分区委。建立了鲁中工委、鲁东南特委、鲁南特委。为统一加强对大鲁南地区的领导，1939年7月，中共山东分局决定成立中共山东第一区党委，1940年5月撤销。在原一区党委范围内成立鲁南区党委、鲁中区党委，1943年成立滨海区党委。到1943年底，实现了山东省党的一元化领导。

鲁南区党委先后设立第一、第二、第三、第四地委和沂河地委；鲁中区党委先后设立第一、第二、第三、第四、第五地委；滨海区党委先后设立第一、第二、第三地委。

1946年7月，中共华东局决定撤销滨海区党委，成立了中共滨海地委，直属华东局领导。1948年7月，中共华东局决定，鲁中、鲁南两个区党委合并成立鲁中南区党委，滨海地委和原属冀鲁豫边区的泰西地委划归鲁中南区领导。鲁中南区下辖第一（泰山）、第二（沂蒙）、第三（沂山）、第四（尼山）、第五（台枣）、第六（滨海）、第七（泰西）7个地委和淄博特区。在临沂辖区内，主要有四个地委，即：鲁中南区二地委、四地委、五地委、六地委。到1949年2月，鲁中南区有7个地委、2个特委、1个市委、56个县委、3个工委、494个分区委、35个党总支、43个分总支、11427个党支部，共有党员203640人。

（二）政权建设

沂蒙根据地的政权组织，是在日军侵入沂蒙山区、国民党政权组织纷纷溃逃的历史背景下逐步建立的。1939年夏，在日伪军的扫荡中，一些国民党委任的县、区、乡政权纷纷垮台。7月，山东分局发出恢复县、区、乡政权的指示，并规定“各县界应以地形及战争需要重新划分，并不受旧行政县界的限制”。此后，沂蒙山区抗日民主政权普遍建立起来。

1940年夏，山东抗日根据地内已建立1个行政主任公署、9个专员公署、66个县政权、近300个区政权，在此基础上，建立省级政权的条件已基本成熟。为此，7月26日，在沂临边联县青驼寺（今属沂南县）召开了山东省各界联合大会，选举产生了山东省临时参议会（简称省临参会），成立了全省统一的行政机关——山东省战时工作推行委员会（简称山东省战工会）。

当时山东抗日根据地的最高行政机关为山东省战工会，各战略区设行政主任公署或直属专员公署，各专区设专员公署（一开始有的专区称行政公署），县级行政权力机关为县抗日民主政府，县以下设区公所，行政村设基层政权组织。11月，山东省战工会颁布了《人权保障条例》。这个《条例》是我国历史上第一部专门的人权保障条例，也是我党制定并公开发表的第一部《人权保障条例》，它旗帜鲜明地宣示了人民群众享有选举、罢免、言论、集会等各种权利。至1941年冬，山东根据地内已建有2个行政主任公署、16个专署、90个县级政府。这些政权的建立，在配合粉碎敌人的扫荡、“封锁”“蚕食”和伪化的斗争中起了巨大的作用，不但恢复了原有地区，并开辟了一些新的地区。

1943年8月12日到9月8日，山东省临参会召开第一届第二次议员大会，决定将山东省战工会改名为山东省战时行政委员会（简称政委会），为全省行政的统一领导机关。这时，全省已有4个行政主任公署（另有2个相当于行署的专署）、11个专署、90多个县政府（新区未计算在内）、663个区公所、10128个村政权。沂蒙根据地有鲁中、鲁南、滨海3个行政区和10余个专署、30多个县级政权机构。县级政权组织一般称为抗日民主政府，也有一些称作行署或办事处。

1945年8月13日，山东省战时行政委员会改为山东省政府。这是中国共产党在全国解放区成立的第一个省政府。同时，将各行政主任公署改称行政公署，专区一律称专员公署。解放战争时期，县级政权改称县政府。此时，全省有行政公署5个、专署22个、县级政府127个。1948年7月，鲁中行署、鲁南行署和滨海专署及泰西专署合并为鲁中南行政区，设鲁中南行政公署，下辖7个专区，49个县。1949年3月，山东省政府改称山东省人民政府。

总之，在中国共产党的领导下，沂蒙乃至山东的政权建设成就斐然，为山东乃至全国革命的胜利做出了巨大的贡献，得到了党中央和毛泽东同志的赞扬。例如，1943年9月1日，毛泽东在回复山东省临时参议会的电报中说："贵会坚持敌后，艰苦奋斗不屈不挠为民族伸正气，为全国作榜样，凡属国人莫不钦佩。"①

在建立政权的过程中，在沂蒙的党政军领导充分认识到了建立政权与发动人民群众的关系，并注意发挥人民群众在建设政权中的作用。如徐向前曾指出："我们应当动员民众来帮助政府，恢复、建立与巩固抗日的民主政权，帮助实行进步的法令与方针。只有巩固民主政治，才能动员人民的力量，保卫抗日根据地，粉碎敌人的'扫荡'。……抗日政权只有得到广大民众拥护，才会有力量。……要建立抗日民主政权的一般工作制度。发扬民主作风，倾听人民的意见，调剂各阶层的利益，替人民作些善政，联系人民群众，反对高高在上的衙门制度。要反对贪污，实行减薪，建立廉洁的有工作能力的合乎抗战需要并在人民中有威信的政府。……抗日政权的活动与工作，不仅应从山内扩大到山外，不仅在我游击区，而且应扩大到敌之占领区及敌之巩固区和敌占中心城市中去，以秘密方式来领导人民抗战工作。实行公平负担，免除苛捐杂税，调剂各阶层利益，制定正确的财政经济政策，进行抗日教育文化运动等等，都是抗日民主政权的主要工作。"②

（三）军队建设

全面抗战爆发后，中共山东省委发动徂徕山抗日武装起义，成立八路军山东抗日游击第四支队，沂蒙山区也发动了多次武装起义，成立起抗日游击队，后被编入八路军部队。沂蒙山区从此有了人民群众自己的军队。

---

① 《大众日报》1943年9月9日。

② 中共中央文献研究室、中央档案馆：《建党以来重要文献选编（一九二一～一九四九）》（第十六册），中央文献出版社2011年版，第818～819页。

1938年12月，八路军山东纵队在沂水县王庄成立，先后下辖十几个支队。其中主要活动在沂蒙山区的有第二支队、第四支队、第八支队、第十二支队和特务团、苏鲁人民抗日义勇队第一总队、八路军山东纵队陇海游击支队、山东省第三区保安司令部直辖第四团等。1940年9月后，山东纵队将所属部队整编为第一、第二、第三、第四、第五旅，第一、第四、第五支队和特务第一、第二团，共5.4万人。其中主要活动在沂蒙山区的有山东纵队第一、第二、第四旅等。

1939年5月，八路军第一一五师主力开始抵达沂蒙山区，直到抗日战争胜利，第一一五师师部和主力一直活动在这里。最早进入沂蒙山区的第一一五师部队是东进抗日挺进纵队（含直辖七团）、第六八六团、苏鲁豫支队、东进支队等。1940年10月，八路军第一一五师将师直属队、第三中三旅和鲁西、鲁南以及苏鲁豫、冀鲁边等地的部分地方武装，统一整编为6个教导旅，共18个团，计7万余人。其中主要活动在沂蒙山区的有教导第二旅（辖四、五、六团）和教导第五旅（辖一三、一四、一五团）。

1939年8月1日，八路军第一纵队领导机关在沂蒙山区成立。1940年6月后不久，第一纵队番号撤销。1943年3月，山东抗日根据地实行党的一元化领导之后，第一一五师和山东纵队所属各旅各支队的番号撤销，建立新的山东军区。对外保留第一一五师和山东纵队的番号。山东军区直辖特务团、教导第一、第二团，下辖鲁南军区、鲁中军区、滨海军区、胶东军区及清河、冀鲁边6个军区和15个军分区。全军区部队编为13个主力团，全部实行地方化。这13个主力团主要在沂蒙山区活动的有：山东军区直属特务团，滨海军区第四团、第六团、第十三团、第二十三团，鲁中军区第一团、第二团、第四团，鲁南军区第三团、第五团。到1945年8月，山东军区部队达到27.3万人，约占当时中国共产党领导的军队总数的22%。还有50多万民兵和100多万地方武装。

在党的建设、政权建设和军队建设的过程中，在沂蒙的党政军除展现出了有别于旧式政党、政权、军队的指导思想、组织原则、程式以外，还表现出了他们为了中华民族的独立、解放，为了人民的幸福，艰苦奋斗、勇于创新、不怕牺牲、浴血奋战的政治品格、工作作风和战斗精神。仅以罗荣桓为例。他按照党的六届六中全会关于统一战线中独立自主的方针，结合沂蒙的实际，总结出了“插、争、挤、打、统、反”的六字方针；根据反“扫荡”、反“蚕食”斗争中的经验，创造性地提出了“翻边战术”；开展了“唤夫索子”运动，创造了策动大股伪军反正并对其改造的经验以及炸药爆破的经验；总结出了精兵简政和组织武工队的经验；提出了分散性群众性的游击战与主要方向的集中兵力作战相结合，军事攻势与政治攻势相结合的对敌斗争策略。1942年8月至11月，他还连续发表了《坚持我们的边沿游击区》《准备打破敌人紧缩包围封锁我们的根据地》等文章，丰富了毛泽东的军事战略思想。这些都曾得到中共中央和八路军总部的肯定、表扬，并在全国推广。这一切都为沂蒙带来了前所未有的先进的组织建设原则、工作作风和创新精神，体现了中国共产党的先进性。

三、立足长远，文化育人

中国共产党立足长远，目标高远且符合实际，自成立初就制定了最低纲领和最高纲领。在沂蒙战斗、工作的党政军领导作为整体亦是如此。他们在根据地建立之初就重视文化建设，主张文化育人、文化为革命服务，创办了各级各类学校、报纸、文艺团体。随着沂蒙革命根据地的建立和发展，根据地的教育、新闻出版、文学艺术、体育及医疗卫生事业得到了较快的发展，进而推动着革命根据地不断发展、完善，对革命根据地的成长与巩固起到了不可轻忽的作用。

（一）沂蒙教育

沂蒙抗日根据地的各级党政军领导机关，在战火纷飞的年代里，十分重视干部、党员及各类人才的培养教育工作，红色教育事业发展迅速，培训、培养了大批革命和建设急需的人才。

1.沂蒙干部教育

抗日战争和解放战争时期，驻沂蒙的党政军机关创办了各类干部学校，其中，影响最大、培养干部最多的是中国人民抗日军政大学第一分校（简称“抗大一分校”）。

（1）抗大一分校

中国人民抗日军政大学是中共中央在延安创办的，其第一分校于1938年12月在晋东南成立。1940年1月，抗大第一分校进抵沂蒙腹地沂南县孙祖。随后，八路军第一纵队随营学校并入该校，第一一五师教导大队、鲁西军政干校、胶东军政干校也划归该校，分别改称第一、第二、第三支校。学校教学组织设军事、特种训练、建国等大队及女生队、营团级干部队。另外，还临时举办军事、政治教员、区队长等训练班。第一分校不仅是一个教育单位，也是一支战斗部队，多次配合部队作战。第一分校还是一支政治性很强的宣传队、工作队，其文工团和民运工作团即是其常设的两支宣传、民运工作队伍。他们在开展对敌斗争宣传、发动群众、建党建政等多方面做了大量工作。第一分校在沂蒙6年，共培养干部2.85万人。这些干部不仅在坚持山东敌后抗战中发挥了骨干作用，而且也在解放战争以至新中国成立后的社会主义建设中发挥了重要作用，不少同志成长为高级干部，甚至还有党、国家和军队的领导人。

（2）山东抗日军事政治干部学校

山东抗日军事政治干部学校是苏鲁豫皖边区省委于1938年6月在新泰县南鲍村创办的。初设政治、军事、民运3个中队，后增设地方武装、青年、妇女等6个中队。因学校较长期间驻沂南县岸堤村，人们习惯上称为“岸堤干校”。该校共举办5期，培训各类干部3000余人，毕业后分布于苏鲁豫皖4省。1939年11月，该校并入八路军第一纵队随营学校。

（3）八路军第一纵队随营学校

八路军第一纵队随营学校于1939年11月抵达沂南县岸堤村，有6个中队、700余人。翌年1月，该校并入抗大第一分校，成为分校的第五大队。

（4）山东战地服务团

山东战地服务团是苏鲁豫皖边区省委于1938年10月在沂南县创办的，分设宣传、戏剧、民运、总务4个科，主要在根据地开展文化宣传活动。1940年1月，该部与山东鲁迅艺术学校合编为八路军第一纵队鲁迅宣传大队。

（5）山东鲁迅艺术学校

1939年4月，八路军山东纵队为培养抗战艺术人才，加强部队文化工作，在沂水县朱蔚创办山东鲁迅艺术学校，招收戏剧、文学、绘画、音乐4个专业150名学生。翌年1月，该校与山东战地服务团合编为八路军第一纵队鲁迅宣传大队。

（6）山东公学

1941年4月，山东省文协在沂南县松泉峪村创办山东公学，设文教、师范、青年3个队，后又增加工商、财经两个队。学员是从鲁中、滨海、清河等区党政机关和部队抽调的青年。1942年12月，泰山中学并入山东公学。1944年底改为鲁中公学，至1947年发展成为具有8个专业、600余名学员的综合性干校。

（7）山东省财政经济学校

1941年6月，山东省战工会创办山东省财政经济学校。翌年7月，山东省财政经济学校与抗大第一分校建国大队合并为山东省抗战建国学校。

（8）毛泽东青年干部学校山东分校

1942年5月，山东省青联在沂南县创办毛泽东青年干部学校山东分校，主要培训分区委以上青年干部。同年8月，第一期170名学员毕业。干校只办了一期。

（9）日本工农学校山东分校和朝鲜革命军政学校山东分校

日本工农学校山东分校和朝鲜革命军政学校山东分校由"在华日人反战同盟山东支部"在沂南县创办，主要是教育改造被俘和投诚的日、朝籍人员，从中培养反战工作者，至1945年7月，两校共培养学员近200人，绝大多数学员认识了真理，走上了反法西斯的道路。

（10）沂蒙根据地创办的党校

苏鲁豫皖边区省委党校。1938年11月，在沂南县岸堤村成立，不久改称山东分局党校，至1940年下半年共培训学员5期1000余人。1940年10月该校改为鲁中区党委党校，山东分局另组建高级党校。

鲁南区党委党校。1940年6月，在费南油篓村成立。

滨海区党委党校。1943年4月成立。

另外，各地、县委也大都建立了党校或训练班。这些党校、训练班在培养干部、加强党的建设中起了很大的作用，培育了一大批领导骨干。

2.沂蒙普通高等教育

抗日战争和解放战争时期，驻沂蒙的党政军机关为培养人才，先后创办了若干所高等院校，主要有山东省抗战建国学院、滨海建国学院、华东白求恩医学院、山东大学和华东军事政治大学等。

（1）山东省抗战建国学院

1942年7月，山东省战工会将省财政经济学校和抗大第一分校建国大队合并，在莒南县大店成立山东省抗战建国学校。1945年4月，该校改建为山东省抗战建国学院，黎玉兼任院长。

（2）滨海建国学院

1941年5月，滨海各县行政联合办事处在莒南县创办滨海中学。翌年6月，沭海中学并入滨海中学。1945年8月，滨海区党委决定将滨海中学改为滨海建国学院，刘导生任院长。设行政、民运、经建、工矿、交通、文教、医务7科，并附设研究班。1947年秋，改为滨海公学，其中的4个中学班并入由滨南中学和滨中中学合并另行成立的滨海中学。1949年9月，滨海中学改为滨海乡村师范学校，翌年2月由莒南迁至临沂，改为临沂师范学校，是沂蒙当代高等教育的前身。

（3）华东白求恩医学院

1945年9月，新四军军医学校由淮阴迁到临沂城。学校附设卫校1个班，设有解剖、生物2个实验室。敌占区医务界知名人士章士芳、方春望等到该校任教或从事医疗工作。1946年7月迁至沂水县，1947年1月扩建为华东白求恩医学院，宫乃泉任院长。该校为党和人民培养了大批医务工作者。

（4）山东大学

1945年8月，山东省政府为适应解放区各项建设事业发展的人才需要，决定设立山东大学，由李澄之任校长。这是中国共产党成立的山东大学。校址在临沂城东关原经文学校旧址，10月开始招生，学生来自16个省，还有部分朝鲜青年。学校除招收预科学生外，还附设财经队、文化队、邮政训练班、合作培训班等，一次招生600余人。1946年4月，从淮阴北迁临沂的华中建国学院师生600余人并入山东大学，并入后设本科、专科、预科3部。本科设政治、经济、教育、文艺、医学5个系，有学生2000余人。1948年，山东大学与华中建设大学合并成立华东建设大学。山东大学和华东建设大学为国家培养了近万名干部。

（5）华东军事政治大学

1946年9月，华东局决定将山东军区军政干校、通信学校、华中雪枫大学、淮南军区随营学校和东江纵队5个单位合编为华东军事政治大学，张云逸兼任校长。第一期开办时间为11月至翌年5月，有师生6701人。因前线急需干部，部分学员提前结业，其中，以第五大队为基础组成两广纵队，以第六大队为基础组成特种兵纵队。1947年4月，该校迁到五莲。华东军事政治大学共培养师级以下干部近2万人，为解放战争的胜利做出了重要贡献。

3.“识字班”“庄户学”与沂蒙初等教育

在抗战和解放战争时期，沂蒙根据地各级政府和军队在战火纷飞的岁月里，重视初等教育，特别加强对农村文化教育事业的领导，在大力发展抗日小学、正规小学和中学的同时，还开展了识字班、庄户学、冬学、常年民校为主要形式的民众业余教育，出现了“村村办学，户户读书，抗日救国，人人争先”的新气象①，掀起了面向农民、面向妇女的新文化普及运动。在民众教育过程中，黎玉特别重视群众的初级教育，他说，要“推动组织夜校、民校、半日学校、识字班，宣传学习的重要，选择贫农、中农或进步的小知识分子、群众领袖进行组织或作扩大宣传。一经建立或已建立，我应帮助上课，多讲抗战故事，引到革命的新思想上来，并教日用字，研究讲课方式”②。

1941年，山东省妇救会发出号召，要求加强组织妇女识字班，建立女子小学、妇女训练组等。从此，“沂蒙根据地的广大青年妇女普遍参加识字班学习。久而久之，‘识字班’也就成了沂蒙姑娘们的代名词”③。“识字班”们勤

① 崔维志、唐秀娥：《沂蒙抗日战争史》，中国文史出版社1991年版，第444页。

② 《拥政爱民与军队群众工作的建设——一九四四年四月黎玉同志在军区政工会议上的报告》，山东省档案馆、山东社会科学院历史研究所：《山东革命历史档案资料选编》（第十一辑，1943.10—1944.4），山东人民出版社1983年版，第408页。

③ 徐东升、孙海英：《沂蒙精神大学生读本》，山东人民出版社2016年版，第81页。

学苦练，文化水平提高很快，一般会看简单的书报，能写路条、书信。在学文化的同时，还学习政治。识字班不仅是一种学习形式，而且是一种政治组织形式，它团结和争取了广大青年妇女，成为妇救会、党组织的得力助手，在拥军优属、扩军支前、生产备战各方面都发挥了巨大作用。识字班们在参加学习、工作的同时，也使自己得到了解放，如她们普遍开展剪发、放足运动，提倡婚姻自主，婚事新办，建立幸福美满家庭等。

"'庄户学'的出现更使沂蒙农民文化运动进入前所未有的高潮。它首先在莒南县出现，继而在根据地全面推广，成为沂蒙民众文化建设史上轰动一时的盛举。"①1943年秋，滨海中学毕业生张建华到莒南县洙边区刘家莲子坡村组建小学。他通过调查，针对学生辅助性农活和家务较多的特点，将他们编为若干小组，适当安排劳动和学习时间。晴天在田头教课，雨天回教室读书，解决了学习与劳动的矛盾，使该村少儿入学率达92%。村民称赞这种办学方法"合庄户人的心意，像个庄户学堂"②。"庄户学"之名由此传开。接着，该村又相继成立了成人班、妇女班、民兵班及村干部班。这些班均根据群众的需要和习惯，灵活确定学习内容、时间和组织形式，教材也是根据当时的斗争形势由教员自编而成的，深受群众欢迎。人们以快板的形式歌颂庄户学："庄户学，真正好，群众办，党领导。边识字，边拾草，庄户活，误不了。又写算，又读报，天下事，都知道。大组大，小组小，看忙闲，论老少。子教母，姑帮嫂，自动学，互相教。要自愿，随需要，人人夸，都说妙。"③1944年4月，《大众日报》发表题为《莲子坡的"庄户学"，老百姓人人拥护》的文章，介绍了莲子坡村庄户学的经验，延安《解放日报》也作了专题报道④。

"从一般的冬学、民校、识字班到庄户学，是根据地文化教育事业建设史上的重大变革，它使教育与抗战、教育与生产紧密结合起来，更加广泛地联系了群众，扩大了教育面。于是，庄户学成为根据地普及农村教育的一面旗帜。

---

① 徐东升、孙海英：《沂蒙精神大学生读本》，山东人民出版社2016年版，第81页。
② 临沂市地方史志编纂委员会：《临沂地区志》（下），中华书局2001年版，第1366页。
③ 徐东升、孙海英：《沂蒙精神大学生读本》，山东人民出版社2016年版，第81页。
④ 临沂市地方史志编纂委员会：《临沂地区志》（下），中华书局2001年版，第1366页。

这一办学形式很快在山东根据地推广开来，创办庄户学的张建华也被省战时行政委员会授予‘山东教育英雄’称号。滨海区莒南、莒中、日照3县，参加学习的农民近40万人。其中莒南14万人，占全县总人口的56%。鲁中沂蒙专区有25万人参加学习。”①

解放战争初期，解放区的民众业余教育，主要通过村学为土改、支前、生产三大任务服务。1948年秋临沂全境解放，各级政府着手整顿恢复民众教育。至1949年上半年，沂蒙专区已恢复冬学、识字班、民校238处；滨海专区恢复冬学、识字班、民校1352处。

（二）沂蒙红色报刊

在革命战争年代，沂蒙地区中共领导的机关和部队，为了广泛动员人民群众，指导革命战争，正确引导舆论，曾创办了许多报纸和刊物。

在沂蒙，抗日战争前出版的红色报刊有4种：李清漪于1926年在沂水创办的《农民小报》；鲁南第一支部于1929年在郯城创办的《红色鲁南报》和《农民》刊物；张希周于1929年在费县创办的《血花报》。对宣传党的主张，发动群众运动起了积极作用。

抗日战争和解放战争时期出版报刊多种。其中，省级以上报刊有山东分局的《大众日报》、山东省战工会的《山东民主导报》、一一五师的《战士报》《时事通讯》《战士画刊》、山东纵队的《前卫报》、山东省青联的《群众文化》、山东省文协的《山东文化》《农村生活》《大众歌声》《教师之友》《山东画报》以及山东战邮总局的《山东战邮报》、华东军政大学的《军大报》《学习》等。战略区级，有鲁中区党委的《鲁中日报》《鲁中大众》和鲁南区党委的《鲁南时报》《先进》，滨海区党委的《滨海农村》，鲁中南区党委的《鲁中南报》。有的军区和地委也创办了报刊。

“《大众日报》是沂蒙根据地办报时间最长、发行量和影响最大的报纸。1939年1月1日在沂水县王庄创刊，1947年9月从莒南大店转移去五莲县，在沂蒙存在了近9年的时间，辗转沂蒙9个县的30多个村庄。”②报社初建时50

① 徐东升、孙海英：《沂蒙精神大学生读本》，山东人民出版社2016年版，第81～82页。

② 徐东升、孙海英：《沂蒙精神大学生读本》，山东人民出版社2016年版，第80页。

余人，到1947年发展到1200余人。报纸由油印、石印到铅印，由3日刊、2日刊到日刊，发行量由创刊时的3000份到1947年的3.5万份。报社干部、职工一手拿枪，一手拿笔，先后有530多人牺牲。其中有报社管委会主任李竹如、经理部部长丁柱、通讯部部长郁永言、电台台长叶凤川、印刷厂厂长萧辉等。为了掩护报社的工作人员和资财，有160余位沂蒙乡亲献出了生命。《大众日报》在沂蒙期间，对发生在区内的一系列重大事件都做了详尽的报道。

沂蒙根据地红色报刊的出版发行，不仅丰富了军民的精神文化生活，而且对广泛发动人民群众参军参战，指导战争走向胜利，发挥了重要作用。

（三）沂蒙红色文艺团体

“在抗日战争和解放战争时期，沂蒙根据地活跃着一批红色文艺团体。其中主要的有八路军第一一五师战士剧社、抗大第一分校文工团、山东纵队鲁迅艺术学校宣传大队、姊妹剧团、抗敌自卫军宣传大队、鲁南剧社、沂蒙国剧社、山东省人民剧团、鲁中南区歌剧团等。”①

战士剧社成立于1930年，1939年随第一一五师进入沂蒙。1943年，由第一一五师教三旅等部队所属12个剧团合成的民兵剧社并入战士剧社。1945年3月，战士剧社与山东省实验剧团合并为山东军区文工团。

抗大第一分校文工团，1939年在晋东南成立，翌年1月进入沂蒙，1943年春与抗敌自卫军宣传大队合并为山东省文工团。8月，滨海评剧团并入，改称山东省实验剧团，内设话剧、京剧两个剧团。

鲁南剧社，1940年初，鲁南军区以苏鲁支队政工队为基础组成抱犊崮剧社，不久改为战号剧社。1943年春，活动在鲁南区的战号、星火等5个剧社合并为鲁南剧社。1945年初，改为鲁南文工团，1948年7月，又改为鲁中南文工团。

沂蒙国剧社，1940年3月，由鲁中军区政治部组织沂南界湖袁顺斋的“长、春、富、贵”4个戏班的部分教师、演员成立。袁顺斋将积存了几十年、价值3万银圆的服装、道具捐献给该社。

① 徐东升、孙海英：《沂蒙精神大学生读本》，山东人民出版社2016年版，第77页。

“根据地除了众多的专业文艺团体外，还涌现出了数以千计的农村业余剧团。沂南县1940年即有业余剧团50多个、俱乐部300处。到1945年，该县业余剧团发展到100多个。莒南县1944年有业余剧团110个，演员3000余人，排演了2000多个剧目，其中自编剧目300多个，观众达10万余人，到1946年，该县业余剧团发展到208个。”①

在战士剧社等文艺团体带动下，沂蒙战时文艺演出活动进入了蓬勃发展的时期。1940年9月，为庆祝第一一五师与山东分局、山东纵队会师，战士剧社、抗大第一分校文工团、山东纵队鲁迅艺术学校宣传大队在蒙山前岳家十八村举行联合公演，演出了《生产大合唱》《马县长》等剧目；1941年5月，战士剧社等八大剧团在沭水县渊子崖村举行为期11天的联合公演，演出了《十八勇士》《回到前线去》等剧目；同年夏，战士剧社等11个剧团又先后在苍马办事处驻地西盘村、第一一五师师部驻地蛟龙湾举行联合公演。在蛟龙湾的公演，是在第一一五师召开“八一”庆祝大会之后举行的，历时十几个晚上，参加庆祝大会的两万名八路军指战员，均轮换着观看了演出。

演出的主要形式是话剧和歌剧，山东省实验剧团和沂蒙国剧社也曾上演传统京剧。演出的内容与根据地中心工作紧密结合，如宣传对敌斗争、“动参”支前、“双减”土改、妇女解放等。在“动参”运动中演出了《过关》《依靠谁反攻》，在优属活动中演出了《抗属真光荣》，在“双减”斗争中演出了《谁养活谁》，在大生产运动中演出了《郑信开荒》；在对敌军宣传方面演出了《伪军反正》，在宣传妇女解放时演出了《老婆婆的觉悟》《王大嫂翻身》等。在解放战争中，还有一些农村剧团到战地慰问演出，如沂蒙国剧社到淮海战役前线和新解放区演出，行程数万里，被誉为“红色战地剧团”；沂南兴旺庄剧团还曾到淮海、渡江、京沪杭战役前线演出。这些演出活动对提高戏剧的演出水平、开展农村戏剧运动、活跃广大指战员和人民群众的文化生活、鼓舞斗志，都起到了很好的积极作用。

① 徐东升、孙海英：《沂蒙精神大学生读本》，山东人民出版社2016年版，第77页。

（四）沂蒙红色文艺作品

在抗日战争和解放战争时期，沂蒙聚集了一大批优秀的文艺工作者，他们在共产党的领导下，以文化为武器，为唤起民众、打击敌人，进行了艰苦的努力。1942年毛泽东《在延安文艺座谈会上的讲话》发表后，广大文艺工作者更加注重深入生活、贴近群众，直接参加党所部署的各项中心工作，进一步增强了与部队指战员和人民群众的阶级感情，从而创作了大批红色文艺作品。其特点是领导机关高度重视，首长亲自倡导、参与；党政军齐抓共管；专业与业余紧密结合；形式灵活多样；突出了大众化和通俗化，成绩斐然。

诗歌方面，活跃在沂蒙诗苑上的主要有王希坚、燕遇明、那沙、冯毅之等人。其中王希坚的《翻身民歌》，燕遇明的《杨清法》，白玉的《忍痛丢开家》，冯毅之的《炮火与怒火》等较有影响。年轻的沂南县人苗得雨，写了大量的诗歌，被誉为解放区“孩子诗人”①。党政军机关的一些领导人在运筹帷幄之际，也创作了一批抒情言志、咏物纪实的诗篇。如陈毅就在临沂留下了《孟良崮战役》《临沂蒙阴道中》等许多脍炙人口的诗篇。

报告文学、通讯特写的作者多系新闻工作者，影响较大的作品有：于冠西的《南北岱崮保卫战》、白刃的《坚持沂蒙山区》、丁九的《南岩保卫战》、康矛召的《草桥之“阅兵”》、韩希梁的《飞兵在沂蒙山上》等。

小说方面，发表较早、较有影响的是王力的长篇小说《晴天》，后被收入“人民文艺丛书”；刘知侠的中篇小说《铁道队》，描写抗战初期在鲁南活动的一支铁道游击队，实际上是后来他的著名长篇小说《铁道游击队》的雏形；王希坚的长篇小说《地覆天翻记》，围绕对敌斗争、根据地建设的重大事件，反映了共产党领导人民所进行的艰苦斗争。

歌曲方面，影响较大的有：《临郯青年救国团团歌》《打蒙阴城歌》《我们的连长何万祥》等。沙洪作词、久鸣作曲的《跟着共产党走》唱遍了全国。阮若珊作词、李林编曲的《沂蒙山小调》不仅广泛演唱，而且流传至今，成为全国著名歌曲。

---

① 临沂市地方史志编委：《临沂地区志》（下），中华书局2001年版，第1462页。

美术方面，胡考、陈叔亮、那狄、阿老、任迁乔等知名画家活跃在沂蒙。1942年任迁乔创作的连环画《翻身》，是当时最有影响的美术作品。它生动地揭露了大店“庄阎王”残酷剥削、欺压贫苦农民的罪恶，歌颂了农民在“双减”斗争中的正义行动，在当时的“双减”和而后的“查减”、土改运动中都发挥了积极作用。

摄影方面，红军摄影家苏静及其助手郝世保随第一一五师进入沂蒙，拍摄了许多反映沂蒙军民战斗生活的照片。1943年8月，《山东画报》在莒南县创刊后，沂蒙根据地的摄影工作进入了有组织领导的大发展时期。1945年，著名摄影家郑景康、吴印咸、邹建东来到临沂，更加强了沂蒙摄影工作者的阵容。他们先后拍摄的《刘少奇在朱樊》《日本侵略者放下武器举手投降》等大批照片，均以其鲜明的时代性和珍贵的资料性，成为国家宝贵的文化财富。

大量鼓舞斗志、陶冶情操的红色文化作品的涌现，促进了根据地新民主主义文化运动的蓬勃发展与繁荣，为夺取抗日战争和解放战争的胜利做出了积极贡献。

总之，沂蒙革命根据地的党政军领导以马克思主义为指导并与当地实际相结合，以人民群众为主体，救亡与启蒙并重，在沂蒙进行了文化教育活动，这不仅培养了大批党政军人才，而且为沂蒙带来了先进的文化教育，提高了沂蒙人民的政党意识、军事素养和文化教育水平。

四、清正廉洁，依法施政[①]

在革命战争年代山东党政军领导干部特别重视廉政建设、依法施政和反腐工作。山东抗日民主政权在成立伊始，就十分重视加强廉政建设。1940年8月17日，在山东省战时工作推行委员会宣誓就职典礼上，全体委员诵读的誓词中就申明：“彻底实行民主政治，建立廉洁政府。”首席组长（后为省政府主席）黎玉，在致答词时表示：“实行廉洁作风，惩戒各种贪污腐化营私舞弊的

① 本部分参考了李维民、权惠春撰写的《山东抗日民主政权的历史贡献与经验》一文，见《临沂大学学报》2015年第5期。

行为。”[①]秘书长陈明在山东省第一次行政会议的结论中指出：抗日民主政权的新作风，“应该是抗日、民主、廉洁、奉公”。“廉洁一定能取得人民的拥护，不廉洁不配做一个共产党员，也不配做一个民主政权的官吏。”“我们参加民主政权工作，绝不是为了升官发财，也不是混饭吃、找差事，而是为了抗日，为了革命。”[②]黎玉在这次会议的闭幕词中严正指出：“新民主主义的明显标志，就是廉洁化，要反对贪污、腐化、浪费，贪污一定要枪毙！大吃大喝是剥削者压迫者的旧政权的作风，我们是抗战的代表人民利益的民主政权，是不能容许的。如果那一县有这种现象，就是那一县的耻辱，那一个人有这种行为就是新官僚、投机分子。”[③]

山东抗日民主政权不仅发表了廉政宣言，而且采取了一系列切实有效的措施。

（一）倡导清正廉洁，预防惩治贪腐

1.倡导清正廉洁，预防腐败

在山东抗日民主政权发布的有关廉政建设的法律法规中，除少数惩治性的法律外，绝大多数属于预防贪污腐败的各种制度和规定。例如，为了防止招待费的贪污浪费，1940年11月7日，山东省战时工作推行委员会发布了《关于招待费及菜金马干费的决定》，明确规定：“（一）凡我各级机关、部队、团体间人员相互往来，不得报销招待费，尤其下级政府对上级政府或部队派来之人员，更不得随意招待。自通知之日起，如有招待用费，公家概不准报销。违则由私人负责赔偿。（二）如遇统战来宾及其他特殊情形必须开支招待费时，每人每餐不得超过4角。会议会餐应尽量减少，如必要时，每人不得超过2角5分。各种训练班学员毕业，会餐费不得超过二角。（三）凡我机关、部队、团体人员因公往来时，必须携带菜金；有马匹时，携带马干费，按日交给所住机

① 山东省档案馆、山东社会科学院历史研究所：《山东革命历史档案资料选编》（第六辑，1940.10—1941.5），山东人民出版社1982年版，第62页。

② 山东省档案馆、山东社会科学院历史研究所：《山东革命历史档案资料选编》（第六辑，1940.10—1941.5），山东人民出版社1982年版，第56页。

③ 山东省档案馆、山东社会科学院历史研究所：《山东革命历史档案资料选编》（第六辑，1940.10—1941.5），山东人民出版社1982年版，第62页。

关管理人员，不得另报客饭、菜金及马干费（即草料费——作者注）。”[①]

1941年新年前夕，还下发了各级机关、部队、团体每人一律发5角年节费的规定。1942年春节前夕发布的《关于招待会餐等费之决定》中规定：“一、各机关、团体、部队之来宾，除带有统战性质之外宾，一律给以普通饭菜，不得额外招待，亦不得报销招待费。二、凡外来之统战来宾必须招待者，每人每餐不得超过八角。其经团级或县级以上之首长批准须要特别招待者，得酌量增加之，但在决算单据上必须注明招待之人，否则不得报销。”[②]

《山东省各级政府用费开支标准》，对于各级政府的办公费、各级公务人员的津贴费等，都作了明确规定。办公费从20户至40户的村公所到一等专员公署共分15类，从最低每月3元到最高150元。津贴费从专员到战士，每人每月最高的5元，最低的1元[③]。对于机关、部队、团体人员的口粮、菜金、服装、鞋袜、养病、育婴、烤火等费用，也都分别制定了明确的标准，并有专门文件下发。在《关于口粮丶标准及领取、食用办法的通令》中，除规定了粗细粮的标准外，还规定：“各机关部队团体一律自做自食，不得向群众以生换熟，更不得以粗换细。如遇战斗环境必须换熟时，须经乡村政权向群众动员说服，按供给机关规定之数目兑换，不得随意增减之。”[④]

1942年7月28日，山东省战时工作推行委员会还专门颁布了《关于严禁贿赂的决定》，指出：“假馈赠之名而行贿赂之实者，应以贿赂论，政府应追究其馈赠的动机、目的、费用来源，予行贿者及受贿者以适当的处分……奖励各方举发揭告，报纸批评，共维社会之善良风俗，杜绝贪污浪费的流弊。”[⑤]

审计，是防止贪污浪费的一项重要制度。1942年6月，山东省临时参议会

---

① 山东省档案馆、山东社会科学院历史研究所：《山东革命历史档案资料选编》（第六辑，1940.10—1941.5），山东人民出版社1982年版，第62页。

② 山东省档案馆、山东社会科学院历史研究所：《山东革命历史档案资料选编》（第八辑，1940.10—1941.5），山东人民出版社1982年版，第159页。

③ 山东省档案馆、山东社会科学院历史研究所：《山东革命历史档案资料选编》（第七辑，1940.10—1941.5），山东人民出版社1982年版，第379～387页。

④ 山东省档案馆、山东社会科学院历史研究所：《山东革命历史档案资料选编》（第六辑，1940.10—1941.5），山东人民出版社1982年版，第98页。

⑤ 山东省档案馆、山东社会科学院历史研究所：《山东革命历史档案资料选编》（第六辑，1940.10—1941.5），山东人民出版社1982年版，第444页。

通过公布了《山东省审计处暂行组织条例》和《山东省审计暂行条例》，规定：省设审计处，主任公署设审计分处，专署设审计员。“各级审计处受各该地区检查委员会之领导，并受行政委员会之指导，但仍保持其独立之系统。”审计条例共13条，对审计内容、方法、时间、要求等都作了具体明确的规定。并且规定：“审计处及审理分处审核之决算如认为有问题时，即通知其主管首长提出声辩书，或派人实地审查，如发现贪污舞弊情节时，得提请同级检察委员会检举。”①

山东抗日民主政权发布的一系列有关廉政建设的法律法规，明确具体、切实可行。对于培养公务人员的廉政意识，防止贪污腐败，密切党群军民关系，起到了良好的作用。

2.惩处贪污腐败

山东抗日根据地不但制定了有关廉政的法律法规，而且重视教育，督促检查，令行禁止，严肃惩处了贪污腐败分子。

山东省抗日民主政权成立刚刚4个月，山东省临时参议会就在1940年12月3日颁布了《山东省惩治贪污暂行条例》，明确规定：“本省所属之行政机关、武装部队及公营企业之人员，触犯本条例规定之罪者，依本条例处断之。”条例列举了十条贪污罪行，并根据罪行轻重，规定了从一年以下徒刑至死刑的各种刑罚②。4年之后，1945年3月10日，山东省临时参议会又颁布了《修正山东省惩治贪污暂行条例》，将“擅移公款作为私人营利者”“假借公家名义私收捐税或私募资财者”列为贪污罪行。由于物价上涨，判刑的金额也相应提高。

山东抗日根据地的领导人，经常通过讲话、报告进行廉洁奉公、反对贪腐的教育。山东省战时行政委员会委员兼财政处处长艾楚南，专门写了5000余字的《反对贪污浪费》文章，在《山东民主导报》上发表。

① 山东省档案馆、山东社会科学院历史研究所：《山东革命历史档案资料选编》（第八辑，1940.10—1941.5），山东人民出版社1982年版，第357～358页。

② 山东省档案馆、山东社会科学院历史研究所：《山东革命历史档案资料选编》（第六辑，1940.10—1941.5），山东人民出版社1982年版，第151～152页。

从1941年开始，在组织广大群众开展生产运动的同时，在部队、机关、团体中开展了生产节约与反对贪污浪费的斗争。检查整理了2200余村的财政，对税收人员和生产管理人员进行遵纪守法教育，裁汰了违纪失职分子，严格了制度，加强了督查工作。在部队还进行了检查群众纪律的活动，挨村挨户调查有没有损物未赔偿等拖欠群众钱款的情况。

对于贪污腐败分子，则严格依法惩处。1942年6月16日，山东《大众日报》第一版，刊载了鲁南专员公署处理反贪污案件的报道：费南县政府二科仓库主任，私造收据贪污税收田赋款1250元；县府秘书处军用代办股长，三次贩卖流通券，贪污1340元。两犯均依法判处死刑。滨海专署行政委员王子金，贪污公款，霸占土地，欺压群众，并且勾结敌伪，经群众举报，被滨海区参议会罢免了行政委员职务，移送司法机关法办，受到群众的赞扬。

山东抗日根据地在廉政建设方面取得的丰硕成果，具有深远的历史意义。在抗日战争最艰难的时期，山东老百姓舍生忘死救治八路军伤员，掩护抗日民主政府干部，就是因为他们心悦诚服地认为，共产党领导的八路军真正是人民的军队，抗日民主政府是清正廉洁为人民办事的政府。这种正能量，从抗日战争一直延续到解放战争和中华人民共和国成立。

山东抗日根据地的廉政建设，是当年中国共产党人清正廉洁的缩影，闪烁着永不磨灭的光辉。

（二）建立法治政府，坚持依法施政

在战争环境下的根据地，能不能实行法治？山东抗日根据的实践，作出了肯定的回答。山东抗日民主政权，根据抗日战争时期中国共产党提出的新民主主义的政策方针，在政治、经济、文化等各个方面，制定和发布了一系列的法律法规，坚持依法施政，取得显著成果。

1.颁布施政纲领，建立法制体系

1940年7月7日，在山东各界代表参加的联合大会召开前夕，后来任山东省战时工作推行委员会秘书长和中共山东省战时工作推行委员会党团副书记的陈明，在《山东抗日民主政权工作与当前任务》一文中指出：“所谓政权中的新民主主义的法治的领导，就是要确定政府的施政方针，颁布各种单行法令和制度，一切按照法律行事……法治的领导，就是政令修明、言出法随、赏罚严明、说服与强制并用。”

1940年8月7日，山东省临时参议会和战时工作推行委员会成立仅一周，就颁布了《山东省战时施政纲领》。这个纲领是中国共产党抗日民族统一战线方针与抗日救国十大纲领，和国民党提出的《抗战建国纲领》的地方化与具体化，是新民主主义的政治原则在山东抗日民主根据地的具体化。它带有地区根本法的性质，相当于根据地的宪法，是进行各项立法和地方立法的根据。

施政纲领的内容涉及实施民主政治、改善人民生活、建设财政经济、发展文化教育、广泛武装群众、实施妇女解放等方面，从总体上规划了建设新民主主义山东根据地的蓝图，为山东抗日根据地各项建设事业及政权工作的开展指明了方向。1941年4月27日，中共中央《关于发布陕甘宁边区施政纲领的指示》，要求“广泛散布此纲领……使我全党全军全民了解此纲领之严重意义。在军队中机关中学校中均以此作教材，须加熟读”[①]。在此前的1940年9月7日，《山东省战时施政纲领》全文即在《大众日报》公开发表，1943年8月，又根据新形势的发展，结合实践经验，对施政纲领重新修订公布。

1940年山东各界代表参加的联合大会，颁布了《山东省临时参议会组织条例》，明确参议会是民意机关，也是立法机关。条例规定：“参议会对于有关抗战建国及省政应兴应革事宜，得制定本省单行法规。”“山东省政府之重要施政方针，于实施前应提交山东省临时参议会议决。”“参议会有通过全省预算及审核预算之权……有议决本省经济、建设、财政、教育、行政及武装等重要设施之权……有听取山东省政府施政报告之权……有向山东省政府提出质询之权……有弹劾罢免本省抗战不力、违法失职之各级官吏之权。”[②]1943年9月，山东省临时参议会通过的《修正山东省临时参议会组织条例》，更明确地规定：“山东省临时参议会为代表本省人民之最高权力机关。”并对其职权综合归纳为更明确具体的12条，包括“制定或通过本省施政纲领，制定本省单

① 《中共中央文件选集》(第13册)，中共中央党校出版社1991年版，第88页。
② 《大众日报》1940年8月19日。

行法规……审议政府请议及人民请愿事项”等内容[①]。

《山东省战时工作推行委员会组织大纲》，规定该会职权为：“1.领导与推动全省各级抗日民主政权之行政工作。2.计划指导与推动全省地方武装与群众武装之动员、组织、训练等工作。3.指导与推动全省各级抗日政府之一切财政、经济、建设等工作。4.指导与推动全省国民教育之一切工作。5.指导与推动全省群众战时动员工作。”[②]各级参议会和各级政府的组织条例，规定了各自相应的职责和权利。这些组织条例，奠定了建设法治政府的基础。之后，在一年多的时间内，又连续颁布了有关政权建设、廉政建设、法制建设、经济建设、文化建设等各个方面的法律法规有100多件，初步形成比较全面的法制体系，使依法施政有了法律依据。1943年8月，山东省战时行政委员会主任黎玉，在总结山东抗日民主政权三年工作时说：“从此，山东抗日民主政权从‘人治’到初步‘法治’，从不统一到统一，从对民主政治之模糊认识到民主政治之普遍发展。”[③]

2.为公检法立法，完善司法体制

山东省临时参议会成立后，为完善司法体制，规范公安、检察、法院的职权，发布了一系列有关的法律法规。1941年4月召开的省参议会第九次驻会委员会议，通过了《改进司法工作纲要》等七项司法条例。《改进司法工作纲要》是一部带有总则性的公、检、法的组织法，对审级制度、司法机构的设置、检察机构的设置、调解委员会的设置、司法人员的选任等内容都作出了规定。甚至涉及了法律适用依据、诉讼手续简化、诉讼费用减免、陪审制度等一些司法程序的内容。

依据《改进司法工作纲要》制定的《高级审判处暂行组织条例》《地方法院暂行组织条例》《县司法处暂行组织条例》《各级检察委员会组织条例》，在

① 山东省档案馆、山东社会科学院历史研究所：《山东革命历史档案资料选编》（第十一辑，1940.10—1941.5），山东人民出版社1982年版，第7～8页。

② 山东省档案馆、山东社会科学院历史研究所：《山东革命历史档案资料选编》（第五辑，1940.10—1941.5），山东人民出版社1982年版，第266页。

③ 山东省档案馆、山东社会科学院历史研究所：《山东革命历史档案资料选编》（第十辑，1940.10—1941.5），山东人民出版社1982年版，第230页。

4月23日同一天公布，明确规定："省设高级审判处，为全省终审审判机关。行政主任公署设高级审判处分处，代行高级审判处职务。""各专员区设地方法院"。地方法院处理"不服县司法处第一审判决而上诉之民事、刑事诉讼案件"。高级审判处处理"不服地方法院第一审判决而上诉之刑事、诉讼案件；不服地方法院第二审判决而上诉之民事、刑事或诉讼案件；不服地方法院裁定而抗告之案件"[①]。从而建立了三级三审制。

《各级检察委员会组织条例》，是根据《改进司法工作纲要》制定的第一个也是唯一一个关于检察委员会制度的单行组织法规，规定了检察委员会的宗旨、产生、组成、职权及活动原则，实际上等同于检察院。并且明确规定："各级检察委员会为计划改进检察制度、领导推动检察工作之进行机关，与各级行政委员会及同级法院系平行关系。"[②]这一规定不同于当时陕甘宁边区检察机构从属于法院的规定，也不同于晋察冀边区、晋冀鲁豫边区的检察制度。山东抗日根据地是最早把检察机构从法院中独立出来，探索建立行政机关、法院和检察机关并列组成的政权体系，为中华人民共和国成立后建立"一府两院"制度提供了经验。

《山东省公安局暂行条例》《山东省公安总局组织细则》《主任区公安局组织细则》《专员区公安局组织细则》《县公安局组织细则》于1941年10月1日同时公布，对各级公安局的组织、任务、职权等作了具体规定。至此，山东省的公安、检察、法院都有了法律规范，但是，由于环境艰苦、战斗频繁、干部缺乏等原因，公检法组织机构难以全面落实，在精简整编中又有较大幅度的调整，山东的司法体制有一个逐步完善的过程。

五、人民至上，服务为先

沂蒙根据地的党政军领导以马克思主义群众观指导自己的言行，坚持人

① 山东省档案馆、山东社会科学院历史研究所：《山东革命历史档案资料选编》（第六辑，1940.10—1941.5），山东人民出版社1982年版，第356～360页。

② 山东省档案馆、山东社会科学院历史研究所：《山东革命历史档案资料选编》（第六辑，1940.10—1941.5），山东人民出版社1982年版，第355～356页。

民至上，服务为先，坚决走群众路线，注重保障人民群众的政治权利和经济利益，构筑了血肉相连、水乳交融、生死与共的党群关系和军民关系。

（一）实行民主，保障民权

《山东省战时施政纲领》载："实施民主政治。使一切赞成抗战、赞成民主者，不分党派、性别、信仰、种族、财产、文化程度，都能参加民主政治，实行选举、罢免、创制、复决等四权；村以上各级政权一律民选；成立各级参议会等民意机关；整饬司法，保障人民一切抗日之言论、出版、集会、结社、武装之自由；以发动民族一切生动力量，坚持抗战与彻底完成我全民族之统一与团结。"①

民主始终是和人权保障连在一起的，只有民主，人民群众的政治权利、人身权利、财产权利等各项权利才能得到有效的保障。1940年召开的山东各界代表参加的联合大会，是一次充分发扬民主的大会。

在联合大会上，许多代表对侵犯人权的事件提出尖锐批评，要求为保护人权立法。山东抗日民主政权领导人，对这个问题非常重视，联合大会最后决定由中共山东分局宣传部长兼省临时参议会秘书长李竹如组织起草《人权保障条例》。在联合大会结束后召开的第一次行政会议上，山东省战时工作推行委员会秘书长陈明在报告中宣布："我们要颁布保障人权法令条例，并要求各级政府坚决地做到保障人权"②。11月11日，山东省临时参议会讨论通过了《人权保障条例》，并在12月10日的山东《大众日报》第一版公开发表，并且载入了《中国共产党历史》③。这是我国历史上（包括晚清和民国时期）第一部专门的人权保障条例，也是中国共产党组织领导制定并公开发表的第一部人权保障条例。一年之后，陕甘宁边区参议会、冀鲁豫边区行政公署、晋西北临时参议会陆续发布了类似内容的法规。

山东省《人权保障条例》，第一条说明"为发扬民主，动员全民参战，贯

① 《大众日报》1940年9月7日。

② 山东省档案馆、山东社会科学院历史研究所：《山东革命历史档案资料选编》（第五辑，1940.10—1941.5），山东人民出版社1982年版，第373页。

③ 中共中央党史研究室：《中国共产党历史》（第一卷，下册），中共党史出版社2011年版，第561页。

彻法律保障人权之真精神”，制定本条例。第二条规定“凡中华民国国民，无男女、种族、宗教、职业、阶级之区别”，在法律上一律平等。第三条规定人民享有“选举、罢免、创制、复决之权”。第四条规定“人民有下列之自由：（一）人民有身体与抗日武装之自由；（二）人民有居住与迁徙之自由；（三）人民有言论、著作、出版、集会、结社之自由；（四）人民有信仰宗教与政治活动之自由”。在其他条款中，还规定了“凡人民因犯罪嫌疑有逮捕之必要者，非持有逮捕状不得逮捕”，“凡各级公务人员违法侵害人民之自由或权利者，除依法惩戒外应负刑事及民事责任，被害人民就其所受损害，得依法律请求赔偿”。“凡经判处死刑之罪犯，非经主任公署批准后不得执行”。这一规定取消了县和专署两级的杀人权，对防止发生冤假错案起了重要作用。

这个不过1500字，只有12条的《人权保障条例》，简明扼要又比较全面地概括了人权保障的基本内容。在极端艰苦的战争环境中，山东省临时参议会制定出这样一个人权保障条例，是难能可贵的。用当今民主与法制的观念来审视这个条例，亦无陈旧或缺失之感。这个条例的制定，是山东抗日民主根据地民主法制建设的一项重要成果。

山东抗日民主政权还发布了一系列与保障人权有关的通令、训令、条例。例如，在《关于厉行保释减少羁押人犯与改善犯人待遇的通令》中指出：“查各级司法机关，对于民刑案件时有不分案情轻重、嫌疑大小，滥行羁押，甚至无故加以身体之束缚，而看守人员亦不少对犯人横加侮辱，任意打骂等不良行为。若不即时纠正……更有违背法治精神，保障人权之真谛，兹为纠正上述错误，正确掌握政策，达成保障人权之任务，特制定后开决定。”[①]在通令后面附了五条具体决定。1942年9月27日，公布了《山东省各级公安局拘押差犯暂行条例》，其中有“对差犯不得侮辱、虐待或体罚”等规定[②]。在《关于锄奸纪律的命令》中规定：“处决未犯死罪之犯人者，除予行政处分外，并受刑

① 山东省档案馆、山东社会科学院历史研究所：《山东革命历史档案资料选编》（第八辑，1940.10—1941.5），山东人民出版社1982年版，第474～475页。

② 山东省档案馆、山东社会科学院历史研究所：《山东革命历史档案资料选编》（第九辑，1940.10—1941.5），山东人民出版社1982年版，第47页。

事处分。不按手续逮捕人犯者，申斥屡戒不悛者，严重处分。假公报私妨害人权者，以诬陷论罪……”①

山东抗日民主政权如此重视保障人权，是与中共中央山东分局的领导分不开的。1939年朱瑞任中共山东分局书记后，与曾任山东省委书记、后来负责山东省政府工作的黎玉，积极致力于山东根据地的民主建政和法制建设，取得一系列成绩。1943年康生在延安大搞严重侵犯人权的“抢救”运动时，消息和指示传到山东，时任中共山东分局书记的罗荣桓，汲取历史的教训，为维护法制、保障人权，断然决定在山东不搞延安那种抢救运动，保护了大批干部，受到广泛赞誉。

（二）立足人民，依靠人民

在革命战争时期，中国共产党在沂蒙的党政军站在人民群众的立场上，坚定不移地相信群众，为了群众，与人民群众同呼吸，共命运。

在沂蒙工作的党政军领导十分重视党群、军民关系。1942年，刘少奇在沂蒙调研后得出了“群众是共产党的母亲，党是群众的儿子”的著名论断②，为中国共产党正确处理与人民群众的关系定准了基调。

在沂蒙革命老区转战6年之久的罗荣桓始终把自己看成群众的一员，把群众看成自己的亲人，愿意接近群众，坚持同群众打成一片，和群众同甘共苦。他认为，党一刻也离不开群众，人民群众是领导干部身上的血液，领导干部脱离了群众，生命就要枯竭。

第一一五师刚到山东时，由于群众对部队不了解，村民有时不让部队进村。这时，罗荣桓就说：“群众不让我们进村，是因为对我们不了解。在这种情况下，我们应以自己的实际行动向群众宣传我军抗日救国的主张，以取得群众的信任和支持，决不能和群众为敌。”③群众见部队秋毫无犯，同意部队进村。

---

① 山东省档案馆、山东社会科学院历史研究所：《山东革命历史档案资料选编》（第九辑，1940.10—1941.5），山东人民出版社1982年版，第422页。

② 鲁振祥：《刘少奇百周年纪念》，中央文献出版社1999年版，第31页。

③ 肖长桃：《雪夜露营》，见《罗荣桓传》编写组编写《回忆罗荣桓》，解放军出版社1987年版，第332页。

部队进村后，罗荣桓立即组织部队帮助群众打扫卫生、劈柴、挑水、理发、看病，宣传党和军队的路线、方针、政策，很快拉近了和村民的距离，进而形成了良好的军民关系。

罗荣桓对毛泽东关于“战争的伟力之最深厚的根源，存在于民众之中”的论述感受很深。他认为，人民战争要靠人民供给和支援才能打赢，应当尽量减轻人民的负担，不浪费一粒粮食，不多用一个民夫、一辆大车、一匹马。在抗日战争最困难的1942年，他发动部队开展了生产节约运动，减轻了沂蒙革命根据地人民的负担，克服了由于敌人封锁而造成的困难。部队和老乡一样，吃的是煎饼野菜。当时的煎饼主要是用掺着糠的高粱面做成的，又黑又硬，咬嚼起来十分费劲。师部有些从上海等南方城市来的人不会卷煎饼，就用双手捧起煎饼吃，样子很像读报。于是当开饭吃煎饼时，他们便开玩笑说：“读报啦！读报啦！”久而久之，“读报”就成了在沂蒙吃饭的代名词。罗荣桓是第一一五师政委，患有很严重的痔疮和肾病，同志们想给他开点小灶，但被他拒绝，也与指战员一样每天“读报”。罗荣桓的儿子罗东进在2岁到6岁期间，像许多革命者的后代一样，一直断断续续寄养在沂蒙老乡家中，吃百家饭长大。所以2014年4月，罗东进在接受采访时说：“在沂蒙山区吃剌嗓子的煎饼，靠大爷大娘搁到嘴里头嚼碎了，像喂小鸟一样嘴对嘴把我们喂养大。”并说：“父亲对我最大的影响和教育，是告诫我们不能忘记老百姓。”[①]“我是沂蒙老乡一口口喂大的”，“从小父母对我们说得最多的，就是‘你们不能忘了老百姓，是他们一口一口把你喂大’”[②]。

罗荣桓的夫人林月琴曾回忆说：“老百姓磨出来很多煎饼，挑着来慰劳军队。有的时候还长霉了，但霉了也得吃……罗荣桓强调再苦也要照顾老百姓，守纪律，不能破坏群众纪律，群众吃什么我们吃什么，所以跟群众关系搞得好。……罗荣桓经常讲：‘山东的老百姓真正好。’他最喜欢山东老百姓。”[③]

---

① 冯欣楠、张敏：《罗荣桓之子罗东进在汉忆父亲教诲》，《长江日报》2014年4月12日第4版。

② 刘兆阳：《罗东进来汉谈家风：父亲告诫我们不能做八旗子弟》，《武汉晚报》2014年4月12日第A02版。

③ 林月琴：《罗荣桓在山东》，傅宝君、史建琴、徐少杰：《抗日烽火忆当年》，齐鲁书社1997年版，第222～223页。

朱瑞经常深入到民众之中。如在1943年春，山东分局住在滨海区三界首村时，他和机关工作人员经常到田间帮助群众春耕。一次，警卫班长徐洪德怕累着朱瑞，让朱瑞砸土块。但是，朱瑞不同意，他不愿意干轻快的活，坚持拉犁。结果，不到一上午的时间，他肩上的衬衣就被绳子磨破了。

对部队指战员来讲，在沂蒙抗日根据地，“枪声就是命令”，“要主动打击敌人，保卫人民”。不管在什么情况下，只要群众遭劫遇难有危险，部队就立即前去解救。这方面的事例特别多。例如，1942年9月28日，临（沂）郯（城）公路各据点的日伪军出动700余人，在日军三十二师团的小林联队长的亲自指挥下，分两路向沭河西岸的岌山一带进犯。第一一五师教导第二旅四团闻讯后，立即率领两个营投入战斗。打了不到一天，就将“扫荡”之敌全部击溃，打死日军小林联队长以下30多人、伪军70多人，俘虏伪军40多人，受到了群众的赞扬。

在没有战斗任务时，部队官兵除了昼夜站岗巡逻、保卫民众之外，还经常帮助群众劳动。久而久之，军民就自然而然地打成了一片，而劳动则成了联系群众的基本方式之一。因此，黎玉在总结工作经验的基础上认为：“帮助群众劳动是爱民的具体表现，是军民感情军民打成一片最有效的行动，……一种是帮助群众季节生产劳动，如春耕、夏收、秋收，在边沿区并配合抢收、抢耕、抢打场；一种是帮助群众日常劳动，如捣粪、抬粪、推粪、挑水、铡草、推磨、抬土、推碾、托坯、打炕、挖水沟、搬草、钻磨、摘花生、切瓜干、起地瓜、捕蝗虫、盖房、剃头、劈柴、打场、喂猪、拦鸡、垫牛栏、喂牛等家务劳动，……要尽我们的可能的力量，处处为了群众打算。”①所以，帮助群众劳动成了沂蒙党政军的一贯做法，成了沂蒙党政军始终扎根于人民群众之中的法宝之一。黎玉还要求：“坚决实行拥爱公约，以影响群众，团结群众，打下组织群众的准备工作。”②在谈到发展为群众服务的民办合作社时，黎玉还指出：

---

① 《拥政爱民与军队群众工作的建设——一九四四年四月黎玉同志在军区政工会议上的报告》，《山东革命历史档案资料选编》（第十一辑，1943.10—1944.4），第409～410页。

② 《拥政爱民与军队群众工作的建设——一九四四年四月黎玉同志在军区政工会议上的报告》，《山东革命历史档案资料选编》（第十一辑，1943.10—1944.4），第402页。

"不仅机关生产为了自给经济、改善生活、建立革命家务，而且必须照顾群众，示范群众，这才是为群众服务的本色。"①

立足于人民群众是由中国共产党的阶级性决定的。从阶级本性上讲，中国共产党的党员干部是群众，应该在人民群众之中，站在人民群众的立场上，做人民群众的贴心人。刘少奇曾指出："共产党员的党性，就是无产者阶级性最高而集中的表现，就是无产者本质的最高表现，就是无产阶级利益最高而集中的表现。"②因此，可以说，阶级性是中国共产党党性的重要组成部分。当然，从另一个角度来讲，中国共产党的党员干部是人民群众中的先进分子，应比普通群众肩负更多的责任。所以，共产党人既不能丢掉群众的立场，也不能回避应承担的责任义务。只有这样，才能处理好彼此的关系，才能使革命从胜利走向胜利。革命战争时期，战斗在沂蒙的党员干部用事实证明了这一点。

（三）维护人民利益，得到人民支持

革命战争年代，在沂蒙的中国共产党的党员干部观点鲜明，始终坚持党和人民的利益高于一切，像爱护自己的眼睛一样爱护群众利益。1944年4月，黎玉在山东军区政工会议上的报告中指出："爱护群众利益像爱护自己眼睛一样，要尽我们的可能的力量，处处为了群众打算。""一切战时、平时环境要处处爱护群众利益，严格遵守群众纪律。"③八路军第一一五师教导第二旅四团政治委员吴岱曾回忆说："在艰苦的战争年代里，最大的拥政爱民，就是要不惜一切代价用战斗来保卫人民政权和群众利益。""平时一切从人民利益出发，保卫群众麦收，助民秋收秋种，生产自救减轻人民负担等。""古贺区的干部群众为表示感谢，给我们团送了一面绣着'滨海屏障'的锦旗。"④

在抗日战争最困难的时期，罗荣桓和山东的党政军领导开展减租减息和生

---

① 《继续开展大生产运动——黎玉主任委员在山东省第二次行政会议上的总结报告节录》（一九四四年一月七～八日），山东省财政科学研究所、山东省档案馆合编：《山东革命根据地财政史料选编》第二辑，山东人民出版社1985年版，第86页。

② 中共中央文献研究室：《"十三大"以来重要文献选编》（下），人民出版社1993年版，第154页。

③ 《拥政爱民与军队群众工作的建设——一九四四年四月黎玉同志在军区政工会议上的报告》，《山东革命历史档案资料选编》（第十一辑，1943.10—1944.4），第402页。

④ 中共临沂市委：《沂蒙将军颂》（抗日战争卷），山东文艺出版社1998年版，第640、644、645页。

产节约运动，克服由于敌人封锁造成的困难，减轻了根据地人民的负担，极大地调动了沂蒙革命根据地人民参加革命的积极性。

利益问题关系到党群关系，是我们党无法回避的问题。关于利益问题，刘少奇曾经说：“共产党除了人民的利益与目的外，没有其他的利益与目的。”[①]“人民的利益，即是党的利益。除了人民的利益之外，党再无自己的特殊利益。最广大人民群众的最大利益，即是真理的最高标准，即是我们党员一切行动的最高标准。”[②]在这里，刘少奇以利益为着眼点，阐述了党的性质、党性和人民性的关系，进而指明了群众工作的突破口。所以，他到达沂蒙根据地之后指出，组织群众运动，开展群众工作，首先要关注人民群众的经济利益，在改善了群众生活之后，再逐步地提高他们的思想觉悟、政治觉悟和阶级觉悟，引导他们积极参加政权工作，参加武装斗争。这在理论上解决了党把人民群众的利益放在心中最高位置的问题，也为开展群众工作找到了突破口和抓手，更为理解我们党的土改运动找到了钥匙。

战争年代的党员干部把群众的利益放在心上，还体现在一些“小事”上。例如，抗日战争时期，赵镈任中共鲁南区委书记时，他的马踩坏了老百姓的两个西瓜。他当时就掏出两个铜钱放在了被踩烂的西瓜上，第二天又亲自找到西瓜的主人赔礼道歉。

罗荣桓在检查工作中，发现有人为便于在反“扫荡”中隐蔽部队、疏散群众，强令老百姓在收高粱时不准砍高粱秆，否则就要严惩。他当即予以纠正，并指出，对群众不能搞强迫命令，即使做对群众有益的事，也要把道理讲清楚，要把我们党和军队的要求变成群众的自觉行动。又如，在1942年山东抗战最艰难的时期，我军主要在夜间行动，但由于群众家的狗叫唤，经常发生狗叫为鬼子报信的坏事。于是，罗荣桓和陈光、朱瑞等人开会，研究打狗问题。罗荣桓指出，最近狗叫坏事的事屡屡发生，我们还牺牲了多名士兵，这是

---

① 刘少奇：《论抗日民主政权》（一九四〇年十二月），《刘少奇选集》（上卷），人民出版社1981年版，第177页。

② 刘少奇：《论党》（一九四五年五月十四日），《刘少奇选集》（上卷），人民出版社1981年版，第177页。

一件很痛心的事。当前，我们正处于最困难的时期，凡事要小心谨慎。现在狗帮我们的倒忙，成了敌人的哨兵，当了日军的帮凶。他提议在根据地开展“打狗运动”。他强调，“要把打狗的必要性、意义等向群众讲清楚，千万不能因打狗而引起群众的不满和对立！”得到了陈光等人的认可。但是，由于狗通人性，一些群众舍不得打狗，还有群众担心没有狗守家不行。结果，打狗运动受阻。看到这种情况，《战士报》刊发文章，要求“群众理解、拥护”。并在文章中指出：“打狗运动是政府的号召，狗叫会影响部队的行动，会暴露我军的行踪。”罗荣桓看到文章后，马上找来《战士报》的社长，意味深长地说：“宣传为什么要打狗，不能只说为了便利部队夜间行动，要替群众着想，从关心群众的利益出发。比方说，鬼子‘扫荡’时，也常常夜间出来，听见狗叫，就知道那里有村庄，顺着声音找来，老百姓就会遭殃。这样讲，老乡们更容易接受。”[①]社长听后马上完善了宣传内容。各村也迅速召开了动员会，“打狗运动”便蓬勃开展起来了。

刘少奇在“小事”上也非常体贴群众。如他到达沂蒙后，在临沭县朱樊村期间，常常工作到深夜。但房东天不亮就起来推磨，影响到了他的睡眠。工作人员悄悄地要求房东改变推磨时间，刘少奇知道后，严肃地对工作人员说：“农民白天忙于农活，只好早起晚睡干家务，不要影响了他们的正常生活。”此事传开后，大家都非常感动。

从上述论述和工作细节中，足可以看出人民群众在黎玉、罗荣桓、刘少奇等革命前辈心中的位置和他们在维护群众利益方面的光辉实践。正因为如此，他们得到了人民群众的无私支持和大力拥护。正如粟裕后来回忆的那样：“山东的党，各级政府和人民群众，特别是原华中部队进入山东后驻扎的临沂地区的人民群众，在天寒地冻的严冬季节，给部队以热烈的欢迎和无微不至的亲切关怀、照顾，那种深情厚谊、鱼水之情，使全体指战员感到无比的温暖。临沂地区的人民，宁肯自己吃糠，吃地瓜叶，甚至以树叶、野菜充饥，也要把用小麦、玉米、小米、高粱做的煎饼送给部队。宿营时，有的群众把刚结婚的新房

---

① 辛涧：《罗荣桓在山东抗日前线》，见王积业编：《元帅的风采》，中国大百科全书出版社1992年版，第346页。

也腾给我们住，妇救会、‘识字班’的妇女到各班去问寒问暖，抢着缝衣服、鞋袜；许多老大娘把自己赖以换取油盐的鸡蛋拿出来，甚至杀了老母鸡，送给部队的伤病员。山东人民在战争中组成浩浩荡荡的支前大军，车轮滚滚，担架如林，前送粮弹，后运伤员，放哨带路，看押俘虏……他们是那样地坚强勇敢，不怕困难，奋不顾身，竭尽全力地支援人民子弟兵。”[①]作为亲历者，粟裕的感受是深刻的，也是非常正确的。

六、爱党爱军，无私奉献

在革命战争年代，在沂蒙工作的党政军领导和人民群众谱写了爱党爱军的光辉篇章，在政治上，展示了他们所具有的立场坚定、方向明确、追求执著的崇高信仰和价值追求；在行动上，表现为忠诚地贯彻落实党的路线方针政策，敢于斗争，不怕牺牲，无私奉献。

（一）贯彻落实党的路线方针政策

在沂蒙革命根据地，沂蒙党政军领导在党中央的领导下，坚定、忠诚地贯彻落实党的路线方针政策，致力于传播马克思主义思想，建立早期党组织，组织开展思想启蒙运动，教育、引导、唤醒群众，激发群众的革命热情；放手发动群众实行全民抗战，重视党政军群组织建设，领导群众开展“文化翻身”运动，浴血奋战保护群众，建立抗日民族统一战线，制定维护群众利益的抗日民主政府的施政纲领和法令，组织开展“减租减息”、生产救灾等；重视群众工作，党政军领导与群众同甘共苦，始终以群众的利益为最高利益，多种工作方法并用，讲究群众工作艺术，创造性地开展群众工作，为抗日战争和解放战争的胜利做出了重要贡献。

正是因为在最艰苦卓绝的年代，中国共产党及其领导的人民军队把民族利益、国家利益、人民利益放在首位，并为此不畏强暴，英勇战斗，不怕牺牲，前仆后继，才使沂蒙人民真正认识了党的性质和人民军队的本色，沂蒙人民从切身实践中进一步感受到中国共产党是为劳苦大众求解放的党，是全心全意为

① 粟裕：《粟裕战争回忆录》，解放军出版社2007年版，第631～632页。

人民谋利益的党，从内心深处更加感激和拥护中国共产党，从而才进一步坚定了跟党走的信心和决心。

在中国共产党的领导下，沂蒙人民经过长期战争考验，从亲身经历中体验到了党的英明伟大，形成了坚定的爱党爱军的政治觉悟，并将这种发自内心的爱转化为实际行动。沂蒙地区党组织的建立，马克思主义和党的主张的传播，使沂蒙人民明白了革命的道理，认识到中国共产党是为广大劳苦大众求解放、谋利益的党。

抗日战争时期，中国共产党及其领导的人民军队在沂蒙山区开辟了全国著名的抗日根据地。在根据地，中国共产党及其领导的人民军队在中华民族生死存亡的危急关头，挺身而出，冲锋在前，为了民族利益、国家独立和人民解放，不怕牺牲，浴血奋战，捍卫了民族尊严、国家独立和人民利益。沂蒙人民从中看到了出路和希望，从内心深处产生了对中国共产党和人民军队的无比爱戴之情，他们怀着对日本侵略者的刻骨仇恨，积极参军参战，无私的支援革命，与党领导的人民军队一道奋力抵抗日寇的侵略。沂蒙军民同日本侵略者浴血奋战，前仆后继，谱写了一曲曲可歌可泣、彪炳千秋的壮丽战歌。

解放战争时期，沂蒙人民踊跃参军，拥军支前，与党及其领导的人民军队一起，为打败国民党的猖狂进攻，为人民的解放，为建立人民当家做主的新中国，并肩作战，为革命战争的胜利做出了巨大的牺牲和贡献。

正因为沂蒙的党政军群忠诚地贯彻落实了党的路线方针政策，所以得到了毛泽东的高度评价："山东是执行中央十大政策的模范。罗荣桓一到山东，就在谁领导谁，谁团结谁，谁统一谁这个最根本的问题上，坚持正确路线。"①

（二）拥军支前，无私奉献

在战火纷飞的革命战争年代，临沂人民怀着对党的赤诚之心、对人民军队的无比热爱，用"最后一个儿子送战场、最后一口粮当军粮、最后一块布做军装"②

① 山东省档案馆、山东社会科学院历史研究所：《山东革命历史档案资料选编》（第六辑，1940.10—1941.5），山东人民出版社1982年版，第56页。

② 徐东升等：《基于沂蒙精神育人的社会主义核心价值观教育研究》，山东人民出版社2015年版，第148页。

的精神，毁家纾难，支持革命，用自己包括鲜血和生命在内的一切，谱写了一曲曲拥军支前的壮丽赞歌，涌现出了许多参军参战、救治伤病员、抚养军人后代、拥军支前的英雄群体和个人。

1.动员参军

在一切为了前线，一切为了打败日本侵略者的动员参军运动中，“沂蒙人民打破了儿子要传宗接代、丈夫是家庭顶梁柱的传统观念，涌现出了一大批送子送郎参军的先进人物，‘一门三英’‘一门四英’甚至‘一门七英’的模范家庭屡见不鲜”[①]。

（1）陈大娘送四子参军

闻名滨海区的劳动模范、临沭县夏庄的陈大娘有4个儿子，在首次“动参”中她送走了大儿子和二儿子，临别前她拉着儿子的手说：“上前线要多杀敌人，多立功，别给妈妈和乡亲们丢脸！”在她们母子的带动下，许多适龄青年纷纷报名参军上前线，全村掀起了母送子、妻送郎奔赴抗战前线的热潮。

后来，陈大娘在前线的两个儿子都牺牲了。在第二次“动参”中，她又送三儿子、四儿子参军，经村干部再三劝说，她才留下四儿子。1945年，三儿子负伤回家，她又把四儿子送上前线。

临沂大地正是因为涌现了许许多多的像陈大娘这样的英雄母亲，才使抗战的旗帜飘扬得更高！她们坚强朴实的形象，像一座座丰碑，在历史上写下了光辉的一页。

（2）王步荣送四儿一女上战场

在1945年的一张《大众日报》上，我们看到了这样一段歌词：“朝阳官庄彭大娘，参军工作做得强。母送子来妻送郎，四儿一女上战场。”

歌中唱的彭大娘，是沂水县朝阳官庄村的模范军属王步荣。在抗日战争中，王步荣送二儿子参加了八路军，当时她的丈夫已经去世，是她自己抚养四儿一女长大。二儿子在攻打鬼子据点时牺牲了，王步荣擦干眼泪，把三儿子送到区中队，斩钉截铁地说：“俺家老二牺牲了，给部队带来了损失。再把老三

① 徐东升等：《基于沂蒙精神育人的社会主义核心价值观教育研究》，山东人民出版社2015年版，第118页。

交给你们，让他多杀鬼子，给老二和牺牲的同志报仇！”抗战最艰难的时期，王步荣又把刚满14岁的小儿子和唯一的女儿送上了战场。1944年，王步荣成了村妇救会长，带领妇女们扭着秧歌宣传参军。回到家，她心一横，又把本来要留在身边养老的大儿子送去参军。在她的带动和影响下，全村出现了母送子、妻送郎的动人参军场面，当时争先报名参军的共达42人。为此，中共沂北县委授予朝阳官庄“荣冠全区”锦旗一面，中共二区区委奖给该村“保国争光”光荣匾一块。

（3）梁怀玉动员参军

莒南县洙边村梁怀玉与报名参军青年结婚的事迹，至今还在临沂广为流传。梁怀玉是十里八乡大有名气的俊俏姑娘，她生得容颜娇美，大方动人，是洙边四乡有名的“花魁娘子”。16岁那年，她表演反映夫妻生产的小戏《买驴》，在全乡大会演中，轰动了全乡，人们都说洙边村出了个“金凤凰”。1944年，19岁的她当选村“识字班”班长、团支部委员。1944年初，村里进行参军大动员。由于连年动员参军，村里符合条件的青年基本上都已经参军上前线了，而且不断有牺牲的烈士通知传回村中，给动员参军工作造成一定的难度。作为识字班班长，梁怀玉认为要起到模范带头作用，但看到自己的父亲年迈，弟弟又小，又没有其他亲人可以动员，她十分着急。经过反复考虑，她最后决定：为了抗日，贡献自己的爱情和婚姻。在参军动员大会上，村干部动员讲话之后，她第一个走到台上，勇敢地喊出了：“抗战打鬼子是最光荣的，俺识字班找对象就要找参加八路军的。谁当兵谁光荣！谁第一个报名参军，俺就嫁给谁！”在她的鼓动下，识字班的3名女青年也在会上表了态。于是，许多青年争相报名。第一个报名的是刘玉明，个子矮小，且家中十分困难，父亲双目失明，母亲患病常年卧床，妹妹幼小。但梁怀玉一诺千金，毅然嫁给了他。在她的鼓励下，洙边村有11人参军。刘玉明走后，梁怀玉在带领识字班积极拥军支前的同时，替丈夫承担起了照料家庭的重担。刘玉明在部队作战英勇，屡立战功，还当上了连长。

据统计，在抗日战争和解放战争时期，沂蒙地区共有20万人参军。这其中包含着根据地妇女动员参军的功绩。

2.救治伤员

在战火纷飞的年代，沂蒙妇女积极拥军支前，甚至涌现出了以乳汁救治八路军、解放军伤员的“沂蒙红嫂”，把沂蒙人民“爱党爱军，无私奉献”的崇高情怀展现到了极致。

（1）乳汁救伤员

明德英是沂南县横河村人，是个聋哑人。1941年，日军对沂蒙山区进行疯狂的大扫荡。一个年纪不大的八路军战士在战斗中身负重伤，被追到一片墓地中。小战士在坟茔、树木间不停地躲闪、奔跑，敌人不停地寻找、追赶。明德英这位看坟人的哑巴妻子，虽然不会说话，但她知道这个小战士是自己的同胞，是打鬼子负伤的。她不顾个人及全家的安危，立即冲上去将小战士拉进自家窝棚里，按在床上，盖上破烂不堪的被子，将小战士藏了起来，当小战士刚被掩藏好，日军就追过来了。日本兵发现她是哑巴，就比画着战士的身高、衣着，问她见到小战士没有。明德英毫不犹豫地朝西山指了指，示意伤兵已去了西山。机智地将鬼子兵骗走后，明德英立刻上前揭开被子，发现小战士因伤口流血过多，已经昏迷过去。正在哺乳期的明德英来不及烧水做饭，毅然将乳头塞进小战士嘴里，乳汁一滴一滴地滴进小战士的嘴里……小战士终于得救了。不死心的日军不断前来搜查，她与丈夫只好把伤员藏在一座空坟里。小战士伤口感染，脓水外流，她天天用盐水给伤员擦洗伤口。为了让小战士早日养好伤，家境十分贫寒的她，又杀了仅有的两只正在下蛋的老母鸡，给小战士熬鸡汤滋补身体。经过半个月的精心护理，小战士伤愈归队。而明德英为了保护小战士，自己的小儿子却被日本鬼子摔坏了脑子，因弱智生活不能自理。1年多以后，这位哑巴“红嫂”和她的丈夫，又从日军的枪林弹雨中抢救出一个年仅13岁的“小八路”庄新民。

1947年，人民解放战争的熊熊烈火燃烧在沂蒙山区。当时，华东野战军在沂南县明生村一带有一个医院。那时候条件艰苦，战事频繁，部队的伤员有三、五百人，而医护人员只有30人左右，根本照顾不过来那么多伤员。因此，沂南县委动员明生村、枣林庄、夏庄等伤病员驻村的群众担当起护理工作。这几个村都把青年妇女组织起来，护理伤病员。

她们3个人组成一个护理小组，给伤病员送饭、喂饭、洗衣服。每个村都抽出几个精明能干的中年妇女，建立起伤病员伙房，为伤病员做饭做菜，对伤病员照顾得无微不至。解放区人民对子弟兵的深情厚谊，给了伤病员极大的鼓舞，他们纷纷表示争取早日康复，重返前线。

有一个伤员，伤还未痊愈，就要求出院回前线。不让他走，他就哭闹。政委找他谈话，他说："我再不回前线，不但对不起党，对不起毛主席，也对不起救我命的那位大嫂！"原来他是孟良崮战役中在青驼寺一带打阻击战负伤的。因为是阻击战，敌众我寡，他们连完成了阻击任务，但伤亡较大，撤退时他的腿负了重伤。在敌人的追击下，他爬下了山，又爬到一个高粱橡子中藏了起来。由于失血过多和过度疲劳，他晕过去了。

附近村的一位青年大嫂到地里挖野菜时发现了这个伤兵，在一阵惊恐之后，她仔细地看了看，原来是个解放军伤员。她跪下身来，摸了摸伤员的头，知道他在发着高烧，昏迷不醒。她晃了晃他的身子，低声叫了几声"同志"，战士微微睁开了眼，连声喊："水，水……"在这荒郊野外到哪里去弄水？进村弄水，太远，也怕被人发现。怎么办？她急中生智，想到了用自己的乳汁去救活伤员。但她又一想，这怎么能行呢？我是个青年媳妇，叫伤员吃我的奶多不好意思啊！如果被家里人知道了那还了得！这时，她又看了看伤员，嘴唇干裂，面色蜡黄，奄奄一息，如不急救就会死去。于是，她想，我能眼看着这为国为民受了重伤的亲人死去么？想到这里，她毅然解开了衣襟，左手抱起伤员的头，右手托着乳头送到伤员的嘴里。

几口乳汁吃下去，伤员慢慢苏醒过来。当他睁开眼看到是一位大嫂在用自己的乳汁救他时，他觉得她就是自己的母亲，是高尚无私而伟大的母亲在自己身边，他百感交集地哭了。大嫂见他醒了，非常高兴，并告诉他："这里周围都驻扎着国民党、还乡团，村支书和干部群众都转移到界湖一带去了，你好好藏在这里休息，我天天抽空来喂你。"一连两天，大嫂真是这样做的。在第三天晚上，村支书带几个民兵回到村来，大嫂就把伤员的事如实报告了。村支书叫民兵弄来担架，连夜将伤员送到了医院。

送走了伤员，大嫂以恳求的口气对村支书说："我喂伤员的事，你千万不要向上级汇报，不要表扬我，我公婆丈夫都很封建，这件事如果叫他们知道了，就把我毁了。”村支书果然严守秘密，未向上级汇报这件事。

与掩护、抢救部队指战员和地方军政人员而牺牲的众多临沂乡亲相比，明德英和那位大嫂用自己的乳汁救伤员算不上什么英勇的壮举。但是，在当时受“男女授受不亲”封建思想影响的山村，她们这种机智果敢而又高尚的行为却是感天动地的。

（2）掩护、救治八路军战士

在抗日战争的艰苦岁月里，沂蒙人民以强烈的民族意识、朴素的阶级感情，支持了战争，掩护抢救了我党我军许许多多干部和战士，许多人为此而牺牲了自己的生命。

刘苦妮掩护八路军。1941年冬，日军大“扫荡”之前，八路军鲁中军区教导第一旅附属第三分所负责人荣斌，带领73名伤病员来到了费县北部的小布袋峪。这个村是这一带群众基础最好的村庄，村内有秘密党支部。书记是女的，名叫刘苦妮，40多岁，伤员还没到，她就在山梁上等着迎接了。当她看到担架上有位伤员还穿着单衣，冻得蜷曲着身子时，立即脱下自己的棉袄盖到伤员身上。村里人也拿来被子、棉衣。一会儿后，伤员全都有了御寒的衣物。小布袋峪住上了20名伤员和1个医疗小组，仅刘苦妮家就住了4个伤员。

从11月下旬开始，日军重点“扫荡”这一带，小布袋峪也驻上了100多个日伪军。他们经常抓人，见到牛羊就抢，还扬言“不交出八路军伤员、不交出粮食、不并村、不领良民证，一律以八路论处”。刘苦妮家的地洞离日军的一个帐篷很近，他们的脚步声、说话声在洞中都能听见。刘苦妮沉着冷静，叮嘱伤员不要害怕，洞顶是块大石板，不易发觉，就是敌人发现了也要沉住气。就这样熬过了两天一夜，直到敌人撤走后，他们才打开洞口爬出来。

他们刚出洞，迎面跑来一个人，一头扑到刘苦妮怀里，泣不成声地说：“婶子，不好了，俺叔他……”原来刘苦妮的丈夫已被日军烧死。为了引走驻在小布袋峪的日军，小布袋峪的5名民兵在西山上向敌人开火，结果，遭到山上和大布袋峪日军的包围。一场激烈的搏斗之后，5位民兵全部牺牲，其中就有刘苦妮的儿子铁柱。

看到这一情景，众伤员个个放声痛哭。刘苦妮连失两位亲人，两天没吃一顿饭，没饮一滴水，但仍带领全村群众反“扫荡”。伤病员们劝她保重身体，她说：“我一闭眼就看到鬼子在杀我们的人，全身就发热，感到很有劲，非要跟鬼子拼个死活不可！”

赵大娘掩护八路军。1941年冬，日寇大“扫荡”进了沂水县的村子。当时，在此养伤的八路军和群众十几个人藏在一个洞子里。鬼子搜查的脚步声在洞子上面咚咚直响，赵大娘4岁的儿子吓呆了，哇的一声大哭起来。在这万分危急的时刻，赵大娘来不及多想，一把将自己孩子捂进怀里。孩子哭得更加厉害，她就拉过被子使劲地捂紧孩子。孩子的哭声听不见了，可是那小手小脚在她怀里乱抓乱踢地挣扎，针刺般地揪着她的心。孩子的挣扎越来越没有力气了，赵大娘的心揪得更紧了。直到鬼子的脚步远去，人们赶紧把被子拉开，孩子已经停止了呼吸。

1942年冬，日本鬼子发动拉网式“扫荡”时，赵大娘抱着刚满3个月的最小的孩子外出躲藏，正碰上一个八路军战士被日军打伤，大腿血流不止，她急忙撕下自己的衣襟给他包扎伤口。这时鬼子正在四处搜查，赵大娘急中生智，找了一个树丛，把自己的孩子放进去，背起那个伤员藏进了山洞。日寇搜查离去，她急忙去找孩子时，发现孩子已经奄奄一息，身上爬满了蚂蚁。

管爱振舍命掩护八路军。管爱振是平邑县汪家坡村人，她的丈夫是八路军的一位排长。一天晚上，她的丈夫领人抬来4名伤员，对她说：“我们部队要突围，这4名伤员就交给你了，你一定要想办法保护好他们。”说完，他就急匆匆地走了。管爱振把4名伤员藏在蒙山北侧的山洞里，一日三次给他们送饭、送药。一天中午，10多个鬼子在汉奸的带领下闯进她的家，硬逼她交出八路军伤员。一个汉奸掏出一大把大洋往她手里塞，她连看都不看一眼，回答说：“俺从没见过八路！”鬼子蹿上来，扒掉她的上衣，用皮带狠狠地抽打，她的身上顿时皮开肉绽。她的公公见此情景怒发冲冠，抄起扁担就向鬼子砸去。鬼子开枪射击，她的公公倒在地上，婆婆当场也气昏过去。日寇见管爱振毫不屈服，就用竹针扎进她的10个手指头里，鲜血顺着竹针流了下来，可无论日寇怎样折磨她，她始终坚贞不屈。日军见从她嘴里得不到什么东西，只好气急败坏地走了。

祖秀莲救治八路军战士。1941年冬，日寇扫荡沂蒙山时，八路军山东纵队司令部侦察参谋郭伍士身负重伤，生命垂危，当时郭伍士被5颗子弹打中，倒下后又挨了两刺刀。有一颗子弹从两腮穿过，牙被打碎好几颗，肚子被刺穿，肠子露在外面。祖秀莲不顾危险，把郭伍士架进屋里后就烧开水为他洗擦伤口，一点一点地喂水。一滴又一滴，喂了四五碗水，郭伍士慢慢有了点精神。他睁大满含热泪的眼睛，看着坐在草铺旁给了他第二次生命的祖秀莲，不由脱口喊了一声："娘！"当时救护八路军伤员是要被砍头的，祖秀莲把他救回来藏在一个石洞里，没有粮食，她东借西凑，纺纱买米，天天给郭伍士喂米粥。喂饭喂药端屎端尿1个多月，终于使郭伍士伤愈重返部队。1947年，郭伍士复员后，为感谢沂蒙山的乡亲，没回山西老家，在沂南县隋家店子落户成了家。1956年，他终于找到了桃棵子村，见到了祖秀莲，对祖秀莲说："你是我再生的亲娘，收下我这个儿子吧！"从此，这没有血缘的母子成了一家人。

王在瑞护理八路军伤员。1939年夏天，八路军山东纵队特务团在沂水县梁山区与进山"扫荡"的日军交火。该团一位排长胡承业，被日寇一颗子弹从左腰贯穿，身负重伤，被抬到大崮山下大石屋村的群众王在瑞家里。王在瑞有3个孩子，伤员一进家，全家像迎接亲人一样忙个不停。那时，日军三天两头地"扫荡"。一天早晨，鬼子又来"扫荡"。为了不连累王大哥一家，还不能走路的胡承业催他们快走。王在瑞生气地一摆手，背起胡承业便往山上跑去，藏在了一个山洞里。待天黑后鬼子一走，王在瑞一家摸着山路，再把伤员背回家。打那以后，一有情况，王在瑞就背着胡承业上山。有时王在瑞不在家，王大嫂就背着胡承业往山上跑。1里多远的山路，弯弯曲曲、崎岖不平，瘦弱的王大嫂每次都累得满身是汗、气喘吁吁。胡承业在王在瑞家养伤半年多，记不清他们一家人往山上背了他多少回。由于日寇的疯狂"扫荡"和严密封锁，山区缺医少药，夏天，胡承业的伤口化了脓、生了蛆，王在瑞一家人不嫌脏臭，及时为伤员换洗衣裳、擦洗伤口。为了医治胡承业的伤口，王在瑞跑十几里山路去抓草药。为了给胡承业补充营养，他们全家饿着肚子，也要天天给他熬小米粥、摊煎饼、炒小豆腐。经过王在瑞全家半年多的精心护理，胡承业终于伤愈归队。

此外，在1941年反扫荡中，沂南县鲁山后、艾山附近50多个村庄，分散掩护了八路军伤病员1300多人；沂水县第一区掩护干部近千名，在长达70天的斗争中，没有受到重大损失。沂源县青冶行村妇救会长张士功带领20多名妇女，掩护了王衡、易茵、于波等24名妇女干部，成为闻名四乡的抗日模范村。临沭县蛟龙湾区妇救会长陈玉君（李大娘），为掩护滨南干校负责同志，英勇牺牲。

3.抚养军人后代

在战争年代里，八路军部队和地方军政人员几乎天天行军作战，流动性很大，无法照顾自己的子女。根据地的许多妇女冒着生命危险，主动承担了掩护、哺育部队和机关干部子女的任务，出现了王换于、尹德美、苏成兰、张志桂等一批模范人物。许多革命后代在"革命母亲"的精心抚养下长大成人。

王换于抚养革命后代。王换于，1888年生。19岁那年，王换于嫁到东辛庄村一位姓于的家中。旧社会的妇女没有地位，王换于连名字都没有，过门后大家就叫她"于王氏"。1938年冬，王换于加入了中国共产党，参与抗日战争，不久被选为村妇救会会长和艾山乡副乡长。由于工作的需要，"王换于"这个能形象说明其身世的名字，便正式叫开了。

1939年6月，徐向前率八路军第一纵队领导机关到达王换于家，同来的还有领导干部的子女们。这些孩子，因长期跟随部队转战奔波，成长环境十分恶劣，大都发育不良，很消瘦。王换于就向徐向前建议说："这样下去不行，得给孩子找奶娘。这样既能照料好孩子，打起仗来也好掩护。"

于是，在当地党组织的协助下，王换于办起了战时部队机关托儿所，第一批转来的机关有27个孩子，外地又陆续送来一些，共有41个孩子。这些孩子最大的七八岁，最小的才生下来3天，其中包括徐向前元帅的女儿小何（乳名），罗荣桓元帅的女儿罗琳，以及后来担任上海市委副书记的陈沂的女儿陈小聪等。王换于把小点的孩子托给有奶的妇女抚养，大点的送给可靠的人家照料，将全部孩子安排照料妥当。

对于战时托儿所里的每一个孩子，王换于都尽力细心呵护。有一次，王换于前往西辛庄查看寄养的革命后代，发现一个烈士的孩子没有奶吃，小孩子瘦得很厉害，她一阵心酸，就将孩子抱回了家。这时，王换于的二儿媳正在哺乳期，二儿媳除了抚养着自己的孩子，还同时抚养着另外几个抗日将士的孩子，奶水已不够吃。王换于告诉二儿媳："他二嫂，这个孩子你拉扯着吧。这是烈士的后代！让他吃奶，让咱的孩子吃粗的。咱的孩子就是死了你还能生育，烈士的孩子死了，就断根了！"就这样，二儿媳的奶水舍不得喂自己的孩子，尽量哺乳那几个弱小的烈士后代。烈士的孩子活下来了，而王换于的孙子却夭折了。从1939年秋到1942年年底的3年时间里，战时托儿所的40多名孩子均健康成长。而王换于自己的4个亲孙子，在这3年中因营养不良，先后夭折。

尹德美等人抚育八路军后代。尹德美，莒南县前新庄妇救会长。她积极带领妇女拥军支前反扫荡。1943年，她生产第七天，本村孙大娘怀抱一个刚出生15天的婴儿进了她的家。孙大娘说："这孩子叫迎胜，是山东军区司令部通讯大队长黄志才和部队电台台长刘凯的儿子，你能不能替他们抚养？"尹德兰高兴地把孩子接过来。刘凯激动地紧紧抱着她说："我的好嫂嫂，咱们是异母姐妹，把孩子交给您，我们就放心了！"

当时，由于日军疯狂掠夺和严重的自然灾害，群众生活十分困难，尹德美一家常年吃糠咽菜，但平时总省出一点白面、小米留给迎胜。鸡下的蛋更是一个也舍不得卖，都给孩子吃。小迎胜体质很弱，经常生病，每逢夜里发烧，她急忙给孩子烧汤出汗，抱着他经夜不眠。孩子出疹子，一直高烧不退，呼吸困难，她多方求治不见效，当听说山东军区医院到了大店时，便急忙挑着他去住院。40天后，孩子的病好了，而尹德美却因操劳过度得了一场大病，一躺就是15天。

1949年7月，刘凯夫妇把迎胜接到了北京，迎胜没有忘记老区人民的养育之恩，大学毕业后第一个月的工资，他全部寄给了妈妈尹德美，并经常到沂蒙来看望妈妈。

苏成兰抚养地下党员后代。苏成兰，沂南县大青山北麓北石门村人。八路军山东纵队进驻到她的家乡后，她积极参加抗日工作，第一个报名参加了妇救会和女民兵自卫队，拿起枪同敌人战斗。1942年，为掩护地下党员吕清远，被反动地主在她家水缸里下了毒，幸亏发现及时，全家才幸免于难。

吕清远转移时，将不满两岁的儿子旭贵交给她抚养。为了全力照顾这个孩子，她给自己两岁的儿子断了奶，交给母亲抚养。一天，一伙日军、汉奸进了村，她背起旭贵就往山上跑，敌人追上来，子弹把她的裤子穿了两个洞，但终于摆脱了敌人。天黑后回到家，大吃一惊，母亲被敌人打得血流满面，她的孩子哭着喊“妈妈”，嗓子都哑了，家里的东西全部被敌人砸碎。目睹惨景，她抱起亲生的儿子掉下了眼泪。她的孩子由于营养跟不上，又遭敌人惊吓，不久死去。苏成兰忍着悲痛，竭力哺养小旭贵，被群众誉为“天下少有的好心人”。

两年后，吕清远夫妇来到她家，得知苏成兰为抚养旭贵而失去了自己的亲骨肉时，感动得热泪奔流，说：“你是俺一家两代人的救命恩人！从今后，旭贵就是你的儿子！”

张志桂抚养革命后代。张志桂，家住沂水县夏蔚镇宅棵子村。1942年5月，县妇联主任王然到她家，让她帮忙喂养八路军第十一团团长陈宏刚满3个月的女儿鲁生。张志桂的女儿刚满月，养育两个孩子困难很多，何况她家里很穷，买不起好东西给孩子添食。为了把革命后代哺养好，喂奶的时候，张志桂总是先让鲁生喝饱了，才让自己的孩子喝。在她的精心养育下，鲁生渐渐胖起来，可她自己的孩子却一天天消瘦。由于断奶过早，她的女儿7个月时便夭折了。鲁生在她的精心抚养下，长得聪明可爱。抗日战争胜利后，张志桂将鲁生交给了其父母。

1942年秋，沂蒙地委书记王涛的爱人林柏，因病不能行动，生活不能自理。区委书记王富元来到张志桂家，希望她掩护并帮助林柏治病。张志桂毫不犹豫地接受了任务。林柏的病情很严重，脸色蜡黄，嘴唇没有一丝血色，体重只有几十斤，一天到晚吐痰。张志桂既要照看鲁生，又要照顾林柏，忙得筋疲力尽。起初，林柏躺在床上不能动，吃饭、喝水都是张志桂一口一口地喂。张志桂天天做豆汁给林柏喝，还杀了家里的老母鸡给她滋补。为给林柏治病，张志桂的丈夫李德还冒着生命危险，爬山越岭到敌占区去抓中药。林柏的病情渐有好转，能拄着拐杖起来活动。日军“扫荡”开始后，张志桂夫妇把林柏安排在事先挖好的山洞里，让本村飞阚大娘陪伴，张志桂带着鲁生，每天夜里去送水送饭。8个月后，林柏能够生活自理，组织上把她转到高湖医院。1963年，年仅51岁的张志桂一病不起，永远离开人间。

4. 支援前线

抗日战争时期，广大农民群众努力生产，踊跃缴纳救国公粮。自己粗茶淡饭，而把大批的白面、小米送给政府。局部大反攻开始后，各地群众普遍掀起拥军热潮，根据地到处呈现出激动人心的拥军支前场面。

（1）袁明等人支前

袁明是抗日战争时期，沂蒙地区涌现出的拥军、劳军模范之一。袁明（傅大娘），1891年出生于郯城县立朝村一个穷苦农民家庭。她6岁时，父亲因病无钱医治死去，母亲拖着她们姐妹5个逃荒要饭。为了生存，把她以15年期限卖给地主当丫鬟。1938年，共产党、八路军来到了她的家乡，她先后担任了村妇救会长和区妇救会长。从此，她带领妇女群众拥军、支前，为部队募集衣物、粮食。自己的好米好面、新鲜蔬菜，专门留着招待来往过路的军政人员。1944年，八路军攻克邳县小四户据点后，她把两头大肥猪送到部队，慰劳了打胜仗的八路军老五团。在她的带动下，全村群众掀起了劳军热潮，纷纷献粮送菜，慰问八路军。

郯城县重坊镇的孙玉兰，是在旧社会饱尝辛酸的翻身妇女，抗日战争时期，她把自己的全部精力都投入到拥军、支前中去。在担任十二村联防妇救会长期间，她整日走村串户发动妇女，开展抗日工作。八路军军攻克小四户伪顽据点后，她彻夜不睡，组织群众劳军。第二天一早，即带领12个村的100多名妇女儿童，推车挑担，把几百斤小饼、3头猪、400多只鸡鸭，还有鸡蛋、小萝卜等送到部队。放下东西就给战士缝补、洗衣服。

1944年春节，八路军军攻打莒南的石沟崖据点，“滨海的刘黑七”“杀人魔王”朱信斋据守碉堡拒不投降，八路军首长建议用棉花和辣椒点火熏他。消息传到孙田、下曹等村，几个小时内，群众就凑了上百筐辣椒和许多棉被、棉袄、棉裤送到前线。攻克据点后，周围的群众沸腾了，纷纷杀猪宰羊慰劳部队，有的群众不管公鸡母鸡全杀掉。下曹村妇救会长尹在文、朱兰英和识字班队长曹西兰、曹爱员，亲自杀了肥猪、山羊，洗净扎上红绸子，又挑上煎饼、鸡蛋，打着锣鼓，扭着秧歌，送到八路军老六团。

莒城战役时，莒城周围村庄群众自发组织起来，男人全部上了前线，光破城大队就有1.5万人，妇女儿童在后方站岗放哨、筹给养。中楼区三、四天内就收集起4万斤生熟给养。战斗中，妇女们冒着炮火，担着一罐罐热气腾腾的小米绿豆饭和一包包卷着鸡蛋、芝麻盐的煎饼，一直送到前沿阵地。鸡蛋上还染红着绿，贴着红纸条，上面写着："这个鸡蛋红又红，吃了打开莒县城。""鸡蛋吃得饱，鬼子跑不了。""主力上前线，杀敌真勇敢，为了救同胞，不怕流血汗。我们在后方，慰问送鸡蛋，礼物非常轻，军民同心干！"慰问信更是铺天盖地，如雪片般飞向我军战役指挥部。攻克莒县城的部队凯旋时，所经村庄全部自动扎起"胜利门""凯旋门""慰问棚"，人民群众列队迎送。姑娘们还特地扎上红绸子，载歌载舞，一边跳舞一边高呼："欢迎八路军！拥护八路军！参加八路军！"八路军战士则高呼"爱护根据地！保卫根据地！扩大根据地！"体现出八路军与根据地人民的鱼水之情。

1944年11月22日，双山县第二区领到一天加工3万斤小麦的任务。全区妇女忙得像过年一样，许多妇女一夜没合眼，到天亮，3万斤小麦全部加工成了细面。23日，又接到了一天加工6万斤小米的任务，她们又连续作战，碾不够，就用磨。许多老大娘手腕、脚脖都累肿了。就这样，她们一夜如数完成了任务。天一亮，她们又车推肩挑地把粮食送到区公所。

1944年，八路军一个团，夜里进驻了沂（水）临（沂）边联县一个村子，已经睡下了的妇女们听说来了八路军，全部起来，现推磨糊、现烙煎饼。刚过半夜，500斤煎饼烙了出来。妇女们已累得直不起腰，但当看到战士们吃得饱饱地开上了前线，她们又都舒心地笑了。

（2）沂蒙六姐妹支前

1947年5月，解放军军在孟良崮激战歼敌，捷报频传的时候，在离孟良崮不到30公里的小山村烟庄，也涌现出支前模范"沂蒙六姐妹"。

沂蒙六姐妹，指蒙阴县野店镇烟庄村的六位支前女模范——张玉梅、伊廷珍、杨桂英、伊淑英、姬贞兰、公方莲。她们是革命战争年代在沂蒙人民中产生的英雄群体。"沂蒙六姐妹"这一称谓，当年是陈毅元帅亲自命名的。冀贞兰老人第一次见到陈毅时不知道他是谁，她后来回忆说："骑一匹马过来，打着绑腿，不知道他是谁，很和蔼的一个人。"后来有一天，六姐妹接到通知去蒙阴的野战军指挥部，在那里冀贞兰第二次见到陈毅。陈毅很亲切地询问她们这些日子摊了多少煎饼，做了多少鞋子，有什么困难没有。问完情况，陈毅就笑着说，给你们起个名字吧，说叫大嫂呢，你们还有没结婚的呢，叫大姐吧，还有结了婚的，干脆就起名叫"沂蒙六姐妹"吧。"1947年6月10日，当时的《鲁中大众》发表了题为《妇女支前拥军样样好》的文章，报道了她们的英雄模范事迹，称之为'沂蒙六姐妹'。从此，'沂蒙六姐妹'的名字传遍了整个沂蒙山区。"①

烟庄村离孟良崮不远，孟良崮战役打响后，每天都有解放军从烟庄村经过赶赴前线。部队进村，需要安排食宿、筹备军粮、护理伤员。当时只有150多户人家的烟庄村，成年男子都随解放军上了前线，连六七十岁的老大爷也拄着拐棍给部队带路去了，家里只剩下妇女和孩子，"六姐妹"毅然挑起了拥军支前的重担。

她们几个商量了一下，分工合作，在半个月的时间里，为保证解放军战马吃饱喝足上战场，她们扛着杆秤，拿着账本，挨家挨户收集谷草，送到部队驻地。

为保证解放军有饭吃，她们起五更睡半夜，有时通宵不休息，常常一天只吃一顿饭。她们组织妇女、儿童抢运粮食和弹药。她们曾经两天两夜连轴转，完全靠妇女和儿童先把5000多斤粮食从野店镇运到村里，然后再把这5000多斤粮食烙成煎饼。为了解放军有鞋穿，她们带领妇女曾在两天内做了78双军鞋。在全村只有84个成年妇女的情况下，因没有垫鞋底用的布料，她们带头将自己的裤褂撕了当鞋料，带动妇女保质保量地完成任务。做完军鞋，赶紧去运送子弹。两个人抬一箱，每箱都100多斤，还要翻山越岭往前线送。前线下来的担架队将伤员送到烟庄，"六姐妹"立即发动全村妇女从山里搬回锅碗瓢盆为伤员烧水、做饭、包扎、护理，精心照料。

---

① 徐东升、孙海英：《沂蒙精神大学生读本》，山东人民出版社2016年版，第76页。

在整个莱芜战役和孟良崮战役中，烟庄村的乡亲们在“六姐妹”的组织带领下，共为部队烙煎饼7.5万公斤，筹集军马粮草1.5万公斤，洗军衣8500多件，做军鞋500多双，缝补了不计其数的裤、褂。稍微有点空儿，她们就赶紧在村子或前线搞宣传，鼓舞士气。

正是由于沂蒙女性坚韧、顽强地在后方没日没夜地操劳和支援前线，子弟兵在孟良崮一举歼灭了号称“五大主力之首”的国民党精锐部队整编第七十四师，扭转了整个华东战局。

如今，“六姐妹”的事迹已镌刻进了莱芜革命纪念塔和孟良崮战役纪念馆的花岗岩碑文里，更成为沂蒙人民记忆中的永恒。“沂蒙六姐妹”作为一个蕴含着大爱、大义、奉献精神的闪亮红色文化品牌，永远激励着我们为国家、民族挥洒青春与汗水。

（3）李自兰拥军支前

淮海战役期间，在前线和后方流传着一段快板书：“沾化庄，不简单，支前拥军是模范。妇救会来儿童团，美名响遍蒙山前。模范村里夸模范，先进事迹说不完。说英雄，道模范，模范村的村主任叫李自兰……”

李自兰，1903年生于费县南部山区沾化庄一个贫苦农民家庭，从小跟父母逃荒要饭，受尽了苦难。1943年，八路军鲁南军区发起的天井汪战役使李自兰的家乡获得了解放。在党的教育下，她积极参加革命工作，1944年她光荣地加入了中国共产党，并担任了村妇救会长，不久又当了村主任。她带领全村进行动员参军支前等工作。

抗日战争胜利后，根据地人民为保卫胜利果实，提出“自己大门自己看，自己的队伍自己干”的口号，掀起了参军参战的高潮。李自兰第一个送年仅16岁的独生儿子参了军。在她的带动下，全村青壮年踊跃参军，出现了许多“父母送子，妻子送郎，兄弟争相上战场”的动人场面。全村符合条件的青壮年全都报名参军，该村被授予“拥军模范村”称号，李自兰被授予“拥军模范”称号。

淮海战役打响后，李自兰积极响应上级号召，动员群众支援前线。当时全村482人，16岁以上的男劳力120名，全部参加了担架队、运输队，并上了前线。村里的生产、支前等工作，全部由李自兰带领妇救会、儿童团和老人承担起来。在两个多月的淮海战役中，他们共接受了12次大的支前任务：纺线、织布、做鞋、磨面粉、碾米、烙煎饼。李自兰除完成自己分担的一份外，还要挨家挨户地去动员、督促、检查、收缴。最紧张的时候，她曾经9天9夜没睡上一个囫囵觉。

1948年11月20日，纷纷扬扬的大雪下了一整夜。早晨，李自兰刚吃过饭，区里送来了紧急通知，分给沾化庄8000斤谷子的任务，碾米烙煎饼，明天送流井。并注明，立即去马庄运谷子。沾化庄到马庄足有6里山路，又是大雪封山，全村连躺在床上的病人和婴儿算上，也只有362人，要用一天一夜的时间，把8000斤谷子从马庄运来，然后碾成米，烙成煎饼，再送到40里外的流井，谈何容易！李自兰找来村干部布置任务，分头组织群众，靠全村老弱妇孺，经过4个小时奋战，把8000斤谷子全部运回村里。

这一天直到黄昏时分，雪还是不停地下，北风一个劲地刮。若是平时，外边连鸡、狗、鹅、鸭都见不到，但这一天风雪弥漫中的沾化庄，却是一片热气腾腾的繁忙景象。米出来了，就泡米、磨糊、烙煎饼。她们克服了现代人难以想象的困难，终于把煎饼烙好并足量送到指定地点，圆满完成任务。

3天后的一个中午，区政府又紧急通知李自兰，“按150个整劳力，每人推40斤麦的面，共6000斤小麦，明早把面粉送到薛南庄”。她二话没说，立即组织大家把小麦运回，分送各家。她自己分了3个人的任务，共120斤。第二天一早，她先把自己磨出的面送来，再把各家面粉逐一过秤，检查验收，全都达到标准，然后立即送到35里外的薛南庄，保质保量完成任务。

淮海战役从开始到结束，沾化庄的油灯经常从天黑亮到天明。除突击完成磨面、轧米、烙煎饼等紧急任务外，还为前方战士做军鞋、缝制慰问品。油灯下，家家忙着搓麻绳、纳鞋底，户户飞针走线做鞋袜，她们共做军鞋1000双，每名妇女还做了60个精美的烟荷包，上面绣着“打倒老蒋”“保卫和平”“解放全中国”等字样。另外，每人还做了茶缸套70个，钢笔套120个，而李自兰总比别人多出1倍。

淮海战役结束时，沾化庄被淮海战役支前指挥部授予“淮海战役后方支前模范村”，并两次获得上级奖励的“拥军红旗”。

（4）陈毅担架队和钢铁担运队

“陈毅担架队”和“钢铁担运队”是沂蒙支前担架队的代表。解放战争开始时，山东组织起各种各样的支前民工队伍，有小车队、担架队、挑工营等，随军执行战勤任务。在这众多的支前队伍中，有一支来自平邑一区（现为平邑县城中社区）的担架队，转战南北，冒着枪林弹雨，舍生忘死救护伤员，多次立功受奖，获得了“陈毅担架队”的光荣称号。

平邑一区的担架队于1946年9月初组建，由3个中队、9个分队、354名民工、68副担架组成。一副担架分配5个人，一个人担任警卫，负责照顾伤员，其余4个人抬担架。3副担架编为一个班，3个班编为一个分队，3个分队编为一个中队。这个担架队先后参加了傅山口、泥沟、宿北、鲁南、莱芜等著名战役，胜利地完成支前任务，多次受到上级通令嘉奖。

1947年1月初，由354人组成的平邑县第一区担架队在鲁南战役中，先随解放军军转战了7天7夜。第8天，按照前沿阵地部队首长的指示，将担架队布置在阵地后面的山腰上，负责运送烈士、伤员和弹药。

敌人遭到致命打击后，扭头向南逃走。解放军遵照陈毅司令员的命令，乘胜追击，战斗向峄县、枣庄方向推进。平邑县第一区担架队紧紧跟随部队，急行70里，来到了泥沟附近的战场。在总兵站的指挥下，担架队沿泥沟向西冲上战场，组织转运、救护伤员。

天黑得像一只大黑锅，伸手不见五指。村中的房屋已被敌人烧成灰烬，只有残余的檩棒头还时而飞出点点火星。担架队员们举着火把，奔走在村落的里里外外，寻找伤员并送走。同时，他们也照顾、护理伤员。他们有的给伤员喂水、喂饭，有的帮伤员解大小便，有的整理担架、铺叠衣服。有时为了让伤员减少痛苦，他们让伤员躺在担架上，解开系在自己腰带上的茶缸和饭瓢，用来接大小便。伤员坚决不肯，他们则耐心地说：“都是自己的同志，别不好意思。”

历时18天的鲁南战役结束了。华东野战军在陈毅司令员的指挥下，攻克了枣庄、峄县，活捉国民党整编第二十六师师长马励武、整编第五十一师师长周毓英，歼敌两个整编师、一个快速纵队，共5万余人。在整个战役中，平邑县第一区担架队随军跋涉1个月零5天，火线抢救和连续转运伤员4次，往返行程500多公里。在战斗最紧张时刻，曾三天两夜没有睡觉，两天中只吃了两顿饭。生活虽然如此艰苦，但任务完成得非常出色，受到上级表扬。全队记一等功的有72人，记二等功的有175人，记三等功的有40人，其他人均受到口头表扬，得到“平邑一区模范担架队”奖旗一面。

1947年2月，平邑第一区担架队随军参加莱芜战役。他们爬过高山峻岭，渡过沂河汶水，在风雪中急速行军北上。当他们路过自己的家门口时，心情非常激动，他们离家已经很长时间了，多么想念自己的家乡，想念自己的亲人呀！又多么渴望把在前线参战的情况讲给乡亲们听听啊！可是，当他们想到兵贵神速，赢得时间就能赢得胜利时，都自觉地打消了回家的念头。

平邑第一区担架队过家门而不入，胜利完成了急行军任务，临近莱芜战场时，他们接到特级命令，要求天黑之前赶到指定地点。为按时到达，必须破除夜间行军的惯例，白天行军。白天行军的最大威胁是敌机空袭。果然，敌机飞来了，随即俯冲下来，扫射了一阵机枪，接着又掷下两颗炸弹，燃起了大火。火苗随时威胁着盛放炮弹的小车。如果大火引起炮弹爆炸，不光隐蔽在广场周围的担架队员和村内居民将遭受重大伤亡，也损失了前线急需的弹药。队员们奋不顾身地扑灭大火，结果有6名队员壮烈牺牲，4名队员身负重伤。

在著名的莱芜战役中，第一区担架队紧随新四军“○一”部队浴血奋战，除胜利完成了运转伤病员的任务外，还积极参战捉拿俘虏，3天内就捉获俘虏215人。

莱芜战役胜利结束后，平邑第一区担架队被评为“陈毅担架队”，全队354名队员集体记大功一次，高启文等10人被评为模范担架队员。在总兵站召开的庆功大会上，领导向平邑第一区担架队颁发了“陈毅担架队”奖旗。鲁南支前司令部政治部颁发第一号嘉奖令，称“平邑一区担架队，在宿北、鲁南、莱芜等战役中完成了艰巨的任务，创造了辉煌成绩，荣获了‘陈毅担架队’的光荣称号”。

莱芜战役结束后，平邑第一区担架队服役期满，光荣返乡。他们当中的绝大部分人后来又参加了平邑县组织的支前常备担架营和常备运输营，在鲁南担架运输团的领导下，于1947年3月奔赴前线，继续参战服役。先后随军参加了鲁中、泰安、沙土集、宿县等10多次战役，直到淮海战役结束。特别是在大反攻开始后，他们又随军外线出击，两过津浦路，三跨陇海路，一渡黄河，绕过冀、鲁、苏、豫、皖5省，行程9620里，未丢掉一个伤员，又荣获了“陈毅担架营”和“陈毅运输营”的光荣称号。担架队员高启文被评为华东支前担架英雄，刘起顺等13人被评为鲁南地区支前担架特等功臣。

钢铁担运队是1947年3月，中共莒南县委为了支援前线，根据上级党委指示，组建的一支由11个区、6000多翻身农民参加的担架运输队。该担运队随华东野战军第二纵队，依照担运队的建制，有计划地把他们分配到个师、团，开往前线参战服务。

担运队的一个主要任务，就是把从火线上抢救下来的伤员，迅速送到包扎所、后勤医院或后方医院去，让伤员及时得到治疗。

在南麻战役的一次激烈战斗中，前线枪炮不停地轰鸣，伤员不断从火线上抢救下来，必须迅速把伤员转移出去。转移路线很长，来回一趟要走50里路。队员们接到命令后，决心每天运3趟。他们以比空身走路还快的速度，不分白天黑夜，顾不得吃饭睡觉，也顾不得敌机疯狂轰炸扫射，连续抢运了4个昼夜。有一个担架大队一天就抢运了4趟。

在突击完成南麻战役抢运伤员的任务以后，还没来得及休息，临朐战役又打响了，各担运队又连夜赶去参战。大家虽已疲劳不堪，但却精神抖擞，异口同声地说：“部队同志在打仗，在流血，咱们就不能休息。”

临朐战役的第二天，天下起大雨。雨后道路泥泞，20余里的转运线来回1趟，就要走一天。为避免滑倒跌着伤员，每副担架都是4人抬、2人扶。平地里淤泥很深，一直陷到脚脖，一只脚刚拔出来，另一只脚又陷进去。翻山越岭时，就更加困难。

在抢救、抢运伤员过程中，担运队员表现出了翻身农民高度的阶级觉悟。在南麻、临朐两次战役中，担运队连续突击抢运伤员达10个昼夜。很多队员肩膀磨得红肿，有的溃烂淌脓，光着的脚板，被嶙峋的石头磨出血来。在抢运任务最紧急时，顾不得停下吃饭，就一边吃一边走，有时一天只能吃一顿饭，白天晚上都不能休息，一直在泥里水里奔波。在极端困难面前，担运队员们咬紧牙关连续作战。

担运队不仅冒着生命危险上火线抢救伤员，不怕一切艰难困苦运送伤员，而且以高度的阶级友爱和革命热忱对待伤员。南麻、临朐战役期间，三天两头下雨，队员们怕淋着伤员，就把自己的蓑衣和衣服脱下来，盖在伤员的身上，用苇笠护着伤员的伤口。遇到敌机空袭来不及隐蔽时，担运队员们就扑在伤员身上，用自己的身体保证伤员的安全。

担运队的另一个艰巨任务是为部队运输弹药。那时候，打的是运动战，打仗用的弹药，全靠人们用扁担、小车等工具来运送。这项任务的特点是时间性强，流动性大。有的队伍刚住下休息，忽然因情况变化，采取新的行动，担运队员们就得挑起沉重的弹药箱，推起装满弹药箱的车子，匆匆赶路。有的为了迷惑敌人，部队要故意绕个大圈子，或者乘敌不备，长途奔袭。遇到这种情况，运输队也必须跟随部队一起，连续几昼夜行军。

1947年夏季多雨，部队在地形复杂的沂蒙山区行军作战，情况多变，又加上沂蒙山区的公路凹凸不平，很难行走。队员们挑着弹药箱，没日没夜，一跌一滑。小车队的车子上满载着重重的弹药箱，轮子经常陷到泥浆里。有时大雨过后，河水猛涨，担运队就把弹药箱扛过河去，小车队则用4个队员把小车抬过河去。

为了不使弹药受潮，队员们发扬自我牺牲精神，他们爱护弹药胜于爱护自己的生命。第四大队小车运输队，在一次急行军中遇到大雨。队员们不顾身体被雨水淋打，全都把自己的衣服、背包打开盖在弹药箱上，再把蓑衣、苇笠盖在上面。第二天全队检查弹药箱时，无一受潮。他们风趣地说：“衣服淋湿了能晒干，炮弹淋湿了打不响，反动派吃不上是革命的损失呀！”

每到宿营地，队员们首先找房屋、门楼藏好弹药，然后才考虑自己休息的地方。天晴的时候，队员们就赶紧把弹药箱打开晾晒。团林区辎重营一等模范队员鲁从秀，为了保证炮弹不生锈，和班里的队员商量，把烧菜的油省下来擦炮弹。为了防止敌特破坏，他还经常睡在弹药旁边。

担运队平时跟随部队行动，担负着运输弹药的任务。战斗打响后，他们又冒着浓烟烈火把弹药送上前线，甚至送到大炮跟前。在南麻战役激烈的战斗中，沟头区模范辎重连担负了火线运送弹药的任务。他们挑着重重的弹药箱，一小时跑十几里，赶到了前线部队后勤处。后勤处的同志不让他们再往前送了，他们坚定地提出，不把炮弹送到大炮跟前决不罢休。天上敌机轮番扫射，地上炮火连天，队员们在泥泞中匍匐前进。他们用绳子捆住炮弹箱，再挂到自己的肩膀上，在泥水里爬行着往前拉。大家不怕危险，不怕困难，轻伤不下火线，以完成任务为重。

担运队随军转战，经受了血与火的考验。特别是经过诸城休整之后，队员们士气更高。在这之后的历次战斗中，他们不仅更加出色地完成了抢救伤员和运送弹药的任务，而且还配合解放军参加战斗直接消灭敌人。

在平度三合山战斗中，解放军把国民党整编第六十四师紧紧包围起来，战斗正激烈地进行着。担运队沟头区辎重连第一排，在向火线运送弹药途中，突然发现从山北跑来两个骑马的敌人军官，随后又看到有四五百名狼狈不堪的敌人，像蝗虫一样蜂拥而来，这股突围逃跑的残敌，边打枪边跑。面对逃敌，担运队员们恨得咬牙切齿，立即截击。这股残兵败将虽然人数不少，但已成惊弓之鸟，听到枪声就逃窜。这时，我们的大部队赶来，四五百名残敌很快就被歼灭了。

1947年10月，昌南大捷后，址坊区担架第三连因无伤员运送，便抬着武器随军南下。一天夜晚，他们来到安邱县的太平播住宿，发现村中间的碉堡里，躲藏着一部分保安团团员。担架连长曹芝善在黎明前悄悄地察看了碉堡周围地形，分析了敌人的处境，决心打掉碉堡，消灭这部分敌人。他回到连队后，把这种想法告诉了大家，队员们个个摩拳擦掌，一直要求为民除害。

曹芝善见时机成熟，便当机立断，带领十几名队员抢占了有利地形。他先把一批没有弹药的轻重机枪和迫击炮架在显著位置（该连这时负责运武器，不负责运弹药）借以吓唬敌人。然后把使用步枪的队员集中起来，准备射击。一切准备就绪后，曹芝善手提张开机头的匣子枪，站在高处，对敌人展开政治攻势。他从山东的战局，讲到敌人的处境；从敌人的可耻下场，讲到解放军优待俘虏的政策，劝促敌人投降。

这时天已大亮，敌人从碉堡里探出头来，看到阵地上有轻重机枪，还有迫击炮，又看到担运队员穿着解放军军服，很像正规军，早就吓破了胆，赶紧派来1名联络员，要求与解放军谈判投降。曹芝善迎上前去，威严地向敌人联络员交代了投降的条件和办法。敌人联络员回去不多久，碉堡里就打起白旗，送出了全部武装弹药，随后由国民党排长刘竹林带领全排34人出堡投降。

担运队员收缴了敌人的轻、重机枪2挺、步枪27支、投弹筒2个、子弹1万多发、手榴弹1000多枚、地雷10多个。曹芝善和担架第三连在运送武器的同时，一弹不发，机智勇敢地俘虏了一排敌军，受到广大指战员和民兵的赞扬。

担运队从1947年4月到11月，随华东野战军第二纵队在山东战场服务8个月，转战于滨海、鲁中、昌潍等地，经历了孟良崮、南麻、临朐、诸城、昌南等几次重大战役，光荣地完成了党交给的参战支前任务，被授予“钢铁担运队”的光荣称号，获得“支前模范”锦旗1面，队员获特等功的有15人，一等功的500多人，二等功的1300多人，还有获三等功、四等功的，立功人数占全队总人数的98%。更重要的是，通过严酷的战争考验，广大担运队员的思想觉悟和阶级觉悟有了很大的提高，有700多名优秀队员光荣地加入了中国共产党，300多名优秀青年参加了青年团。

（5）沂蒙民众支援鲁南战役

根据中央军委应集中兵力歼灭鲁南之敌的指示，山东军区兼山东野战军司令员陈毅和华中军区副司令员兼华中野战军司令员粟裕等，集中27个团的兵力，于1947年1月2日在苍山县卞庄和峄县、枣庄地区发起鲁南战役。至1月20日，全歼国民党整编第二十六师、第五十一师及第一快速纵队共5.3万余人，俘虏整编国民党第二十六师师长马励武、整编第五十一师师长周毓英，缴获坦克24辆、汽车470辆、榴弹炮48门、小炮400余门，轻重机枪1000余挺，既收复了鲁南解放区之大部，又为人民解放军建立特种兵纵队提供了装备。

在鲁南战役中，沂蒙山区各县有数千名干部和60多万民兵、民工支前参战。其中鲁中沂蒙区出担架5250副、25590人，小车15974辆，挑夫3920人；

鲁南区支前民工等10万余人；滨海区常备民工、临时民工共523130人，供应粮食2800万斤。其中：

沂南县：参加支前民工12654人；担架1100副、4990人；小车2564辆、5134人；挑子2500副、2500人；毛驴30头，配民工30人。1月15日，又调用小车300辆，民工600人，组成小车队，由大队长李家才带领，支援鲁南战役。

蒙阴县：民兵1920人，民工4000人，担架250副，小车2000辆，挑子670副。

沂源县：出动担架队员400人，向前线运送炮弹等457箱、手榴弹4700颗。

沂中县：组织1400人的子弟兵团，205副担架，同时组成3个支前民兵独立营开赴前线。

平邑县：县长马建带领第二批担架队员2550人，县人武部部长赵寿亭率领两个子弟兵团1600人奔赴前线。全县在前线服务的民工有9000余人。该县第一区担架队第二中队队长高启文被评为“华东支前委员会一等担架模范”，并受奖旗一面。

蒙山县：有1500余名民工开赴前线，为部队运送弹药、物资和伤员。

费县：战前，调集8万多临时民工，1000辆小车，900多头毛驴，将100多万斤粮食和物资运往前线。接着，又组织7100名民兵，600副担架，组成常备担架队和运输队随部队行动。

赵镈县：直接参战的民兵有1.7万人，出动担架6300副。第三区8天供给部队军粮10万斤，妇女一夜即为前线蒸馒头1万多斤；第五区妇女一昼夜烙煎饼7.2万斤；第六区安乐庄有位财粮委员，为筹办军粮，9个昼夜未休息，最后昏倒在厨房。

临沂县：由各区区长和区武装部长等率领的常备民工8000余人、担架1900副、大小车400辆，于战役开始后奔赴前线，将100多万斤粮食运到前方，还修复公路60公里、桥梁6座，同时组织护路队，守卫全县境内200多公里公路和电话线。1月17日，县长张云榭、县委副书记刘继忠和县人武装部部长曹文华率领80多名干部、5500多名民工、700副担架、500辆小车开赴前线。并两次组织慰问团携生猪300多头、咸菜等4万余斤及牛羊肉、白糖等慰问品慰劳参战战士。县生产推进社组织城里3000多妇女，织毛袜4万多双。艾山、义堂两区妇女赶做军鞋8000双。

临沭县：出动担架1000副，小车400辆，挑子200副，民工4000人，群众6000人。县长汲书田亲率担架团赴前线，担架团被评为“模范担架队”称号，立集体二等功，被奖给步枪20支、子弹500发。

郯城、临沭和赵镈3县民工，10天内抢运公粮1200公斤。

（6）沂蒙民众支援孟良崮战役

1947年5月13日，华东野战军在陈毅、粟裕等指挥下，集中9个纵队兵力，发起孟良崮战役。至5月16日，全歼国民党整编第七十四师、整编第八十三师之第五十七团共3.8万余人（包括阻击歼敌），击毙整编第七十四师师长张灵甫，缴获各种火炮270多门，轻重机枪980挺及大批战利品。

此次战役中，沂蒙山区各县随军行动的一线民兵有7万人，负责火线抢救任务。二线民兵15万人，临时民兵69万人，负责运送伤员和运输弹药、物资。广大翻身妇女做军鞋50万双，碾米磨面6000万斤。

蒙阴县：组织担架队、民工队和民兵向导队为部队服务。县委组织部长段春三、宣传部长马秉伦率领200名村干部和民兵及700副担架随参战部队活动，既当向导，又搞运输，供应前方粮食70万斤。县武装部长孙维芝带一个民兵营跟随华野第一纵队攻上孟良崮主峰，协助打扫战场，看押俘虏。全县出动小推车3370辆，挑夫12720人，担架队和修路民工达4.1万人，加上短途运送粮草、弹药的妇女、儿童等，共计10万人支前。

沂南县：出动民工10750人，担架900副，小车700辆，挑子4500副。组织临蒙公路两侧1万多群众，三昼夜抢修公路50余公里、桥梁40座。有500名青年妇女到野战医院看护伤员。

沂中县：出动民工450人，担架350副，小车230辆。

沂源县：县委组织妇女、老年、儿童抢修4条公路。当时住在该县的华野部队和后勤机关，以及2个专署、14个县政府的后方留守人员达20余万人，超过全县总人口17万人。左太转爆炸队10天内埋没地雷45次，毙伤敌20余人，炸毁汽车1辆。

平邑县：第一区“陈毅担架队”优秀队员高启文，在孟良崮战役中又立大功，被评为特等功臣。一等功臣王昌银，为支援前线，将婚期由5月推迟至10月。

临沭县：出动担架队1000余人。

（7）沂蒙民众支援莱芜战役

1947年2月20日，华东野战军在司令员兼政委陈毅和副司令员粟裕等指挥下，集中7个纵队兵力，发起莱芜战役。至2月23日，全歼国民党第七十三、第四十六军部7个师共5.6余人，俘虏国民党徐州绥靖公署第二绥靖区中将副司令官李仙洲和第七十三军军长韩浚等高级军官21人。

在莱芜战役中，沂蒙山区各县有50多万人参加支前。有7万子弟兵团上前线，从事战地救护、看押俘虏和运输物资。有391个民兵连组成火线抢救团，往来抢救伤员。共出动民工59605人，担架1174副，小车2万多辆，推小车民工41280人，挑夫8150人。

费县：县支前指挥部组织4万多人的抢运队，3万多民工、800副担架随部队行动。又派出3000人的常备担架队、运输队。担架队、运输队、子弟兵团6000余人及蒙山县组织的1100人地方武装联队，随军转战。

蒙山县：共出动民工2000名，1000副担架及一个子弟兵团，有355人立功受奖。

平邑县：1200名担架队员各记功一次。第一区担架队跟随华东野战军第一纵队活动，有3人牺牲，11人受伤，俘虏敌军210人，荣获“陈毅担架队”光荣称号，担架队长高启文被评为“一等担架模范”，授予步枪1支，奖旗1面。

沂南县：出动民工20445人。其中担架410副，民工1675人，小车7532辆，民工15070人；挑子3050副，民工3050人；牲口630头，民工630人。该县子弟兵团在抢救伤员中立下大功，某师首长亲写慰问信，并奖给机枪4挺、步枪90支、子弹700余发，“后勤有功”锦旗1面。

蒙阴县：出动民工2900人，担架300副，小车450辆。旧寨、坦埠、野店等区，先后接待从前线转来医疗的伤员1000多名，为前线制作熟食200万斤。

沂源县：组织两个子弟兵团，12个爆炸队，另有7000名民工担任运输任务。支援前线生熟给养400万斤。妇女们3昼夜碾米300万斤，磨面100多万斤，烙煎饼100多万斤。许多群众宁愿自己搬到院子里住，腾出房屋安置伤员，有的拆掉新盖房屋上的麦秸给部队喂马。

沂中县：组织2000名民工担任运输任务，1个民兵团和1个民兵独立营协同部队作战。民兵团1400人编为3个营，有担架250副，该团荣获“陈毅子弟兵团”称号，有871人立功。

沂东县：送慰问品3000余件，为部队洗缝衣服鞋袜4000件。该县与沂南、沂中、沂源、蒙阴、蒙山等7个民兵团，有3个立特等功，41人立一等功，106人立二等功，564人立三等功。

莒南县：常备民工团胜利完成任务后，华东野战军某部于3月27日召开盛大欢送会，奖给该团“救国保家”锦旗2面、机枪3挺、步枪10支。

临沭县：出动担架团1500余人。

（8）沂蒙民众支援淮海战役

1948年11月6日，华东野战军和中原野战军及地方武装共60多万人，以徐州为中心发起淮海战役。11月8日，张克侠、何基沣率领国民党第三绥靖区整编第五十九、第七十七师在韩庄、台儿庄、贾汪一带起义。11月22日，全歼黄百韬兵团。12月1日，解放徐州。12月15日，全歼黄维兵团，至次年1月10日，全歼杜聿明集团，战役胜利结束。人民解放军共歼灭国民党军队55.5万人。

在淮海战役中，鲁中南区共调用随军常备民工和二线转运民工34万人，临时民工140万人；供应军队粮食1.4亿公斤，食油35万公斤，食盐36万公斤，猪肉43万公斤，军鞋100多万双，军衣20万套，棉被1.6万床；出动常备担架24712副，临时担架9601副，有3.6万名青年参军，补充前线主力部队。

鲁中南区第六专署（原滨海区）先后有4批常备民工17万人支前，其中5万人随军转战，另有子弟兵团5000多人在前线服务。全区支前民站、粮站188处，配备干部600多人。后方战勤共用民工28万人，大小车23674辆，挑子2318副，毛驴12501头，担架5500副，民船280艘，修筑公路29条长907公里，修桥194座。全区脱产干部4910人，参加支前的就有1500人。全区共出动民工57万余人，制办加工粮食1850公斤，运送粮食1730公斤，做军鞋60多万双，缝面袋20余万条。战役刚开始，专员谢辉和组织部长李华林即率大批干部、民工随军转战江苏、安徽两省。

临沂县：每天有一批民工支前。动用担架65副，大车35辆，小车486辆，挑子1318副，供鲁南医院使用。11月18日，动用小车9200辆，民工18100人，将300万斤粮食送到宿羊山、汴塘一带。第二批500万斤军粮运输任务下达后，县支前运输团第二营第四连在完成济南战役支援任务后，由连长李秀文带领，经鲁、苏、皖三省，行程1500公里，连续8次完成长途运送军粮11万斤任务。全连101人，无一减员。战火中，有6人入党，81人立功，被评为“模范远征运输连”。全县人民还做了大量战勤工作，修筑公路10条长244公里。

郯城县：筹集粮食500万斤，马草16万斤，全县有6万民工、民兵服务于战场。县境内设立14个野战医院，接收近2万名伤员，各村妇女轮流到医院精心护理伤员。

莒南县：小车团12月22日冒雪送军粮，4天内将20万斤军粮运到前线。妇女加工粮食450余万公斤。县担架团2797人，有1428人立功，其中128人荣获“钢铁担架员”称号。

莒县（包括今莒南县）：3年解放战争中，共出动小车18762辆，担架11702副，挑子1550副，毛驴1500头。出动子弟兵团9761人。总计支前干部、民工112732人。

临沭县：有10万名妇女为前线加工军粮181万公斤，做军鞋23500双。设民运站13处，粮站8处。出动两个常备担架团，常备民工5068人。长途运送军粮和修路民工达5.5万人。出动小车16700辆，加工粮食1170万斤。60%的支前民工被评为支前功臣，华东野战军授予锦旗1面，上书“人民功臣，光荣无比”。

鲁中南第二专署（原鲁中区沂蒙专署）的支前大军分3批南下，共出动常备民工、民兵7万余人，临时民工18万人，担架近1万副，小车5000余辆，运送粮食750万公斤。

沂东县：组织民工19000余人，其中常备担架1130副、3859人，编成45

个担架连；小车3067辆、6034人；民兵10个连，1860人；临时民工5682人。担架队在转运伤员时，往返40公里，有时一昼夜往返两趟。

沂源县：组织担架1100副，小车2000辆，民工6000余人，长驱200公里，无一掉队，有86人立功。妇女们做军鞋12万双。该县沂蒙担架团第五营360人，随军支援宁沪杭战役。

沂南县：出动常备民工2.6万余人。劳动英雄朱富胜带领担架团随华东野战军第七纵队行动，该担架团被华东局支前司令部授予“华东第一模范担架团”称号，奖给锦旗7面，步枪24支，机枪2挺。该县以兴旺庄剧团为主，组织由20多名演员参加的沂蒙担架团随军剧团，在战地为战士们演出，先后经江苏、河南、安徽、上海、浙江等地，历时8个月归来，被第三野战军政治部、后勤部奖给“渡江支前，无上光荣”锦旗1面。

莒沂县：由400辆小车组成运输队，运送11万斤白面到前线，经江苏、安徽，长途跋涉1000多公里。

沂水县：一个民兵排，在前线服务3个月，押解俘虏2160人，全排人人立功。

沂北县：出动常备民工、民兵1.2多人。

蒙阴县：出动民工6500多人。

蒙山县：出动民工1万余人。

沂中县：出动常备民工担架团2900多人，临时民工21793人，小车10441辆，挑子778副。有1600余常备民工随军渡江，参加解放南京、上海战役。

鲁中南区第四专属（尼山专署）、第五专署（台枣专署）遵照鲁中南区支前委员会《关于目前工作的指示》，建立地区级支前司令部、县级支前指挥部、区级支前站、村级生产支前委员会，动员组织各方面力量，支援淮海战役。

平邑县：在前方服役的担架1000副、5000人。在后方随时调用的担架1000副、5000人。前后方民工各3000人，还有随子弟兵团作战的1000多人。该县运输团第四连在华东支前英雄高启文带领下，在抢渡宽达500米的庙子河时，民工们抬着100公斤重的粮车涉水。运输团1379人，人人立功受奖。

费县：先后派出担架4080副，小车2911辆，牲畜2074头，民工6万余人。

运输支队5000民工运粮20万斤，连续4昼夜急行军，两次抢渡运河，提前把粮食送到前线部队，返回后又完成20万斤粮食运送任务。费县和苍山县等16个县的近8万民工，随解放军转战苏鲁豫皖4省，共转运伤员207批，运送军粮6625万斤。荣获各类奖旗38面，有535名民工入党，1万多人立功。后方支前运动开展得轰轰烈烈，有200多万人参加加工军粮、做军衣、军鞋等。

苍山县：出动担架2843副、16967人；小推车2800辆、6026人；挑子2008副、2200人。向前线运送军粮600万斤，食油、盐23万斤。

赵镈县：出动担架1130副、6348人；小推车80辆、162人；挑子1021副、1171人。向前线运送粮食492万斤，食油、盐14万斤。

兰陵县：出动担架520副、2705人；小推车412辆、1006人；挑子157副、164人。向前线运送粮食600万斤。

淮海战役后，鲁中南区组织4个担架团，15900名队员和数万民工一起，跟随解放军主力部队进军江南。

陈毅元帅对沂蒙人民的无私支援给予了高度评价。他曾深情地说："我就是躺在棺材里也忘不了沂蒙山人，他们用小米供养了革命，用小车把革命推过了长江！"①

七、敢于斗争，不怕牺牲

沂蒙地区是一块有着光荣革命斗争传统的土地。自古以来，沂蒙人民就有着同自己的敌人血战到底的英雄气概。共产党组织在沂蒙地区建立以后，沂蒙人民的革命斗争便进入了新的历史时期。20世纪30年代初，党在此领导了著名的沂水大刀会暴动、苍山暴动、龙须崮暴动等一系列农民暴动，从此揭开了党领导沂蒙人民武装反抗国民党反动派统治、打击日本侵略者的序幕。

沂蒙地区战略地位重要，特别是1938年山东省委进驻沂蒙以后，日伪军更加重视沂蒙。从1939年5月至1940年4月间，日伪军对沂蒙根据地千人以上的"扫荡"就达20余次，其中万人以上的有两次。国民党山东省主席沈鸿

① 徐东升等：《基于沂蒙精神育人的社会主义核心价值观教育研究》，山东人民出版社2015年版，第133页。

烈趁机打出了“宁伪化，不赤化”“日可以不抗，共不可不打”的旗号，掀起了反共高潮。1941年和1942年，是抗日根据地最困难、最艰苦的时期。山东党政军领导机关所在地沂蒙山区，成为日伪军进攻的重点之一。日军先后进行了多次大规模的“扫荡”“清剿”和连续5次的“治安强化运动”，实行惨无人道的“三光”政策，制造无人区。国民党顽固派步日本侵略者的后尘，加紧了反共活动，先后制造了“银厂惨案”等许多惨案。加之连年的自然灾害，根据地大有“黑云压城城欲摧”之势。面对艰难险阻，驻临沂的八路军和地方人民武装遵照中共中央和毛主席的指示，高举“坚持抗战，反对妥协；坚持团结，反对分裂；坚持进步，反对倒退”的旗帜，敢于斗争，挫败了国民党顽固派反共投降的阴谋，扭转了被动局面，保卫了沂蒙山区抗日根据地。1943年以后，随着日本帝国主义在太平洋战场上的一再失利，侵华日军相继南调。沂蒙山区军民度过了抗战时期最艰苦的岁月之后，开始了向敌、伪、顽的猛烈进攻。山东军区响应毛泽东主席关于“扩大解放区，缩小敌占区”的号召，开始了山东的局部反攻，相继取得1944年春、夏、秋、冬四季和1945年春、夏两季反攻的胜利，收复了大片国土，解放了百万人民，为大反攻创造了十分有利的条件。

1945年8月后，山东军区将各军区主力与基干部队编成山东解放军野战兵团，同时组成了有10万余沂蒙民兵参加的数十个“子弟兵团”，动员10万余民众支前，向敌占城市和交通要道展开了全面大反攻，迅速解放了48座城市和一批港口、火车站及交通要道，歼灭日伪军6万余人。

1945年9月19日，中共中央制定了在全国“向北发展，向南防御”的战略方针。罗荣桓率山东主力部队挺进东北，华中局北移山东，与山东分局合并组成中共中央华东局。根据党中央的战略部署，陈毅于1945年10月上旬到达山东临沂，任新四军军长兼山东军区司令员。随后，在华中的新四军军部北上，同山东的党政军领导机关及文化团体相继进驻临沂城。临沂，这座鲁南古城，一度成为山东解放区首府和政治、军事、文化中心。之后，陈毅、粟裕、谭震林等老一辈无产阶级革命家，领导山东军民转战于蒙山沂水，先后取得了鲁南、莱芜、孟良崮等战役的重大胜利，粉碎了国民党对山东的“重点进攻”，沂蒙人民基本获得了解放。

在抗日战争和解放战争时期，沂蒙党政军群敢于斗争，不怕牺牲，创造了许多经典战斗案例，也做出了重大牺牲。战斗案例和牺牲者众多，现仅列部分，以为例证。

（一）战斗案例

1.胭脂山伏击战

1938年9月上旬，以张光中为总队长、何一萍为政委的鲁南人民抗日义勇队第一总队，根据中共苏鲁豫皖边区省委决定，改用国民党临沂专员张里元部直辖第四团的番号。并与张部配合，进行了胭脂山（又名燕柱山、雁柱山）伏击战，取得毙敌六七十人的胜利。

胭脂山一带，地势起伏，丘陵逶迤，临（沂）枣（庄）公路穿行其间。战前，我军侦察到临郯各据点的日寇调动频繁，作好了在此处伏击日寇的准备。作战计划是郭子化与张里元及其参谋长吴栋云共同研究决定的。部署是：张里元部的卢焕彩团和何志斌团的一个营在公路北面与东面，义勇队的两个营与临郯费峄边联直辖第一营第一连在南面。规定战斗先由卢团打响，然后全军出击。

义勇队接受任务后，就在公路南面的山脚下选好伏击阵地，一连在东，义勇队两个营在西，进入阵地等候敌人。当天敌人没有行动。

第二天上午9时许，日寇五六百人乘六七十辆汽车，由西南向东北往临沂城急驰。卢团见敌声势大，未放一枪便仓皇撤退，我军与何团一营不知此情，仍坚守以待。

等敌人汽车队快要过完时，我军直辖第一营第一连连长、共产党员宋荣文恐贻误战机，遂发起攻击。我军及何团一个营全线展开战斗。经过两小时激战，毙敌六七十人。我军也付出了重大代价，第一连生还者仅五六人，连长宋荣文、机枪班长孙从善及战士吴绍银、左宗理、宋传理等60余人壮烈牺牲。何团那个营也阵亡四五十人。

战斗结束后，我军在北小寺村为宋荣文等烈士召开追悼大会。会上，群众情绪激昂，踊跃报名参军，五六十人的连队又迅速建立起来。

2.孙祖伏击战

孙祖是沂南县西南部的一个小镇。1940年3月，300多名日伪军气势汹汹地向孙祖一带进犯。

面对强敌，八路军第一纵队司令员徐向前、政治委员朱瑞决定利用孙祖沟壑纵横的有利地形伏击来犯之敌。当时，第一纵队司令部在东高庄，距孙祖和九子峰2.5公里。徐向前命令山东纵队二支队、抗大一分校三个大队、山纵五支队交通营和山纵特务营九连为参战部队，埋伏在孙祖两侧的荆山、九子峰高地，隐蔽待敌，由二支队司令员孙继先统一指挥。3月16日拂晓，日本侵略军在孙祖西边的黄堰顶遭到山东纵队的迎头痛击。发了疯的敌人向八路军阵地猛烈进攻，连续九次冲锋均被打退，敌人死伤惨重，最后撤退到孙祖固守做垂死挣扎。是夜，日军残部企图突围向铜井逃窜，八路军乘胜攻占孙祖，收复铜井，战斗结束。

这次战斗共毙敌120人，伤敌70人，内有日军指挥官小林及炮兵中尉队长一名，俘虏伪军一部，缴获军用物资一宗。这是沂蒙军民抗战以来取得的第一次重大胜利。此役大长了抗日军民的志气，坚定了他们抗战必胜的信心。

3.白彦争夺战

白彦在平邑县城西南部、抱犊崮山区与天宝山区的中间地带，是南北交通要塞。八路军第一一五师在建设鲁南抗日根据地时，为使抱犊崮山区和天宝山区连成一片，切断费滕日伪之间的联系，粉碎日军分割鲁南山区的企图，决定拔掉被敌人占据的白彦据点。

1940年2月14日，八路军第一一五师第六八六团、特务团和苏鲁支队一大队等部集中优势兵力对白彦之敌发动了猛烈进攻，消灭了孙鹤龄部1000多伪军，解放了白彦，建立了抗日民主政权。但敌人不甘心失败，组织力量伺机向白彦反扑。

3月7日，邹县城后据点100余日军向白彦扑来，被第一一五师特务团伏击，敌人丢下数具尸体，仓皇逃遁。3月12日，日伪军又纠集起700余人，带着钢炮和轻重机枪，从城后、平邑、梁邱等据点向白彦进犯，开始了第二次进攻。八路军阻击东路之敌的部队先掩护群众撤离白彦，后节节阻击敌人，直到黄昏日伪军才进入白彦。西路进犯之敌一接近南径，即遭到八路军阻击部队伏击，后该敌窜至黄草坡村外的一片山地里。第一一五师第六八六团第一连的勇士们连续发起3次冲锋，击毙日军50余人。余敌趁八路军部队转移之机，于黄昏时攻占了白彦。入夜，第六八六团一部趁敌人立足未稳，勇猛地袭击白彦，又给敌人以重大杀伤。

13日拂晓，敌人仓皇组织逃遁，第一一五师则穷追猛打。敌人快逃到南径村时，突然向八路军追击部队施放催泪瓦斯，然后窜进了南径村，毒气一过，八路军一部迅速对敌实施包抄，敌人则连连施放毒气。黄昏时，八路军对困在村中之敌开始了攻击。当晚7时，南径村完全被八路军控制。两天激战，共毙伤日伪军200多人。

八路军获捷后，日军再度纠集2500多人，向白彦发动第三次进攻。3月19日早晨，守卫在官庄山头的第一一五师第六八六团一部的勇士们，发现了在一片树木稠密的凹地里慢慢行进的1000余名敌人。待敌人进入伏击圈，六八六团的四挺机枪吐出火舌，手榴弹瀑布似的落了下去，这股敌人号叫着进了山沟。待他们清醒过来以后，便在官庄的两个山头和一片起伏的山岭上与六八六团勇士展开了激烈的争夺战。与此同时，另一股敌人从官庄斜插向太皇崮，与特务团展开了激战。不久即被八路军指战员打得丢盔弃甲，四散逃命。这时，官庄方向又枪声大作。原来，敌人的脊背正遭苏鲁支队一大队痛击，死伤惨重。时至黄昏，官庄之敌溃败了。

21日清晨，2000多名日军分别进占了白彦和官庄。八路军主力部队在白彦四周休整待命，敌人则抓民工抢修工事。夜晚，第六八六团开进了白彦西北的一片密林，特务团占领了白彦东北的一片高地，苏鲁支队占据了与白彦相对的青山。凌晨，激烈的白刃巷战开始。发了疯的日军端着刺刀硬向八路军冲锋，第六八六团的一个排被敌人团团围困。勇士们用刺刀手榴弹消灭了三倍于己的日本侵略军后，全部壮烈牺牲。残酷的白刃战达到了高潮，日军的指挥官森川也受了重伤。拂晓时分，残敌急忙施放大量毒气，扔下300多具尸体狼狈逃窜。白彦又重新回到了抗日军民手中。

此次白彦争夺战历经14个昼夜，大小10余次战斗，歼敌800余人，缴获长短枪350余支和大量弹药及军用物资。白彦争夺战的胜利，极大地鼓舞了抗日军民，为创建以抱犊崮山区为中心的鲁南抗日根据地扫清了障碍。

4.大平安庄战斗

1940年7月3日进行的大平安庄战斗，是平邑县民众组织起来抗击日伪军的一个壮举。

当时，刘桂棠既是国民党第三十六师的师长，又是日本侵略者皇协军的司令，自恃人马多，靠山硬，反动气焰甚嚣尘上。东到小平安庄，西到流峪街，南到昌里村，北到大南泉，方圆几十里，都是刘匪经常活动的地盘。他效忠日军，为虎作伥，极力镇压抗日力量。

大平安庄位于地方区西北部，是平邑县建党较早的一个村子。1938年10月，孙加峰、孙加玮、刘建存3人入党后，根据上级党的指示精神，积极宣传抗日主张，深得民众拥护。村主任徐永义及其儿子徐士启、村副主任徐英明，都是有民族气节的爱国者，决心跟着共产党走，誓与日军、汉奸、刘匪斗争到底。为了适应斗争形势的需要，1940年4月，该村秘密地组织自卫团，由正、村副主任担任正副总指挥，下分6个队，挑选了一批胆大心细的青壮年担任队长。同时，发动群众，集资购买了三十多支步枪，并自造了许多土枪、土炮、土手榴弹。广大村民还一齐动手，修筑了围墙、炮楼等防御工事。一切战备工作进行得井然有序。当时，蒙山前和天宝山一带都是抗日游击区，大平安庄成了一个前哨阵地，也是费北、费南的一个连接点，上级党组织十分关心这个村子武装力量的发展和成长。

1940年5月下旬的一天，刘桂堂三团“王烧包”部进犯该村，被自卫团击退。他们贼心不死，蓄意报复。当晚，敌人又包围了村子，接连发起几次攻击，均被自卫团打退。敌人撤到三四里外的小平安庄、西崮等村，双方形成了僵持的局面。

刘桂棠匪部深深感到，不摧垮大平安庄这支武装力量，就难以分割和切断中共费北、费南的联系。因此，刘匪勾结日军、汉奸，经过一番密谋策划，于7月3日对大平安庄进行了疯狂、残酷的报复。这天11时许，500多名日军、汉奸、土匪，携带钢炮、迫击炮各数门，轻重机枪10余挺，从东、西、北三面包围了该村。大平安庄村民怀着满腔的阶级仇、民族恨，誓死保卫家园，用钢枪、土炮和手榴弹，猛烈地打击敌人。双方打了两三个小时，敌人一直没有突破防线。下午2时许，瓢泼大雨从天而降，自卫团的土枪、土炮多分布在露天的二墙子上，突遭雨水淋泡，大都失灵。敌人乘机用轻重火器猛烈轰击自卫团抗日民众防御工事，有的炮楼被炸塌，北面的围墙出现了许多缺口，敌人终于突破防线，攻入村内。面对这种情况，自卫团一面组织群众向村南撤退，一面和敌人展开巷战，一直坚持到黄昏，村子才完全失陷。战斗停息后，日军、顽匪开始了惨无人道的奸淫烧杀。村副主任徐英明和朱玉清、孙炳军、徐玉廷等13名勇士落入敌手，他们英勇不屈，大义凛然，全被活埋。第二天，日军撤走，刘桂堂部土匪仍留在村内行凶作恶。由于第一一五师主力军距离大平安庄较远，第三天的早晨才赶到这里，营救遇难群众。

这次战斗，共击毙日军3人，打死打伤汉奸、顽匪10余人，并使敌人消耗了大量的弹药。抗日村民死难43人，负伤60余人，烧毁房屋260多间，牲畜、财产被抢掠一空。一个普通村庄的平民百姓，以劣势装备，并在缺乏作战常识和突遇恶劣天气的情况下，竟能和装备精良的500多名日军、汉奸、顽匪激战了7个多小时，充分表现了大平安庄广大村民坚贞不屈的民族气节和英勇顽强的战斗精神，为平邑县人民奋起抗击日本侵略树立了一个光辉的榜样。

5.大青山突围

1941年11月，侵华日军以及伪军五万三千余人，对临沂抗日根据地发动了“铁壁合围”式的大“扫荡”。11月29日，抗大一分校移驻费县东大青山西侧的胡家庄、大古台一带（今属费县薛庄镇）。当日，第一一五师、山东纵队发起绿云山战斗，八路军攻进村子，给敌以杀伤。为免受损失，中共山东分局、山东省战工会、八路军第一一五师、山东纵队等后方机关也相继转移到大青山地区。敌人在临沂的崇山峻岭中如疯狗般追击第一一五师、山东纵队主力，可是回回落空，于是他们改变战术，令一部继续追寻对手，而以一个混成旅团5000多人秘密进入大青山四周，布置了一个合击圈——他们要“守株待兔”，消灭进入这一带的八路军部队和机关。这一严重敌情，抗大一分校没有发现。

此时陷于敌人包围圈的人员中，大都是非战斗人员，所配武器数量少，质量差。仅有几百条破旧步枪，还没有刺刀，弹药也不足。只有抗大一分校第五大队是有武装的学员队。在校长周纯全的指挥下，他们首先抢占制高点，以阻击敌人，掩护领导机关和非武装人员突围。日军自然知道抢占制高点的重要性，也拼命向高地冲去。高地上的争夺战猛烈地进行着，枪炮声、喊杀声撕肺裂胆，惊人心弦。情况非常危急，周纯全密切观察着周围战况，急速考虑着怎样才能率领隐蔽于大青山主峰下坳谷里的3000多人突出日军重围，这可是山东抗日根据地的精华啊！而我军在主峰上没有任何防御力量，唯一制约敌人的只不过是山岩陡峭的地形。第五大队经反复拼杀，伤亡惨重，少得可怜的子弹、手榴弹也将消耗殆尽。许多战友倒了下去，鲜血染红了草坡，染红了白沙……

第二中队在指导员程克带领下，坚守梧桐沟北一小山头，强阻从北面进攻的敌人。八路军西撤必经此山下，守住阵地，就能使突围人员脱离险境。当突围人员西去时，他们仅剩的10余人边打边撤，退到李行沟西北角一农户院内，子弹、手榴弹全部打光了，就用石块还击。日军见他们人少，又没了弹药，即从四面包抄上来要捉活的。日军逼近了，程克突然大吼一声，猛跳过去抱住一个敌人，一口咬掉敌人的耳朵。突然，一名日军端着刺刀向他后背刺去，程克英勇牺牲。其他学员也同敌人撕打成堆，最后全部壮烈牺牲。

第五大队第五中队在大顶山北阻击向西进攻的敌人。他们凭借有利地形打退了敌人多次冲锋。机枪手牺牲了，队长邱则敏抱起机枪猛扫敌群，子弹打光后，他砸碎机枪，用手榴弹、石块同敌人拼杀。最后，他们陷入日军重重包围，除被打断腿的区队长温攸兴在尸体堆里幸存下来外，其余全部壮烈牺牲。

第二大队政委、红军干部刘惠东，在向校首长汇报战况返回途中负重伤。他等敌人逼近后投掷手榴弹，用最后一颗子弹自杀。大队政治教员唐国琼是归国华侨，抗战开始后，他抛弃富裕的家庭生活，从广东奔赴延安追求革命理想。战斗中负伤被俘，敌人用铁丝把他捆起，浇上汽油活活烧死。

在山东帮助中国人民抗战的国际友人——波兰籍德国共产党员、美国《太平洋事务》月刊记者、作家汉斯·希伯，也同日军英勇拼杀。他在五道沟一巨石后向敌人射击，最后饮弹身亡。据当年收拾烈士遗体的同志回忆，希伯遗体上弹痕累累，手里仍紧握着枪。

山东省战工会副主任兼秘书长陈明带领部分人员，突出日军重围，转移到大谷台，不幸复遭日军合击，他们几乎无不挂彩，女同志、炊事员、饲养员也不避枪弹，同日军扭打成堆。陈明双腿被打断，连发3枪击毙3名日军，然后用最后一颗子弹对准自己开了枪……

傍晚时分，八路军突围出去的人员经紫荆关以南登上西蒙山，大青山突围战斗结束。

大青山战斗是山东抗战史上和第一一五师战史上损失最为惨重的一次战斗，也是英勇的山东抗战军民表现最顽强最勇敢的一次战斗，在极其不利的情况下，抗大一分校以高度的自我牺牲精神和英勇顽强的战斗作风，硬是在敌人的“铁壁合围”中撕开了一条生路，成功地保卫了山东抗战的党政军领导机关，保留了东山再起的熊熊火种，这不能不说是一个军事史上的奇迹。大青山突围胜利后的第二天，中共山东分局书记朱瑞这样评说：“一场壮烈的拼杀，换取了转危为安的空前胜利……这是了不起的胜利，是抗大学员立下的有独特意义的战功！”

6.郯城战役

1942年8月，八路军在滨海沭西地区击毙了日联队长小林之后，日军旅团长石田又从兖州来枣庄，指挥日伪军对滨海地区进行大规模的“蚕食”“扫荡”，打通了临（沂）郯（城）新（安镇）公路，在沿线重要村镇醋大庄、禹屋等筑碉堡，安据点，企图切断滨海与鲁南、华中根据地的联系。临沂、郯城之敌，集中2000余兵力，乘机完成由重沟到郯城的“堡垒封锁”。这时，处于敌后的郯城，仅留有1个日军小队和一部分伪军守城。八路军第一一五师政委罗荣桓及时抓住这一有利战机，决定攻克日军在鲁南推行“治安强化”的重要堡垒——郯城。

郯城居临沂至新安镇（新沂）之间，是鲁南入苏北的交通要冲。日军侵占郯城后，筑起高11米、宽9米的城垣和深7米、宽6米的外壕及38个碉堡，易守难攻。

攻城之前，为了牵制和迷惑敌人，数千民兵配合八路军少数主力，对敌外围据点展开了夜以继日的围攻，吸引住日军。同时，沂蒙群众对临郯公路进行了破坏，断敌交通。

1943年1月18日夜，八路军第一一五师教导二旅在代师长陈光、旅长曾国华、政委符竹庭的指挥下，一夜急行军40多公里，神不知鬼不觉地挺进到郯城东面的马陵山区。天明，部队就地隐蔽休息。旅敌工科长邵子真带人入城内侦察。

19日深夜，攻城部队直扑郯城。六团迅速占领城南关，炸开了第一层城门。谁知里面仍有一层门挡住了攻城部队的进路。攻城部队受阻。

两天两夜过去了，战斗进展迟缓。马头镇增援之敌出动，守城之敌施放毒气弹。在紧急关头，曾国华、符竹庭决定集中轻重火力，从南门和东门的大炮楼之间实行重点突破。各团的轻重机枪和迫击炮集中射击，掩护六团八连在外壕上架起大桥，接着竖梯登城。4名登城战士被打下来，第五名战士张桂林机智地向城内连投了几颗手榴弹，乘着浓烟飞身登城，一排手榴弹将敌人打退。突击队队员个个紧跟，飞速跨上城头。与此同时，四团三营突破北门，残敌被压迫到城中心的县政府院内，顽抗待援。

21日，县城西10公里的马头镇之敌400余人赶来救援。旅长曾国华带四团一个营支援六团二连。二连在战斗英雄、连长何万祥的带领下，与敌人展开激战，多次打退敌人进攻。曾国华赶到后，遂命部队从右翼对敌实行包抄，两面夹击，重创增援之敌。县政府院内的200多名伪军和伪政府人员在八路军强攻下投降。此时，只剩1座被日军盘踞的炮楼尚未攻下。工兵在竹竿上绑上炸药，送上敌人碉堡，堡内大部日军毙命，余者7人就擒。至上午10时，攻城战斗胜利结束。八路军又乘胜连克了马头、红花埠、大圩沟等18处日伪据点。“蚕食”临沭地区的日军被迫全线撤退。

郯城战役，毙伤日伪军103人，俘日军7人、伪军419人，缴获机枪2挺、掷弹筒2个、长短枪579支、汽车4辆及其他一大批军用物资。战斗中，教导二旅和地方武装共伤亡91人。郯城战役首创八路军在山东敌后运用“敌进我进”的“翻边战术”攻占城池的范例，是山东八路军和沂蒙人民坚持敌后抗战的一个伟大胜利。

7.葛庄战斗

1941年9月1日，扫荡滨海解放区的日军第五十九师团第四十三大队450人、吴化文部伪军第一七九团郝全仕部500人、伪武定道县警300余人，共1200余人，从莒县沿沂（水）博（山）公路向博山出发，企图再犯鲁中根据地。八路军鲁中军区司令员王建安决定以葛庄为中心地带组织伏击战。

葛庄位于沂水县城西北15公里的沂（水）博（山）公路上，是通往东里、南麻等地区的咽喉。地处山谷，东面是跋山，西面是乔山和松山，北面通下山，南面是宽阔的沂河，河的南岸是雾露崮，是打伏击的好地方。承担这次伏击战任务的是鲁中军区第一、二、十二团。为防莒县之敌增援，军区又分头组派一部兵力，于沂青、沂蒙两条路侧和莒县至沂水间的四十里堡一带隐蔽戒备，掩护伏击部队的两翼。具体作战任务由第三军分区司令员孙继先、副政委李耀文和参谋处长张耀辉组织实施。军分区政委兼地委书记霍士廉分工组织支前和调集地方武装配合作战。兵力部署是：二团埋伏于西面乔山坡一带担任阻击，十二团隐蔽于北面青纱帐里侧击迂回，一团埋伏于东面跋山一带担任收口堵击。

9月2日，日伪军从沂水城开出，兵分两路沿沂河两岸北进。上午11时，当日伪军全部进入伏击圈后，八路军战士从东、西、北三面同时向敌军开火，日伪军被突如其来的袭击打得狼奔豕突。日军大队长草野清组织日军反扑，一面命令炮手向东面二团阵地轰击，一面组织两个中队和大部伪军与北面十二团展开激战，一个中队占领葛庄王母娘娘庙。然后又组织一个中队向东猛攻，企图抢占跋山山腰下的镢头岭。埋伏在这里的一团二连与日军展开了激烈的肉搏战，刺毙日军中队长岗田健等50多人。草野清见其第五中队失利，当即组织第一、四两个中队日军，在炮火掩护下争夺镢头岭。八路军二连战士，连续打退日军五次冲锋。至天黑，草野清见攻岭不成，不得已组织残部退缩到葛庄王母娘娘庙内。

晚9时，八路军指挥部对战场态势作了分析，重新部署兵力，趁夜间对日军实行车轮战法，逼日军南渡沂河。不出所料，翌日上午8时，日军集中炮火，佯攻北线，掩盖其南渡沂河突围的目的。9时许，日军残部300多人，带着炮车、辎重等分成数路向南突奔沂河。早已埋伏在这里的八路军战士立即跃出工事，将日军包围于沂河河滩上。日军纷纷中弹毙命，跳进沂河妄图逃遁者，亦被击毙于水中。

至中午，历时一天半的葛庄战斗胜利结束。除敌大队长草野清带领14名残敌潜逃雾露崮，后为莒县日军派飞机救出而漏网外，其余日伪1200多人被歼，日军20人被俘。八路军缴获日伪军各类武器、弹药和各种辎重大宗。其中缴获日造四一式山炮1门。这门山炮后来随人民军队南征北战，被誉为“功劳炮”。

在葛庄战斗中，根据地人民大力支援、密切配合主力部队作战，为夺取战斗的胜利付出了很大代价。仅北沂蒙几个县在一两天内就组织3000多民工、几百副担架支前，为八路军送弹药，运粮草，救伤员。周围各村群众连夜做饭，冒着炮火把一罐罐热气腾腾的小米绿豆粥和包着炒鸡蛋、芝麻盐的煎饼送上阵地。有些溃散的日伪军钻进青纱帐，妄图潜逃，也被民兵擒获。仅沂北县参战的民工、民兵，就捉住化装潜逃的伪军120多人。

葛庄战斗胜利的捷报一经传开，人心大振。新华社向全国发出电讯，《大众日报》和各抗日报纸连续发表消息、社论、通讯、特写。鲁中、滨海两大根据地内，频频召开祝捷大会。

8.仙姑顶激战

1942年10月，以善于山地作战的日军第三十二师团及津浦、胶济铁路沿线、台潍公路沿线的部分日伪军两万余人，对沂蒙山区中心抗日根据地进行大规模的拉网式“扫荡”。

10月28日，八路军鲁中军区后勤处和警卫排、铜井金矿警卫连、山东抗大第一分校上级干部队、鲁中军区青年营和新第一一一师师直机关、干校、警卫连和独立团，以及沂南、沂水、蒙阴3县干部群众共8000余人，陷于敌人的包围圈。在敌人密集推进，突围困难的情况下，各部人员迅速行动，抢先占领了沂水县南墙峪附近制高点——仙姑顶。拂晓，敌人从四面八方合围上来，占领了仙姑顶周围的各个山头。

八路军部登上崮顶以后，鲁中军区后勤处政委张玉华与新第一一一师等部首长迅速会商，按山势和敌人可能攻击的重点部位分配了防守力量。师直机关和后勤处机关隐蔽在离鞍部不远的山坡上，上级干部队和青年营隐蔽在靠近机关的西南部几个山包中，3县干部群众分散隐蔽在崮顶较安全的地方。

8时许，敌人先是用炮对山顶狂轰滥炸，炮火过后，敌人像密密麻麻的蚂蚁一样从北面、东面举着太阳旗向八路军阵地进击。隐蔽在崮顶的各路部队，沉着应战，等敌人到达能最好地发挥武器杀伤威力的地点时，猛烈开火，把敌人打退。

仅一个上午，就反复争夺了5次，敌人伤亡惨重，八路军也有较大伤亡。中午，敌人从沂水机场派出7架飞机，向八路军阵地投弹、扫射。八路军一面组织对空射击，一面顽强地抗击正面不断进攻的敌人。黄昏时，敌人紧缩包围圈。在周围山上燃起堆堆篝火，准备天明再战。但敌人的算盘打错了。

深夜，当敌人折腾累了时，守崮各部开始组织突围。3县干部群众及上级干部队、鲁中青年营、军区后勤处等由熟悉地形的群众带领，大部分先后突围，新第一一一师指战员亦分3路从西面、南面、东面悄悄突围。独立团3个连余部向东突围途中陷于敌人火力中心，团长侯宜禄牺牲，原第一支队第一团副团长、抗大第一分校上级干部队学员刘怀文，为掩护战友突围牺牲。

在这次战斗中，八路军毙伤敌人400余人，抗日军民伤亡200余人。抗日军民浴血奋战，用坠网战术胜利粉碎了敌人的“拉网扫荡”。

9.笛崮浴血突围战

1942年冬，日本侵略军对沂蒙山区实施拉网式大“扫荡”。11月2日拂晓，日军8000余人在空军配合下，向沂水县笛崮峪区拉网“扫荡”。山东省战工会、山东军区、沂蒙专区机关及抗大第一分校一部、沂蒙军分区第一团、沂北县大队及国民党第五十一军一个营，发现日军合围上来，立即向西南转移。敌人先是炮击，接着，从三面发起猛攻，寒光闪闪的刺刀步步逼近。一连连长王继贤，在西南前沿阵地上指挥部队反击敌人，一排排手榴弹倾泻下去，土黄色的敌尸越积越多，八路军伤亡也不断增加。东南角上，敌人用重炮、毒瓦斯弹轮番轰击，第一团政委王瑞负重伤，在临牺牲前的一刹那，仍向敌人射出最后一粒子弹。团政治处主任张圣符也牺牲了，他最后一句话是：“不要顾虑我，胜利快接近了，射击敌人要紧！”警卫员赵景成的机枪发生了故障，马上换上步枪射击，右手食指被打伤了，就扔手榴弹。午后1点钟，特务营各连相继报告手榴弹打光了。正在这时，西面的敌人拥进一连阵地。王继贤带着十几个战士跳出工事，与敌人拼刺刀，展开肉搏。战士们激昂的呼号声、敌人尖厉的嚎叫声和刺刀搏击声响成一片。20多分钟后，西线阵地又是一阵沉寂。严营长强忍着悲痛厉声命令道：“谢训同志，带一个排上去！”说着，严营长也随队伍冲到前沿。4点多钟的时候，山东军区机关的参谋、干事和首长的警卫员全部投入战斗。

天色昏暗下来后，王副司令员决定带机关人员突围。他命令严营长率领特务营仅剩的几十人掩护，待机关突围20分钟后撤离。一阵排枪响过，山东军区政治部主任江华率领一个班，从东北角杀出一条血路，后面的部队、机关人员紧接着跟上去。但有3个重伤号拒绝下山，他们每人手里紧握一个手榴弹，准备与敌人死拼。

枪林弹雨中，山东省战工会秘书长兼民政处处长李竹如、山东军区司令部第四科科长韩玉川牺牲。山东公学校长朱冥阶因伤被俘，后在济南被杀害。山东省战工会主任、山东军区副政委黎玉和江华等人负伤。黎玉负伤后，由抗大第一分校学员冯兴林背出。

当特务营只剩下14个人时，敌人第八次冲锋又开始了。山坡上密如蚁群的鬼子，从3面步步向他们逼近。根据时间判断，机关人员已经突出了重围，于是严营长命令大家后撤，敌人紧紧追来。他们一直退到无路可走的东面悬崖上。大家谁也不说话，一齐看着严营长。严营长问道：“同志们，我们是什么队伍？”一声响亮的回答：“我们是人民的战士，共产党的队伍！”“能让敌人抓活的吗？”“不能！”13名战士一下子围到严营长身边，紧紧地抱着，互相看着，没有恐惧，没有悲伤，唯有眼睛里喷射出仇恨的火焰。严营长一声高呼：“跳！”他们一个跟一个，紧抱着枪，飞下悬崖深谷。幸运的是，仅有6位同志牺牲，严营长和7战士幸存，并经过5天5夜的艰难奔波，在马牧池找到了山东军区司令部。

笛崮浴血突围战，毙伤日军600多人，吸引了敌人大批兵力，解救了许多群众，为机关突围赢得了极其宝贵的时间。

10.第一次岱崮保卫战

1943年11月，日寇从临沂、临朐、莱芜、蒙阴、沂水等县纠集了全部精锐部队和大批伪军，对鲁中抗日根据地进行“扫荡”。扬言要在3个月内一举围歼沂蒙山区的八路军。

地势险要的南北岱崮，位于敌人进犯沂蒙腹地的咽喉。军区首长决定，以第十一团第八连少数兵力，凭借岱崮的有利地形，牵制敌人的主力。这样做，既可使驻岱崮山区的党政指挥机关安全转移，又可使兄弟部队主动出击敌占区，以彻底粉碎敌人的“扫荡”。第八连93名指战员接受任务后，迅速奔向岱崮，在这方圆不足10里的南北岱崮顶上构筑工事，准备痛击来犯之敌。

11月13日早晨，日寇、汉奸的大队人马，分数路涌向南北岱崮，著名的南北岱崮保卫战开始了。第八连第五班的战士先在离岱崮不远的芦崮伏击了进犯之敌，然后按作战计划撤到南岱崮。这时，大批日伪军如同一群恶狼一样向南北岱崮扑来。

南、北岱崮，相距不足200公尺，中间只隔一条小山梁。两崮各有十几丈高，四周都是刀削一样陡直的悬崖，悬崖上面就是崮顶，下面是光秃秃的斜坡。南崮南门顺着石壁缝凿出来的石阶小道是唯一可以攀登崮顶的途径。在横跨石壁缝的山岩上，八路军修筑了一座小小的瞭望楼，监视着敌人的活动，抗击着敌人的进攻。第六班的8个人凭借这险要的地形和敌人搏斗。

战斗打响的第一天，敌人攻击的重点选择在北崮。从地形上看，北崮低于南崮，容易攻击。由于敌人来得突然，营部和第七连还没来得及转移出去，暂时上了北崮。这样，八路军在北崮的力量就比较强，敌人向北崮的进攻遭到惨重失败后，被迫将战术改为包围北崮，攻击南崮。

11点时，一阵炮火之后，400余敌人成群结队出现在南崮山前。当凶恶的敌人跌跌撞撞地进入了火力网时，刹那间，斜坡上交织着一片火网，手榴弹在敌群中爆炸，子弹在敌人身上开花，敌人还来不及还枪，就连滚带爬地溃退了。其中一个机枪组，退到西南角的一个山头上，想进行还击，掩护自己的人马撤退，可是，机枪腿刚落地，一束手榴弹就飞了过去，3个射手和机枪随着烟雾被抛进山沟。敌人无奈，只好大放烟幕，掩护着部队退到沟底，第一次进攻就这样被我军击败了。

不一会儿，敌人的5架轰炸机出现在崮顶上空，轮番轰炸。但战士们早就进到了防空洞，敌人仍然没有得逞。战斗连续进行了两天，敌人始终被阻在山下，不能向崮顶前进一步。

为了主动灵活地打击敌人，白天，我军坚守岗位，阻击敌人的轮番攻击，夜间，就派出小分队向敌人出击，有时把地雷埋到山下，炸得鬼子死伤累累，有时就往山下滚石头，惊扰敌人，消耗他们的弹药，弄得他们整夜不得安宁。

17日黎明，敌人又调集大批兵力，占领了岱崮周围的大小村庄。1000多名日寇和五六百名伪军，夹杂着骑兵、炮兵，把南北岱崮团团围住。他们选好了阵地，重修了工事，还在空地上铺上了两大块红白布，接着就来了助战的飞机。紧张的战斗又开始了。敌人还是沿用以往的战术，先用飞机、大炮轮番轰炸，然后再发起冲锋。

南门右侧的工事被摧毁了。我军冒着炮火一边修复工事，一边沉着地射击敌人。敌人多次受阻后，改变了进攻策略。他们把南北岱崮围了个水泄不通。白天，轮番进攻，轰炸扫射；夜里，点起一堆堆篝火，星星点点，布满南北两崮的周围。巡逻的鬼子就像游魂似地在这些火堆之间串来串去，妄图把我军饿死、困死在山上。

敌人的封锁使崮顶上的困难在不断地增加。粮食不够了，大家勒紧腰带；存水不多了，每人每天只喝一小茶缸；夜间的寒风吹透了战士单薄的军衣，紧握枪杆的双手冻得发僵。可是，“牵制敌人的进攻，争取反扫荡胜利”的信念，牢牢地记在每个干部战士的心头。

敌人的硬攻和围困岱崮皆失败后，又使出了残暴无耻的办法：不断强迫老人、小孩、妇女前来喊话，有时他们自己也用不伦不类的中国话喊一通，汉奸也在一旁帮腔。但是，不管他们怎么喊，我军岿然不动。

敌人软硬兼施，均未能奏效，日军的威风扫地。日寇第三十二师团参谋长恼羞成怒，乘坐汽车从沂水赶到岱崮前线，把进攻部队换上自己的精锐，飞机也由5架增到8架，并调来了两门重炮，开始了更为疯狂的进攻。南北岱崮顿时成了一片火海。同时，凶恶的敌人还施放了毒气。

随着时间的推移，崮顶的情况一天比一天艰难，不仅与外围的联系完全断绝了，就是南北两崮的联络也被敌人卡断了。在敌人的轰炸下，整个崮顶都翻了个，南岱崮南门原来3丈多高的悬崖，被炸成了60度的斜坡，而且缺口随着炮火的轰击不断地扩大。八路军的伤员也不断地增加，弹药不多了，水更缺乏。没有水，有粮食也做不成饭，落满了尘土的干煎饼吃在嘴里，没有水咽不下去。被炸去半截的两口水缸里，掉满了沙土，仅存的一点水，都成了泥浆，大家只好把表面的一层冰凌敲下来，轮换着含到嘴里解渴。

八路军处境极端艰难困苦，但敌人的进攻却一刻也没有停止过。他们集中轻重武器，对南门进行一次比一次更疯狂的轰击和扫射，同时，从岱崮附近的村庄抬来了三四个大云梯，每个足有两三丈高，竖在山崖跟前，并在猛烈的火力掩护下，踏着云梯硬往上爬。为了节省弹药，充分发挥火药的威力，八路军把成束手榴弹的拉火线，系在一条长长的绳子上往下放，等手榴弹滚到山崖底下敌群中，再拉导火线，把重磅地雷滚到敌群里爆炸。采用这两种办法，大量地杀伤了爬云梯的敌人，对于顺着云梯爬上来的敌人，八路军就用刺刀挑，石头砸，一次又一次地打退了敌人的进攻。

经过18个昼夜的激战，八路军胜利完成了牵制敌人的任务，第十一团第八连被授予“岱崮连”的光荣称号。

11.渊子崖人民抗日

日寇侵略者的铁蹄踏进了鲁东南后，便在沭河西岸小梁家等村建立了据点。当时以沭河为界，河西是敌占区，河东是解放区。当时属沭水县板泉区的渊子崖村（今属莒南县）处于敌我拉锯的边沿区，鬼子汉奸经常到河东来扫荡，残杀百姓，抢劫财物，奸淫烧杀，无恶不作。穷苦百姓苦不堪言，度日如年，过着“白天怕见人跑，夜里怕听狗咬”的日子。

1940年底，被鬼子汉奸害苦了的渊子崖村人民在共产党的领导下建立了村政府、农救会，组织起民兵自卫团，拿起武器，保卫家乡。

1941年11月，日军开始对鲁南地区进行“铁壁合围”。小梁家据点的汉奸为了向其主子“孝敬”，向各村征收米、面、鱼、肉、酒等，慰劳皇军。渊子崖村村主任林凡义毅然拒绝。恼羞成怒的伪军包围了渊子崖村。一个汉奸小队长高声尖叫：“赶快把皇军要的东西交出来，否则攻进围子，杀得你们鸡犬不留！”听了汉奸的威胁，愤怒的群众用鸟枪、土炮开了火，石头、瓦片纷纷向敌人飞去，汉奸被打得狼狈逃窜了。

12月19日，日军1000多人，从许口出发，拉着4门大炮，气势汹汹地向渊子崖扑来。

鬼子和汉奸分两路从西北角和南面包围了渊子崖村，先向村里发射了21发炮弹，顿时响声震地，火光冲天，房屋倒塌，许多无辜的百姓被炸死炸伤。看到这种情景，村里男女老少，个个怒火攻心，决心和敌人拼一死战，男的守卫围墙，妇女和儿童运送弹药、石头，送水送饭。儿童团员沿着围墙转，及时传达消息和信号，老人看护伤员。人们在围墙上修上垛口，墙里搭上架子，与敌人展开了浴血奋战，日军的多次冲锋都被打退，守卫的群众也付出了很大的牺牲。

午后，鬼子改从东面进攻。由于东北角的围墙较薄，下午1点多钟，东北角围墙被日军用大炮轰开。成群结队穷凶极恶的日军端着明晃晃的刺刀扑向围墙缺口。村主任林凡义冒死前去增援，最后终因敌众我寡，东北围墙被日军炮火摧毁。日军冲进围墙缺口后，就像疯狗一样逢人就打，见人就杀。他们分成两路，沿街杀人放火。一路由东北角沿后街向西杀，杀到西北炮楼，又折而杀向前街。一时间，全村浓烟滚滚，墙倒屋塌。一路上日军枪杀了林九兰、林九先、林庆海、林崇松等十几人。鬼子攻进西北巷子时，林请义等十几个60多岁的老人手持大刀、铁叉，和鬼子肉搏。鬼子打死了几个老人，又把活捉的林九星等老人和林华等几十人赶到村西南角，全部用刺刀穿死，扔进地主林庆锡家一个很大的粪汪里，然后泼上汽油烧，叫骂声、呼痛声使人不忍耳闻。

另一路鬼子从村东北角向南杀，所到之处见人就杀，见房子就烧，一直杀到村东南角。那里有林守业家的一个放柴火的大园子，许多村民被鬼子赶杀，都跑到柴园里躲藏着，鬼子把柴草点上了火。藏在草垛中的人向外跑，鬼子就抓住他们扔到火里烧。被烧的人在火里发出惨痛的呼喊，鬼子却在一旁狂笑。鬼子把手无寸铁的村民赶到村东北角渊子边上，叫人们排成队，然后挨个用刺刀捅，每人捅一刀，然后扑通一声推到深渊里。霎时，渊子里就成了一片血水，尸体累累。

下午3点多，住三义口的八路军山东纵队第二旅第五团第三营第七连和第九连，与县委、区委临时召集的区中队闻讯赶来援救。村里正在疯狂屠杀群众的两路日军正准备在村中会合，听到村外八路军的枪声，匆忙撤到村东。经过一番激战，直到太阳落山，才把鬼子赶走。

在激战中，渊子崖村民击毙敌人112人。板泉区委书记刘新一、区长冯干三等40余人牺牲，其中冯干三子弹打完了，与敌人肉搏，胸部、腹部都被刺刀戳穿，流尽了最后一滴血，最后壮烈牺牲。渊子崖村被日军害死147人，许多人家，一家父子、夫妻、兄弟同时遇难，仅林炳标一家就死了9口人。当时真是家家戴孝，户户哭声。

渊子崖之战后，延安《解放日报》发表社论，称该村为“村自卫战的典范”。滨海专署授予该村“抗日楷模村”称号，并在该村建立了烈士纪念塔。

12.东流村民抗日

东流村位于费县南新庄乡东部，是一个三面环山的山村，扼临（沂）滕（县）大道中段。20世纪初爆发的义和团运动中，这个村也竖起了义和团大旗，“操枪刀，练拳脚”之风盛行全村。后来为防土匪骚扰，村子又筑起了围墙。因该村围墙坚固、武器多，村民拳脚也练得好，凡有土匪来攻，都被村民击败，因此东流村又有“金东流”之美称。

1939年1月30日9时许，日寇派人到东流村送信，说“皇军要借路，千万别开枪”。早就恨透了日本鬼子的东流村民，迅速做好战斗准备。年过70的村主任孙义山、村副主任沈志安亲自指挥。村民吴宝贵、吴恩庆、吴保佑等人跑出东门，等日寇一接近，即开枪射击，200多日军遂向东流村发起进攻。

吴宝贵、吴恩庆等是十里八乡知名的神枪手，他们以围墙为依托，向日寇还击，接连打死十几个日本鬼子。在村民顽强防守下，日军恼羞成怒，集中所有机枪、钢炮，向村内射击，致使围墙一片片坍塌，炮楼一个个崩陷，村主任孙义山在战斗中牺牲，持枪战斗的村民多人牺牲、负伤。

战斗至下午3时许，日寇攻进村内，村民利用熟悉的地形与其展开巷战。孙义时拿着铡刀将走在前面的鬼子兵劈死，自己也被围上来的鬼子用刺刀刺中；吴相勇从北门撤下来，与鬼子周旋，一连掷出七八个手雷，炸死十几个鬼子；吴恩堂手持大刀利用巷口、墙角砍死了3个鬼子后牺牲；连外村来东流村打铁的两名铁匠也主动参加了战斗。

但毕竟是敌众我寡、武力悬殊，手持现代武器的日寇步步紧逼，从北门、南门、东门撤下来的村民向西撤退，准备从西门突围，但西门已经被日军的机枪封锁。在敌人机枪的猛烈扫射下，手无寸铁的妇孺老少，一片片倒在血泊里。村民们只好又撤回到西门里的几条小巷中。其中有30人挤进一座房子里躲避枪炮子弹，被日寇发现，架起机枪封锁了门口，堆上柴草点火，30余名村民全部被烧死。

拥挤在西门里小巷里的村民，被日寇的机枪打得血肉横飞，村民吴广孝一家8口人全部遇难。吴宝吉一家10口人，2人重伤，8人被杀。外村来的两位铁匠，被日寇用铁丝穿了锁骨，绑在树上，浇上汽油，活活烧死。更令人惨不忍睹的是怀孕8个月的周广兰，被鬼子兵剖腹开膛，用刺刀挑起腹中胎儿，在街上狂呼乱叫。一时间，日寇见人便杀，见房就烧，东流村血流成河，火光冲天。

据事后统计，东流村村民被杀害的有73人，其中60岁以上的老人10人，10岁以下的儿童6人；重伤22人；被烧毁房屋69间；7万余斤粮食和其他财物被洗劫一空。

日寇也得到了应有的惩罚，被东流村民打死75人，致使日寇一提起东流村就如惊弓之鸟。村西有座桥叫猴子桥，栏杆上有石雕的猴子。一次鬼子兵路过，竟误认为是东流村的村民，吓得就地卧倒，机枪、迫击炮打了好一阵子。

13.西山前村自卫战

西山前村位于今临沭县曹庄镇西南部，东依沭河，南邻马陵山，背靠七岌山，自然景色十分秀丽。抗战时期，西山前村地处滨南抗日根据地西南边缘，是华中地区经过山东通向延安的秘密交通线的必经之地。

1940年1月，八路军第一一五师东进支队来到这里后，该村建立了民主政权，成立了抗日自卫团。自卫团在山前乡乡长、团长张作洪的带领下，打鬼子、抓汉奸、攻碉堡、割电线，抗日斗争十分活跃，被誉为“滨南地区的战斗堡垒”。

由于西山前村处于滨南抗日根据地西南边缘，同时，也是日军“扫荡”滨南根据地和回撤的必经之地，因此，驻临沂日军川本和盘踞在沭河西岸的临沂保安大队长许兰笙，对西山前觊觎已久。

在窥知八路军主力部队在外线作战之后，1941年9月30日，临沂、李庄等据点的日伪军近2000人，携带10余门小钢炮和20余挺轻、重机枪，连夜长途奔袭西山前村。张作洪带领乡分队、村自卫团和全体村民英勇抗击，村里的劳力都拿起了枪与鬼子对抗，就连外村在西山前村雇活的村民也都参加了自卫战。仗打得很惨烈，日伪军用的是快枪、钢炮，而村自卫团员们用的大多是土枪，力量对比悬殊，但自卫团员们打得都很顽强。

村里有两门自制的土炮，威力很大，当地百姓给它们起了个名字叫“十里清”，意思就是能打10里的范围。炮筒里装上火药，老百姓把家里的秤砣、耙齿等拿来装进土炮里，用来轰击日本鬼子。张作洪一边指挥战斗，一边不停地瞄准向鬼子开枪，打死了不少鬼子。他低头换弹药时，不幸被鬼子的子弹击中头部，壮烈牺牲。日军的火力非常猛烈，炮弹不时打到村里和围墙上，同时他们还不停地向村里打瓦斯弹。时近中午，村子四周围墙都被炸开，鬼子随即冲了进来。鬼子冲进村后，实行“三光”政策，烧毁全村民房，掠走财物，众多群众惨死在鬼子的刺刀之下。

傍晚，在闻讯火速从外地赶来的东进支队的护卫下，突围转移的群众回到了已被战火夷为废墟的西山前村，他们扑灭了烈火，收敛了张作洪等27名烈士和近百名死难乡亲的遗体。

西山前战斗虽然付出了血的代价，但西山前人并没有被敌人的嚣张气焰所吓倒，而是更加坚定了与敌人血战到底的决心。村民们纷纷要求参加八路军，投入到抗战第一线。他们与主力部队紧密配合，广泛开展地雷战、“麻雀战”“蘑菇战”等游击战争，破据点、扒公路、炸桥梁、反伪化，以“三空”（搬空、藏空、躲空）对付敌人的“三光”，不断取得反“扫荡”斗争的胜利。

为表彰英雄的西山前人民浴血抗击日寇的事迹，滨海专署授予西山前“抗日模范村”称号，追认张作洪为抗日民族英雄。

14.解放沂水城

沂水县城位于沂蒙山抗日根据地的腹地，是日伪盘踞数年、苦心经营的一个据点，有很高的城墙，特别是驻守南关的日军另筑有坚固的碉堡群，周围有深宽的壕沟，内有装备精良的一个中队的兵力，是日军多次向根据地进行大规模“扫荡”的主要据点，危害极大。

1944年8月15日晚，八路军各部队按军区指定的任务向敌人发起总攻击。第一团第一营进攻东门，第二营进攻北门。担负强攻南关日军的第四团利用南关市民的店铺和住房，打开缺口，隐蔽接近日军据点东南角的碉堡。火力组直接向敌人碉堡孔猛烈射击，掩护爆炸组、梯子组通过铁丝网和外壕，接近敌人碉堡，进行连续爆破，炸毁了敌人两个碉堡。冲锋组与敌人展开白刃格斗，歼灭守敌，并继续向纵深发展。残敌退守东北、西北和中心碉堡顽抗，以猛烈火力阻止八路军攻击部队，并施放大量窒息性的毒气。攻击部队许多战士中毒后，被迫暂停攻击，对敌人实行分割包围战术。

敌人估计八路军白天不会出击，于是在中午集结部队在中心炮楼开追悼会。八路军则乘机悄悄地攻占了东北碉堡。敌人发觉后，连续4次反扑，均被击退。16日晚，八路军组织连续爆破，第一爆破组5名爆破手4人受伤，1人牺牲；第二爆破组紧接着又冲上去，不给敌人喘息之机，终于将敌人中心炮楼和西北碉堡炸毁。冲锋组随后跟进，至17日晨，全歼守敌。同时，八路军攻城部队全歼守城的敌人，活捉伪县长牛先元。至此，胜利解放了日军侵占6年之久的沂水县城。

是役，八路军歼灭日军1个中队，俘虏20人，击毙31人，活捉伪县长牛先元以下伪军800余人，毙伤200余人。这是鲁中军区抗战以来，从敌人手里夺回的第一座县城，也是歼灭日伪军较多的一次战斗。

15.攻克临沂城

在临沂城解放战斗之前，八路军第一一五师政委罗荣桓亲自作了部署，组建了解放临沂前线指挥部，并调用3个主力团和1个地方独立团参战。

1945年8月17日，八路军发起进攻，占领临沂四关。20日、22日，又连续两次强攻。在猛烈的火力掩护下，战士们驾云梯登城。5名战士登上城墙后，因云梯被打断，后续部队不能跟进，他们独立作战，攻占了城东南角的大碉堡，顶住了敌人多次进攻，最后弹尽援绝，壮烈牺牲。城下，八路军被敌人猛烈的火力封锁，进退艰难，伤亡较大，有的战士跳到护城壕内的深水里继续战斗。前线指挥部见强攻对我不利，命令部队暂时返回阵地。此后，指挥部组织开展强大的政治攻势，昼夜向敌人喊话。在开展政治攻势的同时，八路军在城西北角秘密实施地道作业，以便进行大面积爆破。经过8昼夜的努力，一条100多米长的坑道终于挖成，工兵连夜向坑道里运送炸药。9月10日清晨，只听一声巨响，城西北的城墙被炸开一个30多米宽的大豁口。八路军连续两次向突破口进行攻击。因遭正面敌人的顽抗和左右两翼火力的封锁，都没有奏效。11日凌晨1时15分，八路军发起总攻，东、南两面佯攻配合，西北突破口主攻。突击部队冲上城墙，向敌人逼近。敌人凭借工事，做垂死挣扎。八路军一个战士把一个10公斤的大炸药包塞进敌人工事，将敌人的火力炸哑，八路军乘机占领了突破口阵地。敌人连续组织了8次反扑，均被八路军击溃。战斗开始向两翼发展。沿城墙所有敌人的掩体和火力点，都被八路军摧毁。接着八路军向城里各个区域挺进，与敌人展开激烈的巷战。敌人受到重大杀伤后，纷纷缴械投降。临沂城终于回到人民的怀抱。

1945年8月，山东省人民政府在莒南县成立，这是中国共产党领导的第一个省级政权。临沂城解放不久，山东分局、山东省政府和山东军区即移驻临沂城。后来华中局和新四军也移驻到这里。一时，临沂城成了我党我军在山东乃至华中作战的指挥中心。鲁中第二军分区部队乘解放临沂城的浩然声威，又奉命投入了消灭王洪久余部的战斗，取得了最后的胜利。

16.鲁南战役

1946年12月下旬，由鲁南峄县向沂蒙进犯的国民党军整编第二十六师及第一快速纵队已逼近沂蒙西南马家庄一带。整编第二十六师是国民党军蒋介石的嫡系部队，被敌人称为“金刚钻”。配合作战的第一快速纵队是美蒋合建、美国训练、蒋介石的“二公子”蒋纬国苦心经营的所谓“国粹精华”，装备有中、轻型坦克、榴弹炮及大量汽车。强强联合的主力让国民党整编第二十六师的师长马励武神气十足，大肆吹嘘“一定要到沂蒙过年”。

为争取战争主动权，开辟鲁南战场。1946年12月开始，山东、华中野战军协同作战，利用解放区的有利条件，隐蔽运动，突袭鲁南。1947年元旦，天还没亮，解放军主力部队秘密进入集结地域。1月2日晚，突然对整编第二十六师及第一快速纵队发起攻击。3日上午，完成包围与分割，并在峄县、枣庄方向占领阵地，阻断敌军东援西撤的通道。当时整编第二十六师师长马励武到峄县城过元旦还没回来。战斗一打响，敌军失去统一指挥，自乱阵脚。战至4日晨，敌人第二十六师师部及所属两个旅大部被歼，余部和第一快速纵队向峄县方向突围。时值雨雪交加，道路泥泞，敌人装甲部队行动困难，解放军以追击、侧击、堵击等手段，将逃敌压缩在兰陵以北的低洼淤泥地带，以炸药、手榴弹爆炸和火烧等办法，全歼了美械装备的整编第二十六师和第一快速纵队。随后攻克峄县、枣庄，全歼整编第五十一师师部及两个团。这就是山东野战军和华中野战军协同对国民党军发动的大规模歼灭战——鲁南战役。

鲁南战役全歼国民党军美械装备的两个整编师和第一快速纵队，共5万余人，俘虏敌人中将师长马励武、周毓英。诚如马励武所言，他和被俘虏的国民党官兵真的在沂蒙过了年。但不是作为战胜者，而是沦为阶下囚。

鲁南战役狠狠打击了敌人的嚣张气焰，挫败了国民党军队进攻解放区首府沂蒙的计划，使解放军取得战略主动权。敌人“国粹精华”第一快速纵队的被歼，使国民党军队内部和美国顾问团大为震惊。解放军获得对敌机械化部队作战的宝贵经验和组建特种兵部队的物质基础。鲁南战役后，山东、华中野战军合并组建成华东野战军，为展开更大规模的运动战和歼灭战准备了条件。

17.白马关阻击战

1947年4月，华东野战军第九纵队一部，在平邑县武台镇白马关一带，经过7个昼夜的英勇战斗，胜利完成了阻击国民党整编第十一师北进的任务，此役被称为“白马关阻击战”。

1947年，国民党军队向陕甘宁边区和山东解放区发动了重点进攻。为保卫山东解放区，华东野战军决定发起泰蒙战役，歼灭泰安守敌整编第七十二师，华野九纵某部第二营奉命在白马关阻击北上增援泰安的整编第十一师。

第二营在团参谋长邹德普率领下，星夜兼程50多公里，于4月23日拂晓前赶到了白马关。

白马关是蒙山主峰龟蒙顶向西北方向延伸的第二关隘，是当时敌人机械化部队从平邑北进泰安的唯一通道。白马关的正前方是黑山，右前方是天台山，通往蒙阴、泰安的公路就夹在天台山和黑山之间。天台山虽然不高，但它既可封锁山下的公路，又可保障黑山侧翼的安全。黑山的左前方是云头山，它屹立在群山的最前面，是黑山、天台山的屏障。黑山居高临下，既可以支援天台山和云头山，又可以封锁公路，成为白马关的天然门户。

第二营登上白马关时，敌人整编第十一师也正往白马关赶，其前卫距黑山仅有10余公里，第二营指战员不顾长途行军的疲劳，又急行军五六公里，抢在敌人前面登上黑山。接着，参谋长邹德普和副营长高修竹带领连干部察看地形，分配任务：第六连守云头山，第四连守黑山和天台山，机炮连设在黑山，负责支援天台山和云头山，第五连为预备队。

部署就绪后，第四连连长魏来国深深感到肩上的责任重大。他和副连长王国田进行细致研究，决定由王国田带第二排坚守天台山，魏来国带第一、第二排坚守黑山。

上午9时许，不少战士尚未构筑好掩体，远方的公路上便已扬起一片尘土，一队满载着国民党军的汽车，沿着大路由南向北驶来。战士们迅速进入射击位置，做好战斗准备。

整编第十一师是国民党军“五大主力”之一，训练有素。他们架起重机枪向黑山扫射，密集的子弹打在岩石上，连同打碎的石片四处飞溅。敌人未敢继续前进，调转车头飞逃而去。

第二天上午9点多钟，敌机对黑山实施了重点轰炸，顷刻间，整个黑山阵地被烟尘吞没。敌机狂轰滥炸之后，阵地上又响起了敌人炮弹的爆炸。待敌炮火一停，魏来国立即命令全连进入阵地。

敌人一个营开始向天台山运动。当他们靠近天台山前小树丛时，迎接他们的是一阵激烈的枪声。狡猾的敌人“呼啦”一下子散卧在地上，用机枪、步枪一齐向小树丛开火。第六班战士早已趁敌人散开的一刹那，迅速顺一条小水沟隐蔽到新的地方。当敌人接近小树丛时，第六班的枪弹又从别处射来。这样，六班的战士像捉迷藏一样同敌人走走、停停、打打。快到中午，敌人才接近了天台山根，副连长王国田见六班延缓敌人前进的任务已完成，便命令六班绕过天台山东侧撤回山顶，坚守在山梁中间的洼地里。

敌人在山根下稍作休整，即开始向天台山进攻。当敌人号叫着向六班阵地拥上来时，王国田猛喊一声“打！”天台山上枪声骤起，敌军官一头栽倒在山坡上，走在前面的敌人也倒下一片，其他的趴在地上被打得抬不起头来。王国田瞅准时机，指挥四、五两个班从东西两侧出击。他们先投出一排手榴弹，接着像下山的猛虎一样直扑敌人，敌兵见状，爬起来就往后跑，有的干脆抱头向山下滚去。王国田根据作战经验判断，敌人可能会实施火力报复，急令战士停止追击，抓紧隐蔽。果然，仅片刻工夫，敌人的炮击便开始了，一排排榴弹炮弹在山坡上爆炸，把他们留在山坡上的尸体炸得血肉横飞。

阻击战进入第三天，25日上午10时，敌人又开始了新的进攻。他们接受前一天的教训，先用排炮开路，从天台山1公里之外一直排到山顶，迫击炮、山炮、榴弹炮遍山开花。接着，七八架轰炸机狂轰滥炸，黑山阵地上，烟尘蔽日，天昏地暗。这时，敌人一个营的兵力直冲天台山而来，另外两个营的兵力也开始向黑山运动。进攻天台山的敌人，将前一天的中央突破战法改为东、西、中三路攻击。

副连长王国田也据此进行了兵力调整。当西路进攻之敌进入有效射程后，掷弹筒手姜玉殿连发几弹，将敌人进攻队形断成两截。接着，战士们把成排的手榴弹砸向敌人。敌人遭此迎头痛击，只好连滚带爬地退了回去。中路之敌在其督战队的逼迫下，向六班坚守的洼地扑上来。王国田指挥姜玉殿一炮打掉敌督战队指挥官和机枪射手后，又带领战士们将敌人打了下去。嗣后，敌人又连续发起两次进攻，但均未在天台山上站住脚。可是我方的弹药已所剩无几，且得不到补充，副连长王国田的右臂也被子弹穿透。

这时已是下午3点左右，王国田估计进攻之敌贼心不死，便组织战士们准备好石头。不久，敌人果然又向天台山拥来。王国田沉着指挥，先打西路之敌，大石头一起滚下山头，直砸得敌人鬼哭狼嚎。敌人指挥官判断解放军弹药不多了，直着嗓子喊叫着督战，但进攻之敌仍被解放军打退。六班战士阻击中路之敌时，子弹打完了便用刺刀展开肉搏战，王国田及时带人支援，将敌人击退，但其右臂再次负伤。王国田见弹药耗尽，敌众我寡，便指挥战士们背起伤员，迅速撤离了天台山，向黑山主阵地靠拢，待天黑后再夺回阵地。

与天台山激烈战斗的同时，黑山阵地阻击着两个营敌军的攻击，面对满山坡蜂拥而来的敌人，连长魏来国命令，待敌人进入有效射程后，先用掷弹筒轰，再用枪瞄准射击，此办法果然奏效。当敌人被突然猛打一阵后，活着的一齐冲进阵地前的一条水沟里，成了瓮中之鳖。接着，神枪手大显身手，开始了神枪大点名，凡是从水沟中露出头来和在有效射程内被发现的敌人，几乎全部命丧黄泉。后来大伙又商量用掷弹筒轰赶水沟内的敌人。敌人被轰得待不住了，纷纷爬上沟沿，成了解放军的活靶子，仅被几名神枪手敲掉的就达94人。

26日，阻击战到了第四天，敌人见天台山久夺不下，便改变战法，以少数兵力佯攻，集中力量攻击云头山，企图以云头山为跳板进攻黑山。

坚守在云山头上的第六连，为延缓敌人的进攻时间，把工事一直修到山头下，第八班还在山下的一个小山包上修了几个暗火力点。上午10时，敌人照例是一阵飞机炸、大炮轰，掩护一个营的兵力分几路向云头山进攻。当敌人运动到第八班射程内，战士李成荣首先开枪打倒4个敌人，其他战士也一齐开火，将敌人打得措手不及。云头山和黑山上的各种轻重武器一齐射击，将敌人第一次进攻击退。下午，敌人向云头山发起第二次进攻，也告失败。

阻击战进行到第六天，敌人仍未能越过解放军白马关阵地一步。于是，他们放弃攻击天台山和云头山，直接向黑山发动进攻。解放军指战员紧密配合，坚持战斗，敌人数次进攻均被打退。最终，守关勇士经过7天7夜激战，将整编第十一师死死地钉在白马关前，胜利地完成了阻击任务，为歼灭泰安守敌做出了贡献。

18.黄崖山阻击战

黄崖山位于蒙阴县界牌、垛庄交界处，东北距孟良崮五六公里，在连绵起伏的蒙山山脉中，异峰突起，像是傲立的一座屏障。解放战争时期，这里曾连续发生过两次艰苦的阻击战。

第一次阻击战发生在1947年4月下旬的泰（安）蒙（阴）战役期间。23日晚，华东野战军第八纵队第二十四师第七十团第三营第一连接到紧急战斗命令，要他们于天亮前抢占黄崖山，阻击国民党整编第七十四师北上。连长卢亲智马上率领全连战士翻山越岭，连夜急行军，抢先占领了黄崖山。

连队刚刚进入阵地，还没来得及构筑工事，敌人就已来到。迟到一步的敌人气急败坏，一阵猛烈的炮击之后，以一个营的兵力向主峰及两翼阵地疯狂地发起攻击。敌人刚接近前沿，解放军机枪、步枪、手榴弹便一齐开火，阵地上浓烟滚滚，杀声震天。猛烈的火力把敌人打得晕头转向，连滚带爬地退到山下。

敌人的几次进攻被打退之后，又以两个营的兵力集中攻击主峰阵地，第一连第一排指战员依托有利地形，顽强地抗击敌人。战斗中，敌人曾几次窜上主峰阵地，战士们端起刺刀同敌人展开激烈的白刃格斗，时间一分一秒地过去了，阵地依然在一排手里。但最严重的情况终于出现了：全排一粒子弹也没有了！“准备好，推围墙！”当敌人冲到围墙脚下时，一排排长朱际昌大喊一声。一段段围墙被推倒了，无数石头像山洪一样，相互撞击发出隆隆的声响，从悬崖陡坡急落而下，敌人的第十一次冲锋就这样被打退了。

太阳就要落山了，穷凶极恶的敌人向黄崖山实施了空前猛烈的炮击，整个山峰犹如火山。这时，第一排只剩下6名同志，而且都负了伤。敌人在向上运动着，在这最后的时刻，卫生员韩成山意外地发现还有一颗手榴弹，他喜出望外地跑来交给排长。战士高炳升望着排长恳切地说：“我们抱在一起，你把这颗手榴弹拉响吧！”大家都异口同声地喊着：“排长，拉响吧！”排长面色严肃，语调深沉：“同志们，我们是共产党领导的队伍，死，要死得有价值，这颗手榴弹还是给敌人吧，我们准备跳崖！”

敌我之间相距只有几十米，敌人发出疯狂的喊叫：“抓活的，抓活的！”在这千钧一发的时刻，排长用牙齿咬开手榴弹盖，高高举在手里。敌人惊诧之余，不知所措，纷纷趴下。排长趁机将手榴弹向敌群甩去，“轰隆”一声巨响，敌人倒下了一片。硝烟中，韩成山背起身负重伤的小王，6位勇士挽起手，高喊："共产党万岁！"纵身跳下悬崖。

两翼阵地的战士仍然在坚持战斗，英勇杀敌，直到天黑，完成阻击任务后才撤离黄崖山。

战后，华东野战军某部授予第一连"荣誉连"称号，第一排"战斗英雄排"称号，并追认排长朱际昌为"战斗英雄"。

后据证实，跳下悬崖的6位勇士中，韩成山摔成重伤，被山下的老乡石祯文救回家去，经耐心治疗护理，终于活了下来，被称为"活着的烈士"。

第二次阻击战发生于1947年5月。震惊中外的孟良崮战役打响后，驻桃墟一带的国民党整编第二十五师，在蒋介石的严令下拼命向孟良崮增援。于是，在黄崖山又展开了一场激烈的阻击战。

距孟良崮只有五六公里的黄崖山，是整编第二十五师通往孟良崮的最后一道天然屏障，一旦越过黄崖山，他们就能与整编第七十四师汇合，解放军全歼整编第七十四师的战役计划就很难实现。所以，14日晚，在解放军攻击垛庄、封闭整编第七十四师南撤通道的同时，华东野战军第六纵队第十六师第四十八团奉命抢占黄崖山一线阵地，不惜一切代价阻击整编第二十五师。这时整编第二十五师一部，也向黄崖山一线急进。

次日拂晓，黄崖山上浓雾弥漫，两军同时赶到山脚下。解放军由西坡向山上冲击，敌人从东坡向山上攀登。第四十八团第三营第九连连长翟祖先率领先头部队，不顾连续行军的劳累，攀悬崖，跨沟坎，登绝壁，在敌人离山顶只有四、五十米的危急关头，终于先敌一步抢占了制高点，以迅雷不及掩耳之势展开战斗，打得敌人仓皇退下山去。接着，后续部队陆续赶到，黄崖山及附近的狼虎山、万泉山等要点均被解放军控制。

15日中午时分，敌人以两个营的兵力向黄崖山阵地发起猛烈攻击。他们在其上司"只准进不准退"的严令下，以密集队形发起集团冲锋。解放军阻击部队发扬有我无敌、人在阵地在的大无畏精神，同敌人展开激烈争夺，连续打退敌人多次进攻。

在两昼夜的黄崖山阻击战中，敌人先后对解放军扼守的阵地进行了10多次冲锋，但是，不管是上来一个连、一个营还是一个团，也不管他是从正面来，还是迂回攻击，每次都是上来的多，回去的少。直到整编第七十四师被全部歼灭，也未能越过黄崖山半步。蒋介石的所谓里应外合、两面夹击，对解放军实行反包围的计划彻底破产。

5月29日，陈毅司令员在孟良崮大捷欢庆会上说："伟大的歼灭战，离不开主攻与阻击，这往往是歼灭战不可分割的组成部分。"黄崖山阻击战为孟良崮战役的胜利奠定了基础。

19.孟良崮战役

孟良崮位于临沂市蒙阴县和沂南县交界处，地处沂蒙山区南北交通要道上，形势险要，自古即为兵家必争之地。相传宋朝杨家军将领孟良曾屯兵于此，故取名孟良崮。震惊中外的"孟良崮战役"就发生在这里。

1947年，国民党军队对解放区的全面进攻失败后，蒋介石转而对山东和陕北解放区发动了重点进攻，他调集了包括号称其五大主力中的整编第七十四师等三大主力的24个整编师、60个旅，共约45万人，组成3个兵团，采取加强纵深、密集靠拢、稳扎稳打、步步推进的战法，3个兵团抱成团向山东根据地密集推进，蒋介石专程飞到徐州指挥策划，叫嚣"党国成败，系此一役，只许成功，不许失败"，企图消灭华东解放军主力于鲁中山区。

陈毅、粟裕等率领华东野战军灵活机动，忽打忽停，寻机歼敌，因敌军高度集中而未达目的。于是解放军进一步向东北方向隐蔽后退。5月上旬，主动放弃泰安、莱芜、蒙阴等地以迷惑敌人，使敌军形成解放军"攻势疲惫"的错误判断而大胆冒进。蒋介石果然利令智昏，急令各部"跟踪追剿"。南线的第一兵团改变稳扎稳打的战法，不待与第二、第三兵团统一行动，即以整编第七十四师为主，整编第二十五师、第八十三师在左右两翼配合。1947年5月，国民党重点进攻集团以王牌军整编第七十四师为骨干，对华东野战军司令部所在地——蒙阴县坦埠镇为主要目标发动进攻。

整编第七十四师号称"御林军"，所谓"王牌中的王牌""精锐中的精锐"，全部美式装备，虽然是一个师却相当于一个军的编制。师长张灵甫号称"常胜将军"，在进攻山东前他曾拍着胸脯向蒋介石保证道："校长，有七十四师就有国民党，七十四师不仅能将共产党赶出苏北，赶进山东，而且能将他们赶到大海喝海水！”进入沂蒙后，他又对报界吹嘘说：“陈毅、粟裕受到致命的打击，平定苏北，扫荡山东，指日可待！”

陈毅、粟裕决定迅速抓住战机，中央突破，阻其两翼，虎口拔牙，在敌援兵到达之前集中全力歼灭骄横的第七十四师，给来犯之敌以沉重打击。

1947年5月上旬，华东野战军主力转至蒙阴、新泰、莱芜以东隐蔽集结。5月13日晨，粟裕来到蒙阴县坦埠以西艾山脚下依山傍水的张林村老君洞（战后被称为将军洞），建立前线指挥部。当天晚上，解放军在坦埠阻击第七十四师，将其包围穿插分割，孟良崮战役就此打响。

孟良崮战役中，华东野战军参战部队共有9个纵队，其中以5个纵队担任主攻，4个纵队负责打援。由于在兵力上敌强我弱，国民党军在几十架飞机的掩护下，集中火炮向华野阵地轰击，炮弹、炸弹铺天盖地地倾泻下来，弹片、碎石漫天飞舞。由于来不及构筑工事，解放军指战员在无遮无掩的光石山上，以血肉之躯抗击着国民党军一次比一次猛烈的反扑。在第七十四师踞守的孟良崮、芦崮等山头，每一处阵地、每一座山头都要经过反复争夺，得而复失，失而复得。经过几昼夜激战，由于解放军的英勇顽强和人民群众的大力支持，到16日下午，国民党整编第七十四师及整编第八十三师1个团共3.2万人全部被歼灭，师长张灵甫被击毙。

孟良崮战役是打破国民党军队对山东解放区重点进攻和转变华东战局的关键一役，陈毅称之为“百万军中取上将首级”，给国民党军队以沉重打击。蒋介石惊呼“这是我军剿匪以来，最可痛心、最可惋惜的一件事”，立即下令暂时停止对山东解放区的进攻。

孟良崮战役使国民党军进攻山东的计划严重受挫，相反极大地鼓舞了华东解放区军民打破国民党军重点进攻山东的信心。陈毅将军在战斗结束后赋诗一首，高歌胜利：“孟良崮上鬼神号，七十四师无地逃。信号飞飞星乱眼，照明处处火如潮。刀丛扑去争山顶，血雨飘来湿战袍。喜见贼师精锐尽，我军个个是英豪……”

20.第二次岱崮保卫战

在1947年国民党军重点进攻沂蒙期间，在鲁中敌后地方武装作战中，打得最好的是解放军鲁中军区后勤监护营第一连的岱崮保卫战。因在抗日战争时期曾经发生过一次岱崮保卫战，所以有人称这次战役为“第二次岱崮保卫战”。

1947年6月，为牵制国民党军重点进攻沂蒙的主力，使华东野战军主力寻歼敌人有生力量，保卫崮上大批军事物资，鼓舞敌后人民斗争意志，监护营第一连在营长胡凤诰、连长庞洪江、指导员陈来喜率领下，在这里展开了一场惊天动地的保卫战。

位于蒙阴县东南部的岱崮，地理位置十分重要。山脚下是新泰延伸到山里来的公路，控制了岱崮，可以直接威胁敌人进山的通道。南岱崮山势最高，俯瞰着整个山群，北岱崮及西北方向的卢崮，犹如它平伸出来的两个有力的臂膀，支撑、拱卫着南岱崮。崮上怪石嶙峋，不生树木，仅有荒草。

国民党军大举向沂鲁山区进犯前，解放军进行了充分的准备，第一连在80多名民工帮助下，在崮顶加修了工事，储备了粮食、水、油盐和柴草，并在崮下敷设了1000多枚地雷。卢崮正中有一座防空工事，在此配置了1挺机枪，既可封锁崮下，又可对空射击。崮东南角上还安设了一架滑车，可依靠绳索上下。

1947年6月25日下午，当第一连接到坚守岱崮的命令时，他们还在岱崮西北60公里以外的沂源县青龙区（今悦庄镇）埠村，而敌人已进至龙亭，距岱崮22.5公里。为了抢在敌人前面占领岱崮，第一连星夜兼程，向岱崮急进。入夜后，他们拐进白峪到王家峪子之间的山谷。山谷的白马河因连日下雨河水上涨，根本找不到路，他们只好沿着没膝的河水行进。下半夜，天又下起暴雨，并引发山洪，山谷狭窄之处水流湍急，水深过腰，人一被冲倒就很难爬起来。炊事员丁长发滑倒后，急忙挣扎着抓住笼屉，但簸箕却被洪水冲跑了。庞连长鼓励大家说：“不管怎样，就是下刀子、顶铁锅也要赶到岱崮！”他命令战士们将绑腿解下连成一条长龙牵着走，防止被洪水冲散。

经过一夜的急行军，第一连终于在27日拂晓先敌人一步占领了岱崮。全连107人分守南北岱崮和卢崮3座山头。庞连长带第一排守主峰南岱崮，陈指导员带第二排守卢崮，连文化干事高兆田和第三排排长李现林带第三排守北岱崮。胡凤诰营长因多次负伤，身体很弱，当时决定守崮时，上级没有叫他参加。第一连出发后，他很不放心，即带领营部侦察班连夜赶来，在崮下打游击支援第一连。7月3日，他又率侦察班登上南岱崮，与第一排汇合。

崮上的一切是他们早就熟悉的。他们为构筑工事付出过艰辛的劳动，原连指导员就是在修筑工事时负伤的，当时还在医院里。崮的周围早就挖好了堑壕，崮顶还有严密的防空工事。战士根本用不着动员，他们对形势十分清楚，战斗热情极为高涨，坚守岱崮保卫战略物资，是该连从构筑崮顶工事的那一天起就有的夙愿。上崮后，他们提出"人在崮就在，守住鲁山撑天柱，争当第二个岱崮连"的战斗口号。

第一连上崮不久，山下就响起了激烈的枪炮声，华东野战军第九纵队一个营在山下五里沟与敌人接火了。枪炮声消失后，敌人前锋顺着公路向东拥进卢崮北面的贾庄，岱崮成了敌后。指战员们顿时感到身上责任重大，决心想方设法拖住敌人。

一会儿后，贾庄敌人约一个连分3路向卢崮冲来。西路沿小红山梁向上冲，中路南奔崮下，东路直奔崮东北山角。中间一路刚出村即架起机枪向山崮扫来。敌人见没有动静，便大摇大摆地聚集到峭壁下。解放军见时机已到，一齐把手榴弹扔进敌群，敌人毫无防备，20多人被当场炸死，其余敌人仓皇逃回贾庄。战士何登云高兴地喊起来："这样的队伍还打什么仗？这不是白丢蒋介石的脸吗！"通讯员小孙也说："我看，这样的队伍来一万也得送上八千！"而指导员则告诫大家说："我们不能麻痹大意，战斗才刚开始呢！"果然不久，3座山崮周围出现了密密麻麻的白色帐篷，敌人把山崮全部包围了！

敌人于6月28日正式向守军发起进攻。密集的炮火向3座山崮猛轰，经久不息的剧烈爆炸声震撼着山顶，弥漫的硝烟呛得战士们咳嗽不止。敌人的集团冲锋开始了，解放军纷纷从隐蔽工事里跳出来，以集束手榴弹回敬敌人，被炸得鬼哭狼嚎的敌人慌忙回窜。这时，解放军的机枪又响起来，敌人的第一次进攻被击退，崮下布满了敌人的尸体。一连几天，敌人又发起多次攻击，但解放军凭借天险英勇抗击，敌人除死伤外毫无所得。

敌人为了迅速攻克这个前进道路上的重大障碍，集中整编第六十四、第

六十五、第二十五3个师部分兵力及一个炮兵团围攻3崮。18架飞机也来轮番轰炸、扫射，崮上工事大部被摧毁。南岱崮上的第一排副班长房振东牺牲了。7月2日晨，敌人8架战斗机、4架轰炸机又向3崮飞来。战斗机沿着崮顶的壕沟扫射，打得烟火升腾、石块飞溅。这时，卢崮守军发现敌人在山下贾庄河滩铺上白布为飞机指示轰炸目标，于是将崮上存放的白绷布也摆在崮顶，构成箭头指向贾庄，敌人轰炸机果然上当，7枚重型炸弹都投在崮下小红山上，将敌人的3座碉堡炸飞。

此后，敌机虽然不来轰炸了，但仍以猛烈炮火轰击，崮顶土石不知被炸过多少遍了，荒草也全部被炸光。敌人冲锋也有了规律，白天休战，仅在拂晓和黄昏攻击。半个月过去了，敌人始终未能攻上崮顶。

敌人虽然冲不上山来，但倒霉的雨季天气却给第一连造成了严重困难。1947年夏季，是历史上少有的多雨季节，没完没了的雨水天天向下倒。自第一连上崮后，不是阴天，就是暴雨，难得见个晴天。战士们的衣服，外面雨淋，里面汗浸，再加上泥水里滚、山石上爬，不久即成了布条条。最后，他们索性把布条条扒掉，光着身子作战。掩体里、壕沟里、岩洞里到处积满了水。战士们一有空闲，即用钢盔、茶缸向外泼水，但雨日夜不停地下，根本无济于事，积水越来越多。

饭霉了，盐化了，手榴弹怕潮无处放，只好放在吊起的铁锅里。睡觉更是没地方，困急了，只好坐在水里睡，甚至站在水里睡。第二排战士何登之和通讯员因熬夜困累加潮湿，眼眶都烂了。大家只好用石头垫起几根支弹药箱的木棒让他俩在上面睡。但木棒仅有1米多长，人躺不下，只好蹲在上面休息。一天，太阳从云缝里钻出来，大家十分欣喜，跑到洞口去晒太阳，不料被敌人发觉，何登之、白庆和不幸牺牲。

华东野战军留置山东内线部队发起南麻战役，围困岱崮的敌军除在郭家庄、贾庄各留下1个团监视岱崮外，其余悉数北上增援南麻。胡风诰营长决定：下山出击，把敌人拖回来，以减轻主力部队的压力。庞连长带着从岱崮上抽调的十几名战士下山，向敌人五里沟96号兵站发起攻击，击溃敌人，缴获部分物资。第二天拂晓，敌人大队人马沿着王家峪子山沟源源不断地开了回来，岱崮周围又密密麻麻地搭起了白色帐篷。战士们抽着缴获的香烟说："我们苦一点不算什么，让野战军老大哥在南麻多多地消灭敌人！"

敌人被牵回来以后，虽然不再向山崮发动大规模的进攻，但却加紧了对崮顶的封锁和围困。山崮周围增建了许多碉堡，碉堡火力密切分工，固定射击目标，上下崮的路口全部被封锁起来，各崮之间的联系完全断绝了。时间一天天过去，粮食快吃光了，子弹、手榴弹也不多了。子弹已集中到优秀射手手里，手榴弹在一般情况下不能动用了。他们先是在石缝里找野苋菜、灰菜煮着吃，但野菜有限，很快就吃光了。崮下山坡上虽然有成片的野荞麦，但敌人火力封锁严密无法下崮。最后，大家想出办法，每到夜晚，又吹哨子，又抛石头，并用空绳子拉滑车。一开始，敌人听到响声即开枪，但时间一长，敌人即不再射击了。于是，他们利用夜晚到崮下拔野荞麦，连叶带茎煮着吃。

敌人封锁解放军，解放军也找机会打击敌人，卢崮脚下有一棵苹果树，敌人常到树下转悠。第二排选出特等射手牢牢注视着这棵树，先后将5个敌人打死在树下。

因解放军弹药不多，敌人气焰更加嚣张，经常成群结伙到崮下乱转悠。解放军便把石头绕崮堆成短墙，敌人一来，即将短墙推下砸击敌人。后来，解放军利用崮顶弹药库存放的大量迫击炮弹投掷敌人。但炮弹没有炮筒发射，引火帽无法先着地引爆，他们便应用降落伞原理，在炮弹上缀上一条草辫子，果然爆炸成功。敌人吃了亏，再也不敢随便到崮下来了。进攻北岱崮的敌人一个机枪班，被第三排消灭在崮下，缴获了两箱子弹，第三排主动匀出部分，秘密送上南岱崮和卢崮。

为了解决粮食问题，胡凤诰营长下山到金星区茶局峪搞到一批粮食，发动群众，利用夜晚秘密分送到了崮顶。在大崮区坚持斗争的军事干事崔学功得知守崮部队缺粮，带领队员先将区里储存的200公斤粮食秘密送上南岱崮，接着又到八大庄收缴1500公斤夏季公粮分送到3崮。到卢崮送粮时被敌人发觉，他们死打硬拼，终于将粮食送上崮顶。

有了充足的粮食和弹药，解放军再也不怕敌人的围困了，并想方设法改善生活。守卢崮的第三排因长时间吃野菜，又没有油盐，指战员们都患了夜盲症，许多同志的脸浮肿起来。陈来喜想起丰山庄群众缫丝煮茧的水是盐水，便带领朱育才、许崇芳偷偷下山，找到一罐茧水。茧水由于放的时间长发臭了，但他们仍然十分高兴。

由于敌人实施围困，不再发动进攻，老乡们的胆子也大了起来。一天，有个老乡赶着一群绵羊越过敌人碉堡到崮下放羊。陈指导员打手势示意老乡给留下一只，将来还钱。老乡打手势表示：大部分羊已被国民党军吃了，情愿把羊慰劳解放军。老乡趁敌人不注意，挑了一只最大最肥的羊捆起放在石缝里。晚上，陈指导员和朱育才利用滑车把羊向上拉，刚到半空，羊叫被敌人发觉，一阵机枪把羊打死了，但他们还是把羊拉了上来。

在此期间，华东野战军外线出击部队打到鲁南、鲁西，晋冀鲁豫野战军也挺进到鲁西南，重点进攻沂蒙的敌军大部增援鲁西南，围困岱崮的敌军也于8月10日被迫撤退。至此，第二次岱崮保卫战以解放军的彻底胜利而结束。

第二次岱崮保卫战自6月26日开始，至8月10日结束，持续了45天。第一连107名英雄以牺牲4人的代价，钳制了敌人第六十四、第六十五、第二十五3个整编师部分兵力，除一般性的打退敌人进攻外，还连续打退了敌人以12架飞机掩护两个步兵团5次最激烈的攻击，共毙伤敌人副团长吴开先以下250余人，坚守了阵地，保卫了战略物资，鼓舞了敌后人民的斗争情绪。为了表彰该连的战功，10月10日，鲁中军区授予该连“第二岱崮连”称号，授予营长胡凤诰“岱崮英雄”称号。

（二）牺牲者代表

1.赵镈

1941年10月27日，中共鲁南区党委书记、八路军鲁南军区政委赵镈在国民党反动派制造的苍山（今兰陵县）“银厂惨案”中被捕，11月19日英勇就义。

赵镈是陕西省府谷县人，1906年生，1926年加入中国共产党，曾受党的派遣到黄埔军校学习。1927年大革命失败后，他遵照党的指示，在北平、天津一带从事地下工作，期间曾两次被捕，坐牢7年。1936年，经组织营救出狱后，先后在冀东、津南、鲁西等地区担负党的领导职务。1940年3月，调任鲁南区党委书记兼八路军鲁南军区政治委员，直至壮烈牺牲。

赵镈对党的事业无限忠诚，把党的利益看得高于一切，以党的利益为第一生命，以个人利益服从党的利益，表现出了共产党人高度纯洁的无产阶级党性。他把服从党的需要看作自己的天职，党需要他到哪里工作就到哪里工作，且倾注自己的全部心血。他调到鲁南工作时，正值日寇侵入我国腹地，蒋介石接连掀起第一、第二次反共高潮的严重关头。当时，鲁南根据地新开辟不久，外受日伪的重重包围，内有国民党反动军队和土匪的破坏捣乱，情况复杂艰难。

赵镈长途跋涉达到鲁南后，立即投入到工作和斗争中。他坚持贯彻执行毛泽东为我党制定的关于建立抗日民主根据地的各项指示，与罗荣桓领导的八路军第一一五师紧密配合，依靠鲁南地区的党组织和人民群众，在1年多的时间里，战胜重重困难，整编和发展了党的组织，建立了鲁南地区党的领导机构，统一了各地的抗日群众组织，成立了鲁南各界人民抗日救国会，建立了地方武装领导机构，壮大了抗日武装队伍。还按照“三三制”原则，建立了专区、县等各级抗日民主政权，从而使鲁南根据地得到了巩固和发展，为之后斗争的胜利和鲁南的完全解放奠定了可靠的基础。

赵镈维护党的团结，总是按照党的原则，正确处理各种关系，特别是地方党、政和主力军队的关系。八路军第一一五师驻鲁南期间，赵镈经常向罗荣桓汇报、请示工作，关系十分融洽。

赵镈一贯忠于马克思主义，努力把马克思主义的普遍原理与中国革命的具体实践相结合，善于用马克思主义的立场、观点和方法解决实际问题。在鲁南期间，他积极提议和创办了区党委机关刊物《先进》，并亲自撰写发刊词。当时，中共山东分局书记朱瑞还特地请赵镈给党校师生作了《反对事务主义》的报告。在报告中，赵镈深入浅出地阐述了学习革命理论的重要性，分析了事务主义的危害，使党校师生受到深刻的教育。

赵镈具有高度的群众观念，始终和群众保持密切的联系。当时，有些刚参加革命的知识分子出身的干部，嫌农民脏，不愿到农民家里去，赵镈就耐心地教育他们。赵镈每到一个地方，都深入到群众中去，亲自做驻村工作，深受群众的拥护和爱戴。

赵镈时刻把群众的疾苦和利益放在心上。1941年，鲁南闹春荒，群众生活极端困难，靠糠菜充饥。在这种情况下，赵镈亲自带领机关干部帮助驻村群众拉犁春耕。当时鉴于根据地财政困难，有关部门曾组织向敌占区出售耕牛，赵镈发现后，立即进行批评和制止。

赵镈经常教育干部要廉洁奉公，与群众同甘共苦，一旦发现危害人民利益的犯罪行为，不论是什么人，功劳有多大，他都坚决按照党和政府的法纪处置。有个县长贪污腐化、道德败坏，在群众中影响很坏。经查实后，赵镈立即撤销这个县长的一切职务，开除党籍。他还指示鲁南专署专门召开行署、县、区三级干部会议，点名批评了一些挥霍浪费、侵犯人民群众利益的人和事，并约法三章，严禁贪污和浪费。他自己以身作则，有一天夜里，他的马踩坏了老百姓的两个西瓜。他当时就掏出两个铜钱放在了被踩烂的西瓜上，第二天又亲自找到西瓜的主人赔礼道歉。

赵镈身为党的高级干部，从不居功自傲，从不搞特殊化，艰苦朴素，平易近人，吃苦在前，享受在后。他身患肺结核病、胃病、关节炎等多种疾病，工作又劳累，同志们都很心疼他，总想给他点额外照顾，但每次他都是婉言拒绝。一次，上级发给他一瓶鱼肝油，要他补养身体，他马上派人送给医院的伤病员。还有一次，部队缴获了一些小麦，悄悄留下200斤，要炊事班照顾赵镈。赵镈知道后，便派人把小麦磨成面粉送给党校，使党校的同志过年吃了一顿面条。赵镈不仅自己不搞特殊，还经常教育他的爱人和在他身边工作的同志不要脱离群众，生活要俭朴，行军不要骑马，不要给组织添麻烦。

1941年10月27日，国民党反动派对鲁南区委所在地银厂村进行突然袭击，赵镈本已冲出敌人的包围，但又发现党中央的绝密文件没有带出，他当机立断，让其他同志继续撤走，自己只身返回原地，销毁文件，党的机密保住了，使党避免了重大损失，赵镈却不幸被捕。敌人先是设宴劝降，诱以高官厚禄，遭到赵镈严词拒绝。后对赵镈施以各种酷刑，以死相威胁，赵镈大义凛然。他被关押了20多天，审讯10多次，被折磨得死去活来，但始终没有吐露一句党的机密，表现了共产党人宁为玉碎、不为瓦全的浩然正气。最后惨遭杀害，年仅35岁。

2.沂蒙跳崖英雄

在抗日战争时期，沂蒙曾3次出现“狼牙山五壮士”式的跳崖英雄。

第一次，武善同为救护乡亲跳崖牺牲。

武善同，1917年生，1938年加入共产党，先后任沂北县诸葛乡红石崖村党支部书记，诸葛乡党支部书记，夏蔚区委委员、书记。他在红石崖村组织民兵队、自卫团、农救会、妇救会等抗日群众团体，积极开展抗日斗争，使该村成为著名的抗日堡垒村。

1942年11月1日，日军一部到沂北县诸葛乡红石崖村“扫荡”。正在家中养病的中共沂北县夏蔚区委书记武善同，得知日军就要进村的情报后，立即检查乡亲们坚壁清野的情况，并把两名八路军伤员掩藏在山洞里。日军进村后折腾了大半天，未发现什么即开走了。

第二天一早，日军又扑向红石崖村，将武善同、两名八路军伤员和全村百姓从山上搜出，一批一批地赶到一条山沟里，四面架起机枪。日军先枪杀了两名八路军伤员，后将武善同和其弟武善亭从人群中拉出，用枪托和皮带毒打，逼其交出其他八路军伤员和枪支。武善同被打得遍体鳞伤，满脸是血，连眼都睁不开了。但武善同兄弟二人坚贞不屈，拒不开口。

日军指挥官无计可施，恼羞成怒，要下令开枪，一场屠杀就要开始。在此危急时刻，武善同猛地大喝一声：“住手！”将要开枪的日军被武善同震住了。这时，武善同不慌不忙地对日军指挥官说：“你们不是要枪吗，枪是我藏的，有一大批，就在小崮子山上。”他转回身，深情地看了看乡亲们，说：“枪藏在那里，他们谁也不知道。不许你们残害他们，只要放走他们，我就领你们上山取枪！”

日军指挥官下令放了武善亭和被围的乡亲，派两名日军跟着武善同到山上取枪。武善同将日军引到小崮子山顶的悬崖上。他用下巴示意，枪就藏在悬崖半腰。当两名日军探身观望时，他猛力将一名日军推下悬崖摔死，紧接着抱住另一名日军，高喊着“共产党万岁”跳下悬崖，与敌人同归于尽。

第二次，山东军区特务营严雨霖等跳崖。

1941年11月2日晨，八路军山东军区、山东省战工会、鲁中沂蒙专区等机关、部队，被日军大部队合围于沂水县笛崮峪（又称对崮峪）。山东军区特务营、沂蒙军分区第一团第一营、沂北县大队及国民党第五十一军一个营，在山东军区副司令员王建安指挥下，抢占笛崮峪，抗击敌人进攻，掩护机关待机突围。如前所述，八路军特务营在营长严雨霖的带领下，掩护机关突围后被日军逼到东面悬崖上。特务营营长严雨霖带领13名战士毅然跳下悬崖，有6名战士牺牲，严营长等8名战士幸免。

第三次，公浩跳崖。

1943年春，平邑县皇崮区区长孟育民、区农救会长公浩、区中队指导员王万立等人在太皇崮附近的小黄坡村召开农救工作会议。会议结束后，为安全起见，孟区长决定转移到太皇崮东侧的太皇崮村宿营。拂晓，东北方向传来枪声，白彦据点的日伪军百余人向太皇崮村扑来。孟区长等迅速组织群众转移，而后带领公浩等10人向西南方向的柴山行进，当走出三、四里路时，遭到敌人阻击。

原来，日军获悉八路军皇崮区机关人员在此活动，即趁八路军主力部队不在当地之机，集结山亭、城前、高桥、团山、白彦等地日伪军实施奔袭。在这种情况下，硬冲是很难突出去的。于是，孟区长决定登上太皇崮主峰坚守待援。太皇崮，海拔540米，四面都是悬崖峭壁，仅崮西南方的“西嘴子”可攀登而上。孟区长他们有9人顺利登上崮顶。

敌人在密集火力掩护下攻击“西嘴子”。孟区长等英勇抗击，从清晨一直打到黄昏，敌人未能得逞。但八路军的弹药基本上也打光了。这时，日军一边实施佯攻，一边用杉杆扎成30多米高的软梯，从崮北面峭壁上偷偷摸了上去。当八路军发现时敌人已冲到面前，孟区长、太皇崮村农救会长李广友被枪弹击中牺牲；民兵谢恒顺、谢学柱被敌人刺刀刺死；民兵谢洪连中弹倒了下去；区中队指导员王万立拉响最后一颗手榴弹，与敌人同归于尽；山西籍的陈同志抱住一名日军跳下悬崖牺牲；区农救会长公浩为了不被敌人俘虏，英勇地跳下了悬崖。只有小黄坡村农救会长谢恒玉，隐藏于一悬崖石缝中幸免于难。

3.刘子超

刘子超，1906年出生于广东省兴宁县，1926年8月加入中国共产党，1929

年春，任中共上海沪西区委宣传部长。秋后，调任中共闸北区委书记。抗日战争爆发后，刘子超到国民党第一战区司令长官程潜的政训处工作。此时，中共北方局组织部长朱瑞作为八路军代表在程潜部任联络处主任。1937年9月1日，朱瑞以国民党豫北师管区司令张轸的名义，开办了“华北军政干部训练所”（又称豫北军政干部训练班），刘子超任训练主任。同年12月上旬，刘子超以训练所留下的四五十人为骨干，在山西晋城成立了华北军政干部学校，自任校长。1938年4月，北方局和八路军总部决定以华北军政干校为基础，在山西陵川建立了抗日新军太行南区游击司令部，刘子超为司令员。第二年2月，编为八路军赵谭支队，刘子超任支队副司令员。

1939年5月，八路军总部决定在山东建立第一纵队，徐向前为司令员，朱瑞为政治委员，刘子超任宣传部长。6月，刘子超随徐向前、朱瑞来山东。10月，第一纵队和山东纵队机关合并，刘子超继续担任宣传部长。刘子超极为重视新闻出版和《大众日报》等报纸的创办发行工作。1940年，刘子超当选为省宪政促进会常务委员。

1940年5月，中共山东分局书记朱瑞提议创办山东纵队的“军报”——《前卫报》，由刘子超直接领导。

刘子超以《大众日报》和《前卫报》为阵地，从山东战场的实际出发，针对国际国内斗争形势，充分发挥党报军报的优势，有计划、有步骤地撰写文章宣传。先后发表了数十篇政论文章。他还号召各级干部努力学习革命理论，并利用战斗间隙，亲自给大家讲解。例如，他曾联系抗战斗争实际，深入浅出，绘声绘色讲《论持久战》《大众哲学》和政治经济学等理论课程。

1940年7月，山东各界人民代表在鲁中区的青驼寺（今属沂南县）召开了联合大会。刘子超作为军队代表出席了会议，并当选为山东省战时工作推行委员会委员、教育组成员。同年12月，为纪念八路军山东纵队成立两周年，山纵政治部在刘子超的倡导下，谱写了《山东纵队进行曲》，以激励山纵全军指战员的斗志。

1940年冬，日军集结5万余重兵“扫荡”沂蒙。11月4日，刘子超在蒙阴县牺牲。

4.刘海涛

刘海涛，1907年出生于山东省东阿县，1927年，因生活所迫，随家乡父老“闯关东”到黑龙江谋生，1933年加入中国共产党，并随赵尚志参加了珠河抗日游击队。

1934年6月，珠河抗日游击队扩编为东北抗日游击队哈东支队，赵尚志任司令，下设3个总队、9个大队，刘海涛任第一总队第一大队大队长。1935年初，哈东支队改编为东北人民革命军第三军，赵尚志任军长，刘海涛任第一团团长。1936年夏，中共满洲省委选派刘海涛赴莫斯科东方共产主义劳动大学学习。1938年上半年毕业回到延安。8月，刘海涛同抗大、陕北公学毕业的学员和一部分红军干部、白区工作干部，在黎玉和张经武的率领下由延安来到山东。

刘海涛来山东后，先是任八路军山东纵队第六支队司令员，率部活动在泰山西区，初步开辟了平阴、东阿山区和东平、汶上抗日游击根据地。1939年3月，八路军第一一五师挺进山东，在泰西与第六支队会师，极大地鼓舞了第六支队的士气，他们配合第一一五师主力，连续击溃日军的进攻，打开了泰西地区的新局面。

1939年7月，遵照山东军政委员会决定，中共山东第一区党委成立，调刘海涛任军事部长。与此同时，八路军山东第一军区（对外称八路军山东纵队后方司令部）成立，刘海涛任司令员，司令部驻蒙阴县坡里村。

1940年4月，山东纵队以特务团为基础，编成山纵第九支队，刘海涛任司令员。这时，临沂等地日伪军3000余人进驻蒙阴城，妄图以此为依托，对蒙阴山区进行“扫荡”，进而切断鲁中根据地与滨海根据地的联系。刚组建不久的第九支队，连续3次袭扰蒙阴城的伪军，敌人连遭打击，锐气大挫，只好撤回临沂。于是，敌人“扫荡”蒙阴山区的计划落空。

1940年10月，中共鲁中区党委、八路军鲁中军区成立，刘海涛担任军区司令员。

1941年11月初，日军集结5万余重兵开始“扫荡”沂蒙山区，刘海涛根据上级指示，命令所属3个团转到外线作战，以避日军锋芒。他亲率1个团向南行进与日军打游击。行至青驼寺，日伪军突然从四面围了上来，刘海涛指挥部队迅速抢占有利地形，击退敌人数次进攻，一直坚持到天黑。他召开干部会议决定往南突围。因为往南靠近敌指挥中心临沂城。同志们对这一决策不够理解。刘海涛说："敌人正集中兵力向我中心区合围，其后方必定空虚，我们可趁机插过去，到敌人后方去打击敌人。"

在夜幕掩护下，刘海涛带领部队巧妙地连续通过敌人的两道封锁线，甩掉敌人。随即，刘海涛在临蒙公路要隘设伏，消灭了日军两个小队和伪军一个中队。第二天，又向临沂靠近，截击了敌人一个运输队，缴获了一批军用物资，歼敌300多名。11月17日，刘海涛部在蒙阴城东南垛庄镇芦山遭到敌人合击，在敌众我寡的情况下，为了保存实力，部队化整为零分散突围。天快亮时，团主力都突围出去了，仅剩下刘海涛司令员、鲁中区党委社会部长朱玉干和跟随的警卫科没有突出去。18日上午9时许，刘海涛一行8人经过激烈战斗，突至蒙阴城东杜家林的一个瓜屋内休息，但被伪军发现。伪军头子石绍武率30多名伪军伪装成八路军地方武装联防大队徐敏山的部下，抓捕了人困马乏的刘海涛等人。之后的六七天里，石绍武利用软化手段，妄图诱降刘海涛等人。刘海涛等人大义凛然，向伪军宣传中国共产党的抗日救国主张，宣传鼓动伪军要调转枪口，一致对外。11月28日晚，石绍武见不能诱降，就将刘海涛、朱玉干等枪杀于桃墟苏家后庄南。

5.陈明

陈明，字少微，原名陈若星，1902年生于福建省龙岩县。1924年春，他离开家乡，先后到厦门市集美中学和中山中学执教。期间，他兼任厦门《江声》报主笔，经常与阮山、李觉民等一起从事秘密革命活动，1926年10月加入中国共产党。早年，陈明与邓子恢等人发起创立"奇山书社"和《岩声》报，成为闽西最早传播马克思列宁主义的进步青年学术团体。1927年8月，中共中央任命陈明为福建省党务特派员，命他回福建重建党组织。他重建了闽南、闽北两个特委，兼任闽南特委书记。12月4日，他在漳州召集福建各地党组织负责人联席会，选举成立了中共福建临时省委，他任书记。1928年1月，他推荐工作经验丰富的罗明任书记，他自己改任宣传部长。1928年9月，他受中共中央委派赴苏联莫斯科东方大学深造。1931年冬，他毕业回国进入中央苏区工作。1934年10月，他随红军总部一起参加长征。长征结束后，他到红军大学高干科任教。七七事变后，他任八路军随营学校政委，校长为韦国清。1938年10月，他调任八路军第一一五师政治部宣传部长，1939年春，随第一一五师进入山东。同年冬，他任中共山东分局党校副校长，负责党校的训练工作。1940年，山东省战时工作推行委员会成立后，他任副主任兼秘书长。

1941年3月，陈明和山东省妇联姊妹剧团团长辛锐结婚。结婚第三天，陈明回到战工会，辛锐回到姊妹剧团，各自投入到自己的工作中去，被同志们誉为志同道合的革命伴侣。11月，5万多日伪军对沂蒙山区进行“铁壁合围”式大“扫荡”时，山东纵队和省战工会领导机关，多次跳出敌人的合围，使敌人扑空。11月30日拂晓，由陈明率领的山东分局和战工会机关人员在蒙山东麓大青山被日军一个旅团包围。因敌众我寡，激战一天，八路军大部突出重围，但牺牲近千人。陈明的4个随行人员牺牲了3个，陈明双腿也负了伤。这时，他严厉命令警卫员小吴只身突围，自己则强忍疼痛向鬼子连发3枪，把最后一颗子弹留给了自己，壮烈殉国。

6.陆升勋

陆升勋，1907年出生于山东省昌邑县，1924年考入青州山东省立第四师范学校。1926年10月毕业后回到家乡，在本村小学任教。1927年初，他在大陆村创办了“农民协会”。他向会员们讲授革命道理，教唱进步歌曲，号召穷苦人团结起来抗粮、抗捐、抗税。1936年，经寿光县委书记赵一萍介绍，陆升勋加入了共产党。1938年2月，他带领30余名青年，参加了昌邑县瓦城抗日武装起义，后任八路军鲁东抗日游击队第七支队特务中队队长。4月，他任鲁东游击队指挥部特务大队队长。12月，八路军山东纵队成立，他改任山纵特务团团长，直属山纵司令部领导。

1939年10月，陆升勋任鲁中第二（沂鲁）军分区司令员。在此期间，他经常带领武装工作队深入基层，召开县区干部会议，指导县区抗日政权的建设，动员青年参军，组织民兵和发展生产等工作。在较短时间内，蒙阴的坦埠、坡里，沂水县北部的下山顶、小庄、常庄和第三、第四、第五区的许多村庄，先后建立起青救会、妇救会、自卫团等群众组织，进一步密切了军民关系，提高了广大人民群众抗日救国的热情。

1940年9月，山东纵队再次整编，陆升勋改任山东纵队第一支队副司令员。此时，盘踞在临朐、沂水交界处的国民党土顽秦启荣部，乘山东纵队主力外线出击、日军“扫荡”之机，进攻抗日根据地；驻沂南侍郎宅的刘四郎部与号称“猴子队”的顽军也深入沂南骚扰。

根据上级指示，第一支队、山纵独立团抽调人员，组成一支精悍的小部队，由陆升勋带领，从沂北出发，经一夜急行军，于拂晓前出现在侍郎宅，将敌团团围住，激烈的战斗进行了一上午，外围之敌已被消灭，残敌猬集在筑有炮楼的大院里负隅顽抗，八路军多次强攻，均未奏效。陆升勋亲临一线观察地观察后，果断命令挖地道，将炸药送到炮楼下，迅速将炮楼炸塌，全歼守敌，并乘胜将“猴子队”顽军击溃。

1941年10月，陆升勋到中共山东分局与八路军第一一五师合办的高级党校学习。1942年3月，学习期满，出任沂蒙专署专员。10月10日，他奉八路军山东军区命令，赴胶东军区任副司令员。12月8日夜，他和随行人员沿着莱阳县东北方向的山道艰难行进。黎明时分，四周突然响起枪声，被日军包围，陆升勋率部突围时，不幸中弹壮烈牺牲，年仅36岁。

7.何万祥

何万祥，1915年生于甘肃省，本来姓朱，1931年，红军进驻他的家乡，刚满16岁的他毅然参了军，并请党代表给他改名为何万祥。抗日战争爆发后，八路军第一一五师首战平型关，他曾杀敌立功。1939年，他随八路军第一一五师进入沂蒙，转战于鲁南、滨海、鲁中，是著名的战斗英雄。他参加了驻滨海的第一一五师教导第二旅干部轮训队后，被任命为第一一五师教导第二旅特务第二连连长。

1943年1月21日，在郯城战役中，何万祥带着53名勇士坚守在郯城北门外临郯公路边的土城上，掩护城里的兄弟部队和成千上万群众顺利撤离。当步步逼近的500多日军到了土城跟前时，何万祥一声令下，手榴弹飞了出去，眼前一片轰响，硝烟尚未散去，活着的敌人便退了下去。接着，敌人动用大炮、机关枪，开始了第二次进攻。何万祥和战友们沉着应战，用集束手榴弹，炸得敌人乱作一团，连续打退了日军的四次进攻，并和战友们迅速安全地撤离了阵地。

1943年11月19日，在解放赣榆城的战斗中，第二连担任主攻任务。夜间10点钟，何万祥率突击队赶到城东北门隐蔽待命，寒风夹着雪花迎面扑来，隐约可辨的城四角的炮楼与外壕间的铁丝网发出呜呜的声响，守城门的伪第七十一旅的士兵随着烟蒂的闪灭，发出咳嗽声和跺脚声。何万祥巧妙地利用内线关系赚开了城门，带领24名队员冲进城里。他率队扑向西街，奋力冲杀！被打蒙了的敌人刚醒过来，又组织火力反扑，一挺机枪吐出火焰。他急中生智，一面组织佯攻；一面带领数名队员飞身上墙，绕到敌人后面，手雷在机枪手的头顶上炸响，迅速夺下机枪，打得敌人纷纷向钟鼓楼逃窜。

第二连扫清了前进路上的障碍，大部队继续前进，进占赣榆城。此刻，何万祥又带上爆炸英雄郝凤双，借着夜幕迅速挨近了坐落于斜坡上的钟鼓楼。何万祥贴着楼墙，将子弹射向敌人的枪眼，郝凤双也机灵地将两枚手雷塞了进去，当两人飞速撤下来的时候，一声巨响，敌人随着烂砖碎石飞上了天空。原来这是敌人的前沿指挥所。八路军势如破竹，碉堡中的敌人纷纷举手投降，伪旅长李亚藩也从最后一个炮楼里走了出来，他的1200人被消灭了。

1944年1月，在石沟崖战役打响的第二天下午，任滨海军区第六团第一营第二连连长的何万祥按照上级的命令，带领全连从东南角突破伪军朱信斋部的最后一个围寨。石沟崖确是敌人最顽固的堡垒，朱信斋在这里构筑了蛛网般的工事，兄弟连队攻了几次都没有攻下来。敌人越顽固，何万祥越刚强。他接受突击任务后，一蹦老高，把驳壳枪一抡，喊了一声："同志们，看我们的，冲不开这个鬼围寨别回来！"

他虎一般地带领战士们冲进铁丝网，跳下壕沟，把枪伸进了地堡的枪眼打了一梭子，又送进一颗手榴弹，"轰"的一声，地堡里的敌人就"报销"了。他迅速地扒开地堡的枪眼，和跟在他身后的八班长冲了进去，第一座地堡被占领了。接着，占领了第二座、第三座……直至攻破围寨，活捉朱信斋。

1944年3月26日零时，鲁中军区奉命以鲁山为中心，在周围300里战线上，向伪军吴化文部发起全面进攻。滨海军区第六团第一营又一次来到鲁中，参加讨吴战役。任务之一是解决博（山）沂（水）公路东侧的大泉庄据点。

大泉庄据点位于大泉庄东南的老虎山上，由吴伪军第一七九团的一个加强连防守，大泉庄及其北侧的大山也各驻守一个连，形成掎角之势。敌人在老虎山筑有两米多高的石围子，围内西南角有一座3层炮楼，围内设有两层鹿寨，其间布满了踏雷、拉雷、挂雷，围内向外筑有一道盖沟，直接通向前沿及山后的大泉庄。

何万祥所在的第二连和往常一样，作为突击力量在老虎山南无名高地的掩体内隐蔽待命。担任主攻任务的第三连已经突破了敌人两道鹿寨，巧妙地排除了地雷，并连续发起攻击。但遭到敌人的疯狂阻击，一挺重机枪架在刚被八路军炮弹炸开的围墙缺口处，封锁了八路军前进的道路。这时，何万祥在营长发出出击的命令后，立刻勇猛地、箭头般冲向围墙边，与第三连并肩战斗。同时，他让部分战士携一挺机枪，迂回到石围子后面牵制敌人。战士们扔出的手榴弹雀群般落到围墙缺口处，随着爆炸声冲起的烟尘笼盖着山岗。何万祥又指挥战士们架上云梯，有的还搭起了人梯，迅速突入围墙内，歼灭了围墙缺口处及围内各地堡中的敌人。一部分敌人企图从盖沟向山后逃窜，被石围子后担任牵制任务的指战员歼灭。残敌撤到西南的3层炮楼孤守待援。

何万祥对着炮楼喊话：“伪军弟兄，投降吧！”话未落音，敌人的重机枪开火了。于是，何万祥命令“先拿下重机枪”。二排长高英中率战士冲了上去，距炮楼只有5米牺牲。何万祥见状，飞速冲到炮楼跟前，战士们也紧紧跟了上去。何万祥提着两颗手榴弹，“噌噌噌”顺着楼梯冲了上去，突然，一颗罪恶的子弹飞来，夺去了英雄何万祥的生命。

英雄连长何万祥牺牲时年仅29岁。何万祥牺牲后，八路军山东军区授予他所在的第二连“战斗突击队”光荣称号，赠“何万祥连”锦旗，沂源县人民政府为永远纪念这位战斗英雄，将大泉庄老虎山改名为“万祥山”。

8.陈若克

陈若克，原名陈玉兰，又名陈雪明，祖籍广东顺德，1919年出生于上海。16岁参加上海工人运动，1936年8月23日加入中国共产党。“八一三”抗战爆发后，她辗转到达山西晋城，进入华东军政干部训练所学习，后随陈沂去陵川办八路军晋南干校，与山东分局书记朱瑞结婚，曾任山东纵队直属科科长。

1939年6月起，她任山东分局妇女委员、山东省妇女救国联合会常委、山东分局组织部科长等职。1940年，被选为山东省临时参议会的驻会议员。她从事妇委工作时，发动中老年妇女参加抗日救国会，发动青少年妇女成立青妇队、识字班和姐妹剧团，演出街头剧、小话剧、歌舞等，进行反对买卖婚姻、反对虐待妇女的宣传。她组织编写《山东妇女》刊物、《妇女手册》和识字课本，取得了可喜的成绩。

1941年11月4日，5万多日伪军大举扫荡沂蒙山区，在八路军突围时，山东分局妇委委员、省妇救会常委陈若克因为临产，与部队失去联系。7日，她落入敌手。日军对她先是严刑拷打审问她，一无所得。接着，日军换了一种方法对付陈若克。他们看到陈若克没有奶水，就把一瓶牛奶送到牢里，试图征服陈若克。孩子饿得几乎哭不出声，干瘪的小嘴，一张一合地翕动着，绝望地望着母亲。陈若克的心都要碎了，但她把牛奶瓶摔在地下，说："要杀就杀，要砍就砍，少来这一套。"

1941年11月26日，恼羞成怒的敌人将她与刚刚出生不久的孩子用刺刀扎死。就义前，她咬破自己的手指，伸出自己流血的手，对孩子说："孩子，你来到世上，没有吃妈妈一口奶，就要和妈妈一起离开这个世界，你就吸一口妈妈的血吧。"陈若克遇害时，年仅22岁。

9.朱达章

朱达章，中共山东大学党委书记，原名熊绍琮，笔名司徒华，1913年出生于广西桂林，1939年春加入中国共产党，1946年被国民党特务杀害于临沂县册山区后村，其墓在今临沂市兰山区茶山革命烈士林。

1945年春，朱达章任华中建设大学教授兼文教系副主任。他对根据地的教育曾作过若干调查，主张因地制宜，培养新时期的各类人才，这次到建大，他专心致力于新民主主义教育工作。建大学员，一部分来自根据地，一部分来自江苏、上海等城市。这些青年男女热情很高，但多数缺乏艰苦生活的锻炼，朱达章及时对他们进行教育，说明战争环境物资缺乏，条件艰苦，要大家经得起考验。

他在师生中大力提倡优良传统，发扬艰苦奋斗、勤俭办学的革命精神，他和师生们一起节衣缩食，因陋就简，就地取材，自己动手解决一些教学设备，自搭茅屋为校舍，以树林或场园作课堂，以木板或膝盖当课桌，以笔记代课本。他们克服重重困难，始终保持旺盛的教学热情。

在教学方法上，朱达章本着学校统一制定的教育方针，坚持从实际出发，政治思想教育和业务教育并重，树立为人民服务的观点，提高科学文化水平，培养学以致用人才。

1946年3月，华中建大自淮阴出发，北上山东，经过10天的长途跋涉，600多名师生于3月14日到达山东临沂。4月5日，山东省政府决定，山东大学与华中建设大学合并为新的山东大学。朱达章被任命为中共山东大学党委书记兼教务长。两校合并后，下设政治、经济、文艺、教育4个系，专科、预科两个部，一处附属中学，共约2000人。

当时，国民党反动派准备进攻中共领导的解放区，大肆搜刮民财，致使物价飞涨，人民生活濒于绝境，就连大学教授也难以幸免，于是，上海的大学教授们掀起了一个“万人自救运动”，轰动全国，朱达章得知此事后，和原建大教授李亚农、夏征农、阿英、孙冶方、贝叶、黄源、范长江、刘季平等百余人，于5月3日致电上海各校教授联合会，同情他们的“万人自救运动”，对摧残教育、不顾教授死活的国民党当局，表示严正抗议，并欢迎他们来华东解放区讲学。

这一行动，对揭露国民党反动派、团结上层爱国知识分子，起到了良好作用。事后，京沪地区的一些教授和青年学生，冲破重重阻力，跋山涉水，千里迢迢来到解放区教学或学习。

朱达章从事教育，逐渐摸索出一套较完整的教学经验，他把课堂教学、课外教育、劳动锻炼融为一体，使学生们在政治上受到启迪，思想上受到教育，身体上受到锻炼，学到了专门知识，增长了才干，为培养新型的建设人才，为发展繁荣解放区的教育事业做出了积极贡献。

1946年6月26日，蒋介石悍然撕毁停战协定和政协决议，大举向中原解放区进攻，全面内战从此爆发。国民党反动派在调兵遣将大举进攻解放区的同时，派遣大批特务搞暗杀。7月22日晚，国民党特务在临沂县册山区后村对朱达章下了毒手。

朱达章牺牲后，中共华东军区、山东省参议会、山东省政府发出唁函，省政府和山东大学分别召开追悼大会。山大学生义愤填膺，纷纷要求拿起武装，奔赴战场，为朱达章报仇。

结　语

沂蒙精神是中华民族民族精神的组成部分之一，中华民族文化为沂蒙精神的产生提供了深厚、广博的历史文化背景。在此基础上，山东文化，特别是沂蒙文化孕育了沂蒙精神；山东党政军民合力铸就了沂蒙精神。

一、沂蒙文化孕育了沂蒙精神

沂蒙精神是沂蒙文化孕育的结果，虽然沂蒙精神是中国精神的重要组成部分，与中国精神的实质相同，但又独具特色，有着明显的地域文化色彩。沂蒙独特的自然条件和社会背景，形成了底蕴丰厚、源远流长且具有原生性、交融性等特点的沂蒙文化，这样的文化孕育了独具特色、闻名遐迩的沂蒙精神。

在沂蒙人民身上，既有淳厚清新的民风、民俗、民情，又有勤劳、勇敢、善良、正直的品格；既有勇于开拓进取的精神，又有任劳任怨、无私奉献的美德。沂蒙精神是在历史长河中逐渐形成的，是自远古以来沂蒙文化精华的凝聚和沉淀，是沂蒙文化的深层内涵。

二、中国共产党早期形成的红色文化催生了沂蒙精神

中国共产党早期形成的红色文化是沂蒙精神的红色源头。换言之，中国共产党早期形成的红色文化催生了沂蒙精神，沂蒙精神是中国共产党早期红色精神的延续、丰富和拓展，与井冈山精神等红色精神一脉相承。

追根溯源，沂蒙人民诚朴的爱党忠心、爱军情怀和奉献精神，是在党的感染、培育和滋养下逐步生成与发展起来的。沂蒙精神生长之初就深深烙上了先进性的红色基因。

第一，中共“一大”代表、山东党组织的最早创立者和领导者王尽美曾回家乡沂蒙传播马克思主义真理，撒下革命的火种，1926年即开始在沂蒙建立党组织。

第二，1939年至1942年在沂蒙抗日根据地担任中共山东分局书记的朱瑞同志，毕业于莫斯科中山大学，参加过第四、第五次反“围剿”作战，经过长征到达延安，后来和徐向前一起赴山东。他熟悉延安情况，了解党的方针政策，具有较高的马克思主义理论水平。同时，驻扎在沂蒙根据地的人民军队——八路军第一一五师，也是从井冈山走出来、长征后在延安组建的一支精锐部队，政委罗荣桓是参加过秋收起义、随毛泽东进入井冈山、参加过第一至第四次反“围剿”斗争、经长征到达延安、1939年和陈光率第一一五师赴山东的红军将领，1943年任山东军区司令员兼政委、中共山东分局书记。他身经百战，文武双全，对党无限忠诚，毛泽东对他无比信任。更难得的是，刘少奇也于1942年亲赴沂蒙根据地检查指导工作，带来了弥足珍贵的群众工作经验和群众路线观念。

第三，战时的沂蒙根据地直接接受延安中共中央和中央军委的指挥。毛泽东多次发电报就山东党政军各项工作做出指示。1938年4月，中共山东省委书记黎玉到延安向中央汇报工作，毛泽东听后非常高兴，即派干部和部队到达山东。此后，沂蒙与延安红色电波频频不断。此外，曾在沂蒙根据地任八路军山东纵队司令员的张经武将军，曾任山东省战时工作委员会主任的黎玉同志，也都是在延安亲自聆听过毛泽东教诲的久经考验的优秀领导干部。所以，从沂蒙根据地党政军领导和第一一五师官兵身上所体现出来的那种老红军本色和井冈山精神、长征精神、延安精神，也为沂蒙精神的孕育、形成和发展注入了红色因子，奠定了革命基础，创造了生长条件。由此可见，沂蒙精神的成长和结晶，从一开始就注入了共产党人的先进理念和人民军队的革命基因，汲取了马克思主义中国化的本色和精华，而且饱含着老百姓对党和人民军队的可亲可信。换言之，正是由于中国共产党人辛勤地把革命的种子和对群众的关怀播撒到了沂蒙根据地这片沃土上，正是由于我们党及其领导的人民军队始终把为人民谋利益、求解放作为行动的出发点和落脚点并为此浴血奋斗，正是由于深谙毛泽东思想的老红军领导人以各种形式对具有光荣革命传统的井冈山精神、长征精神、延安精神的承袭和传播，才孕育、催生和拓展了以爱党爱军、无私奉献为本质特征的沂蒙精神。中国共产党是沂蒙精神的引领者、主导者和组织创造者。沂蒙精神始终沐浴着马克思主义的真理照耀，与井冈山精神、长征精神、延安精神、西柏坡精神等红色精神一脉相承。如果说井冈山精神是中国红色精神的源头，那么之后相继形成的长征精神、延安精神、西柏坡精神和沂蒙精神，都应该是早期井冈山精神的延续、丰厚和拓展。

第四，红色精神比较集中地反映了中国共产党的领袖们的理想信仰和思想境界。经过血火岁月的锤炼而锻铸形成的沂蒙精神，既包含了战争年代刘少奇、罗荣桓、陈毅、徐向前等领导人在沂蒙抗日根据地的理论探索和工作实践，又融入了毛泽东、朱德、周恩来等中央领导对沂蒙根据地建设与发展的多次指示和战略思想。据统计，毛泽东在抗日战争和解放战争中给山东战略区党、政、军的单位和领导人发的电报就有100余封。就此而言，沂蒙精神与其他红色精神从本源上说也是同出一脉、谱系相承，都是凝聚了共产党人的理想、追求和信念的伟大精神力量。所以，沂蒙精神也与诸多红色精神一样，丰富地蕴涵着中共高层领导人的光辉思想和伟大实践。

三、山东党政军民合力铸就了沂蒙精神

沂蒙精神具有党性和人民性高度统一的特征，党政军民是沂蒙精神的培育主体。从形成过程看，沂蒙精神是山东党政军民合力铸就的。2013年11月，习近平总书记来山东时就明确指出了这一点：“革命胜利来之不易，主要是党和人民水乳交融，党把人民利益放在第一位，为人民谋解放，人民跟党走，无私奉献，可歌可泣啊！”“山东是革命老区，有着光荣传统，军民水乳交融、生死与共铸就的沂蒙精神，对我们今天抓党的建设仍然有十分重要的作用。”

总之，在中华民族文化深厚的历史文化背景下，山东文化，特别是沂蒙文化与中共产党早期形成的红色文化相结合，沂蒙人传统的优秀文化品格和中国共产党的光荣革命传统相结合，山东党政军民水乳交融，生死与共，铸就了伟大的沂蒙精神。

参考文献

［1］《二十五史》，上海古籍出版社、上海书店1986年版。

［2］〔清〕张澍：《诸葛亮集》，中华书局1960年版。

［3］《沂水县志》，清道光七年（1827）修。

［4］《费县志》，清光绪二十二年（1896）修。

［5］庄陔兰：《重修莒志》，1936年版。

［6］杨伯峻：《春秋左传注》，中华书局1990年版。

［7］《诸子集成》，中华书局1954年版。

［8］张守富、王汝涛：《颜真卿志》，山东人民出版社1998年版。

［9］田余庆：《东晋门阀政治》，北京大学出版社1996年版。

［10］刘师培：《中国中古文学史》，人民文学出版社1959年版。

［11］王仲荦：《魏晋南北朝史》，上海人民出版社1979年版。

［12］万绳楠：《陈寅恪魏晋南北朝史讲演录》，贵州人民出版社2008年版。

［13］南京博物院、山东省文物管理处：《沂南古画像石墓发掘报告》，文化部文物管理局1956年版。

［14］临沂市博物馆：《临沂汉画像石》，山东美术出版社2002年版。

［15］王瑞功、李常松：《曾子志》，山东人民出版社2001年版。

［16］临沂市博物馆：《临沂汉画像石》，山东美术出版社2002年版。

［17］李发林：《汉画考释和研究》，中国文联出版社2000年版。

［18］蒋英炬、杨爱国：《汉代画像石与画像砖》，文物出版社2001年版。

［19］李发林：《汉画考释和研究》，中国文联出版社2000年版。

［20］王瑞功：《诸葛亮研究集成》，齐鲁书社1997年版。

［21］王钧林：《中国儒学史·先秦卷》，广东教育出版社1998年版。

［22］《羲皇故里论孔明》，甘肃文化出版社1997年版。

[23]《诸葛亮与三国文化》，四川大学出版社2001年版。

[24]《王羲之研究》，山东文艺出版社1990年版。

[25] 王羲之与琅琊王氏文化研究新编》，吉林人民出版社2005年版。

[26] 陈少梅:《二十四孝图》，天津人民美术出版社2005年版。

[27] 王杰:《萤火集》，学林出版社2009年版。

[28]《山东省志·文化志》，山东人民出版社1995年版。

[29] 临沂市地方史志编纂委员会:《临沂地区志》，中华书局2001年版。

[30] 山东省出版总社临沂办事处:《临沂风物志》，山东人民出版社1985年版。

[31] 安作璋、王志民:《齐鲁文化通史》，中华书局2004年版。

[32] 陈江风:《古俗遗风》，上海文艺出版社1998年版。

[33] 民国山东通志编辑委:《民国山东通志》，台北山东文献杂志社2002年版。

[34] 于联凯、韩延明:《沂蒙教育史》(古代卷)，中央文献出版社2007年版。

[35] 王厚香、汲广运:《中华颜氏家族迁移史》，吉林人民出版社2009年版。

[36] 黄松:《中国地域文化丛书·齐鲁文化》，辽宁教育出版社1991年版。

[37] 陈万雄:《齐鲁文化：东方思想的摇篮》，上海远东出版社、商务印书馆(香港)1998年版。

[38] 于联凯、于澎:《沂蒙文化研究》，吉林人民出版社2002年版。

[39] 王文章主编:《非物质文化遗产概论》，文化艺术出版社2006年版。

[40] 中共枣庄市委党史研究室:《鲁南革命史》，山东人民出版社1998年版。

[41] 吴文科:《中国曲艺艺术论》，山西教育出版社2000年版。

[42] 中共中央文献研究室中央档案馆:《建党以来重要文献选编》，中央文献出版社2011年版。

[43] 山东省档案馆、山东社会科学院历史研究所:《山东革命历史档案资

料选编》，山东人民出版社1982年版。
[44] 临沂市地方史志办公室:《沂蒙革命根据地志》(上下册)，中华书局2014年版。
[45] 中共山东省委党史研究室:《中共鲁中地方史》(1919年5月~1949年10月)，中共党史出版社2006年版。
[46] 中共临沂市委党史委:《中共临沂地方史》(第一卷)，中共党史出版社2009年版。
[47] 北京八路军山东抗日根据地研究会:《山东抗日民主政权》(上下册)，中共党史出版社2015年版。
[48] 汲广运:《临沂文化通览》，山东人民出版社2012年版。
[49] 中共临沂市委:《沂蒙红嫂颂》，中央文献出版社2002年版。
[50]《八路军第一一五师暨山东军区战史》，黄河出版社2005年版。
[51] 中共临沂市委党史研究室、沂蒙革命纪念馆:《中共沂蒙根据地党史大事记》，济南出版社2016年版。
[52] 中共临沂市委:《沂蒙红嫂颂》，军事谊文出版社2005年版。
[53] 李忠、李建丰:《刘少奇在山东》，中共党史出版社2005年版。
[54] 临沂市政协文史资料委员会:《临沂历史大观》(共八卷)，黄河出版社2009年版。
[55] 中共临沂市委党史研究室:《中共沂蒙党史人物》(上下卷)，中共党史出版社2016年版。
[56] 高明、汲广运:《沂蒙精神代代传》，教育科学出版社2015年版。
[57]《沂蒙精神学习读本》，中共党史出版社2014年版。
[58] 张红云:《沂蒙山区民众组织与革命动员问题研究》，山东人民出版社2014年版。
[59] 徐东升等:《基于沂蒙精神育人的社会主义核心价值观教育研究》，山东人民出版社2015年版。
[60] 徐东升、孙海英:《沂蒙精神大学生读本》，山东人民出版社2016年版。

[61] 抗战文献数据平台 www.modernhistory.org.cn。

[62]《中共党史参考资料》http://pan.baidu.com/s/1eRPxTiM。

[63]《中国人民解放军全史》http://pan.baidu.com/s/1gfEMGYB。

后　记

HOU JI

沂蒙精神是沂蒙党政军民在长期的革命与建设实践过程中共同铸就的水乳交融、生死与共的崇高革命精神，是中国共产党革命精神的重要组成部分，是我们党和国家的宝贵精神财富。2013年11月25日，习近平总书记在临沂考察时指出："沂蒙精神与延安精神、井冈山精神、西柏坡精神一样，是党和国家的宝贵精神财富，要不断结合新的时代条件发扬光大"，"山东是革命老区，有着光荣传统，军民水乳交融、生死与共铸就的沂蒙精神，对我们今天抓党的建设具有十分重要的启示作用"。

中华民族文化为沂蒙精神的产生提供了广博而深厚的文化背景。但是，更为重要的是，要回答沂蒙精神为何在沂蒙山区产生，就不得不考察沂蒙的地域文化渊源。

《沂蒙精神的地域文化渊源研究》是《沂蒙精神研究丛书》的其中一本。它是山东省社科规划重大项目《沂蒙精神重大理论与实践问题研究》（项目编号：16ALJJ15）和临沂大学优势特色学科研究团队的重要研究成果之一。本书主要探讨沂蒙精神形成的地域传统文化和红色地域文化渊源，是作者在多年学习、研究沂蒙精神的基础上，在撰写《临沂文化通览》《沂蒙精神代代传》《沂蒙精神故事读本》《沂蒙文化若干专题研究》的基础上，日积月累形成的成果。本书分上下两篇，仅从沂蒙精神形成的角度探讨沂蒙地域文化，偏重人文精神和文化品格，分别论述沂蒙传统地域文化和沂蒙红色地域文化。

在编写本书的过程中，参考和引用了许多相关研究成果，有的没有注明，敬请谅解并表示衷心的感谢。

此外，由于成书时间仓促和水平所限，书中难免错讹，敬请广大读者批评指正，以利再版时修正。

作 者

2017年11月12日

图书在版编目（CIP）数据

沂蒙精神的地域文化渊源研究 / 汲广运，王厚香著. —— 济南：山东人民出版社，2017.12
ISBN 978-7-209-11223-9

Ⅰ. ①沂… Ⅱ. ①汲… ②王… Ⅲ. ①民族精神－研究－临沂 Ⅳ. ①D648

中国版本图书馆CIP数据核字(2017)第328192号

沂蒙精神的地域文化渊源研究
汲广运　王厚香　著

主管部门　山东出版传媒股份有限公司
出版发行　山东人民出版社
社　　址　济南市胜利大街39号
邮　　编　250001
电　　话　总编室（0531）82098914
　　　　　市场部（0531）82098027
网　　址　http://www.sd-book.com.cn
印　　装　山东华立印务有限公司
经　　销　新华书店

规　　格　16开（169mm×239mm）
印　　张　19.5
字　　数　262千字
版　　次　2017年12月第1版
印　　次　2017年12月第1次
印　　数　1-1500
ISBN 978-7-209-11223-9
定　　价　36.00元